权威·前沿·原创

皮书系列为
"十二五""十三五"国家重点图书出版规划项目

一带一路智库合作联盟

"一带一路"投资安全蓝皮书
BLUE BOOK OF INVESTMENT SECURITY OF
THE "BELT AND ROAD" CONSTRUCTION

中国"一带一路"投资安全研究报告（2021）

ANNUAL REPORT ON INVESTMENT SECURITY OF CHINA'S
THE "BELT AND ROAD" CONSTRUCTION (2021)

主　编／计金标　梁昊光
副主编／余金艳　袁胜军　祝继高

社会科学文献出版社
SOCIAL SCIENCES ACADEMIC PRESS (CHINA)

图书在版编目(CIP)数据

中国"一带一路"投资安全研究报告.2021/计金标,梁昊光主编.--北京:社会科学文献出版社,2021.7
("一带一路"投资安全蓝皮书)
ISBN 978-7-5201-8551-6

Ⅰ.①中… Ⅱ.①计… ②梁… Ⅲ.①"一带一路"-投资风险-研究报告-中国-2021 Ⅳ.①F125

中国版本图书馆CIP数据核字(2021)第112425号

"一带一路"投资安全蓝皮书
中国"一带一路"投资安全研究报告(2021)

主　　编／计金标　梁昊光
副 主 编／余金艳　袁胜军　祝继高

出 版 人／王利民
责任编辑／仇　扬

出　　版／社会科学文献出版社·当代世界出版分社（010）59367004
　　　　　地址：北京市北三环中路甲29号院华龙大厦　邮编：100029
　　　　　网址：www.ssap.com.cn
发　　行／市场营销中心（010）59367081　59367083
印　　装／天津千鹤文化传播有限公司

规　　格／开　本：787mm×1092mm　1/16
　　　　　印　张：27.5　字　数：413千字
版　　次／2021年7月第1版　2021年7月第1次印刷
书　　号／ISBN 978-7-5201-8551-6
定　　价／168.00元

本书如有印装质量问题，请与读者服务中心（010-59367028）联系

▲ 版权所有 翻印必究

"一带一路"投资安全蓝皮书编委会

单位成员 北京第二外国语学院
一带一路智库合作联盟
国家科技图书文献中心（NSTL）
桂林电子科技大学
对外经济贸易大学

主　　任 计金标　金　鑫

委　　员 程　维　杨仁全　叶大华　梁昊光
袁胜军　彭以祺　王成慧　祝继高

主　　编 计金标　梁昊光

副 主 编 余金艳　袁胜军　祝继高

编　　委 刘彦随　刘卫东　胡必亮　张耀军　兰　晓
薛海丽　郭艳军　张　钦　王瑞平　白　雪
杨代庆　李鼎鑫　徐正丽

主要编撰者简介

计金标 北京第二外国语学院党委副书记、校长，经济学博士，教授，博士生导师，中国"一带一路"战略研究院院长。教育部全国财政学类专业教学指导委员会委员、教育部全国旅游职业教育教学指导委员会副主任委员、中国税务学会学术研究委员会委员等。出版学术著作6部，代表性著作有《生态税收论》《个人所得税政策和改革》。在《财贸经济》《税务研究》《财政研究》《光明日报》《经济日报》等报刊上发表论文百余篇。出版教材十余部，其中主编国家级"十五"计划、"十一五"规划教材2部；主编的《税收筹划概论》被评为北京市精品教材。获教育部优秀青年教师资助计划特别资助，霍英东教育基金会高等学校优秀青年教师奖、北京市第七届哲学社会科学优秀成果二等奖、国家税务总局优秀科研成果一等奖、财政部跨世纪学科带头人、北京市青年学科带头人、北京市优秀青年教师和青年骨干教师等奖励和荣誉称号。

梁昊光 北京第二外国语学院中国"一带一路"战略研究院执行院长、"一带一路"数据分析与决策支持北京市重点实验室主任，经济学博士，教授，博士生导师，百千万人才工程国家级人选，国家"有突出贡献的中青年专家"，北京市首都发展研究院院长。目前主持国家社科基金重大项目"系统规划设计'一带一路'互联互通研究"（18VDL001）、北京社科规划重点项目"国家'一带一路'战略推进北京国家文化中心建设提速创新支撑平台研究"与国家发展和改革委员会重点项目"北京非首都功能向雄安新区疏解转移的内生动力机制研究"等重大课题。曾获国土资源部第十一届"国土资源科学技术奖"一等奖、北京市第十四届哲学社会科学优秀成果二等奖，在《地理学报》《学术前沿》《新华文摘》等刊物上发表论文40余篇，撰写的多篇资政报告多次获得中央和国家领导人肯定性批示，入选2009年"北京市优秀人才计划"。

摘　要

　　2021年是中国共产党成立100周年，也是"十四五"规划开局之年。高质量发展是2017年中国共产党第十九次全国代表大会首次提出的新表述，表明中国经济由高速增长阶段转向高质量发展阶段，也是"一带一路"建设的主基调。共建"一带一路"将继续围绕"共商、共建、共享"原则，"开放、绿色、廉洁"理念，"高标准、惠民生、可持续"目标，不断完善机制建设，最大限度降低疫情不利影响，携手共建国家共克疫情时艰，推动经济复苏发展，与各国人民携手构建人类命运共同体。

　　当前中国提出了加快构建以国内大循环为主体、国内国际双循环相互促进的新发展格局。共建"一带一路"是我国构建双循环新发展格局的重要平台。随着对外开放的持续扩大，中国的对外投资将继续保持平稳增长态势，为共建"一带一路"高质量发展提供新动能。联合国贸易和发展会议2021年6月发布的《2021年世界投资报告》显示，在2020年全球外国直接投资（FDI）总规模大幅下滑的背景下，全球FDI总规模约为1万亿美元，中国成为全球最大投资国，"一带一路"项目的不断开展成为推动中国对外投资增长的重要力量。

　　近年来，随着全球性问题不断涌现和世界各国相互依存度的日益加深，全球治理的必要性与紧迫性进一步凸显。中国积极参与全球治理并发挥负责任大国作用，最重要的实践就是"一带一路"建设。共建"一带一路"倡议，顺应经济全球化的历史潮流，顺应全球治理体系变革的时代要求，以"共商、共建、共享"全球治理观为指导，是聚焦发展合作的全球治理新实践，是作为负责任大国的中国推进全球投资、促进区域平衡的变革。

第一，"一带一路"强调投资主体的多元性。"一带一路"国际合作实现了多元主体的共同参与。"一带一路"参与国多为发展中国家，经济发展水平、政治制度、意识形态、社会文化习俗等方面存在很大的差异，这种差异也成就了其丰富的多样性。"一带一路"建设，顺应了国际力量对比的变化，打破了现有发展合作主要由西方大国主导的一元主义模式，为发展中国家和新兴市场国家参与全球治理提供了新的国际合作平台。

近年来，优化互联互通网络，建设中欧班列、陆海新通道等国际物流和贸易大通道，帮助更多国家提升互联互通水平，始终是共建"一带一路"的重点合作目标。以中巴经济走廊合作为例，经济走廊70个项目在确保员工"零感染"前提下有序推进，巴基斯坦喀喇昆仑公路二期全线、白沙瓦—卡拉奇高速公路"苏木段"顺利通车，默拉直流输电项目全线贯通。中巴经济走廊首个大型轨道交通项目——巴基斯坦拉合尔橙线项目于2020年10月正式运营，开启了巴基斯坦的"地铁时代"。

此外，雅万高铁1号隧道、中老铁路全线隧道顺利贯通，匈塞铁路塞尔维亚贝—泽段左线和泽—巴段左线相继通车运营，孟加拉国帕德玛大桥主桥钢梁成功合龙。中老高速公路万象至万荣段提前13个月建成通车，波黑泛欧5C走廊高速公路波契泰利隧道提前近4个月贯通，斯里兰卡南部高速公路延长线提前2个多月通车。

2020年，中欧班列累计开行1.24万列、运送113.5万标箱，分别同比增长50%、56%，综合重箱率达98.4%，通达欧洲21个国家、97个城市，为稳定全球产业链、供应链发挥了重要作用。

第二，"一带一路"注重投资与合作的开放性。开放意味着在参与成员、治理机制、合作议程等方面的非封闭化、非排他性，其倡导多边主义，充分发挥各方的优势与潜能。

2020年，中国对"一带一路"建设项目投资总体保持不断增长势头。根据国家统计局2021年2月发布的数据，中国对"一带一路"共建国家非金融类直接投资额为178亿美元，增长18.3%，其中对装备制造业、信息技术业、科研和技术服务业等重点行业投资分别增长 21.9%、9.6%、18.1%。中国对"一带一路"共建国家的投资占对外投资总额的比重也由 2019 年的 13.6% 上升到了 2020 年的 16.2%。

更为可喜的是，2020 年中国对"一带一路"共建国家的投资重点首次转向了可再生能源。报告显示，包括太阳能、风能、水电在内的可再生能源的投资占比从 2019 年的 39% 上升至 2020 年的 57%，已构成中国海外能源投资的主要部分。其中，水力发电的占比为 35%，太阳能与风能则共占 22%。对此，报告预测在 2021 年这样的积极趋势还将继续保持。

在这样有利的形势下，截至 2021 年 1 月底，中国已经累计同 140 个国家和 31 个国际组织签署了 205 份共建"一带一路"合作文件。从中可以看出，国际社会对共建"一带一路"的需求没有改变，合作伙伴对共建"一带一路"的支持没有改变，中国推进共建"一带一路"国际合作的决心更没有改变。

第三，"一带一路"的投资项目成果具有普惠性。"一带一路"国际合作，顺应各国发展需要，加强同世界各主要经济体的宏观政策协调，注重可持续发展、互利共赢、共同繁荣，旗帜鲜明地反对保护主义，推动经济全球化朝着更加开放、包容、普惠、平衡、共赢的方向发展，因而可谓提供了一种新型全球化模式，有利于纠正全球化过程中的发展失衡问题，尤其为发展中国家提供了更多的发展机遇和空间。特别是基础设施的互联互通与国际产能合作，体现了"一带一路"的公共产品属性和民生发展导向，有利于改变世界经济发展不平衡的现状、解决全球治理的发展赤字问题。

商务部公布的数据显示，2021 年 1~5 月，我国企业在"一带一路"对 55 个国家非金融类直接投资额为 481.6 亿元人民币，同比增长 5.1%，较上年上升 1.7 个百分点，主要投向新加坡、印度尼西亚、越南、阿拉伯联合酋长国、哈萨克斯坦、老挝、孟加拉国、泰国、马来西亚和斯里兰卡等国家。总体看，"共商、共建、共享"全球治理观与"一带一路"行动高度契合，实现了理论与实践的有机统一。两者为处于百年未有之大变局中的中国与其他国家一道塑造新型全球治理与世界秩序、构建新型国际关系和人类命运共同体注入了新的动力与活力。

目 录

Ⅰ 总报告

B.1 中国对"一带一路"共建国家投资安全态势分析
（2010~2019） …………………………… 余金艳 梁昊光 / 001

Ⅱ 分报告

B.2 "一带一路"共建国家投资的政治安全分析报告
……………………………… 计金标 边文佳 孙安宁 / 047
B.3 "一带一路"共建国家投资的经济安全分析报告
……………………………… 梁昊光 陈 秀 刘明欣 / 082
B.4 "一带一路"共建国家投资的金融安全分析报告
……………………………… 张英男 秦培富 郭艳军 / 113
B.5 "一带一路"共建国家投资的社会安全分析报告
……………………………… 兰 晓 秦清华 贺子潇 / 143
B.6 "一带一路"共建国家投资的对华关系安全分析报告
……………………………… 张耀军 张鹤曦 江训斌 / 174

001

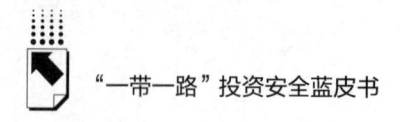

Ⅲ 产业专题

B.7 "一带一路"共建国家电力行业投资安全分析报告
.... 安　然　焦思盈　张紫钦 / 206

B.8 "一带一路"共建国家交通基础设施投资安全分析报告
.... 卢尔赛　宋佳芸 / 247

B.9 "一带一路"共建国家跨境电商行业投资安全分析报告
.... 朱英英　白　雪 / 275

B.10 全球消费网络下物流供应链组织的地理响应 .... 肖作鹏 / 294

Ⅳ 案例研究

B.11 RCEP对中国—东盟区域合作及投资风险的影响研究
.... 广西战略性新兴产业研究基地课题组 / 312

B.12 东道国政治风险下跨国科技企业的合法性策略选择
——基于TikTok的案例研究 ...... 祝继高　姜彦辰　朱佳信 / 353

B.13 跨境并购与企业产业整合
——基于长电科技的案例研究 .... 韩慧博 / 380

Abstract .... / 404
Contents .... / 409

总报告
General Report

B.1
中国对"一带一路"共建国家投资安全态势分析（2010～2019）*

余金艳　梁昊光**

摘　要： 当前，中国对"一带一路"共建国家投资量稳中有进，范围不断扩大，但其投资安全依然受多方面因素影响，主要包括经济、金融、政治、社会、对华关系安全等因素。本研究基于相关理论基础和实践经验，收集2010～2019年相关数据，构建含五个一级指标、38个二级指标的投资安全评价模型，并以"投资安全指数"作为综合衡量中国企业对"一带一路"

---

* 中国"一带一路"投资安全研究课题组组长：计金标、梁昊光、余金艳，课题组成员：张耀军、袁胜军、祝继高、兰晓、郭艳军、薛海丽、张钦、王瑞平、白雪、张英男、宋佳芸、朱英英、李燕、安然、焦思盈、肖轩昂、秦清华、陈秀、边文佳、贺子潇、秦培富、孙安宁、张鹤曦、江训斌、刘明欣。本研究受到首都对外文化贸易与文化交流协同创新中心资助。

** 余金艳，北京第二外国语学院中国"一带一路"战略研究院副教授，主要研究方向为"一带一路"投资安全；梁昊光（通讯作者，lhg@bisu.edu.cn），北京第二外国语学院中国"一带一路"战略研究院执行院长、教授，"一带一路"数据分析与决策支持北京市重点实验室主任，北京市首都发展研究院院长，主要研究方向为"一带一路"投资安全。

共建国家投资的安全参考；基于冷热点分析，结合各国家、区域事实依据，判断投资安全在共建"一带一路"区域的集聚情况及其随时间演化趋势。结果表明，"一带一路"共建国家的投资安全指数参差不齐，各区域投资安全维度受地缘因素影响表现出不同水平，具有一定的集聚特征以及随时间变化的特点。未来应结合各区域投资安全水平，修正投资量，更好推进"一带一路"投资建设进程。

关键词： "一带一路" 对外直接投资 投资安全

一 引言

近年来，世界外向型投资的政策环境虽然已不如出口导向型增长和发展的全盛时期那样温和，但中国对外投资占全球的份额依然稳步增长。2019年，中国对外直接投资净额达1369.1亿美元，流量占全球份额达10.4%。《2019年度中国对外直接投资统计公报》显示，中国在全球对外直接投资中的影响力不断扩大，流量占全球比重连续4年超过一成，2019年流量规模仅次于日本（2266.5亿美元），成为世界第二大投资国。中国对外直接投资不仅体量大，覆盖范围也十分广泛。中国对外直接投资覆盖全球188个国家和地区，尤其对"一带一路"共建国家更是不断拓展其投资范围，实现"一带一路"建设地区投资量稳步增长。截至2019年末，中国在"一带一路"共建国家设立境外企业超过1万家，2019年当年实现直接投资186.9亿美元，同比增长4.5%，占同期流量的13.7%；年末存量为1794.7亿美元，占存量总额的8.2%。

然而，"一带一路"共建国家中，很多国家经济发展相对落后，社会经济体制建设不完善，因而缺乏有效的投资保护政策，包括中国在内的外国企业在这些国家进行投资都面临诸多风险和不确定性因素。2020年新冠疫情的全球蔓延，更是给"一带一路"共建国家的投资安全环境带来更多潜在威胁。因此，如何在已有经验上准确识别各种影响投资安全的风险因素及各地区地缘因素所导致的风险差异，进而对各国各区域的投资安全及投资量进行全方位评估，以更好地服务于"一带一路"投资建设，是亟待解决的重大课题。

为此，本文从中国对"一带一路"共建国家的对外直接投资角度，对其投资、经营过程中可能面临的安全影响因素，基于相关理论基础和实践经验，构建了含经济安全、金融安全、政治安全、社会安全、对华关系安全的五个一级指标、38个二级指标的评价模型，并以"投资安全指数"（Investment Safety Index，ISI），作为综合衡量中国企业对"一带一路"共建国家及区域投资的安全参考。基于冷热点分析，判断投资安全在共建"一带一路"区域的集聚情况及其随时间演化趋势，为中国未来对"一带一路"共建国家投资决策提供参考。

二 理论模型与研究方法

（一）指标选取与数据来源

本模型纳入了经济安全、金融安全、政治安全、社会安全、对华关系安全五个一级指标，定性定量相结合，将定性分析量化，并根据具体指标采纳相应的国际权威分析机构的打分/评级结果，提升数据来源的准确性、权威性（见图1）。

1. 经济安全指标

经济安全主要以一个国家的经济发展水平、投资贸易总环境等来衡量。经济安全是一个国家投资的长期基础，也是对外投资安全的根本保障。对外投资的经济安全指标主要从目标投资国的经济发展、波动、贸易结构等方面来衡量。具体来说，包括市场规模指数、生产能力指数、经济增长指数、经济波动指数、贸易开放度、投资开放度、出口结构指

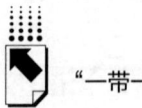

经济安全指标	金融安全指标	政治安全指标	社会安全指标	对华关系指标
·市场规模指数 ·生产能力指数 ·经济增长指数 ·经济波动指数 ·贸易开放度 ·投资开放度 ·出口结构指数 ·进口活动指数 ·通货膨胀指数	·公共债务指数 ·外债指数 ·外债出口指数 ·外债外汇指数 ·财政平衡指数 ·经常账户余额指数 ·银行贷存指数	·外部冲突指数 ·选举周期指数 ·换届平稳指数 ·事件风险指数 ·主权风险指数 ·政府治理指数 ·制度有效性指数 ·腐败指数 ·银行干预指数 ·承诺支付指数	·环境政策指数 ·教育政策指数 ·社会传统指数 ·内部冲突指数 ·法律权利指数 ·营商便利指数	·政治关系指数 ·贸易关系指数 ·投资关系指数 ·税收关系指数 ·人文交流指数 ·互免签证指数

图1 投资安全影响指标选取

数、进口活动指数、通货膨胀指数9个指标，具体指标内容及数据来源如表1所示。

表1 经济安全指标

指标名称	指标内容	数据来源
市场规模指数	GDP,反映市场规模	世界银行WDI数据库
生产能力指数	人均GDP,反映人均生产能力	世界银行WDI数据库
经济增长指数	年度GDP增速,反映经济活力	根据世界银行WDI数据库计算
经济波动指数	5年平均GDP增速,反映经济稳定性	根据世界银行WDI数据库计算
贸易开放度	(进口+出口)/GDP,反映贸易开放程度	根据世界银行WDI数据库计算
投资开放度	(外商直接投资+对外直接投资)/GDP,反映投资开放程度	根据世界银行WDI数据库计算
出口结构指数	最大的单一商品出口(2位数的SITC代码)/总商品出口,反映出口结构是否过于单一	EIU Countrydata数据库
进口活动指数	平均进口额(月),反映进口活动	EIU Countrydata数据库
通货膨胀指数	平均通货膨胀率(48个月),反映货币贬值程度	EIU Countrydata数据库

本模型对于经济安全指标数据的来源，以基础统计数据为优先选择，主要数据来源为世界银行WDI数据库和EIU Countrydata数据库。

2. 金融安全指标

金融安全指标用以衡量一国的整体金融稳定制度，主要由国家外债、外汇相关指标衡量。金融安全关联国家整体货币、经济、投资、财务状况，对我国企业对外投资也具有重要影响,一旦爆发债务危机或者金融危机,对外投资和运营都会受到严重影响。具体来说,金融安全包括公共债务指数、外债指数、外债出口指数、外债外汇指数、财政平衡指数、经常账户余额指数、银行贷存指数7个指标,具体指标内容及数据来源如表2所示。

表2 金融安全指标

指标名称	指标内容	数据来源
公共债务指数	公共债务/GDP,用以衡量国内公共部门的债务水平	根据世界银行WDI数据库计算
外债指数	总外债/GDP,用以衡量外债规模水平	根据世界银行WDI数据库计算
外债出口指数	净外债/出口,用以衡量外债负担	根据世界银行WDI数据库计算
外债外汇指数	外汇储备/短期外债,用以衡量外汇充裕程度	根据世界银行WDI数据库计算
财政平衡指数	(财政收入－财政支出)/GDP,用以衡量国家财政实力	根据世界银行WDI数据库计算
经常账户余额指数	经常账户余额/GDP,用以衡量国家对出口的依存度	根据世界银行WDI数据库计算
银行贷存指数	银行贷款存款利差(百分比),用以衡量银行盈利能力	根据世界银行WDI数据库计算

本模型对于金融安全指标数据的来源,以基础统计数据为优先选择,主要数据来源为世界银行WDI数据库。

3. 政治安全指标

政治安全指标衡量的是国家政府的稳定性和权威性,以及制度的有效性、主权风险、腐败程度、政府干预经济程度等。政治安全对经济活动影响非常大,是投资活动需要考量的重要因素。政治安全既包括来自国外的威胁(外部冲突指数),也包括领导人选举、换届所产生的影响(选举周期指数、换届平稳指数),还包括非常态的特殊事件对政治环境产生的影响(事件风险指数)、各种势力对国家主权的影响(主权风险指数),以及政府治理相关的政治治理指数、制度有效性指数、腐败指数、银行干预指数、承诺支付指数等。政府的稳定性权威性越高,治理程度越高,投资安全系数就越高。具体指标内容及数据来源如表3所示。

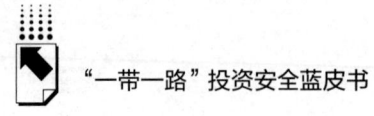

表 3　政治安全指标

指标名称	指标内容	数据来源
外部冲突指数	来自国外的行为给在位政府带来的风险。包括非暴力的外部压力,如外交压力、中止援助、贸易限制、领土纠纷、制裁等,也包括暴力的外部压力,如跨境冲突、全面战争等。0~4分,分数越高,外部冲突越严重	EIU Country Risk Model 数据库
选举周期指数	选举会导致金融市场动荡,提高国家风险,限制融资渠道,有时也会引发金融危机。0~4分,分数越高,选举周期影响越大,没有明确选举周期4分	EIU Country Risk Model 数据库
换届平稳指数	衡量首领换届是否平稳。金融危机频繁发生于政府换届时期,投资安全也会受到影响。0~4分,分数越高,换届越不平稳,安全性越低	EIU Country Risk Model 数据库
事件风险指数	非常态的特殊事件带来的潜在风险。0~4分,分数越高,特殊事件风险越大	EIU Country Risk Model 数据库
主权风险指数	国家主权的风险,如领土完整、分裂活动、叛乱、恐怖活动、有组织犯罪、联邦/地方政府关系等。主权风险消耗国家生产力及政府支付能力,以及影响政府承担债务的能力。0~4分,分数越高,主权风险越大,安全性越低	EIU Country Risk Model 数据库
政府治理指数	政府执政能力,较弱的治理能力可能导致政治不稳定、政策变化快、扰乱市场、损害投资者的权益。0~4分,分数越高,政府执政能力越弱	EIU Country Risk Model 数据库
制度有效性指数	国家制定和执行政策的有效性。如果国家缺乏有效实施政策的能力,政策的质量可能就没有多大价值。0~4分,分数越高,制度有效性越弱	EIU Country Risk Model 数据库
腐败指数	公共部门的腐败程度。政府腐败和滥用资源,对公众纳税具有抑制作用。0~4分,分数越高,政府腐败程度越高	EIU Country Risk Model 数据库
银行干预指数	评估腐败的普遍性及国家对银行体系的干预。政府腐败及过分干预银行业会严重削弱企业的盈利能力和资本充足率。大型银行的腐败、欺诈会引发其他银行挤兑,导致系统性危机。0~4分,分数越高,政府对银行干预越强,风险越高	EIU Country Risk Model 数据库
承诺支付指数	政府履行兑现支付公共债务的能力。0~4分,分数越高,政府承诺支付兑现能力越弱	EIU Country Risk Model 数据库

对政治安全的评价，需定量与定性相结合，对于专家意见的倚赖程度较高，因此，本模型对于政治安全指标数据的来源，基于已有的权威研究选取，以保障评价的准确性，主要数据来源为 EIU Country Risk Model 数据库。

4. 社会安全指标

社会安全指标主要指向国家的社会文明发展，包括种族、宗教、教育、法律、社会稳定等诸多因素，主要用以衡量社会环境对投资安全的影响。具体包括环境政策指数、教育政策指数、社会传统指数、内部冲突指数、法律权利度指数、营商便利指数等。社会文明程度越高，劳动者综合素质越高；受社会传统约束性越小、内部冲突程度越低、法律权利度和营商便利度越高，投资安全程度也就越高。具体指标内容及数据来源如表4所示。

表4 社会安全指标

指标名称	指标内容	数据来源
环境政策指数	对环境议题的重视。1~10分，分数越高，环境政策越严厉	Transformation Index of the Bertelsmann Stiftung 研究结果
教育政策指数	对教育议题的重视。1~10分，分数越高，教育政策越严厉	Transformation Index of the Bertelsmann Stiftung 研究结果
社会传统指数	对社会传统的重视。1~10分，分数越低，对社会传统重视程度越高	Transformation Index of the Bertelsmann Stiftung 研究结果
内部冲突指数	社会、种族、宗教冲突严重性。1~10分，分数越高，内部冲突程度越严重	Transformation Index of the Bertelsmann Stiftung 研究结果
法律权利度指数	法律权利度指数主要衡量的是法律的权威程度，重点考量与商业相关的担保、破产等保护借款人和贷款人权利法律。0~12分，分数越高，表明越有利于获得信贷	世界银行营商环境项目（doingbusiness.org）
营商便利指数	营商便利指数从1到189为经济体排名，第一位为最佳。排名越高，表示法规环境越有利于营商。该指数对世界银行营商环境项目所涉及的10个专题中的国家占比的简单平均值进行排名	世界银行营商环境项目（doingbusiness.org）

对社会安全的评价，需定量与定性相结合，对于专家意见的倚赖程度较高，因此，本模型对于社会安全指标数据的来源，基于已有的权威研究选取，以保障评价的准确性，主要数据来源为 Transformation Index of the Bertelsmann

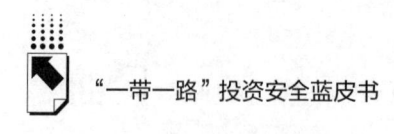

Stiftung 研究结果和世界银行的营商环境项目（doingbusiness.org）。

5. 对华关系安全指标

对华关系安全指标主要指向"一带一路"共建国家与中国的政治、经济、文化等关系，具体指标包括政治关系指数、贸易关系指数、投资关系指数、税收关系指数、人文交流指数、互免签证指数。这些关系一般以建交、签订协议的累积时长或者友好城市数量来衡量，时间越长、数量越多，表明对华关系越密切、投资安全程度越高，主要数据来源为中国政府网站和联合国商品贸易统计数据库。具体指标内容及数据来源如表 5 所示。

表 5 对华关系安全指标

指标名称	指标内容	数据来源
政治关系指数	与华建交时间	外交部《中华人民共和国与各国建立外交关系日期简表》
贸易关系指数	双边贸易进出口流量	联合国商品贸易统计数据库（UN Comtrade Database）
投资关系指数	签订双边投资协定时间	商务部《我国对外签订双边投资协定一览表》
税收关系指数	签订避免双重征税时间	税务总局《我国签订的避免双重征税协定一览表》
人文交流指数	缔结友好城市数量	中国国际友好城市联合会《世界各国与我国建立友好城市关系一览表》
互免签证指数	互免签证时间	中国领事服务网《中外互免签证协议一览表》

（二）样本选取

"一带一路"是一个开放、包容的国际区域经济合作网络，不存在完全封闭的空间范围，愿意参与的国家均可参加。依据中国政府 2015 年发布的《推动共建丝绸之路经济带和 21 世纪海上丝绸之路的愿景与行动》，"一带一路"有 65 个国家（含不丹、塞浦路斯、希腊，不含东帝汶）。《中国对外直接投资统计公报》中对"一带一路"共建国家的统计为 62 个（含东帝汶，不含不丹、塞浦路斯、希腊）。结合两者，本文的研究对象为 66 个国家，可划分为东北亚、东南亚、南亚、中亚、西亚北非、独联体其他国家、中东欧 7 个子区域。本研究报告受限于数据的可获得性，对完全缺失任一指标所有年份数据的国家,暂不列入分析样本,最终共计选取 37 个样本,具体如表 6 所示。

表 6 "一带一路"投资安全模型样本选取及数据可获得性

区域	国家	国家英文名	分析样本
东北亚	俄罗斯	Russian Federation	是
	蒙古国	Mongolia	是
东南亚	东帝汶	Timor-Leste	否
	菲律宾	Philippines	是
	柬埔寨	Cambodia	是
	老挝	Lao PDR	否
	马来西亚	Malaysia	是
	缅甸	Myanmar	是
	泰国	Thailand	是
	文莱	Brunei Darussalam	否
	新加坡	Singapore	是
	印度尼西亚	Indonesia	是
	越南	Vietnam	是
独联体其他国家	阿塞拜疆	Azerbaijan	是
	白俄罗斯	Belarus	是
	格鲁吉亚	Georgia	否
	摩尔多瓦	Moldova	是
	乌克兰	Ukraine	是
	亚美尼亚	Armenia	否
南亚	阿富汗	Afghanistan	否
	巴基斯坦	Pakistan	是
	不丹	Bhutan	否
	马尔代夫	Maldives	否
	孟加拉国	Bangladesh	是
	尼泊尔	Nepal	否
	斯里兰卡	Sri Lanka	是
	印度	India	是
西亚北非	阿拉伯联合酋长国	United Arab Emirates	是
	阿曼	Oman	否
	埃及	Egypt	是
	巴勒斯坦	Palestine	否

续表

区域	国家	国家英文名	分析样本
西亚北非	巴林	Bahrain	是
	卡塔尔	Qatar	是
	科威特	Kuwait	是
	黎巴嫩	Lebanon	是
	塞浦路斯	Cyprus	否
	沙特阿拉伯	Saudi Arabia	是
	土耳其	Turkey	是
	叙利亚	Syria	否
	也门	Yemen	是
	伊拉克	Iraq	否
	伊朗	Iran	否
	以色列	Israel	否
	约旦	Jordan	是
中东欧	阿尔巴尼亚	Albania	是
	爱沙尼亚	Estonia	否
	保加利亚	Bulgaria	否
	北马其顿	Macedonia	否
	波黑	Bosnia and Herzegovina	否
	波兰	Poland	是
	黑山	Montenegro	否
	捷克	Czech Republic	是
	克罗地亚	Croatia	是
	拉脱维亚	Latvia	是
	立陶宛	Lithuania	是
	罗马尼亚	Romania	是
	塞尔维亚	Serbia	是
	斯洛伐克	Slovakia	是
	斯洛文尼亚	Slovenia	否
	希腊	Greece	否
	匈牙利	Hungary	是
中亚	哈萨克斯坦	Kazakhstan	是
	吉尔吉斯斯坦	Kyrgyzstan	否
	塔吉克斯坦	Tajikistan	否
	土库曼斯坦	Turkmenistan	否
	乌兹别克斯坦	Uzbekistan	否

(三)模型构建

1. 数据处理

(1) 补齐缺失数据

对66个国家收集的数据中,任一指标完全缺失所有年份的数据,将不作为分析样本。对于指标中缺少部分年份数据的,采用均值替换法将中间年份缺少的数据补齐;采用回归替换法,通过散点图建立简单回归方程计算末尾年份(如2019年)缺少的数值。

(2) 数据判断

基于对应的指标,在相应的来源处获得原始数据,虽然已将定性指标定量化,但数字指标仍具有不同类型,主要包括以下三类。

其一,统计数据。是指准确的统计数字,如GDP、外债指数等,不同统计数据单位不一样,数量级和范围也有差异。

其二,打分数字。基于专家评分法的得分,如事件风险指数、教育政策指数等,不同数据来源打分标准不一样,分数区间有差异。

其三,排名数字。如营商便利指数是排名数字,只有先后次序,无具体差异标准。

(3) 标准化

对于以上不同类型、单位、区间、数量级的量化指标,需进行标准化处理后才能综合衡量。综合以上三类数据,本模型基于min-max标准化的方法,进行"修正的min-max标准化"。标准化函数如下:

$$x_i = 1 - \left| \frac{x - x_{指向值}}{max - min} \right|$$

x_i是国家i在某二级指标中的标准化数值,数值越高,此项安全得分越高,风险越低,安全性越高。$x_{指向值}$是指标的安全数据趋向。某国数据与指向值越接近,得分越高。x为初始数据,x_i为标准化数据,max为样本数据的最大值,min为样本数据的最小值。对于打分指标,max和min为打分区间的上限和下限。标准化后所有指标均落在[0,1]区间,分数越高表明投资安全性越高，投资风险越低。

2. 投资安全理论模型构建

对投资安全理论模型的构建，核心思想是指标加权的方式，对指标的赋权是难点。目前各评价体系的赋权方法和数值不统一，难以融合，定量测评难度较高；国际主流的国家风险测度机构，如标准普尔、穆迪等多采用加权平均的方法确定指标的权重，这固然简单方便、易操作性强，但是难以科学合理地反映不同指标的重要程度。

本研究拟采用主成分分析（Principal Components Analysis，PCA）与熵值法相结合的综合方法来计算各指标的赋权。主成分分析是指对一系列具有较强相关性的指标数据，通过线性组合将各个指标数据降维集中于少数几个因子上，而这些因子包含了原数据80%以上的数据信息且不具有相关性，也被命名为主成分。主成分分析的方法能够有效地简化数据集，减少数据分析中的变量选择，用新的少数主成分代替全部变量。首先对二级指标进行主成分分析，计算出五个一级指标的总得分；然后采用熵值法对五个一级指标进行权重赋值；最后根据一级指标的总得分及权重计算投资安全的最终分值，即"投资安全指数"，由投资安全指数判断投资安全的高低（分值越高，投资越安全）。

3. 一级指标总得分计算

一级指标总得分的计算，主要是通过对其对应的二级指标进行主成分分析。对于主成分的选取应该尽量多地包含原始数据的信息，通常用主成分的方差衡量主成分包含原数据信息的多少，方差越大，信息量越充足。因此一般在进行主成分分析前，首先进行KMO检验和巴特利球体检验。若拒绝原假设（各变量间相互独立），则说明可以做因子分析；若不拒绝原假设，则说明这些变量可能独立提供一些信息，不适合做因子分析。

依照此方法，以下对2019年经济、金融、政治、社会、对华关系五个一级指标分别进行总得分计算，结果如表7所示。

中国对"一带一路"共建国家投资安全态势分析（2010~2019）

表7 2019年各国投资安全一级指标总得分（百分制）

国家	经济安全	金融安全	政治安全	社会安全	对华关系安全
阿尔巴尼亚	45	60	56	73	85
阿拉伯联合酋长国	73	86	69	100	0
阿塞拜疆	3	88	31	78	38
埃及	21	56	41	24	65
巴基斯坦	44	58	39	18	89
巴林	45	21	44	25	23
波兰	68	83	79	45	97
俄罗斯	40	100	50	73	68
菲律宾	51	88	68	17	44
哈萨克斯坦	14	59	39	71	49
柬埔寨	69	75	27	76	38
捷克	68	81	88	48	11
卡塔尔	52	56	60	73	5
科威特	23	97	48	37	60
克罗地亚	46	70	80	55	49
拉脱维亚	54	53	78	62	14
黎巴嫩	42	0	29	9	12
立陶宛	65	79	76	60	51
罗马尼亚	45	74	77	68	79
马来西亚	65	76	83	66	75
孟加拉国	47	85	47	28	40
缅甸	38	81	37	24	37
摩尔多瓦	50	72	38	66	44
塞尔维亚	55	67	65	53	28
沙特阿拉伯	49	100	59	66	23
斯里兰卡	31	48	50	34	53
斯洛伐克	56	79	87	43	49
泰国	64	94	54	56	93
土耳其	38	73	52	48	76
乌克兰	36	64	16	33	60
新加坡	100	50	100	82	71
匈牙利	63	64	85	48	86
也门	0	52	0	0	1
印度	94	84	72	53	61

013

续表

国家	经济安全	金融安全	政治安全	社会安全	对华关系安全
印度尼西亚	45	75	68	50	73
约旦	48	55	54	33	9
越南	97	88	36	88	100

数据来源：作者计算。

4. 一级指标权重计算

根据投资安全理论模型中对指标权重的计算方法，本研究运用MATLAB数据处理软件计算熵值。值得注意的是，经济安全、金融安全、政治安全、社会安全、对华关系安全这五个一级指标在每年的权重是不一样的。2019年五个一级指标权重的计算结果如表8所示。

表8 2019年一级指标权重

单位：%

年份	经济安全	金融安全	政治安全	社会安全	对华关系安全
2019	17.79	5.45	11.49	30.57	35.22

数据来源：作者计算。

这一结果显示，对国家安全贡献从大到小依次是对华关系安全、社会安全、经济安全、政治安全、金融安全。对华关系是影响中国对"一带一路"共建国家投资的最重要因素。

5. 投资安全指数

根据投资安全理论模型，第 i 个国家的投资安全指数公式如下：

$$投资安全指数(ISI)_i = X_{i1} Y_1 + X_{i2} Y_2 + \cdots + X_{ij} Y_j + \cdots + X_{in} Y_n$$

其中，X_{ij} 是 i 国的第 j 个一级指标总得分，Y_j 是第 j 个一级指标的权重，m 为国家个数，n 为一级指标个数。当前研究中，$i = 1 \sim m\ (m = 50)$，$j = 1 \sim n\ (n = 5)$。

依据此方法，2010~2019年各国的投资安全指数计算结果如表9所示。

中国对"一带一路"共建国家投资安全态势分析（2010~2019）

表9　2010~2019年各国投资安全指数变化情况

区域	国家	2010年	2011年	2012年	2013年	2014年	2015年	2016年	2017年	2018年	2019年	均值
东北亚	俄罗斯	64	58	64	57	56	54	58	58	57	64	59
东南亚	新加坡	74	85	82	87	92	82	77	75	79	82	81
	越南	45	56	53	63	70	66	70	72	80	88	66
	马来西亚	53	61	57	57	67	63	64	60	66	72	62
	泰国	50	52	57	49	47	55	64	64	68	72	58
	印度尼西亚	45	42	52	46	48	49	56	53	57	61	51
	柬埔寨	22	34	45	38	51	41	48	46	48	55	43
	菲律宾	26	25	33	27	29	34	45	45	47	42	35
	缅甸	16	15	32	30	31	29	39	40	38	36	31
独联体其他国家	摩尔多瓦	26	36	31	44	49	40	43	45	45	53	41
	阿塞拜疆	26	39	48	35	35	44	45	43	40	45	40
	乌克兰	25	31	27	31	38	31	31	37	35	43	33
南亚	印度	65	41	43	47	55	47	56	58	64	71	55
	巴基斯坦	29	30	28	32	35	37	46	49	52	45	38
	斯里兰卡	27	27	37	30	29	34	41	40	45	43	35
	孟加拉国	25	24	31	23	30	29	39	39	41	35	32
西亚北非	阿拉伯联合酋长国	47	59	58	61	62	66	60	54	55	56	58
	沙特阿拉伯	48	56	60	50	50	56	56	50	52	49	53
	土耳其	56	55	54	59	54	59	61	59	54	58	57
	科威特	45	63	69	48	43	50	51	43	50	48	51
	卡塔尔	49	66	61	66	60	64	50	43	46	43	55
	埃及	35	34	36	28	23	30	33	36	37	42	33
	巴林	28	39	38	31	23	34	32	25	30	30	31
	约旦	26	32	31	31	28	35	35	32	34	31	31
	黎巴嫩	16	16	20	16	11	14	16	17	15	30	31
	也门	18	16	23	15	6	7	9	9	5	18	16
中东欧	波兰	54	58	48	49	61	61	66	68	72	73	61
	匈牙利	40	50	42	38	51	50	57	53	59	69	51
	罗马尼亚	34	45	41	38	55	57	64	61	64	69	53
	立陶宛	41	59	49	50	56	57	60	58	60	61	55
	阿尔巴尼亚	36	53	45	44	55	57	61	59	63	69	54
	克罗地亚	33	43	28	32	44	50	53	53	53	55	45
	拉脱维亚	26	43	31	36	44	40	40	37	40	45	38
	捷克	40	47	40	35	45	58	63	49	46	45	47
	塞尔维亚	17	28	20	27	32	41	48	46	46	47	35
	斯洛伐克	44	55	44	41	51	50	52	50	52	54	49
中亚	哈萨克斯坦	34	47	56	49	44	50	49	47	45	49	47
	均值	37	44	44	42	45	47	50	48	50	52	

数据来源：作者计算。

015

三 投资安全评估

（一）2019年投资安全格局

1. 国家投资安全等级

根据模型计算结果，以下将各个国家的投资安全等级由高到低分为五个级别。2019年各国投资安全评级结果及格局分布具体如表10所示。2019年，共建"一带一路"样本国家的投资安全程度不尽相同。其中，越南的ISI最高；其次是新加坡、泰国、马来西亚、印度、波兰、阿尔巴尼亚、匈牙利、罗马尼亚，评级为A；6个国家（俄罗斯、印度尼西亚、柬埔寨、土耳其、阿拉伯联合酋长国、立陶宛）处于中上水平，评级为B；菲律宾、缅甸、摩尔多瓦、阿塞拜疆、乌克兰、巴基斯坦、斯里兰卡、孟加拉国、沙特阿拉伯、科威特、卡塔尔、埃及、克罗地亚、斯洛伐克、塞尔维亚、拉脱维亚、捷克、哈萨克斯坦评级为C；约旦、巴林评级为D；黎巴嫩、也门处于极低安全水平，评级为E。

表10　2019年各国投资安全等级

等级	指数区间	国家数量	国家
A	65~100	9	越南、新加坡、泰国、马来西亚、印度、波兰、阿尔巴尼亚、匈牙利、罗马尼亚
B	55~64.9	6	俄罗斯、印度尼西亚、柬埔寨、土耳其、阿拉伯联合酋长国、立陶宛
C	35~54.9	18	菲律宾、缅甸、摩尔多瓦、阿塞拜疆、乌克兰、巴基斯坦、斯里兰卡、孟加拉国、沙特阿拉伯、科威特、卡塔尔、埃及、克罗地亚、斯洛伐克、塞尔维亚、拉脱维亚、捷克、哈萨克斯坦
D	20~34.9	2	约旦、巴林
E	0~19.9	2	黎巴嫩、也门

数据来源：作者计算。

2. 区域投资安全水平

本研究所涉及的37个样本国家涵盖7个地区，用各个区域内样本国家的投资安全指数均值代表该区域整体投资安全水平,结果如表11所示。各区域投资安全水平由高到低依次为东北亚、东南亚、中东欧、南亚、中亚、独联体其他国家、西亚北非。需要指出,受限于数据的可获得性,本文中涉及的东北亚样本国家仅有俄罗斯,中亚的样本国家仅有哈萨克斯坦,不能充分代表该区域的整体投资安全水平。因此不对这两个区域的整体投资安全水平进一步讨论。

表11 2019年各区域投资安全指数均值排名

区域	指数均值	排名	区域	指数均值	排名
东北亚	64.26	1	中亚	48.95	5
东南亚	63.42	2	独联体其他国家	47.09	6
中东欧	58.77	3	西亚北非	37.68	7
南亚	50.68	4			

数据来源:作者计算。

整体来看,2019年东南亚地区的投资安全水平较高,但该区域内各国表现仍有较大差异。其中,越南、新加坡、泰国、马来西亚表现尤为突出,投资安全指数在37个国家中的排名分别为第一、第二、第四、第五。在这些东南亚国家中,优越的地理位置、丰富的自然资源、较好经济增长前景、素质较高且价格较低的人力资源等因素,使其具有较好的投资安全环境。柬埔寨、菲律宾的投资安全指数处于中间水平。缅甸的投资安全水平较低,在37个国家中的排名为33。该国较低的投资安全水平与其民族问题与暴力冲突导致的政治社会环境不稳定以及经济体制的结构性矛盾有关。37个样本国家中,排名前十的东南亚国家以及排名第十一的印度尼西亚占东南亚样本国家总数的62.5%,说明东南亚地区整体的投资安全状况较好,但仍有缅甸等国家处于较低的投资安全水平。

中东欧地区的投资安全表现整体处于中等偏上。中东欧当地劳动者素质较高、法律环境公正性较高、税收政策优惠、政府审批效率较高以及当地融资环境和条件较好等因素不断吸引着海外投资者。在37个样本国家中排名前十的中东欧国家有波兰、阿尔巴尼亚、匈牙利、罗马尼亚，占中东欧样本国家总数的 36.4%。而排名前二十的中东欧国家有 7 个，占中东欧样本国家总数的 63.6%。其余中东欧样本国家投资安全排名均位于总样本国家的前三十名。中东欧地区内各国家的投资安全水平虽有差异，但两极分化情况并不十分严重，整体态势较好，较多国家的投资安全位于中等偏上水平。

南亚除印度外，其余国家整体投资安全水平中等偏下。在部分南亚国家，国内容易发生冲突或者政府改革立场不明确、效率低下、程序繁复和腐败都可能会大大降低南亚对外资的吸引力。另外，不确定性和不安全性也是制约国外私人投资发展的重要因素。印度的投资安全水平在所有样本国家中排名第九，巴基斯坦、斯里兰卡的排名分别为第19、第29，且孟加拉国的投资排名低至第32。虽然有印度这样投资安全水平较高的国家，但南亚的整体投资安全水平并不高，绝大多数国家的投资安全水平仍处于中等偏下。

独联体国家的投资安全水平整体较低。持续不断的武力冲突、动荡不安的政坛局势，使部分独联体国家有着较为严重的社会安全隐患。三个独联体样本国家的投资安全排名分别为第18、第24、第27，均处于中等或中等偏下的投资安全水平；且没有投资安全表现较好的国家，在一定程度上说明了独联体国家的投资安全水平整体偏低。

西亚北非地区国家的整体投资安全水平极低。战乱频繁、恐怖主义横行、政府管治能力低下等现象在西亚北非地区普遍存在。投资安全水平排名位于第30之后的西亚北非样本国家有 5 个，占西亚北非总样本国家的50%。其中，约旦、巴林、黎巴嫩、也门这四个国家为总样本排名的最后四位，投资安全水平最低；且没有投资安全水平排名位于前十的西亚北非样本国家，可见西亚北非地区的投资安全水平在世界范围内表现最差。

3. 各维度投资安全水平

2019 年各样本国家的经济、金融、政治、社会、对华关系五个维度的投资安全指数如图 2 所示。各国在不同维度的投资安全状况上有着不同的表现，并最终影响了该国的整体投资安全水平。

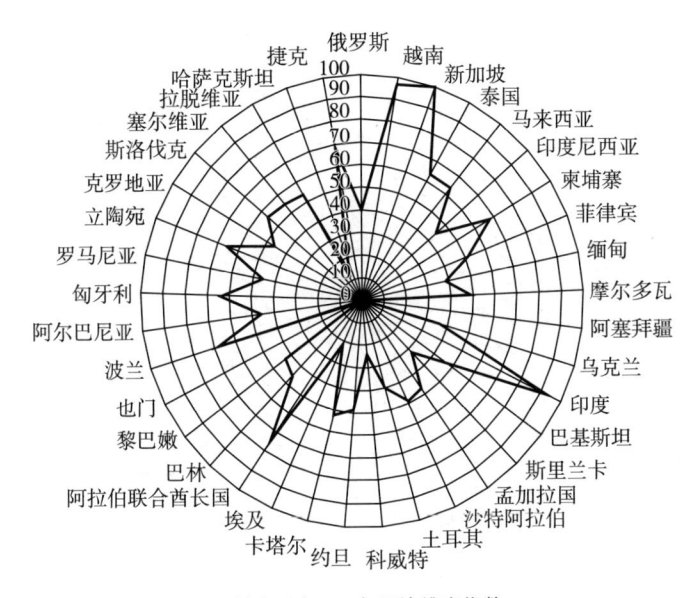

中国对"一带一路"共建国家投资安全态势分析(2010~2019)

a.样本国家2019年经济维度指数

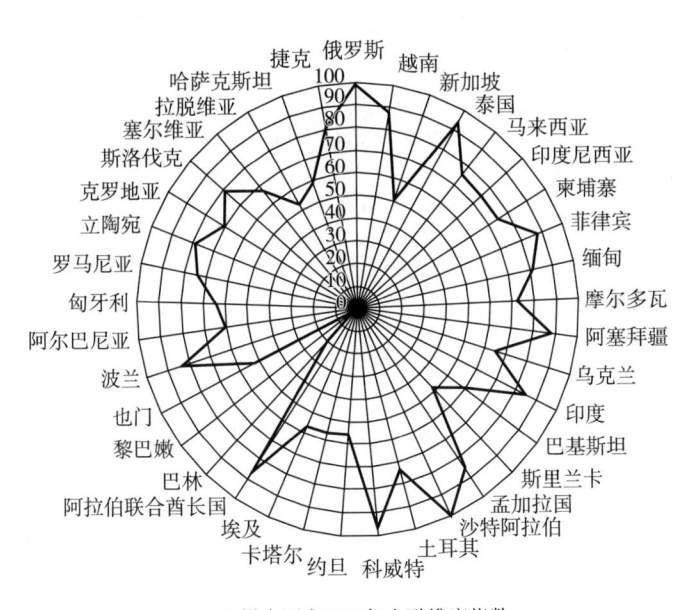

b.样本国家2019年金融维度指数

019

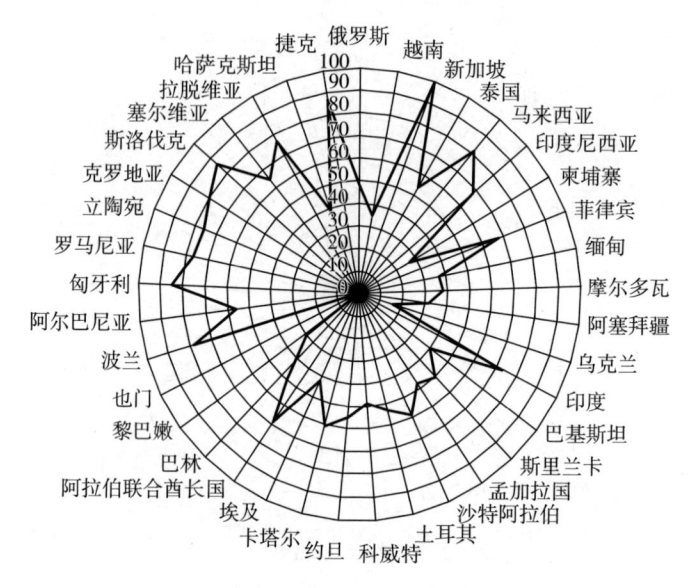

c. 样本国家2019年政治维度指数

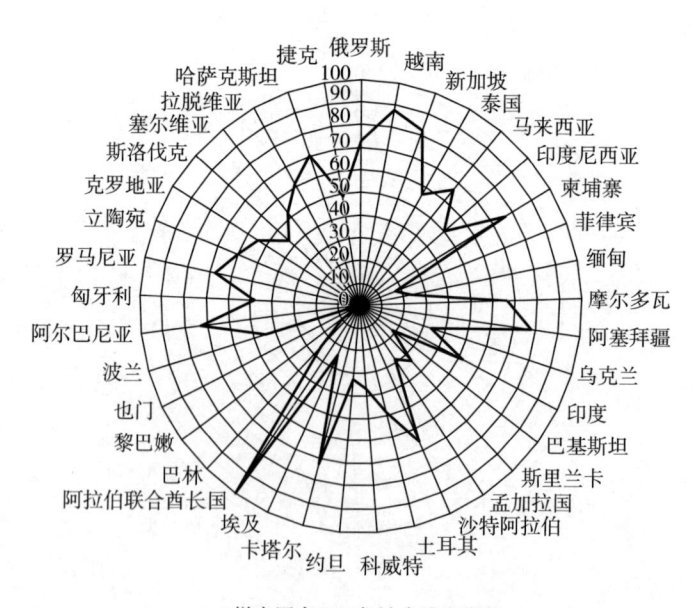

d. 样本国家2019年社会维度指数

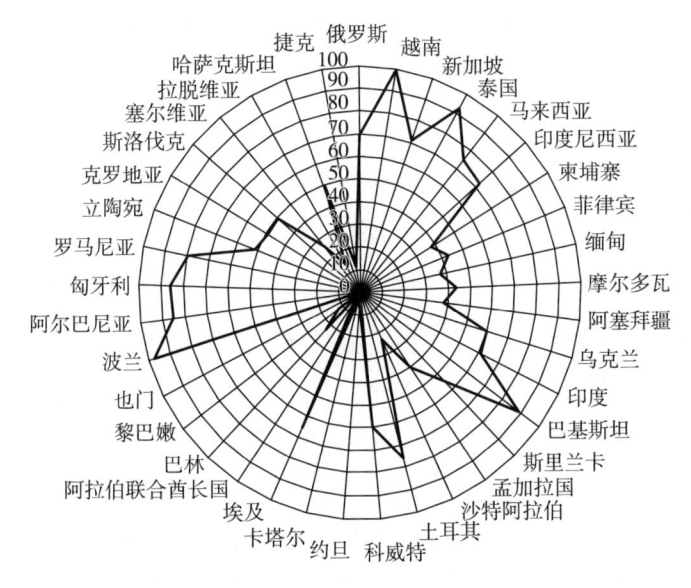

e.样本国家2019年对华关系维度指数

图 2　2019 年各样本国家各维度投资安全指数

数据来源：作者计算。

在经济安全维度上，新加坡、越南、印度等国的经济总体表现较好，经济维度的投资安全分数较高。其中，越南表现较为突出。2009 年越南的 GDP 仅为 1060 亿美元，2019 年则达到 2599 亿美元，换言之，十年间越南 GDP 增长了 1539 亿美元，增长率为 145.2%，这个数字在全球范围内属于领先水平。同时，这三个国家的综合投资安全指数位于 37 个样本国家的前列，说明国内较好的经济基础对该国的整体投资安全起到了积极作用。哈萨克斯坦、阿塞拜疆、也门等国在经济维度上的投资安全分数较低，其综合投资安全指数也位于 37 个样本国家的中下游或下游。其中，也门已经是阿拉伯国家中最贫穷的国家，该国的贫困人口占比从 2014 年的 47% 跃升至 2019 年底的 75%。联合国称也门将成为世界上最贫穷的国家。西亚北非部分国家经济体量较小或经济质量较差，将在一定程度上影响该国的整体投资安全水平。

在金融安全维度上，俄罗斯、科威特、沙特阿拉伯等国表现十分突出。

以沙特阿拉伯为代表，其持续较好的金融环境直接促进了该国的投资安全水平。黎巴嫩、巴林、约旦等西亚北非国家以及斯里兰卡、新加坡等国的金融安全表现较差。其中，西亚北非地区，除科威特、沙特阿拉伯外的多数国家金融安全水平较差，区域整体的金融安全性较低，对该区域的整体投资安全水平产生了负面影响。新加坡虽然综合投资安全指数较高，但2019年该国的公共债务指数、外债指数、外债出口指数均处于高水平，该国巨大的公共债务负担以及外债负担导致其金融安全处于较低水平。

在政治安全维度上，新加坡的分数最高，其政治稳定性和有效性也最强，为该国的安全投资环境提供了较好的政治保障。除阿尔巴尼亚、塞尔维亚外，中东欧地区国家政治安全整体表现较好，中东欧地区的整体投资安全也呈现出较好的态势，但仍应注意部分国家民粹主义力量的崛起、难民问题等可能引发的潜在政治安全风险。而所有独联体样本国家政治安全均处于较低水平，独联体国家的整体投资安全排名处于总体样本国家的末尾。例如，乌克兰政局长期动荡不定。波罗申科政府执政后，有段时间维持了国内政局稳定，但乌克兰严重的经济危机和社会矛盾在波罗申科的执政下仍无法改变，持明显亲西方和反俄罗斯立场的波罗申科，试图借助民族主义和对俄强硬挽回颓势，但民众的支持率直线下降，国内矛盾进一步激化。尤其在2019年4月的大选中，乌克兰喜剧演员泽连斯基当选总统，乌克兰开创了由"政治素人"当政的先河，为该国的政治局势带来了更多的不确定性。除此之外，各区域内均有政治安全水平较差的国家，如中亚的哈萨克斯坦、东南亚的越南与柬埔寨、西亚北非的也门等。政局不稳定给国家投资安全所带来的不利影响在世界范围内普遍存在。

在社会安全维度上，阿拉伯联合酋长国表现最好，与该国民众较强的国家认同感及政府的高度权威合法力量有关。新加坡、越南等国较好的社会安全水平也在一定程度上促进了这些国家的整体投资安全水平。以巴基斯坦为代表的所有南亚样本国家的社会安全水平均较低。例如，巴基斯坦2019年共发生近370起恐袭事件，造成518人死亡，死亡率虽比2018年有所下降，但仍位于较高水平。南亚的整体社会环境影响了该区域内的投资安全。其他部分国家，如以也门为代表的部分西亚北非国家、以斯洛伐克为代表的部分中东欧国家、东南亚的菲律宾等，其社会安全分数极低，对这些国家的投资安全造成了不利影响。

在对华关系安全上，越南、泰国、马来西亚、印度尼西亚等东南亚样本国家，波兰、匈牙利、阿尔巴尼亚、罗马尼亚等中东欧样本国家在2019年内的对华关系处于较高水平。南亚的巴基斯坦以及西亚北非的土耳其对华关系安全分数较高。而以阿拉伯酋长国为代表的多数西亚北非国家以及捷克、拉脱维亚等少数中东欧国家国的对华关系分数较低。综合来看，东南亚地区的对华关系整体较好，西亚北非的对华关系最差，其他区域内部各国的对华关系状况有较大差异。

（二）2010～2019年投资安全态势

若以每年度所有样本国家的投资安全指数平均值代表该年的整体投资安全水平，在2012年、2013年、2017年样本国家的总体投资安全指数略有下降。但在近十年内，"一带一路"共建国家投资安全水平呈现上升趋势。整体平均投资安全指数由2010年的37.3上升至2019年的51.9，提高了39.1%，投资安全状况有较明显的改善。

虽然各国投资安全态势各不相同，但呈现出一定的区域集聚性特点，冷热点分析是较好的识别空间特征集聚状态的分析方法。在该方法中，给定一组加权要素，使用局部热点分析（Getis-Ord Gi*）指数统计识别具有统计显著性的热点和冷点。热点分析会查看邻近要素环境中的每一个要素，因此，仅仅一个孤立的高值不会构成热点，单个要素以及它的邻居都是高值才算是热点。热点分析（Getis-Ord Gi*）的计算公式为：

$$G_i(d) = \sum_{i=1}^{n} w_{ij}(d)x_j / \sum_{j=1}^{n} x_j$$

$G_i(d)$表示每一个空间单元i的统计量，是基于距离权重的条件下与每个空间单元j的相关程度；$w_{ij}(d)$是基于距离d范围内的空间相邻权重矩

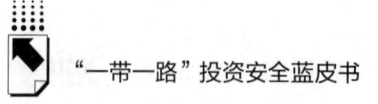

阵。$G_i(d)$ 标准化处理为：

$$Z(G_i) = [(G_i(d)) - E(G_i)] / \sqrt{VAR(G_i)}$$

z 得分和 p 值都是统计显著性的度量，用于逐要素地判断是否拒绝零假设。如果要素的 z 得分高且 p 值小，则表示有一个高值的空间聚类。如果 z 得分低并为负数且 p 值小，则表示有一个低值的空间聚类。z 得分越高（或越低），聚类程度就越大。如果 z 得分接近于零，则表示不存在明显的空间聚类。此方法可用来分析"一带一路"共建国家投资安全高低的集聚情况。本文选取 2010 年、2013 年、2016 年、2019 年的各国 ISI 在 Supermap 软件中进行冷热点计算分析。

冷热点分析结果表明，投资安全呈现出以东南亚为核心的热点区，且随着时间的推移，东南亚地区的投资安全集聚程度不断加深，热点范围不断扩大。该地区的整体投资安全水平不断提高，对周边区域产生了较强的辐射作用。投资安全冷点区主要集中在独联体国家、西亚北非地区，且西亚北非地区的投资风险呈现进一步集聚的趋势。

投资安全的五个一级指标——经济安全、金融安全、政治安全、社会安全、对华关系安全，各维度的投资安全水平同样呈现出一定的空间聚集性及时空演化趋势。

经济安全冷热点格局中，热点区主要集中在南亚地区以及东南亚地区，两者的投资安全热点集聚程度随时间的推移呈现出由高至低、近年来集聚程度再次加深的趋势；即东南亚和南亚的经济安全水平经历了由高水平到有所下降，再到逐渐回升的态势。其中，印度的经济发展对南亚地区经济安全影响最为显著。印度在 2013 年前后遭遇"增长陷阱"，经济安全较长时间处于较低水平。近年来，随着印度经济逐步适应新的改革措施，以及莫迪政府积极推动提升印度经济的开放性、市场化和透明度，加大基础设施投资力度，吸引外国投资等举措取得成效，印度经济增速逐步恢复，预计未来几年将保持在 7% 以上。在东南亚地区，越南、马来西亚、新加坡等主要经济体的积极影响作用明显，尤其是越南经济安全水平迅速提高以及新加坡一直以来经济表现较好。经济安全冷点区主要集中在西亚北非，2019年该地区的投资风险集聚程度有所缓解，但其投资安全仍处于较低水平。

金融安全冷热点格局变化中，热点区集中在东南亚、南亚及西亚北非部分地区。其中东南亚地区的金融安全在2016年前后呈现较强的空间集聚，但近年来程度减弱，对周边地区金融安全的辐射作用下降，金融安全水平下降。以沙特阿拉伯为代表的部分西亚北非地区的金融安全集聚程度由最初的高水平，逐渐下降至水平不显著，该地区的金融安全优势已逐渐消失。金融安全的冷点区集中在独联体国家及部分西亚北非地区，其金融安全持续处于低水平。中东欧地区在最初存在冷点区，但后来逐渐消失，证明其金融安全有所好转，但仍未到达较高水平。

政治安全冷热点格局变化中，热点区集中在东南亚部分地区以及中东欧地区。其中，中东欧政治安全集聚性始终较强，且水平较高，欧盟、北约在政治上的凝聚力量发挥了一定的作用。政治安全冷点区集中在独联体国家和西亚北非地区，动荡的政坛局势使该地区近年来的政治危险聚集程度不断加深。

社会安全冷热点格局变化中，热点区主要集中在东南亚地区，且近年来态势更加向好。社会安全冷点区在前期主要集中在南亚及中东欧地区，近年来集中在西亚北非地区及独联体国家，西亚北非及独联体国家的政治风险加深进一步引起了社会风险的集聚效应。

对华关系安全冷热点格局变化中，热点区在前期集中在中东欧地区，但其集聚效应已逐渐消失，中东欧地区普遍的对华关系安全有所下降。近年来的对华关系安全热点区集中在东南亚，且集聚程度不断增强，其整体对华关系安全已处于较高水平。对华关系冷点区持续集中在西亚北非地区，虽集聚程度有所减弱，但该地区的对华关系安全仍处于低水平。

（三）区域投资安全态势

以每年度某区域内样本国家的投资安全指数平均值代表该年该区域的整体投资安全水平，2010~2019年7个区域整体投资安全指数变化趋势如图3

所示。总的来看，除东北亚俄罗斯的投资安全水平稍有下降外，所有区域的投资安全水平均出现不同程度的上升趋势。独联体其他国家十年内的上升幅度最大，为84.8%；其次为中东欧国家，上升幅度为61.7%；东南亚国家的投资安全指数上升幅度为53.9%；南亚国家的投资安全指数上升幅度为33.2%；中亚、西亚北非的投资安全指数上升幅度分别为11.32%、2.4%。各区域的上升幅度及十年内的变化趋势有所差异，取决于各国内部的经济、金融、政治、社会、对华关系的具体表现。

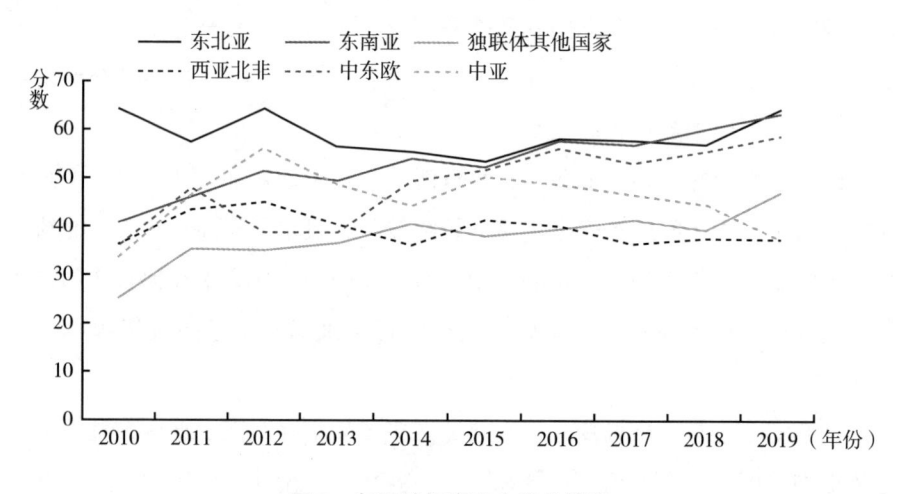

图3 各区域投资安全变化情况

1. 独联体国家各维度投资安全演化趋势

独联体国家投资安全指数上升最多，幅度为84.8%。但独联体各国在2010年的投资安全指数远低于其他地区国家，即使其投资安全状况大幅度提高，在2019年时仍处于较低水平。

以独联体样本国家在某一维度投资安全分数的平均值代表独联体国家在该维度的投资安全水平，各个维度的投资安全水平变化情况如图4所示。总的来看，独联体国家的金融安全水平与其他维度相比较高，有不断上升趋势。这与乌克兰等国逐步放开货币市场管制有关。但其政治安全、经济安全、社会安全处于极低水平。独联体国家的社会、政治安全水平起伏较大，对华关系安全较稳定，没有明显改善。

中国对"一带一路"共建国家投资安全态势分析(2010~2019)

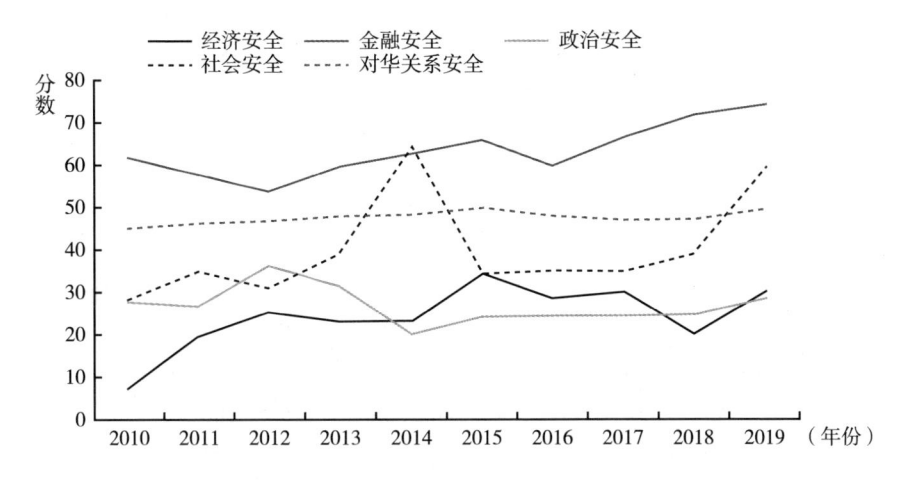

图4 独联体区域各维度投资安全分数变化

具体来看，独联体各国在各维度的投资安全表现不一，如图5所示。阿塞拜疆的经济安全呈现恶化趋势。2015年，石油价格大幅下降，阿塞拜疆的GDP首次出现负增长，对外贸易持续萎靡，其经济状况至今难以恢复。乌克兰的政治安全水平逐年下降，社会安全一直处于极低水平，主要原因在于乌克兰政治体制存在诸多不稳定因素。乌东冲突对国内政治、社会安全构成严重威胁，政府对议会的控制力较弱，导致经济改革难以推进，寡头政治和腐败的问题难解。经济不景气以及动荡的局势使乌克兰国内失业率居高不下、暴力犯罪率持续上升，投资面临较大的社会风险。独联体样本国家的对华关系安全十年来几乎没有进展。除阿塞拜疆近年来的金融安全水平与社会安全水平表现较好外，其他独联体样本国家各维度的投资安全水平发展缓慢甚至停滞。

2. 东南亚各维度投资安全演化趋势

东南亚地区的平均投资安全指数提升幅度较大，为53.9%，区域内所有国家的投资安全水平均有所改善。以东南亚样本国家在某一维度投资安全分数的平均值代表东南亚国家在该维度的投资安全水平，各个维度的投资安全水平变化情况如图6所示。总的来看，东南亚国家的对华关系安全一直处于较高水平；经济、金融、政治安全在十年内大幅度提升；社会安全在个别

027

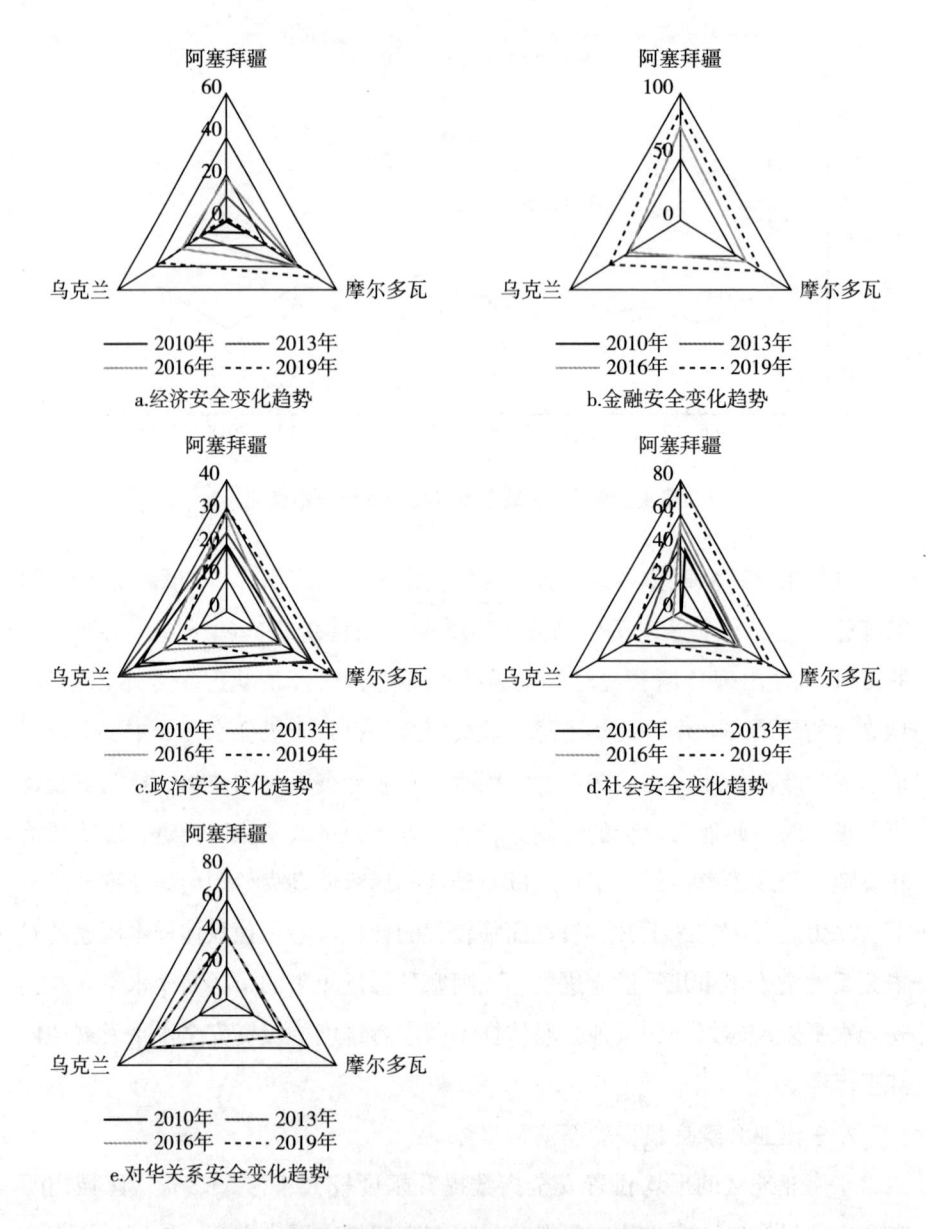

图 5　独联体样本国家各维度投资安全分数变化

年份出现波动，但整体为向好态势。各维度投资安全分数的提升促使东南亚成为全球范围内投资安全水平较高的地区。

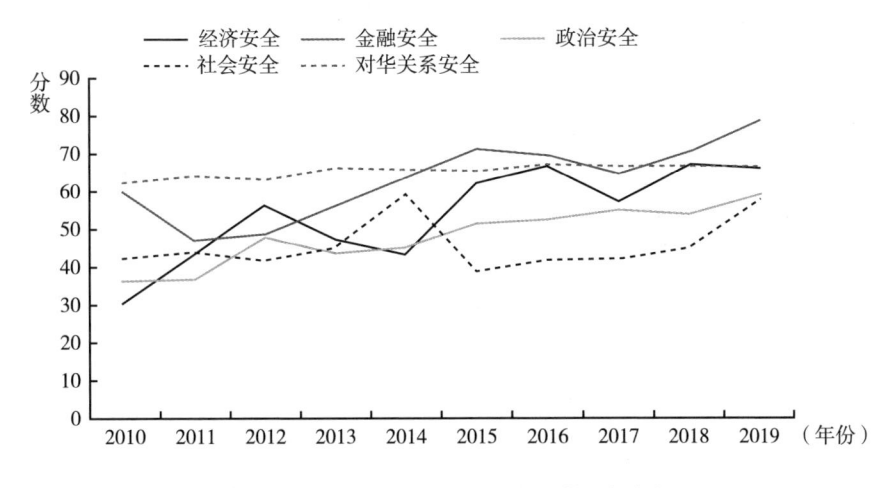

图6 东南亚区域各维度投资安全分数变化

如图7所示，大部分东南亚国家在各维度的投资安全分数均呈上升趋势。其中，新加坡的投资安全始终处于极高水平。新加坡的政局稳定，对外资较为友善，间接征收和汇兑限制风险较低，恐怖主义威胁较小，社会治安较好，经济持续稳定增长，对外资吸引力较强。越南近年来表现十分突出，是样本国家中综合投资安全指数提升幅度最大的国家，其提升幅度为97.2%，经济、金融、对华关系、社会安全均提升至较高水平。越南在2018年甚至超过新加坡成为投资安全水平最高的国家。原因主要在于越南的市场规模指数、生产能力指数在十年内呈现成倍的增长。数量充足且价格低廉的劳动力、较低的税务负担以及以橡胶为代表产物的丰富的自然资源市场，使越南越来越成为世界范围内重要的"制造工厂"。同时，越南拥有狭长的海岸线和众多港口，极大促进了其海运便利。生产及贸易的优势使其出现了较快的经济增长，并带动了国内金融、社会等各方面的发展，国内投资安全水平极大提升。但其政治安全始终处于较低水平且发展缓慢，可能成为未来限制该国投资安全进一步提升的因素。

部分东南亚国家的某些投资安全维度表现较差。例如柬埔寨的金融安全、菲律宾的经济安全等，呈现下降趋势。综合投资安全指数排名第一的新

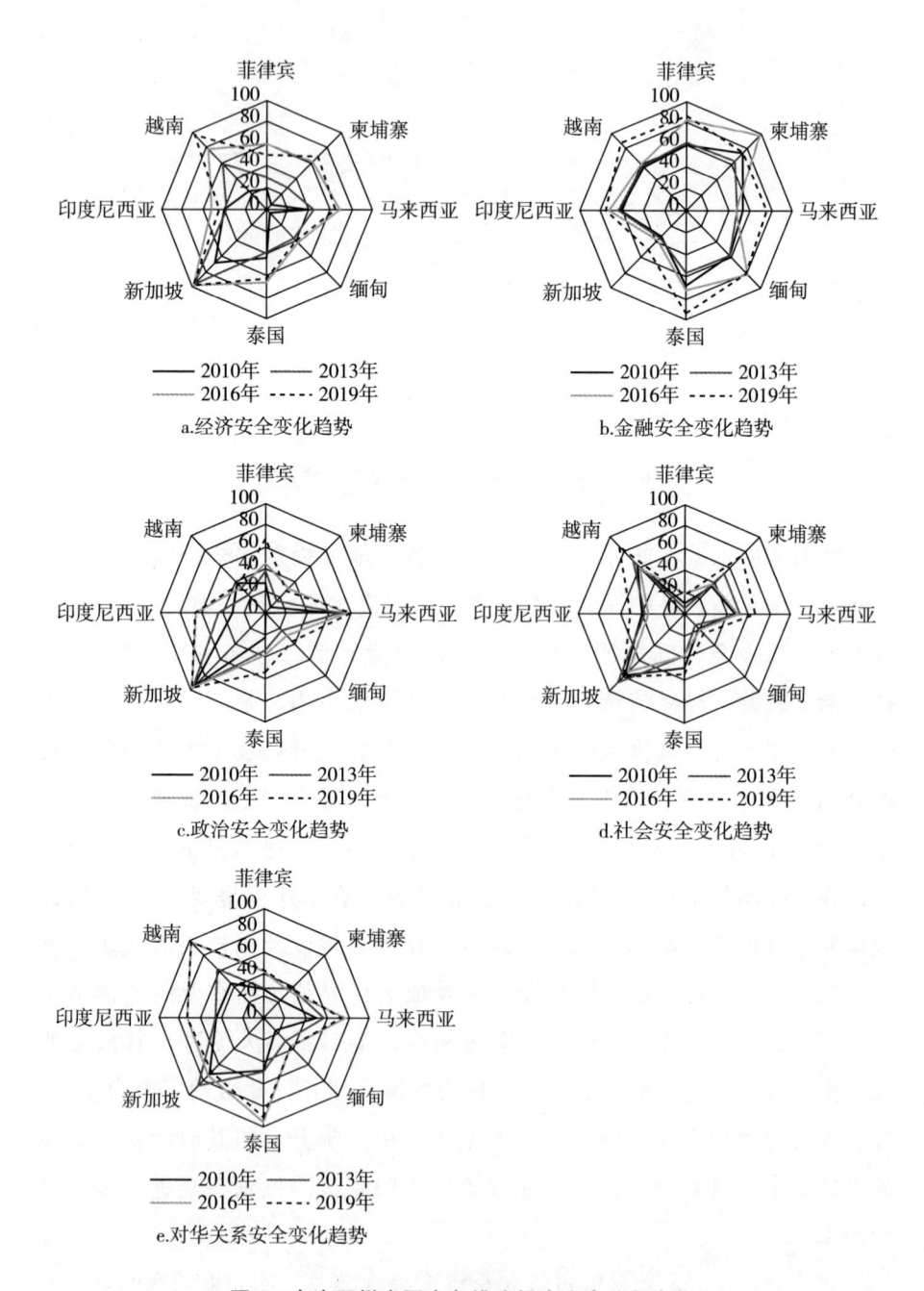

图7 东南亚样本国家各维度投资安全分数变化

加坡，其金融安全表现不佳，主要是由于新加坡的公共债务水平及外债水平一直较高。即使该国有着较为成熟的资本金融市场，其较重的债务负担也将影响该国的投资安全水平。

3. 中东欧各维度投资安全演化趋势

中东欧地区的投资安全指数在近十年的增长幅度为61.74%，且区域内绝大多数国家的投资安全变化趋势极为相似。如在2011年，区域内所有样本国家的投资安全水平均出现了下降，且下降幅度相近；2013年，区域内所有样本国家的投资安全水平均出现了上升，且上升幅度相近。中东欧国家在过去纷纷加入欧盟和北约，各类联盟使中东欧国家在很大程度上呈现出"一荣俱荣、一损俱损"的局面。同时，中东欧国家的历史进程有着相似之处，都曾被出现在该区域的四大帝国统治，近代以来均受到苏联模式的主导。中东欧各国的社会环境和文化背景的众多相通之处，使各国的投资安全演变趋势呈现出一定的相似性。

以中东欧样本国家在某一维度投资安全分数的平均值代表中东欧国家在该维度的投资安全水平，各个维度的投资安全水平变化情况如图8所示。中东欧地区的政治安全始终较高，且呈现上升趋势；经济、金融、政治安全整体呈上升趋势，但起伏较大。尤其是经济安全在2012年之后出现了大幅度下滑，至2015年有所提升。中东欧地区经济长期依靠欧元区市场，当时各国国内需求不足，导致该地区经济安全走势与欧元区的经济状况息息相关。欧元区在2012年经济出现明显衰退，对中东欧地区经济的冲击也非常明显。而在2015年，中东欧四国——波兰、捷克、匈牙利、斯洛伐克的经济增长迅速，得益于国内需求增加、欧盟资金的使用等因素。在对华关系安全维度上，中东欧地区最初是该维度的投资安全热点区，但后来热点程度逐渐消失，近年来甚至出现了冷点区，表明中东欧的对华关系有所下降。最初对华关系安全热点集聚的出现，与2012年中国与中东欧16国领导人会晤机制即"16+1"模式的建立息息相关，该机制在一定程度上促进了中国与中东欧的友好关系。而近年来，中东欧对华关系安全水平有所下降，给中国与中东欧的友好关系带来了更多的不确定性。尤其是捷克、斯洛伐克等国家的对华关系安全始终处于较低水平，这可能对我国未来在中东欧地区的投资安全产生一定影响。

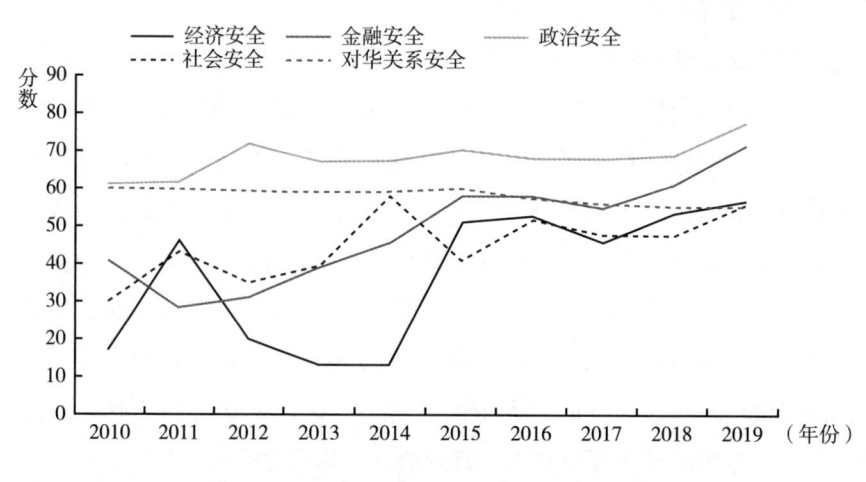

图8 中东欧区域各维度投资安全分数变化

中东欧样本国家在各维度的投资安全分数变化情况如图9所示。中东欧大部分样本国家的各维度投资安全变化趋势相似，除对华关系安全外，均为向好态势。但有少部分样本国家异常，例如波兰的政治安全近年来有所下降，这与波兰国内政治改革引发争议并进一步导致其与欧盟关系疏远有密切关系。

4. 南亚各维度投资安全演化趋势

南亚地区的平均投资安全指数在近十年的增长幅度为33.2%，低于样本总体平均增长幅度。以南亚样本国家在某一维度投资安全分数的平均值代表南亚国家在该维度的投资安全水平，各个维度的投资安全水平变化情况如图10所示。南亚整体对华关系安全处于较低水平；经济安全分数有一定提高，但是十年内起伏较大，2013年和2017年分别出现了大幅度下滑；金融安全和政治安全上升幅度较小，且有明显波动；社会安全在十年内呈现下降趋势。整体来看，南亚地区各维度投资安全表现都不容乐观。

南亚区域内各国的投资安全水平都呈现了不同程度的增长。南亚样本国

中国对"一带一路"共建国家投资安全态势分析（2010~2019）

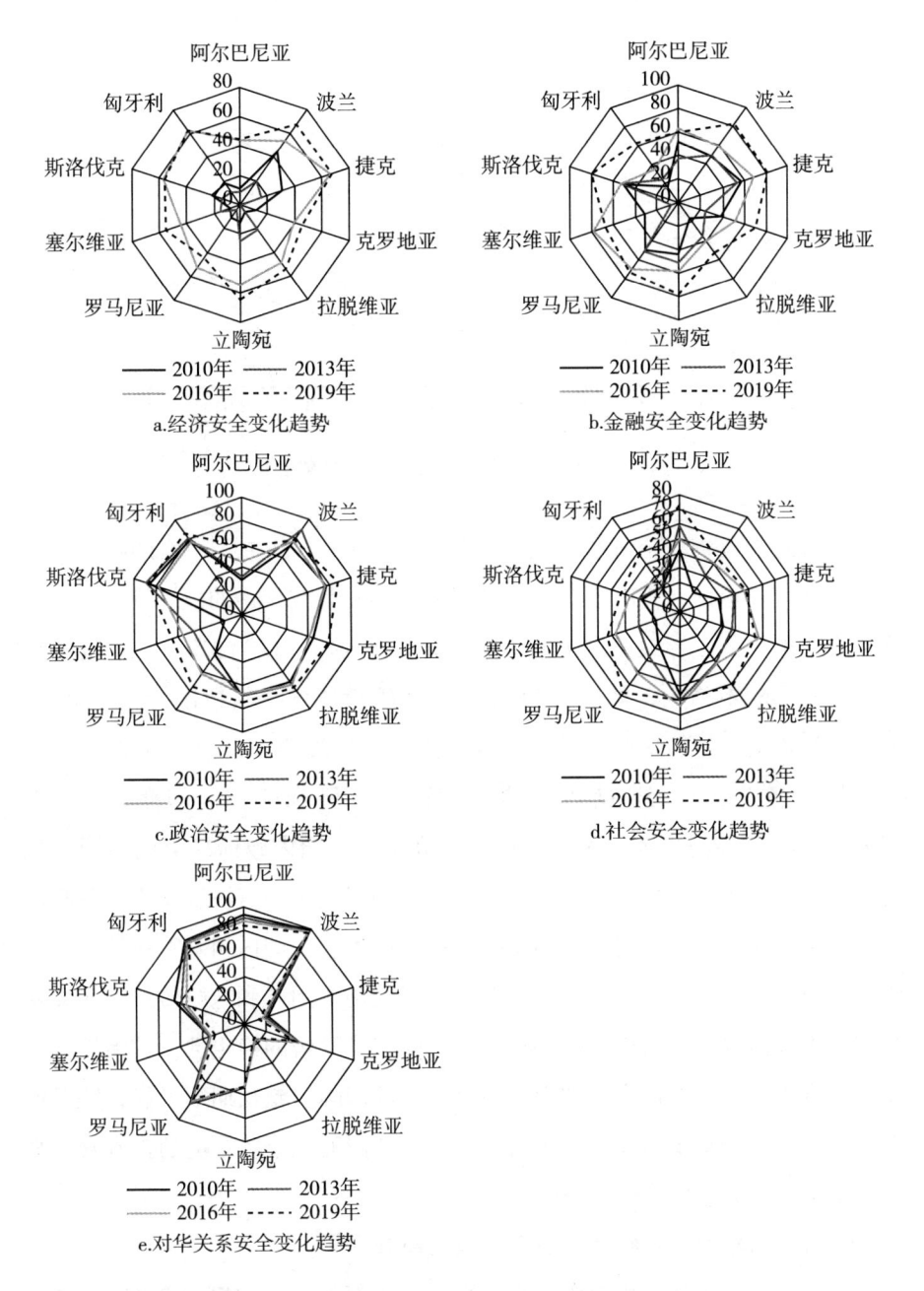

图9　中东欧样本国家各维度投资安全分数变化

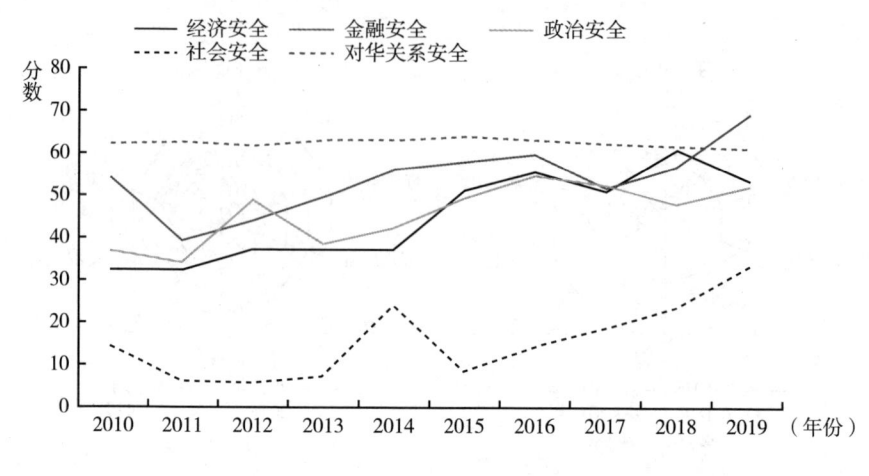

图10 南亚区域各维度投资安全分数变化

家在各维度的投资安全分数变化情况如图11所示。其中，印度的投资安全水平虽在南亚地区一直处于较高水平，但该国在某些年份的投资安全指数出现了大幅度下降，导致该国十年的投资安全指数增长仅为2.7%。印度的投资安全水平较不稳定，如在2011年，印度的投资安全指数由65.3下降到41.1，投资安全排名从样本国家的第2名降到第22名；2015年，其投资安全指数从54.94下降到47.06，排名从第10下降到第21。印度几次遭遇"增长困境"，经济增速下滑，通胀率居高不下；国内政治局势的不稳定也对其投资安全水平产生了极为不利的影响。斯里兰卡的经济安全水平与政治安全水平近年来出现下滑。政治安全方面，斯里兰卡国内两党——统一国民党和自由党虽实现了联合执政，但两党之间的历史问题和施政传统的差异在短期内难以消除，且自由党内部存在分裂隐患，联盟的稳定性、政治局势的安全性难以保证。经济安全方面，斯里兰卡的国际收支长期不平衡，缺乏资金成为制约其经济安全发展的主要瓶颈。其他南亚国家各维度的投资安全水平略有增长，但整体水平仍较低。

5. 西亚北非地区各维度投资安全演化趋势

西亚北非地区的平均投资安全指数在近十年的增长幅度为2.4%，增长较慢，远低于所有样本国家39.1%的投资安全提高水平。以西亚北非样本

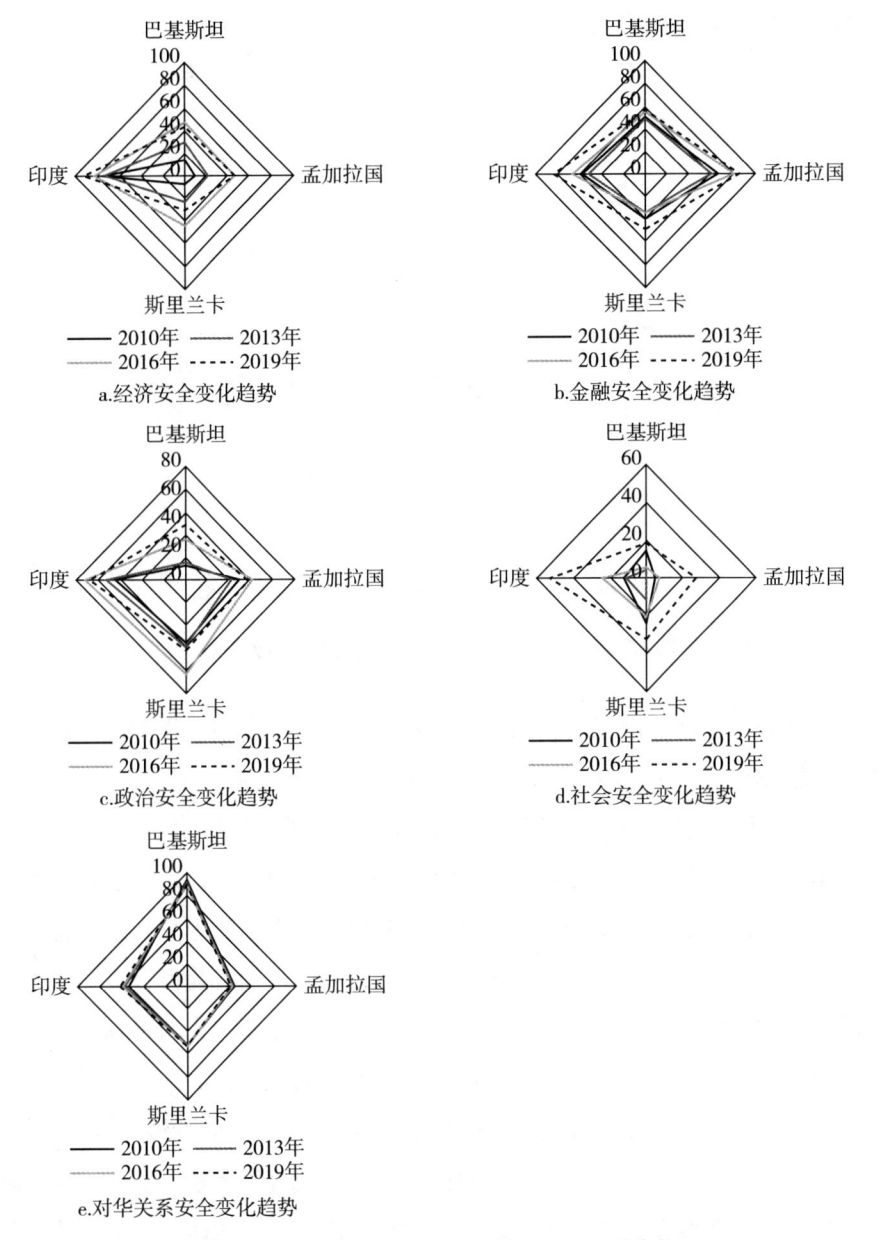

图 11 南亚样本国家各维度投资安全分数变化

国家在某一维度投资安全分数的平均值代表西亚北非地区在该维度的投资安全水平，各个维度的投资安全水平变化情况如图12所示。西亚北非地区的平均经济安全和金融安全分数有一定程度上升，但波动幅度较大；社会安全与政治安全分数出现了不同程度的下降，尤其是社会安全恶化较为严重；对华关系安全基本保持平稳。

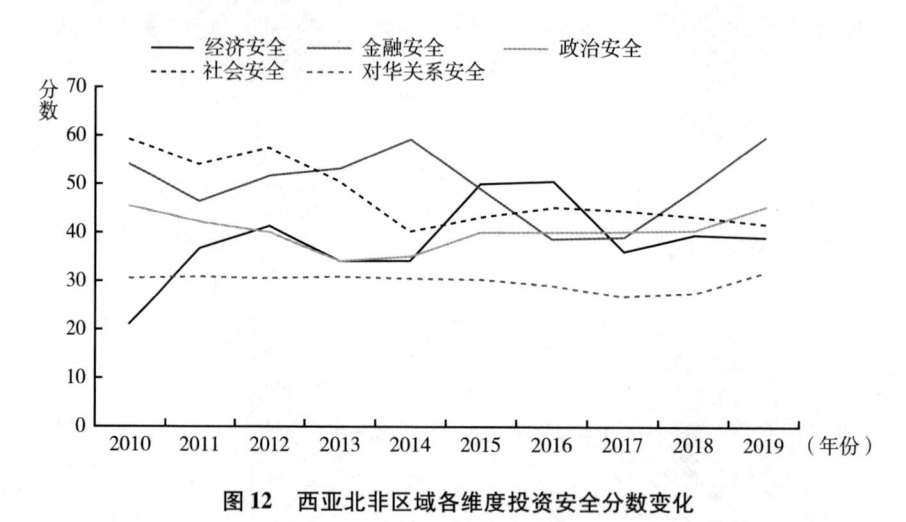

图12 西亚北非区域各维度投资安全分数变化

大多数西亚北非国家的各维度投资安全水平出现了不同程度的下降。其中，卡塔尔、也门的投资安全水平总体呈现下降趋势，下降幅度分别为81.3%、12%，也门的投资安全水平恶化最为严重。2017年，海湾七国与卡塔尔断交，外交政治的不确定性对其国内投资环境产生了一定的负面影响，该国各维度的投资安全水平均进一步恶化。而也门的国家状况更是不容乐观，政府腐败、国民贫穷、社会混乱等问题都使也门成为投资安全水平极低的国家。除埃及、科威特、土耳其外，其他西亚北非国家的对华关系安全水平极低，将对中国在该地区的投资产生不利影响。

部分西亚北非国家的某些维度投资安全水平较高。如沙特阿拉伯、科威特的金融安全，阿拉伯联合酋长国的社会安全，一直处于较高水平。沙特阿拉伯作为中国在西亚北非地区的第一大贸易伙伴，其金融体系完善发达。科威特国内也是如此，金融业为该国非石油行业最大的领域。阿拉伯联合酋长国未出现过任何重大的基于社会、种族、宗教差异的社会暴力冲突事件。该国政府的高度合法地位以及该国内部紧密一致的国家认同感也保证了未来较

中国对"一带一路"共建国家投资安全态势分析（2010~2019）

高的社会安全水平。但由于这些国家其他维度投资安全的短板明显，其综合投资安全指数仍较低。

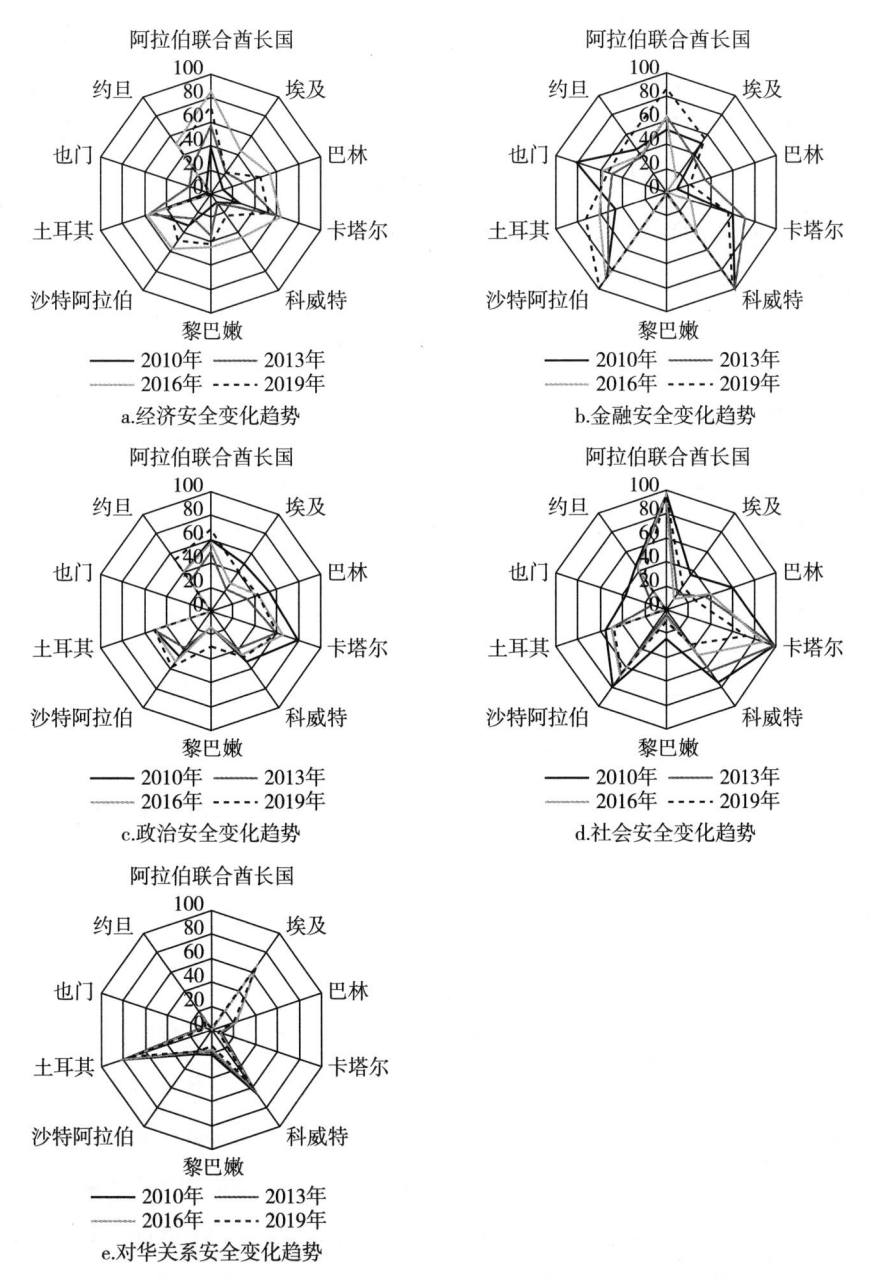

a.经济安全变化趋势

b.金融安全变化趋势

c.政治安全变化趋势

d.社会安全变化趋势

e.对华关系安全变化趋势

图13 西亚北非样本国家各维度投资安全分数变化

037

（四）投资安全与投资量关联性分析

从我国 2010 年、2013 年、2016 年、2019 年对"一带一路"共建国家的投资存量，结合投资安全指数来看，新加坡是所有国家中投资安全指数最高（除 2018 年）、投资存量最大的（如图 14 所示）。为更有效分析绝大部分"一带一路"共建国家的投资安全指数与投资存量关联性，以下各年度用于关联性分析的散点图均剔除新加坡，从而更清楚直观地呈现"一带一路"共建国家的投资安全指数与投资存量关联性。

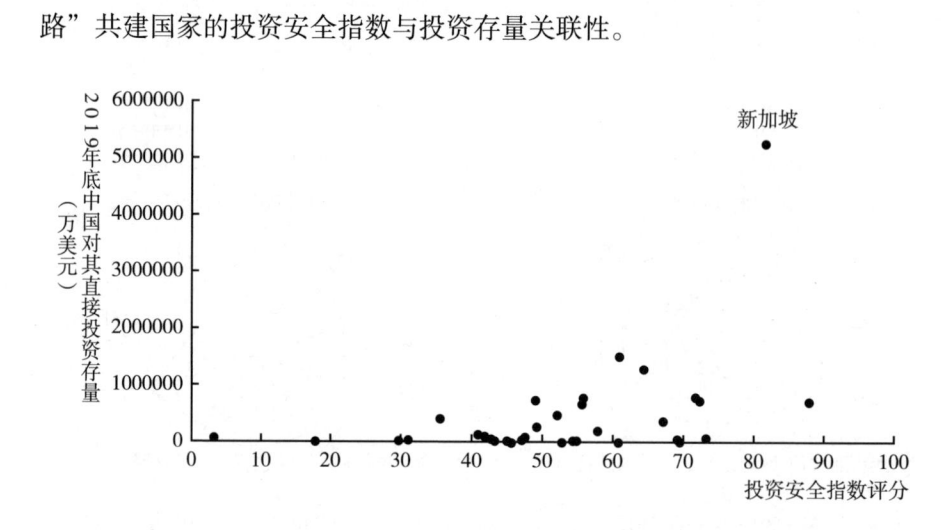

图14 "一带一路"共建国家 2019 年投资安全指数与投资存量关联性

数据来源：作者计算。

1. 2010 年投资安全与投资量关联性

对于新加坡以外的"一带一路"共建国家，如图 15 所示，俄罗斯的投资存量较大，超过 20 亿美元，且俄罗斯的投资安全指数相对较高。印度尼西亚、越南、阿拉伯联合酋长国、泰国、马来西亚、土耳其等国，是投资安全指数和投资存量均位列中等的国家，发展潜力大，也需重点关注其投资安全。印度的投资安全指数高，但投资存量相对较少，是"一带一路"建设中可以重点开拓的区域。缅甸、巴基斯坦、哈萨克斯坦等国的投资存量较高，但安全指数偏低，对该类地区进行投资时应采取谨慎态度。

中国对"一带一路"共建国家投资安全态势分析（2010~2019）

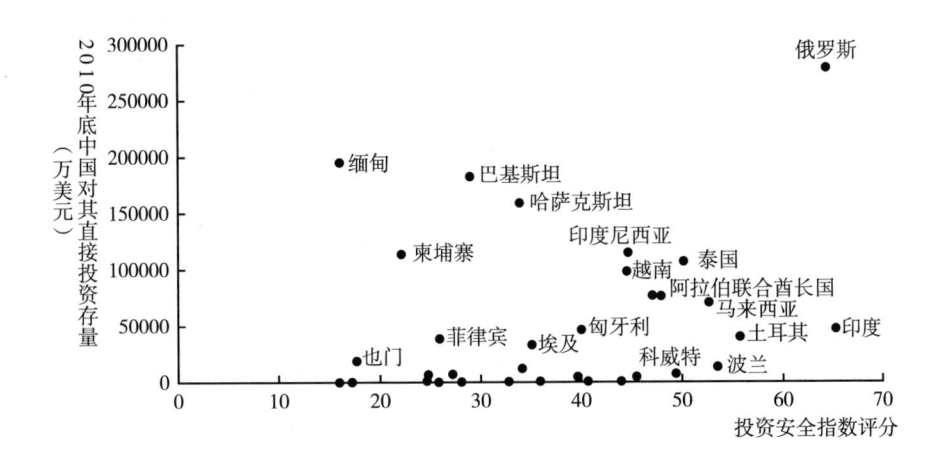

图15 "一带一路"共建国家2010年投资安全指数与投资存量关联性（不含新加坡）

数据来源：作者计算。

2. 2013年投资安全与投资量关联性

根据2013年我国对"一带一路"共建国家的投资存量，结合投资安全指数来看，新加坡是所有国家中投资安全指数最高、投资存量最大的。对于新加坡以外的"一带一路"国家，如图16所示，俄罗斯、哈萨克斯坦的投资存量均较大，均超过60亿美元，但俄罗斯的投资安全指数较2010年有所下降，哈萨克斯坦的投资安全评级仅为C。印度尼西亚、泰国、印度、沙特阿拉伯、马来西亚等国，是投资安全指数和投资存量均位列中等的国家，发展潜力大，也需重点关注其投资安全。越南以及阿拉伯联合酋长国、土耳其、卡塔尔等西亚北非国家，投资安全指数高，但投资存量相对较少，是"一带一路"建设中可以重点开拓的区域。缅甸、柬埔寨、巴基斯坦等国投资存量较高，但安全指数偏低，应注意防范其投资风险。

3. 2016年投资安全与投资量关联性

根据2016年我国对"一带一路"共建国家的投资存量，结合投资安全指数来看，新加坡是所有国家中投资安全指数最高、投资存量最大的国家。对于新加坡以外的"一带一路"国家（如图17所示），俄罗斯、印度尼西亚的投资存量均较大，均超过90亿美元，但俄罗斯的投资安全指数评级为

039

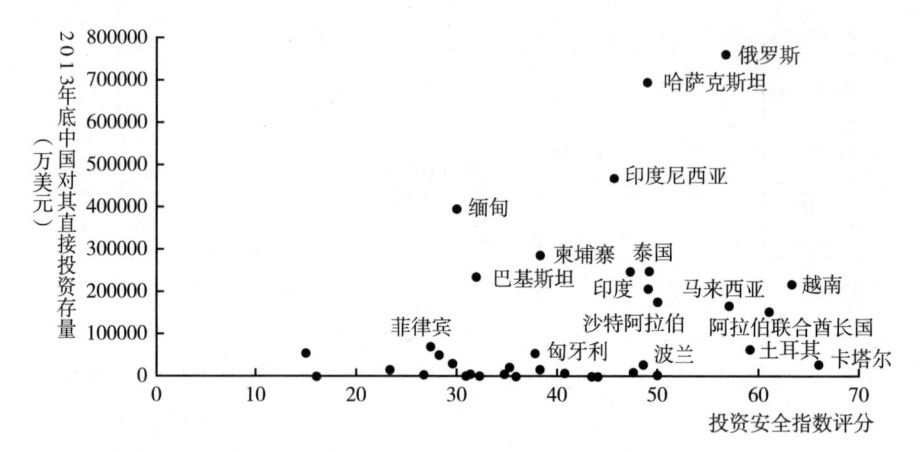

图16 "一带一路"共建国家2013年投资安全指数与投资存量关联性（不含新加坡）

数据来源：作者计算。

B，并没有达到最优的投资安全水平。泰国、越南、马来西亚、阿拉伯联合酋长国是投资安全指数和投资存量均相对较高的国家。哈萨克斯坦、印度、沙特阿拉伯等国，是投资安全指数和投资存量均位列中等的国家，发展潜力大，也需重点关注其投资安全。以波兰为代表的中东欧国家投资安全指数高，但投资存量相对较少，是"一带一路"建设中可以重点开拓的区域。缅甸、柬埔寨、巴基斯坦等国投资存量较高，但安全指数偏低。

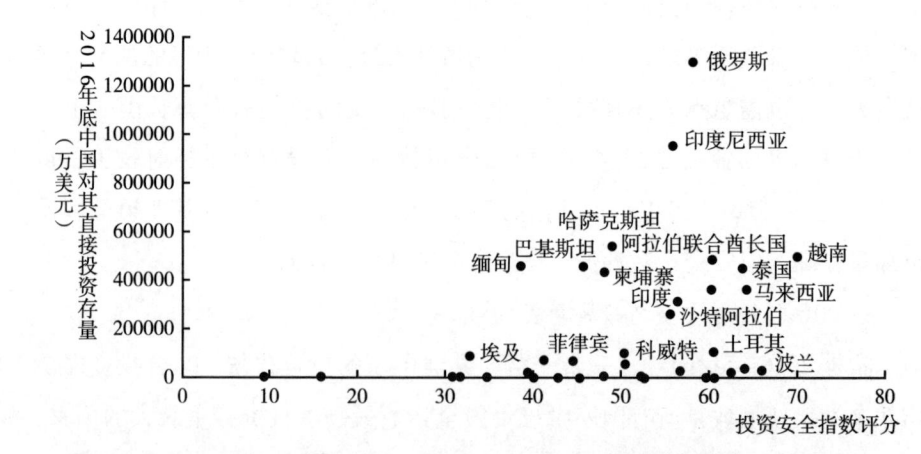

图17 "一带一路"共建国家2016年投资安全指数与投资存量关联性（不含新加坡）

数据来源：作者计算。

4. 2019年投资安全与投资量关联性

根据2019年我国对"一带一路"共建国家的投资存量，结合投资安全指数来看，新加坡是所有国家中投资安全指数最高、投资存量最大的国家。对于新加坡以外的"一带一路"国家，如图18所示，印度尼西亚、俄罗斯的投资存量均较大，超过120亿美元，但俄罗斯、印度尼西亚两国的投资安全指数均未达到最优水平。越南、马来西亚、泰国、印度是投资安全指数和投资存量均相对较高的国家。哈萨克斯坦、阿拉伯联合酋长国、柬埔寨等国，是投资安全指数和投资存量均位列中等的国家，发展潜力大，也需重点关注其投资安全。以波兰为代表的中东欧很多国家，投资安全指数高，但投资存量相对较少，是"一带一路"建设中可以重点开拓的区域。缅甸等国投资存量较高，但安全指数偏低，在投资决策时需谨慎考虑。

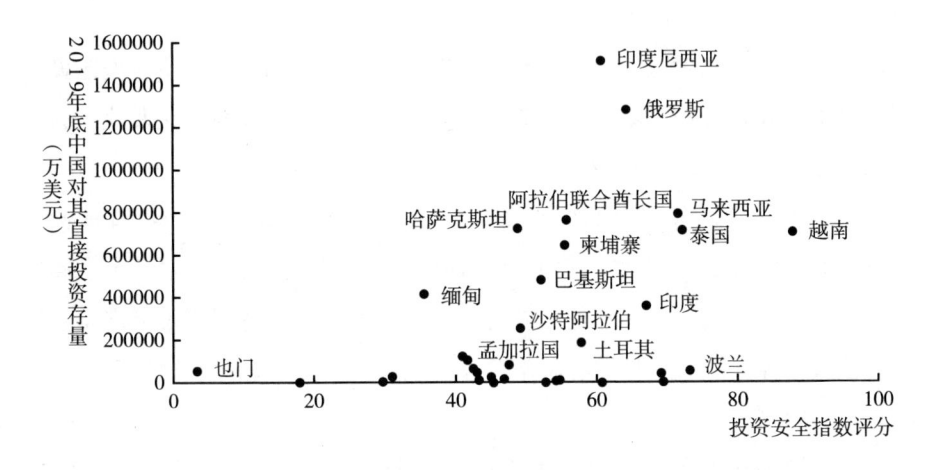

图18 "一带一路"共建国家2018年投资安全指数与投资存量关联性（不含新加坡）

总之，从2010~2019年对"一带一路"共建国家的投资存量变化趋势及对应年份各国的投资安全水平的匹配程度来看，仍应继续加大对新加坡、越南等投资安全水平较高的国家的投资量，尤其应重点加大对波兰等原投资量较少、但投资安全水平较高的国家的投资量；对于阿拉伯联合酋长国、印度等投资安全指数和投资存量均位列中上等的国家，应持续关注其投资安全

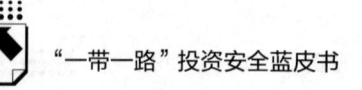

与投资量的匹配程度；对于缅甸、巴基斯坦、哈萨克斯坦等投资安全水平持续较低或有明显下降趋势的国家，投资决策时应谨慎考虑。

四 结论与讨论

（一）结论

本报告通过构建投资安全评价模型，以"投资安全指数"作为参考，综合衡量中国企业对"一带一路"共建国家的投资安全状况；基于冷热点分析，结合各国家、区域事实依据，判断投资安全在共建"一带一路"区域的集聚情况及其随时间演化趋势。主要结论如下。

（1）2010～2019年，共建"一带一路"样本国家的整体投资安全水平呈现上升趋势，但各国家区域的投资安全态势有所差异。其中，东南亚始终是投资安全热点集聚区，且热点集聚程度有不断加深趋势，表明该地区投资安全水平较高且有进一步向好态势。相反，独联体国家和西亚北非地区为投资安全冷点集聚区，表明该区域的投资风险程度较高。

（2）区域内部各国家的投资安全水平虽有一定关联性，但仍有其各自的投资安全特征及差异性。其中，中东欧地区国家的投资安全水平关联性较强，投资安全变化呈现一定的趋同特征。而东南亚地区各国家投资安全水平呈现较大差异，既有新加坡、越南等表现较好的国家，也存在缅甸等投资风险较高的国家。

（3）样本国家各维度的投资安全水平同样呈现出区域集聚特征。其中，东南亚在不同程度上呈现出各个投资安全维度的热点集聚；南亚是经济安全热点集聚区，集聚程度受印度影响呈现出一定的起伏。其社会安全冷点集聚在近年来逐渐消失，表明南亚社会安全有所提升但未达到较高水平；除金融安全外，其他各维度的冷点区主要集中在独联体国家及西亚北非地区，存在各种不利于投资安全的因素；中东欧的对华关系安全热点逐渐消失，近年来出现对华关系安全冷点集聚，表明中东欧的对华关系呈下降趋势。

(4）未来，可进一步加大越南、新加坡等投资安全水平较高国家的投资量，尤其加大对波兰等投资安全水平较高、但原投资量较少国家的投资量；也要警惕投资安全指数较低且有下滑趋势的国家，适当减少对其投资量。

（二）讨论

（1）本报告所构建的投资安全评估模型与其他研究所选用的评估方式及模型存在差异，各种方式的评估效果及与实际符合程度有待进一步研究。未来可通过分析各国的实际投资绩效，对投资安全评估模型进行考察，以进一步完善该模型。

（2）限于数据的可获得性，本报告缺少对东北亚地区以及中亚地区投资安全的深入分析。但仍可从案例事实、理论依据等其他方面对该地区的投资安全进一步考察。

（3）本报告的评估范围较广，包含37个样本国家及五大区域；且各国家地区有其特殊性，其投资安全的影响因素受诸多因素影响。因此本报告缺少对每个国家区域投资安全背后影响因素的深入剖析。在今后的研究中，可基于个别国家、区域的独特性对其投资安全进行深入分析，以获得更为具体的结论。

（三）决策建议

2020年受新冠肺炎疫情冲击，部分国家潜在投资风险开始凸显。由上，中国对"一带一路"共建国家的投资安全，受到经济、金融、政治、社会、对华关系等诸多影响，我们建议亟待从以下六方面提升投资安全水平。

1. 进一步提高"一带一路"国际合作平台的顶层设计，战略性挖掘重要的支点

综合协调政治、经济、军事和地区安全等战略，对具有较高战略价值的区域、通道、城市、港口等进行挖掘，进行海外支点布局。建议从外贸总额占比、外资来源、援助和贷款来源等评估对华依赖程度。结合区位分析，遴选与中国不存在结构性对抗且愿意与中国合作的国家和地区，挖掘战略地位

突出、贸易不可替代的重要支点。关注重点区域和国家，尤其是对华关系投资安全指数极值国家以及样本国家数量极少的区域，联合东道国政府，以区别化的方式方法推进双边战略对接与投资合作。

提前布局，引导企业有序投资，最大限度避免不必要的损失。站在国家层面的高度，统筹经济发展大势，出台优惠政策，合理布局企业的海外投资，提高跨国企业竞争力。此外，政府还应建立健全竞争机制和良性互动的政策导向，鼓励和支持国内企业围绕相关产业链（如基建产业链、投资产业链、园区产业链）核心环节率先组建全产业链生态体系，形成"抱团出海"、集群式"走出去"的协同形态；鼓励市场主体以重大项目为支点，带动"雁行"模式组团出海。注意企业之间的相互合作，形成战略联盟，实现产业集群、优势互补等综合的企业组合，避免业务关联主题出现恶性、无序竞争的现象。

2. 加强金融监管领域的国际合作，防范后疫情时代潜在的新型投资风险

在后疫情时代，金融改革计划应聚焦于解决新冠疫情暴露出来的脆弱性，加强非银行金融部门的监管框架，完善审慎监管，以遏制在长期低利率环境下的过度风险承担行为。随着金融科技的发展，也要注重金融监管方式与监管手段的改革，提高金融监管效率。充分考虑气候变化因素，重点关注受气候变化影响较大的产业和地区，提前预防气候变化或自然灾害可能对金融体系的冲击。

3. 注重对国际舆论的跟踪与公关，防范"政治病毒"影响大国形象和经济发展

舆论既是国家形象的重要组成部分，也是软实力的重点因素，需要通过媒体进行引导，以及利用公共关系的思维和策略去引导国际舆论，注重国际口碑。在经营期间，企业一方面要自觉遵循跨国投资准则和东道国的法律法规，与东道国政府维持良好关系；另一方面要尊重当地文化习俗和宗教信仰，保护东道国生态环境，积极支持东道国的公益和慈善事业，逐步提高中资企业在当地民众中的声誉，营造合作友善、诚信守法、有责任心的企业形象，降低未来在该国投资的社会风险。

4. 建立多领域的合作和对话机制，提升法律机制保障

政治安全是"一带一路"建设合作取得成功的关键，也是对经济安全的保障。为了提升政治安全，建议在政府层面充分利用外交手段，加强国家间的交流合作，通过高层谈话等方式促进政府间合作，推动金融基础设施等重点项目的达成。在实际活动前达成共识，从而减少经贸往来中的风险，减少摩擦和矛盾，降低贸易壁垒和投资风险。建立多领域的合作和对话机制，加强与项目所在地政府官员、社区民众、非政府组织及媒体等多个行为体的沟通，找出主要问题，沟通协商解决，缓和高社会风险。充分借助智库力量，积极探索国际合作机制，加大财税金融支持力度，凝聚"走出去"的中国合力，减轻国际市场开拓的阻力和不确定性。

此外，在社会安全方面，完善国际安保产业的规章制度与法律法规，构建以市场为导向、以科学监管为前提的安保产业政策体系，引导我国的国际安保产业的发展，保障我海外投资者的安全。

5. 搭建大数据平台，构建对外投资的风险防控机制

建议搭建更加完善的，包含对东道国投资信息的收集、处理与分析等内容的大数据平台。充分利用商务部、商业银行等各类金融机构以及民间组织团体的信息来源，全面评估东道国经济、金融、政治、社会、对华关系等各维度投资风险程度，向公众公布各国投资安全变化的提前预警。在金融方面，加强政策性金融体系的建设，为各类非商业风险提供更为广泛的风险分担机制。完善金融市场，使我国企业能够运用相关金融产品和金融衍生工具来达到海外融资和对冲风险的目的。充分利用以境外投资保险为主的政府保险、商业保险手段，建立完善的风险补偿机制。企业层面也应注重利用先进技术，加强人才引进，做到对东道国相关投资风险的动态追踪，全面提高风险应对能力。

6. 积极参加国际投资规则制定，掌握话语权

积极推动多边投资协议的制定，在维护WTO多边规则的基础上，推进WTO协议更新升级，深化"一带一路"倡议，建构范围广、水平高、层次

深的区域合作网络。要重视双边投资协定（BIT），在应对政治动荡的过程中，双边投资协定是国际法所规定的重要依据。我国虽然与世界上100多个国家签署了双边投资协定，但由于签署日期多在20世纪90年代，大多没有"完全保护与安全"的条款。因此，我国政府有必要对这些条款进行升级更新，并尽快展开双边投资协定的谈判。

分 报 告
Sub-reports

B.2
"一带一路"共建国家投资的政治安全分析报告

计金标 边文佳 孙安宁*

摘　要： 在推动共建"一带一路"高质量发展要求的引领下，东道国政治安全水平成为企业"走出去"关注的重点问题之一。本文以总报告所建模型对37个样本国家政治安全指数的计算结果为基础，分析2010年以来"一带一路"共建国家政治安全的"态"与"势"，依托事实详细解析各区域国别政治安全状况及其对中国企业投资的影响。研究发现，从区域角度看，中东欧国家政治安全水平整体较好，东南亚国家政治安全水平差异较大；从国别角度看，新加坡、捷克等国政治安全状况良好，而乌克

---

* 计金标，北京第二外国语学院校长、中国"一带一路"战略研究院院长，主要研究方向为"一带一路"国际合作；边文佳，北京第二外国语学院中国"一带一路"战略研究院硕士研究生，主要研究方向为"一带一路"产业经济；孙安宁（通讯作者，6042168uoou@protonmail.com），北京第二外国语学院中国"一带一路"战略研究院硕士研究生，主要研究方向为"一带一路"国际合作。

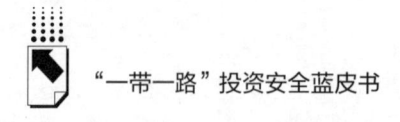

兰、也门等国政治安全指数远低于平均值。

关键词： "一带一路" 对外直接投资 "走出去" 政治安全 政治风险

一 政治安全的内涵及其影响因素概述

本文所述"政治安全"是指影响投资经营的政治因素所带来的安全风险，研究的是东道国政治风险对中国企业在该国投资安全性的不利影响。从已有的相关研究可以看出，政治安全已不仅仅着眼于东道国政府行为，而是有着更为丰富的内涵，将地缘政治、制度差异等多种因素纳入评估范围。与国内投资不同，对外直接投资受母国—东道国—第三方国家三方关系组成的宏观政治环境影响较大。政治安全的研究关注导致经营环境发生变化的各种政治因素，这种市场以外的不确定性对企业而言往往是难以预测和防范的，而一旦发生又会给投资者造成巨大损失。

影响政治安全的因素较多，风险来源多种多样。我们可以将这些影响因素分为两大类，一类与东道国所处外部政治局势相关，包括外部冲突与战争、双边政治关系与国家战略冲突、地缘政治与大国博弈等因素；另一类与东道国内部政治环境相关，包括政权更替与政府违约、政府治理水平、意识形态与制度差异等因素。

（一）外部冲突与战争

外部冲突与战争是直接对投资环境造成重大影响的风险因素，可以从很多方面对外国投资产生不利影响，包括贸易封锁、国家军事征用、社会剧烈动荡等。当外部冲突发生时，跨国投资往往已经遭受了损失，所以跨国投资者还需要关注潜在的外部风险。部分"一带一路"共建国家处在战争和武装冲突频发的高风险地区，外部冲突以战争的极端形式呈现。一旦东道国陷入战争状态，投资的企业不仅无法进行正常的经营活动，资产可能在炮火中变为一片废墟，更为严重的是项目人员的生命安全也无法得到有效保障。这一类风险往往带有突发性特点，其所带来的破坏会波及所在区域的全部企业。

（二）双边政治关系与国家战略

双边政治关系对投资规模和区位选择都存在显著影响，如果东道国与母国存在战略冲突，政治安全状况可能受到更大影响。积极的双边政治互动，有助于改变东道国政府与民众对母国企业与产品的公共选择偏好，避免选择性歧视甚至集体抵制所产生的障碍与风险。"一带一路"倡议的实施需要大量基础设施建设作为支撑，诸如铁路、公路等投资项目可能需要多个国家的协同参与，然而不同国家有不同的利益诉求，东道国出于自身战略考虑，可能对投资项目做出干涉和限制，导致企业的投资遭受损失。

（三）地缘政治与大国博弈

地缘政治格局的不断变化给对外直接投资带来更多的不确定性，大国博弈的细微扰动有可能在东道国掀起巨大波澜。地缘政治风险对中国企业"走出去"构成实质障碍，且可能在未来 10～20 年中增大。[①] 大国对小国的政治影响在一定程度上是隐性的，比如非政府组织的参与、媒体渗透、暗中扶持地方反对势力等，而这种影响往往以其他风险形式体现出来，例如经济风险、社会风险等。当今世界正经历百年未有之大变局，部分"一带一路"共建国家受到大国博弈的影响，立场摇摆不定，这些国家往往分别存在亲美和亲中的政党，当政党交替执政之时，其对中国企业在该国投资项目的态度就有可能发生改变。此外，如果东道国与美国或欧盟发生纠纷而遭受制裁，也可能对中国企业的投资构成威胁。

---

① 张晓通、许子豪：《"一带一路"海外重大项目的地缘政治风险与应对——概念与理论构建》，《国际展望》2020 年第 10 期。

(四)政权更替与政府违约

政权的频繁更替可能导致东道国相关政策缺乏延续性。一般来讲,东道国内部政治环境变化速度越快、程度越深,外国投资者所面临的不确定性也就越大。中国企业对"一带一路"共建国家的投资,尤其是基础设施建设和能源矿产类项目,投资金额大,资金回收期长,可能需要历经多届政府才能履行完合同。如果东道国政权频繁更替,企业可能因政府违约而遭受损失。中国企业在"一带一路"共建国家投资经营的实践表明,资产被没收或者征用的风险存在但相对较小,东道国对外资企业不规范的审查、税收和外汇政策的变动等将是企业更常遇到的政治安全问题。

(五)政府治理能力不足

总体而言,东道国政府治理水平不足会带来更多的不确定性。一般认为,完善的政府监管质量可以更加有效地保障投资者的利益,减少不必要的损失;但也有研究,发现东道国较高的法治水平反而可能增加投资的运营成本,从而阻碍了外国企业的进入。东道国政府治理水平较低,将会削弱其营商环境应对政治风险冲击的能力。行政机构的独立性是政治风险的重要缓冲,当东道国政局出现波动时,行政独立性可以在一定程度上缓解这种波动带来的冲击。高效的、独立的行政体系可以提高政治安全水平,避免政治风险直接影响企业的正常投资经营活动。

(六)意识形态与制度差异

由于东道国和母国存在意识形态与制度差异,国有企业会面临更多的政治安全问题。国有企业是中国对"一带一路"共建国家投资的主力军,然而部分国家会因为这些企业的国有性质而对其持歧视性态度,在政策上区别对待。需要指出的是,这类风险不仅存在于西方发达国家,也同样存在于发展中国家。由于这类风险的存在,国有企业可能遭受东道国更多的歧视性待遇,承受直接或间接的损失。

二 "一带一路"共建国家的政治安全态势

下文将对"一带一路"共建国家政治安全的"态"和"势"进行详细阐述与分析。"态"指的是"一带一路"共建国家当前的政治安全状况，即空间格局；而"势"指的是过去十年"一带一路"共建国家的政治安全发展趋势，即时间变化。

（一）"一带一路"共建国家的政治安全最新状况评估

2019年，"一带一路"共建国家政治安全水平存在较大差异。本研究所涉及的37个样本国家2019年政治安全指数如图1和表1所示。新加坡、捷克、斯洛伐克、匈牙利、马来西亚5个国家政治安全状况良好。克罗地亚、波兰、拉脱维亚、立陶宛、罗马尼亚、印度、阿拉伯联合酋长国、菲律宾、印度尼西亚、塞尔维亚、卡塔尔、沙特阿拉伯12个国家政治安全处于中上

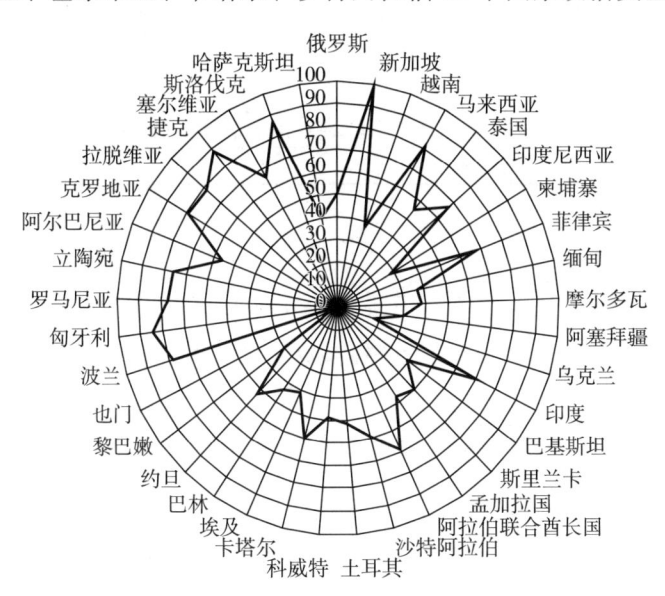

图1　样本国家2019年政治维度投资安全指数

数据来源：作者制作。

水平。阿尔巴尼亚、泰国、约旦、土耳其、斯里兰卡、俄罗斯、科威特、孟加拉国、巴林、埃及10个国家的政治安全指数低于平均值（56.2）。巴基斯坦、哈萨克斯坦、摩尔多瓦、缅甸、越南、阿塞拜疆、黎巴嫩、柬埔寨8个国家存在较大的改善空间。乌克兰、也门2个国家处于政治安全较低水平。

也门和乌克兰政治安全状况相对较差，企业投资决策时需要格外谨慎。也门内战自2015年爆发，持续至今，目前安全形势依旧严峻。另一个政治安全指数较低的国家乌克兰在2019年的大选中，开创了由"政治素人"当政的先河，政治局势面临更多的不确定性。

表1 2019年各国政治安全指数区间

指数区间	国家数量	国家
80~100	5	新加坡、捷克、斯洛伐克、匈牙利、马来西亚
56.2~79.9	12	克罗地亚、波兰、拉脱维亚、立陶宛、罗马尼亚、印度、阿拉伯联合酋长国、菲律宾、印度尼西亚、塞尔维亚、卡塔尔、沙特阿拉伯
40~56.1	10	阿尔巴尼亚、泰国、约旦、土耳其、斯里兰卡、俄罗斯、科威特、孟加拉国、巴林、埃及
20~39.9	8	巴基斯坦、哈萨克斯坦、摩尔多瓦、缅甸、越南、阿塞拜疆、黎巴嫩、柬埔寨
0~19.9	2	乌克兰、也门

数据来源：作者计算。

本研究所涉及的37个样本国家涵盖七个地区，用各个区域内样本国家的政治安全指数均值代表该区域整体投资安全水平，结果如表2所示。

表2 2019年各区域政治安全指数均值排名

区域	指数均值	排名	区域	指数均值	排名
中东欧	77.1	1	西亚北非	45.4	5
东南亚	59.1	2	中亚	38.9	6
南亚	52.0	3	独联体其他国家	28.6	7
东北亚	49.6	4			

数据来源：作者计算。

中东欧国家政治安全水平整体较好。2019年中东欧国家政治安全指数如图2所示，选入样本的10个中东欧国家全部进入37个样本国家的前20名，除了塞尔维亚和阿尔巴尼亚得分相对略低以外，剩下8个国家的得分均位于前10名，捷克、斯洛伐克、匈牙利三国政治安全指数仅次于新加坡，分列第2~4位，说明中东欧国家政治风险相对较低，政治安全状态良好，但仍应关注部分国家民粹主义力量的崛起以及难民问题等潜在政治安全风险。

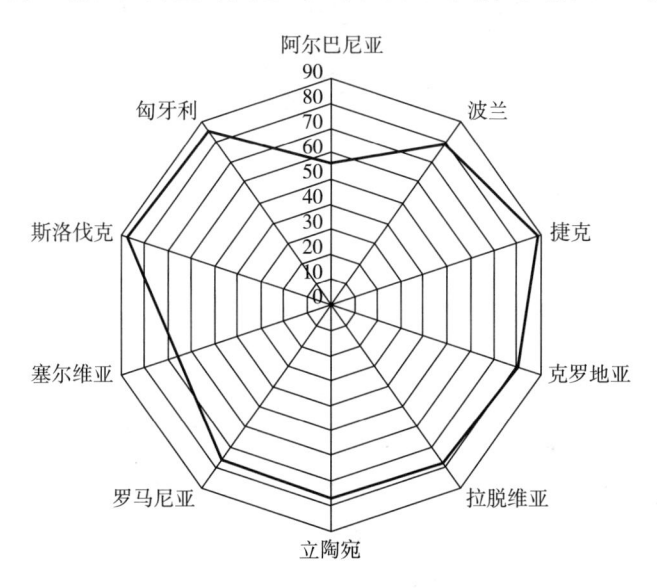

图2 2019年中东欧国家政治安全指数

数据来源：作者制作。

东南亚各国政治安全指数差异较大。2019年东南亚国家政治安全指数如图3所示，区域内的新加坡连续十年稳居政治安全指数最高国家的位置，马来西亚2019年政治安全水平也表现良好，位居第五，菲律宾、印度尼西亚政治安全处于中上水平。泰国2019年政治安全指数进入前20名，但其周期性的政治波动需要引起投资者的特别注意。缅甸、越南、柬埔寨三国则存在一定的政治风险，政治安全排名在37个样本国家中排到30名以外。缅甸近期政治局势不稳定，企业投资时要格外谨慎。柬埔寨2019年政治安全状况虽然相比2014年以前有所改善，但是仍有较大提升空间。

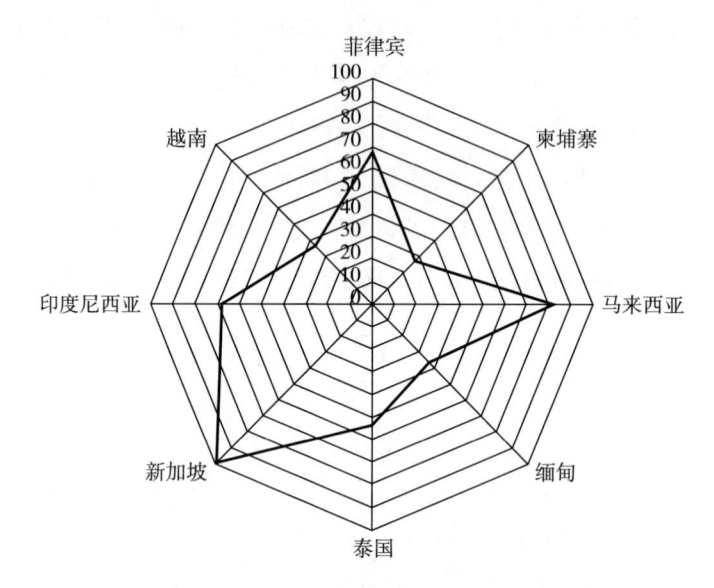

图 3　2019 年东南亚国家政治安全指数

数据来源：作者制作。

南亚四个样本国家中，除印度以外均处于中下水平。2019 年南亚国家政治安全指数如图 4 所示，印度的政治安全指数在全部 37 个样本国家中位列第 11，斯里兰卡、孟加拉国、巴基斯坦分列第 22、25、28 名。斯里兰卡政治局势从 2018 年起陷入紧张状况，孟加拉国的一些政府部门行政效率不高，同时严重的贪腐问题降低了经济总体运行效率，影响了投资者的积极性。

西亚北非国家政治安全指数相对较低。2019 年西亚北非国家政治安全指数如图 5 所示。阿拉伯联合酋长国、卡塔尔、沙特阿拉伯政治安全水平在 37 个样本国家中处于中上位置，约旦、土耳其、科威特、巴林、埃及则处于中等偏下水平。黎巴嫩和也门的政治风险需要加以特别重视。黎巴嫩在 2019 年的政治安全指数是过去十年的最高水平，说明政治安全有所改善，但是复杂的地缘政治环境和动荡的国内局势导致黎巴嫩的政治安全状况仍不容乐观。也门的政治安全指数在过去十年中均为最低，多年的内战使也门的经济几近崩溃。

"一带一路"共建国家投资的政治安全分析报告

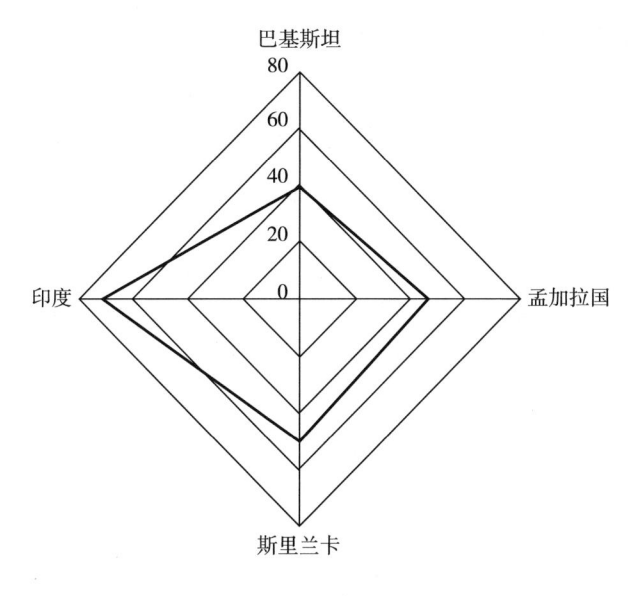

图4　2019年南亚国家政治安全指数

数据来源：作者制作。

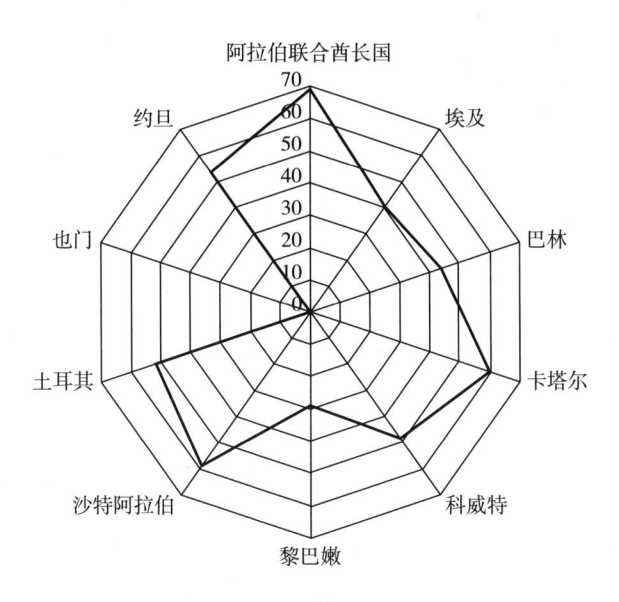

图5　2019年西亚北非国家政治安全指数

数据来源：作者制作。

055

独联体其他国家政治风险较大。2019年独联体其他国家政治安全指数如图6所示，三个样本国家政治安全均处于较低水平，其中摩尔多瓦在37个样本国家中列第30名，阿塞拜疆列第33名，而乌克兰则仅高于处在内战状态的也门，列倒数第二。

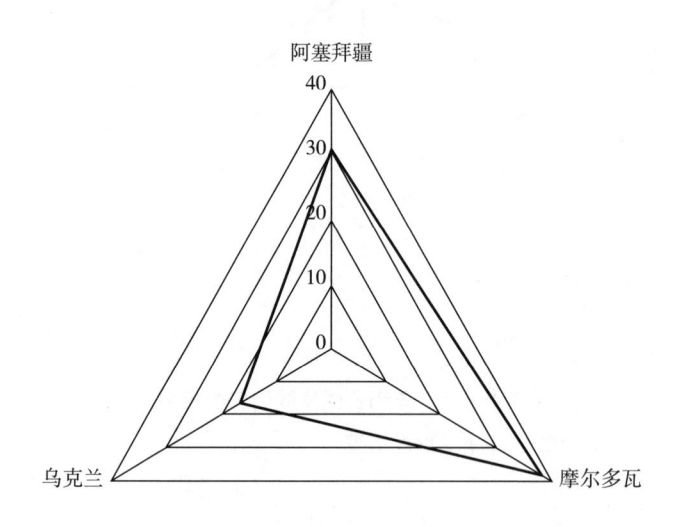

图6 2019年独联体其他国家政治安全指数

数据来源：作者制作。

（二）"一带一路"共建国家的政治安全最近十年发展趋势

若以各年度所有样本国家的政治安全指数平均值代表该年度的政治安全水平，如图7所示，在2010~2019年这十年中，"一带一路"共建国家政治安全水平总体呈现改善趋势，只在2013年出现下滑波动。政治安全指数年度均值由2010年的44.8上升至2019年的56.2，提高了25%，政治安全状况有较明显的改善。

各国政治安全指数及变化趋势呈现较大差异。37个样本国家2010~2019年的政治安全得分变化情况如表3所示。大部分国家的政治安全水平呈现稳定或渐进变化的趋势，缅甸、巴基斯坦、阿尔巴尼亚、塞尔维亚、印度尼西亚、菲律宾、罗马尼亚等国在过去十年政治安全有较大幅度的提高，

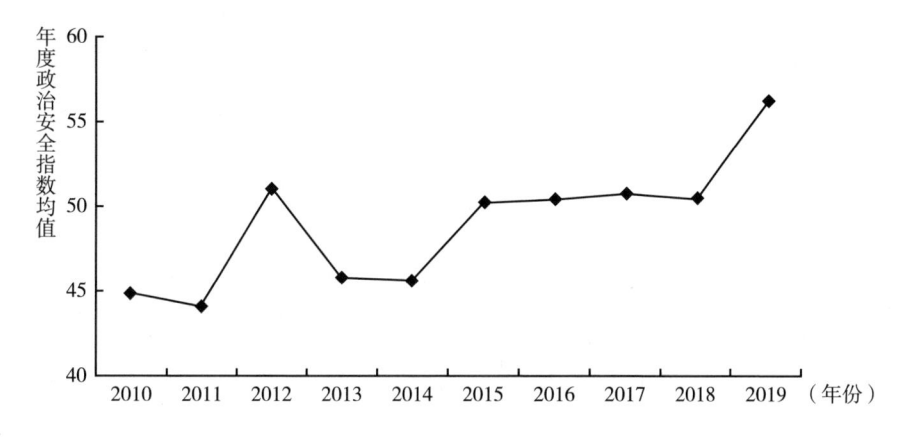

图 7 2010~2019 年政治安全指数均值

数据来源：作者制作。

泰国则表现出明显的波动，这与泰国国内周期性的政治动荡相对应。值得一提的是，乌克兰在 2014 年政治安全指数出现"断崖式"的下降，得分从之前的 40 左右掉落到了 15，并且之后几年一直处于极低水平，这与 2013 年年底爆发的乌克兰危机有关。

表 3 2010~2019 年"一带一路"共建国家政治安全指数

	2010	2011	2012	2013	2014	2015	2016	2017	2018	2019
俄罗斯	33.8	34.7	40.1	43.3	42.3	39.8	36.5	37.0	37.6	49.6
菲律宾	26.4	20.5	43.7	39.0	44.9	46.8	45.5	58.3	57.2	68.0
柬埔寨	6.3	9.0	21.8	14.5	14.5	32.8	30.3	23.3	24.7	27.2
马来西亚	66.8	65.9	79.4	71.4	83.2	82.6	80.2	72.8	65.9	82.7
缅甸	0.0	2.8	3.7	22.6	17.5	19.4	29.4	35.5	34.4	37.0
泰国	22.5	30.5	52.9	34.9	29.7	35.8	39.6	55.1	51.2	54.2
新加坡	100	100	100	100	100	100	100	100	100	100
印度尼西亚	31.0	31.2	52.6	44.6	50.5	63.0	64.7	62.9	58.8	67.6
越南	37.3	35.3	27.3	22.2	20.2	30.1	31.4	31.9	36.7	36.4
阿塞拜疆	22.0	21.1	37.0	24.4	25.3	30.3	30.7	28.3	31.6	31.1
摩尔多瓦	24.6	24.8	30.9	30.8	20.0	20.7	19.8	24.9	28.6	38.2
乌克兰	36.5	34.3	41.0	39.3	15.0	21.3	22.7	20.1	14.3	16.5
巴基斯坦	10.3	13.7	16.0	11.8	23.5	26.5	29.4	28.7	27.6	39.2
孟加拉国	40.0	33.9	47.3	35.3	38.6	49.2	49.5	46.3	36.1	46.6

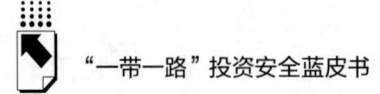

续表

	2010	2011	2012	2013	2014	2015	2016	2017	2018	2019
斯里兰卡	44.7	40.2	60.1	50.2	49.1	50.7	67.3	63.1	61.3	50.4
印度	52.1	48.6	71.7	56.9	58.6	70.4	72.9	70.2	67.2	71.7
阿拉伯联合酋长国	66.1	61.4	57.5	50.5	52.3	57.7	57.9	63.0	65.1	69.4
埃及	49.0	38.7	29.9	22.1	21.5	31.3	28.8	31.7	33.5	40.5
巴林	52.1	44.8	32.5	33.2	37.7	43.1	43.6	41.4	41.1	43.6
卡塔尔	81.2	79.0	70.9	63.3	65.1	70.0	65.7	53.5	51.8	59.6
科威特	52.1	48.7	46.2	38.8	37.1	43.9	44.3	47.9	47.0	48.3
黎巴嫩	15.6	14.9	28.3	13.6	10.2	13.0	14.7	14.0	16.1	29.2
沙特阿拉伯	46.7	44.8	38.3	38.8	43.7	51.2	52.9	55.2	58.3	58.7
土耳其	48.7	48.7	62.4	50.9	49.4	50.6	51.9	49.8	43.2	51.6
也门	0.0	0.0	0.0	0.0	0.0	0.0	0.0	0.0	0.0	0.0
约旦	41.4	41.5	35.0	32.1	32.8	39.5	40.8	46.6	50.1	53.5
阿尔巴尼亚	28.7	29.9	39.2	30.7	41.5	44.8	44.5	42.8	50.5	55.9
波兰	74.2	78.9	92.8	88.9	83.6	80.6	77.6	77.6	72.7	78.6
捷克	77.1	69.8	88.5	76.7	81.1	82.4	76.8	71.8	76.5	88.4
克罗地亚	63.1	61.1	68.8	66.6	66.3	63.3	62.1	70.4	72.6	79.8
拉脱维亚	71.4	68.7	76.4	73.6	65.9	71.8	76.6	67.4	65.4	78.0
立陶宛	73.6	72.8	75.8	70.4	69.4	70.0	68.6	70.0	70.1	76.5
罗马尼亚	42.7	48.3	56.7	50.0	64.1	66.4	62.9	63.8	68.0	76.5
塞尔维亚	16.9	24.8	39.8	45.7	42.7	57.2	54.7	60.6	59.3	65.5
斯洛伐克	85.6	88.8	87.7	88.5	84.2	82.0	77.6	85.3	83.6	87.1
匈牙利	78.2	73.1	91.8	79.6	74.8	82.7	77.3	70.3	69.7	84.9
哈萨克斯坦	40.1	45.3	44.6	38.6	32.5	36.2	36.4	36.4	38.7	38.9

数据来源：作者计算。

冷热点分析的结果显示，政治安全的热点区主要集中在东南亚和中东欧地区。近年来中东欧国家对内以稳定和发展为先，对外力求务实多元。东南亚国家当中，新加坡、马来西亚、印度尼西亚等国属于热点区，而中南半岛诸国在2016年以前属于冷点区，但是最近几年冷点区逐渐缩小，政治安全环境有所改善。

三 各区域国别的政治安全分析

本章将依托相关政治事件和新闻，分东北亚、东南亚、独联体其他国家、南亚、西亚北非、中东欧、中亚 7 个部分，对"一带一路"共建国家进行政治安全状况的区域国别分析，详细论述相关国家近年来内外部政治环境变化给中国企业投资带来的政治安全风险。

（一）东北亚地区政治安全水平显著提高但仍存风险

从整体上看，东北亚的政治安全指数明显提高，地区形势总体保持稳定。该地区主要包括俄罗斯及蒙古国，根据中国出口信用保险公司发布的《国家风险分析报告 2019》，俄罗斯目前的主权信用评级为 BBB，未来风险展望稳定；而蒙古国的主权信用风险评级为 CC，存在较高的风险，但未来风险展望为正面，有改善的趋势，详情可见表 4。①

表 4　东北亚国家主权信用风险评级与展望

国家	主权信用风险评级	主权信用风险展望
俄罗斯	BBB	稳定
蒙古国	CC	正面

数据来源：《国家风险分析报告 2019》。

1. 内部政治环境不利因素较多

两国在政治连续性及稳定性方面存在显著差异。蒙古国的政治连续性及稳定性不容乐观。蒙古国实行一院制制度，每逢政权更迭，都必须重新审查前政权没有实施的法案，审议未通过就会停止执行。政策中断是投资遇到的不可抗力，一旦发生就难以克服，提高了包括中国在内的外国投资者的政策风险。而俄罗斯国内总体政局保持稳定，虽然国内反对派抗议有所增多，但由于普京在国内的绝对威望，俄罗斯国内政局连续性及稳定性都较蒙古国高

---

① "主权信用风险评级"从 AAA 至 C 级（共 9 级），风险水平依次升高，并用 CE 表示发生主权信用风险事件的特殊状态。AAA 级表示主权债务规模最低，主权债务可持续性最好，主权信用风险水平最低；C 级表示主权债务规模最高，主权债务可持续性最差，主权信用风险水平最高。"主权信用风险展望"分为"正面""稳定""负面"三个层面，"正面"表示未来一年内一国主权信用风险水平可能相对下降；"稳定"表示未来一年内一国主权信用风险水平可能保持稳定；"负面"表示未来一年内一国主权信用风险水平可能相对上升。

出不少。

腐败问题一直是困扰着东北亚国家的一大难题。国际反腐败非政府组织"透明国际"发表的《2019年国际腐败感知指数报告》显示，除日本以外，东北亚国家均排名靠后，属于腐败指数高的国家。俄罗斯的政治腐败问题可说是沉疴顽疾，政府在政策制定和实施方面效率低下，给投资者增加了很多不确定性。俄罗斯在180个调查国家和地区中得分仅为28分，排在第137位，是腐败指数高的国家，这在一定程度上削弱了俄罗斯的投资安全性。与之相比，蒙古国虽排在第106位，较俄罗斯排名稍高，但依旧属于腐败指数较高的国家，导致蒙古国目前的商业运营始终不甚理想。

俄罗斯和蒙古国的行政效率仍需提高。世界银行发布的《2019年全球营商环境报告》可以很好地帮助我们评估蒙古国的行政效率：蒙古国在经商便利度上总体排名第74，在开办企业、洽办证照和获得电力这三项指标上分别在190个国家中排名第87、第23、第148，前沿距离值为86.90、78.19、54.88。与此同时，相较于地区内的平均水平，蒙古国在洽办证照和获得电力两项指标的办理时间和程序上均高于区域内的平均水平，增加了投资者的隐性成本，反映出蒙古国的行政效率有待提高。俄罗斯国内的行政效率同样堪忧。苏联在行政效率上的弊病为俄罗斯所承袭，甚至更为严重。即使目前俄罗斯的行政部门已经经过精简，行政人员数量也远超苏联，办事效率低下，严重影响投资者的热情。

2. 外部政治环境前景不明

美俄关系前景依旧不甚明朗。特朗普从竞选胜利直至开始执政一直被"通俄门"困扰，虽然最后的调查结果并未找到指证特朗普"通俄门"的充足证据，但无论是美国民主党还是共和党的政治精英，无论是民粹主义还是美国主流媒体又或是建制派，都已经把反对俄罗斯当作"政治正确"，美国与俄罗斯之间关系的改善依旧是前路漫漫。从更深的层面来讲，美国与俄罗斯之间矛盾冲突加剧也是两国在地缘政治和传统意识形态领域博弈的延续。美国与俄罗斯在乌克兰问题、中东地区、朝鲜半岛问题上频频发生龃龉，严重阻碍了两国之间的正常往来；并且在撕毁《中导条约》之后，美国又退出了《开放天空条约》,此举意味着美俄两国之间的军事紧张关系又进一步升级。

俄罗斯与西方国家之间的关系同样不容乐观。俄罗斯对叙利亚的军事行动持续至今,叙利亚局势在原有的乌克兰问题上进一步增加了俄罗斯与西方国家之间的矛盾与分歧。西方国家对俄罗斯实施了涉及政治、能源、金融及军事等多领域的多轮制裁,俄罗斯同样实施了反制措施。俄罗斯与西方国家之间的对峙在很大程度上削弱了该地区的政治稳定性,降低了该地区在政治维度上的投资安全性。

(二)东南亚地区政治安全水平整体向好发展

总体而言,东南亚区域内的各个国家的政治安全水平都得到了不同程度的提升。东南亚主要国家间积极互动,热点问题趋于缓和,南海局势也渐趋平稳,东亚合作、澜湄合作等合作机制不断推进。东南亚大部分国家的主权信用风险较低,仅有东帝汶和老挝风险评级为CC,详情可见表5。

表5 东南亚国家主权信用风险评级与展望

国家	主权信用风险评级	主权信用风险展望
东帝汶	CC	稳定
菲律宾	BBB	稳定
柬埔寨	B	稳定
老挝	CC	负面
马来西亚	A	稳定
缅甸	B	稳定
泰国	BBB	正面
文莱	BBB	稳定
新加坡	AA	稳定
印度尼西亚	BBB	稳定
越南	BB	稳定

数据来源:《国家风险分析报告2019》。

1. 内部政治环境安全平稳但存在潜在不稳定因素

东南亚国家从整体来看政局比较稳定,但各国国内政党林立,党争激烈,为东南亚地区稳定的政治局势增添了一丝不安的因素,也为投资者在东南亚地区的投资安全埋下了隐患。纵然是在政府控制力较强的越南,"南北党"的现象也依旧存在。由于政党间在执政理念和政策方向等方面的意见常常相左,政策的制定、国家经济的发展方向和对外关系等往往会受到影响。较为典型的例子是马来西亚。2018 年,在马来西亚执政时间长达 61 年的国民阵线被迫下台,随即希望联盟取而代之成为执政党,由马哈蒂尔就任马来西亚的新一任总理。但好景不长,就在两年后的 2020 年 2 月 24 日,马哈蒂尔突然宣布辞职,国内政局随即波澜四起,之后副总理毛希丁宣布就任总理。目前的执政党希望联盟内部由土著团结党、民主行动党、人民公正党和国家诚信党共同组成,党派间政治理念差异很大,党内的稳定性依旧让人担忧。

东南亚各国的扩军热潮同样值得投资者们关注。1991 年苏联解体、冷战结束之后,东南亚各国不但没有削减国内的军事经费,扩军行动反而愈演愈烈,直至 1997 年受金融危机的影响才放缓了步伐。但随着近些年经济的复苏,东南亚各国政府又悄悄开始增加本国的军费开支。马来西亚、印尼、泰国、菲律宾和新加坡都为实现军队现代化而摩拳擦掌,纷纷制订了雄心勃勃的计划。

与其他地区相比,近年来东南亚地区并没有爆发大规模的武装冲突,地区总体呈现出和平、稳定的态势。然而,该地区一些国家小规模的恐怖主义活动、武装叛乱及要求独立的运动却一直存在,投资者需提高警惕。一些国家的中央政府时常为国内低烈度的战争和冲突头痛不已,也耗费了大量的人力、物力和财力。这些规模较小的战争和低强度的纷争主要集中在泰国南部、印度尼西亚的一部分外岛、菲律宾南部以及缅甸边境的少数民族聚集的地区。引发纠纷的理由大致可分为民族因素和宗教因素两方面,更有历史和其他方面的原因。

东南亚地区的政治在未来很有可能变得不甚安定,以下几个因素可能会导致东南亚各国国内政局出现变数。首先,东南亚各国政治正在从旧有的威权政治向民主政治过渡,在国内享有崇高威望的老一辈政治家陆续消失在大众视线内,但新一辈的政治家后继乏力,政坛可能出现代际危机。其次,东南亚地区内多元种族、多元文化和多元宗教交相混杂，种族冲突以及宗教纠纷频发。再次，发端于菲律宾并波及东南亚其他国家的"人民力量"运动虽已停止，但这一运动深刻影响了东南亚地区的政治，加之东南亚地区内还活跃着不少非政府组织，在适当条件的刺激之下，各国政治很可能再次陷入不稳定的局面之中。腐败问题、不甚完善的法律体系以及不透明的政策管理均影响东南亚地区的投资安全。世界银行统计显示，2018年东南亚地区国家监管质量排名整体靠后，只有新加坡、文莱、马来西亚三国政府相对清廉。

部分东南亚国家存在政府违约以及治理能力不足的问题，可能给投资者带来阻碍。

2. 外部政治环境稳步发展

虽然目前东南亚的各个国家都加入了东盟，各国也纷纷深入开展在政治、经济、文化方面的合作，在一定程度上实现了区域一体化，但是东南亚地区仍旧存在海陆方面的纠纷。该地区是世界上海陆纠纷最为复杂的地区之一，目前，这些纠纷仅仅是暂时被束之高阁，并没有得到妥善解决，一旦将来出现了某些诱因，那么这一地区的潜在争端便有可能爆发。也正是因为这一点，东南亚各国对于邻国扩充军备的行为十分敏感，互相提防，互相戒备。

除此以外，东南亚地区作为敏感的战略核心地带，各国的外交政策同样受到美国等大国的影响。在军事领域，美国仍旧在东南亚地区保留着军事基地，并和地区内的诸多国家确立了不同程度的军事合作关系，更以联合举办军事演习、提供军事援助等方法，加强美国在军事领域的影响。

（三）独联体其他国家政治安全水平相对较低

总体而言，这一地区近年来政治环境相对较为动荡，内忧外患不断，区域内国家政治安全水平相对较低。2020年，该区域内多国陷入冲突和内乱当中。这一地区主要包括亚美尼亚、阿塞拜疆、白俄罗斯、摩尔多瓦、乌克兰和格鲁吉亚六个国家。[①] 中国出口信用保险公司发布的《国家风险分析报

---

① 格鲁吉亚与乌克兰已分别于2008年、2018年退出独联体。

告2019》对独联体国家2019年主权信用风险评级如表6所示。需要引起特别注意是的，亚美尼亚和乌克兰的主权信用风险评级均为CCC，主权债务规模较高，主权债务可持续性较差，主权信用风险水平较高。其中亚美尼亚风险展望是"正面"，未来一年内国家主权信用风险可能相对下降，然而乌克兰主权风险则没有明显的改善迹象。

表6 独联体其他国家主权信用风险评级与展望

国家	主权信用风险评级	主权信用风险展望
阿塞拜疆	BBB	稳定
白俄罗斯	BB	稳定
格鲁吉亚	B	稳定
摩尔多瓦	B	稳定
亚美尼亚	CCC	正面
乌克兰	CCC	稳定

数据来源：《国家风险分析报告2019》。

1. 内部政治环境堪忧

这一区域内国家近年来政局颇为动荡。2020年，白俄罗斯因总统大选面临国家独立26年以来最大的政治危机，国内抗议示威活动不断。格鲁吉亚在2003年爆发"玫瑰革命"，成为第一个发生"颜色革命"的独联体国家，外交政策开始由中立倒向西方。此后随着总统外逃，格鲁吉亚国内政治局势暗流涌动，冲突不断，政治安全水平仍存在较大提升空间。动荡的内部政治环境严重影响东道国的政治安全状况，导致投资企业经营环境的非预期变化，导致投资企业的经营活动难以正常有序地进行，最终造成企业利益受损。

部分独联体国家政府违约的风险较大，需要引起投资者的足够重视。党派斗争、政府违约等政治安全问题在独联体国家中并非个例。除了上文提到的白俄罗斯、乌克兰之外，亚美尼亚、阿塞拜疆等国同样存在较高的政治风险，这些国家内的政治对抗超过了在一个民主国家内进行正常政治竞争的范畴，并有可能发展、转变为不同政治力量间的武力冲突。

除了动荡的政局之外，独联体国家受苏联影响较大，一些遗留问题亟须找到更好的解决办法，从而提高政府治理水平。比如白俄罗斯不够健全的市场经济体制以及乌克兰公职人员的腐败问题，都可能给中国企业的投资经营带来额外的风险。目前，白俄罗斯是原苏东阵营中改革最少的国家，市场化程度低，创办私企时办理流程杂乱烦冗，费时费力。企业选择白俄罗斯作为投资目标国家时，需要对其特殊的政治经济体制有清晰准确的了解和认识。

2. 外部政治环境动荡不安

独联体国家当前面对较为复杂的地缘政治局势，而暴力型地缘政治风险对投资项目的政治安全具有明显负面作用，且风险溢出效应显著。白俄罗斯受2020年8月总统选举风波的影响，面临美国等西方大国的制裁，遭遇"前所未有的"外部压力。乌克兰在2013年爆发危机，至今处于动乱之中。特殊的地理位置使乌克兰夹在俄罗斯与西方世界之间，外部政治形势严峻。危机所引发的美俄新一轮对峙本质上还是"东西问题"，也就是在亚欧两大地缘政治板块的争夺与挤压之下"向东"还是"向西"的问题。乌克兰危机的根源在于两大板块的长期碰撞，造成历史上积聚"东西仇怨"、政治上"东西分野"、经济上"东西分裂"、文化上"东西冲突"。未来一段时间，乌克兰面临的危机仍然难以解除。

格鲁吉亚与俄罗斯长期的紧张对抗关系可能影响中国企业在格鲁吉亚的直接投资。2008年俄罗斯格鲁吉亚战争结束后，两国彻底断交，长期处于紧张的军事对抗状态。时至今日，两国之间的冲突摩擦仍是一触即发。

"纳卡冲突"是2020年对这一区域影响重大的事件，"冷战"升级为"热战"。纳卡地区的归属问题一直悬而未决，阿塞拜疆和亚美尼亚一直因纳卡问题处于敌对状态，武装冲突时有发生。不仅如此，土耳其、俄罗斯以及塞尔维亚、伊朗等国的介入使局势变得更加复杂，战争一旦失控将会给该地区乃至世界政治局势带来难以估量的影响。东道国爆发战争是政治风险的一种极端表现形式，对政治安全状况的影响是根本性的，不仅会影响投资企业的经营活动、增加资产的不稳定性，甚至会威胁项目人员的生命安全。

（四）南亚各国政治安全水平差异明显

这一地区的国家主要包括印度、巴基斯坦、孟加拉国、斯里兰卡、尼泊尔、不丹、马尔代夫、阿富汗8个国家。中国出口信用保险公司发布的《国家风险分析报告2019》对南亚国家2019年主权信用风险的评级与展望如表7所示。整体而言，南亚国家主权信用风险较为稳定，投资者需要重点关注巴基斯坦的风险变化（展望为负面）。马尔代夫、斯里兰卡和阿富汗评级均为CC，处在主权信用风险较高水平，且未来一年并无明显的改善迹象。

表7　南亚国家主权信用风险评级与展望

国家	主权信用风险评级	主权信用风险展望
印度	BBB	稳定
巴基斯坦	B	负面
孟加拉国	BB	稳定
马尔代夫	CC	稳定
斯里兰卡	CC	稳定
不丹	CCC	稳定
尼泊尔	CCC	稳定
阿富汗	CC	稳定

数据来源：《国家风险分析报告2019》。

1. 内部政治环境差异显著

南亚国家中，印度、孟加拉国和马尔代夫等国近几年政局相对平稳，在内部政治环境这一维度有利于中国企业的投资。印度在2019年举行了全民大选，近9亿选民参与投票，莫迪所在的印度人民党大获全胜，这场胜利被很多人看作政治大家族被彻底清理出了印度政坛，民族主义获得了认可，民族、种姓、阶层、职业等障碍被逐步打破。孟加拉国执政党人民联盟在2018年底的议会选举中获得多数席位，其领导人哈西娜开启第三个总理任期，这有利于孟加拉国政治、经济政策的稳定。当前，孟加拉国积极参与

"一带一路"建设，特别是"孟中印缅经济走廊"建设，未来经济有望持续增长。近年来，马尔代夫政局虽然也发生过多次变动，但整体上过渡平稳。政权更迭可能影响政策的连续性，从而增大投资的政治风险。这种政治因素造成的违约可能导致投资项目半途而废，"走出去"的企业在南亚地区投资时需要格外警惕。

另一部分南亚国家政党争斗则较为激烈，动荡的政治环境引发游行集会、暴力冲突、政党间相互拆台等事件，可能导致外国企业的投资活动成为斗争的牺牲品，尤其是一些建设周期长的项目将面临更大的不确定性，甚至存在被迫中途退出的风险。巴基斯坦由于不同党派和种族间的利益冲突，政治暗杀事件屡屡发生。尼泊尔自2008年以来政府领导人经常更换，而且每次选举期间都会发生游行罢工、暴力冲突。斯里兰卡政局呈现复杂态势，三方博弈成为斯里兰卡政局的常态，政治权力斗争将影响政府的政策制定和执行效率，与外国投资相关的政策和优惠条件落地实施面临一定阻碍。由于党派斗争和民族、宗教等复杂因素的存在，印度和巴基斯坦这两个南亚最具影响力的国家均缺乏强有力的中央政府领导，可能给外商投资带来更多的不确定性，中国企业需要重视这种政治体制上的差异，避免机械照搬国内经验。

腐败问题是南亚国家需要解决的一大难题，外国投资者可能面临当地具体经办的公职人员随意制造各种政策变动、审批障碍、歧视待遇等投资和经营的阻力，导致工程进度缓慢；而如果为了推进项目建设而采取"入乡随俗"的做法，又将面临法律和舆论的压力。国际透明组织发布的世界各国腐败印象指数排行榜，孟加拉国始终排名倒数。马尔代夫、阿富汗等国的腐败问题同样较为严重。

2. 外部政治环境受大国影响明显

南亚地区政治环境受大国博弈影响较大，投资者应当对东道国所处政治环境有充分认知，对外部政治势力的干扰有所警觉。南亚既有中印巴的三角互动，也有中美印的三角互动、日美印澳的战略合作，同时俄罗斯同印度、巴基斯坦也有复杂的历史联系以及现实合作，地缘政治环境非常复杂。1985年，南亚区域合作联盟成立，然而几十年来深受历史包袱和现实原因拖累，内部矛盾重重，发展缓慢，特别是南亚地区两个最大国家长期处于对抗状态，令南盟如同一盘散沙。从国际体系结构来看，美国和日本出于制衡中国、联印遏华的印太战略因素，对"一带一路"在南亚地区的建设形成了竞争与某种压制。

印度无疑是南亚地区活跃的地缘政治棋手。从地缘政治结构来看，意图主导南亚局势的印度对"一带一路"在该地区的推进怀有天然的战略戒心。印度长期以来一直视南亚为自己的势力范围，将中国视作战略竞争对手，时刻警惕中国参与南亚事务，且无视其本身并不能够为周边邻国充分提供发展所需的公共产品的客观现实，以其所谓的"安全诉求"不断地压制周边邻国自主发展对华关系的需求，甚至不惜蓄意挑起发生在2017年的中印洞朗对峙事件。①

巴基斯坦与印度两国自双方建国之日起就冲突不断，这两个南亚最大国家之间长期的敌对状态给整个区域内的政治安全带来压力。半个多世纪以来，巴基斯坦与印度关系时紧时缓，双方在克什米尔地区的武装冲突几乎从未中断。两国不断交恶的原因，归根到底是克什米尔问题，并由此引发了三次印巴战争。在2020年全球陷入新冠疫情的严重危机之时，印巴两国在克什米尔地区再次交火，战争风险依旧存在，两个有核国家长期处于军事冲突状态，给南亚乃至世界和平局势带来风险。

（五）西亚北非地区局势不安多变

西亚与北非地区近年来形势起伏不定，局势瞬息万变，变化幅度、速度较为罕见。这一地区包括阿联酋、阿曼、埃及、巴勒斯坦、巴林、卡塔尔、科威特、黎巴嫩、塞浦路斯、沙特阿拉伯、土耳其、希腊、叙利亚、也门、伊拉克、伊朗、以色列、约旦18个国家。该地区内大部分国家的信用风险评级良好，仅叙利亚和也门两国评级为C，存在较高风险；同时黎巴嫩评级展望为负面，有风险加重的趋势，详情见表8。

---

① 丁菱、黄凤志：《南亚"一带一路"建设的地缘政治第三方掣肘因素》，《国际研究参考》2019年第1期。

表8　西亚北非国家主权信用风险评级与展望

国家	主权信用风险评级	主权信用风险展望
阿联酋	无	无
阿曼	BB	正面
埃及	B	稳定
巴勒斯坦	无	无
巴林	BB	正面
卡塔尔	A	稳定
科威特	A	稳定
黎巴嫩	BB	负面
塞浦路斯	BBB	稳定
沙特阿拉伯	A	正面
土耳其	BB	稳定
希腊	BB	稳定
叙利亚	C	稳定
也门	C	稳定
伊拉克	BB	稳定
伊朗	BB	稳定
以色列	AA	稳定
约旦	BB	稳定

数据来源：《国家风险分析报告2019》。

1. 内部政治环境存在诸多不安因素

多国政局动荡不安。阿尔及利亚与苏丹政权交替，伊拉克同黎巴嫩等多国局势呈现脆弱性倾向。苏丹在2019年爆发了军事政变，其第一副总统兼国防部部长宣布废止宪法并由军方联合其他安全部门成立最高安全委员会，代行管理国家2年，巴希尔30年的统治自此终结。同年，伊拉克国内爆发大规模抗议，席卷了伊拉克首都巴格达与中南部十余个省份，是近七年来该国的第四轮大规模反政府抗议。抗议的主体为青年失业人员，他们诉求政治改革，但是缺乏统一的领导与组织，并带有深深的反伊朗主义——为了抗议伊朗干预伊拉克内政，不少示威者焚烧伊朗国旗、污损最高领袖哈梅内伊画像，还纵火焚烧了伊朗驻卡尔巴拉领馆。

腐败问题根植于西亚北非地区，引起地区局势动荡，为投资者带来诸多不安因素。腐败问题在各国发展的过程中逐渐演变为社会内的主要矛盾，侵蚀执政根基，并成为引发社会动乱的导火索，最终导致了"颜色革命"。"茉莉花革命"因突尼斯内部的腐败问题而起，随后横扫西亚北非各国，利比亚、突尼斯、埃及等多国因此出现政权更迭。此外，腐败也逐渐扭曲了西亚北非地区政府的执政理念，使国家内部形成既得利益集团，严重危害国家治理。家族制、世袭制、威权体制是西亚北非多数国家内盛行的体制。在该种制度之下，政治精英长期把控政权，造成社会财富分配不均，腐败问题加重，政府治理水平低下，引发民众的不满情绪。

2. 外部政治环境令人担忧

美国与伊朗之间关系愈发紧张。美国单方面退出伊朗核问题全面协议之后，连续出台多项政策，对伊朗"极限施压"，并不断加码，伊朗方面也多次反击，伊核问题频起波澜。2020年伊始，美伊冲突再度升级。伊朗高级将领卡西姆·苏莱曼尼遭美军空袭身亡。随即伊朗方面将美国武装部队和五角大楼认定为"恐怖组织"，并向美国驻扎在伊拉克的空军基地发射了数十枚导弹，而美国方面则宣布对伊朗实施新一轮的制裁措施。美国与伊朗之间的矛盾对全球的能源供应产生了深远及广泛的影响，并严重威胁了霍尔木兹海峡的安全。

热点问题起伏发展。2019年土耳其与叙利亚之间的武装火拼，使俄罗斯、叙利亚、土耳其、美国四国之间的关系愈加复杂化，叙利亚地区内的政治远景与中东局势因此变得空前棘手。虽然叙利亚内战冲突已然接近尾声，但叙利亚境内依然存在诸多令人不安的因素，局部地区时常爆发冲突。美国单方面宣布以色列对戈兰高地主权，并推出"中东和平新计划"经济部分，巴以冲突升级。也门地区的局势同样仍未平息。2018年底，在联合国周旋之下，也门政府与胡塞武装就战俘交换、荷台达停火等重要议题取得一致意见，但到2019年8月，也门战事再起。"伊斯兰国"头目巴格达迪在美国的军事行动中死亡。

（六）中东欧地区政治安全水平良好

中东欧地区形势总体较为稳定，但依旧面临多重挑战。该地区包括16个国家，分别为阿尔巴尼亚、爱沙尼亚、保加利亚、北马其顿、波黑、波兰、黑山、捷克、克罗地亚、拉脱维亚、立陶宛、罗马尼亚、塞尔维亚、斯洛伐克、斯洛文尼亚、匈牙利。除中国出口信用保险公司未覆盖的地区外，大部分国家风险评级良好，风险展望稳定，并存在向好发展的趋势，详情可见表9。

表9 中东欧国家主权信用风险评级与展望

国家	主权信用风险评级	主权信用风险展望
阿尔巴尼亚	B	稳定
爱沙尼亚	A	稳定
保加利亚	BB	正面
北马其顿	BB	稳定
波黑	无	无
波兰	AA	稳定
黑山	B	稳定
捷克	AAA	稳定
克罗地亚	BBB	稳定
拉脱维亚	BBB	正面
立陶宛	A	稳定
罗马尼亚	BBB	稳定
塞尔维亚	B	稳定
斯洛文尼亚	A	正面
匈牙利	A	稳定

数据来源：《国家风险分析报告2019》。

1. 内部政治环境平稳发展

总体而言，中东欧区域内的政治形势在2018年稳步发展。2018年，中东欧区域内的许多国家举行了总统大选或议会选举，部分国家的政府改组；匈牙利、波兰以及其他国家的执政党或联合政府虽在国内国外遭到质疑，但并未受到挑战，执政地位稳固依旧；此外，某些国家的执政党或联合政府内部问题频发，政府为应对社会的不满有必要进行调整。

中东欧区域内多数国家发展良好，总体投资安全水平较高，但腐败问题仍是影响该区域内一些国家投资安全的重要因素。在人均收入水平方面，以世界银行在2017年发布的分类标准为参照，即人均国民总收入大于12235美元（现价美元）的属于高收入国家，超一半的中东欧国家为高收入国家，其他国家则属于中等收入国家。中东欧国家城镇化水平高，平均超过60%，保加利亚、匈牙利、捷克三国的城镇化水平更是高达了70%以上。根据透明国际公布的2019年清廉指数，爱沙尼亚、波兰、立陶宛、斯洛文尼亚等国政治清廉程度较高，波黑、北马其顿、黑山、塞尔维亚、阿尔巴尼亚、罗马尼亚、保加利亚等国清廉指数偏低。

冷战结束以后，中东欧区域内的许多国家开启了民主转型的过程，并最终发展成为国家层面的大规模政治经济改革和社会转轨。这种转型一方面源于华约体系的崩溃，另一方面是由于各国既有政权内的社会经济动荡。在过去的20多年当中，由于社会转型，中东欧国家政府普遍更替频繁，稳定性较低。作为一种重要的政府类型，联合政府在实行多党制的议会民主国家中并不罕见。然而，相较于其他地区，中东欧国家内更为盛行联合政府的政治形式。相关数据分析表明，多数情况下中东欧地区国家更倾向于组建联合政府。然而，联合政府的寿命却并不长久。据统计，中东欧地区国家政府的平均执政时间为553天，但纳入统计的联合政府的平均执政时间低于该值，这严重影响了该地区的政策稳定性，进而削弱了中东欧地区的投资安全。

2. 外部政治环境较为稳定

总的来说，中东欧地区受欧盟的影响较大。冷战结束后，随着东欧剧变和华约解体，多数中东欧国家都加入了北约及欧盟。北约东扩和欧盟东扩使中东欧国家均不同程度地卷入了多个不同层次的地区经济、政治、安全和能源合作机制，同时导致俄美和俄欧关系更加复杂化，这为中东欧地区的投资合作增加了一定的不确定性。在政治上，欧盟通过加设成为欧盟成员国的条款，深刻影响了中东欧地区国家的民主体制与政治；经济上，因欧盟是中东欧国家主要的投资来源及进出口市场，中东欧国家在经济上十分依赖欧盟，尤其是其设立的发展基金。近些年来，由于美国忙于实施"重返亚太"以及"美国优先"的战略，欧洲方面疲于应对英国脱欧以及欧债危机，中东欧地区得以向东寻求合作。但欧盟方面担忧中国利用投资活动干扰中东欧地区的政治进程，妨碍欧盟一体化，因此要求和中国进行投资合作的中东欧国家提高项目透明度，遵循欧盟所制定的环境标准与劳工标准。在欧洲民粹主义抬头与英国脱欧事件的影响下，欧盟对中东欧地区的干预力度也日渐加强。这一系列的举措也加大了中国与中东欧国家的投资合作的风险与难度。

总体而言，2018年中东欧国家的外交路线与之前一脉相承，各个国家根据自身的情况，分别做出了符合自身利益的选择。就与欧盟的关系而言，中东欧地区出现了两种趋势，一种是顺应欧洲化浪潮，另一种则是与这一潮流背离。西巴尔干地区的国家不断寻求加入欧盟的机会，依照欧盟的要求解决其历史遗留问题，譬如北马其顿共和国的更名事件以及塞尔维亚与科索沃在领土互换以及边界调整方面所做的努力。2020年9月，塞尔维亚和科索沃同意实现经济关系正常化，吸引投资促进就业，并同意暂停一年采取政治敌对行动。与之相比，波兰以及匈牙利等国在与欧盟的来往当中更坚持要维护自身主权和保持相对独立。

在对俄关系上，中东欧国家之间差异明显。波罗的海三国和波兰出于地缘以及历史等原因，对俄罗斯保持全面敌视的态度。这些国家不仅寻求北约的军事保护，还在政治、经济等领域与俄罗斯龃龉不断，是欧盟内部反俄势力的代表。与波兰等国相比，保加利亚与塞尔维亚等国家与俄罗斯保持了较为友好的关系。保加利亚在2018年担任欧盟轮值主席的时候就倡议各国展开与俄罗斯的谈话，改变现有的对峙局势。此外，与波兰和塞尔维亚等国不同，一部分中东欧国家与俄罗斯则力图在以美欧为代表的西方势力夹击俄罗斯的背景下，与俄罗斯维持正常的外交关系。

（七）中亚地区风险挑战与发展机遇并存

从统计结果来看，中亚国家政治发展势头良好，治理成效显著。但进入

2020年后，在新冠疫情影响下，中亚地区存在诸多变数。中亚地区主要包括中亚五国，即哈萨克斯坦、吉尔吉斯斯坦、塔吉克斯坦、土库曼斯坦、乌兹别克斯坦。其中仅吉尔吉斯斯坦和塔吉克斯坦风险评级为CC，且塔吉克斯坦国内的风险有加重的趋势，详情可见表10。

表10 中亚国家主权信用风险评级与展望

国家	主权信用风险评级	主权信用风险展望
哈萨克斯坦	BBB	稳定
吉尔吉斯斯坦	CC	稳定
塔吉克斯坦	CC	负面
土库曼斯坦	BBB	正面
乌兹别克斯坦	B	稳定

数据来源：《国家风险分析报告2019》。

1. 内部政治环境存在一定风险但整体平稳

2020年是中亚国家在权力交接问题上的关键一年。哈萨克斯坦正处于权力交接后最为关键的过渡时期，塔吉克斯坦、土库曼斯坦的政权即将过渡给下一代，吉尔吉斯斯坦国内各方势力纷纷争权夺利。而处于新冠疫情之下，中亚各国政权稳定性备受考验，身处于近30年以来最困顿的时刻。即使如此，中亚国家依旧决定按照既定方针交接权力。土库曼斯坦在2020年1月29日宣布实行两院制议会；塔吉克斯坦于2020年3月和4月举行议会选举，并于4月17日选举拉赫蒙总统长子鲁斯塔姆为上院议长，实现子承父业的权力交接；哈萨克斯坦再次进行高层人事调整。以上事件在某种程度上反映出强压之下中亚地区领导人依旧可以把控形势，基层依旧支持领导政权，也进一步反映出中亚国家在不断发展的过程当中，虽然步履艰难，但仍然能够做到小有成效。

但中亚各国政局存在一定隐患。首先，政治精英集团内部冲突不断。2019年，哈萨克斯坦内部进行了政权交接，抗议活动此起彼伏，出现了

"青年政治化""公民行动主义"等趋势。2020年6月，吉尔吉斯斯坦总理因腐败案辞职，吉尔吉斯斯坦仍面临极为激烈的政治斗争。其次，塔吉克斯坦及土库曼斯坦的权力交接潜藏巨大风险。多年以来两国的政治、经济、社会、安全领域均问题重重。影响两国政治稳定的重要因素，便是在西方支持下十分活跃的境外反动势力，且更有消息传出美国有意扶植反对派领袖；接连下滑的经济激化了社会矛盾，惹得民怨四起。因此在权力交接的重大阶段，在存在诸多挑战的情况下，接班人设定为政治经验并不丰富、并未得到国内普遍认可的总统长子，存在巨大隐患。

从政治发展的角度看，中亚国家差异显著。中亚国家独立以来在社会经济发展、民众福祉改善方面有一些显而易见的进步，但总体而言依然处在全球发展的"边缘地带"。

与政治连续性和政治稳定性方面的风险相比，中亚五国在汇兑限制方面的风险更为突出。在2014年大宗商品价格持续下跌以及中亚五国汇率连续贬值的背景下，各国政府为了保持外汇储备和货币的稳定性，采取了汇兑限制措施，致使企业投资面临更高的风险。哈萨克斯坦于2015年8月宣布实行自由浮动汇率，导致哈萨克斯坦货币坚戈大幅贬值，在哈企业遭遇汇率损失。在法律方面，哈萨克斯坦汇兑限制相对较轻，以《反洗钱法》和《外汇监管问题若干法令修订法》加强对银行外汇流动的监管。另外，土库曼斯坦一直在实行相对严格的外汇管制，尚未接受国际货币基金组织的第八条款。土库曼斯坦自2016年起严格管控外汇，一度到需要总统本人批准的地步。乌兹别克斯坦目前对金融以及外汇的控制力较强，外汇交易由三方管控，严格限制对外贸易与资本流动，海关部门常会没收外国公民出境携带的超额外汇；而政府在开放贸易和支付体系、实行灵活汇率政策等方面也并未取得明显进展，存在一定的汇兑风险。乌兹别克斯坦实施"强行结汇"制度，外资企业须在当地建立外汇账户，外汇往来管理严格且须缴纳手续费。吉尔吉斯斯坦汇兑较为方便，主要依据《外汇交易法》以及政府与国际货币基金组织签署的有关协定管理外汇。吉尔吉斯斯坦接受国际货币基金组织的第八条款，实行浮动汇率制度，本币索姆在境内实现完全可兑换。吉尔吉斯斯坦的商业银行以及兑换点均可为任意机构自由兑换索姆与美元，没有额度方面的限制。塔吉克斯坦汇率上钉住美元。塔吉克斯坦《投资法》规定，投资者有在塔吉克斯坦开设本国货币及外币账户的权利，缴税后允许将塔吉克斯坦货币兑换为他国货币，同时允许用他国货币支付塔吉克斯坦境外业务。外汇往来不受限制，投资者及外国务工人员也允许将合法投资及经营所得外币转至境外，没有缴纳特别税金的规定，携带3000美元以上现金出入境需要申报。

2. 外部政治环境得到改善

2018年，中亚五国之间的关系开始出现向好的趋势。主要原因首先在于米尔济约耶夫就任乌兹别克斯坦总统以后，把外交政策的重点率先放在了睦邻上面，而乌兹别克斯坦的其他邻国也对此做出了积极的回应。2018年，五国实现领导人互访，分别在边界、人员往来、贸易交通方面的合作问题上取得了积极进展。中亚地区的积极变化，从内部上来说，得益于乌兹别克斯坦领导人的政策选择；从外部上来说，对西方制裁俄罗斯做法的担忧、美欧对中亚地区政策的调整、中国的"一带一路"倡议等都促成了中亚地区的积极变化。

2020年以后，中亚地区政局逐渐受到外部大国影响，出现了一系列"5+1"模式。美国、欧盟为中亚地区的形势制定了全新战略，美国在中亚完善布局，"C5+1"呈现出明显的"工具化"特征；美国意在吉尔吉斯斯坦南部设立军事基地，并且其在中亚地区的设立的生物实验室问题逐渐显露出来。印度方面则希冀借由中亚地区增强自身的地区影响力。俄罗斯在中亚地区的影响力逐渐加强，不仅在背后助推权力交接，还帮助吉尔吉斯斯坦的新政权、哈萨克斯坦两任总统沟通。新冠疫情以来，俄罗斯借由抗击疫情不断在中亚赢得影响力，推动了以俄罗斯为主导的地区合作机制。

四　政治安全对策建议

在"一带一路"倡议的推动下，未来一段时间内，中国对外直接投资仍有望保持较高的增长速度。对外直接投资因其复杂性，需要我们更加深入地了解"一带一路"共建国家的政治安全状况,从多个方面建立和完善支持保障体系,推进核心能力建设,不断地增强企业应对东道国复杂政治安全环境的能力,让"一带一路"走得远、走得久。

(一)完善风险防控机制,增强自身应对风险的能力

第一,重视尽职调查工作。企业投资前应充分论证东道国投资环境,明确是否存在政权更迭、政府违约等导致投资失败的先例,通过政府相关部门发表的报告、指南等途径了解投资目标国家政治安全状况和变化趋势,做好风险评估以规避风险。如果仅依据走马观花式的考察就完成投资立项,后期遭遇政治风险冲击的可能性将会大大增加。必要时,可以与专业的调查公司合作,做好合作方背景调查,对合作伙伴的声誉、协调能力等方面有充分的认识。

第二,建立企业风险监控和预警机制。企业可以与国内高校、科研院所合作,也可以在充分保障信息安全的前提下,与项目所在国或国际上的数据库、咨询机构合作,积极对国际热点问题和政治风险展开研究,聚焦于投资国的政党格局、政治形势、执政能力和执政理念,构筑起国际与国别研究的网络,提高预测分析国际政治形势的能力,共同建立全面高效的政治风险情报系统。

第三,建立完善企业应对政治风险的预案,在风险事件发生后尽可能减少企业损失。

(二)重视国际安保产业发展,保障海外投资的人员及财产安全

"一带一路"共建国家中,仍有部分国家深陷内乱与战争的泥潭。因此,为保障企业的人员及财产安全,聘请安保公司便成为跨国公司最为常见的做法。但是中国的国际安保产业仍不发达,中国海外投资企业不得不寻求跨国安保巨头的帮助,支付其高昂的垄断价格,这也制约了中国海外投资的进一步发展。因此,我们可在遵守《蒙特勒文件》与《私营安保服务供应商行为守则》的前提下,完善国际安保产业的规章制度与法律法规,构建以市场为导向、以科学监管为前提的安保产业政策体系,引导中国的国际安保产业的发展,保障中国海外投资者的安全。

（三）参与国际投资规则的制定，升级双边投资协定

在全球化的背景下，跨国经营与投资活动都要受国际规则的制约，因此为加强中国投资者的投资安全，中国要积极参与到国际投资规则的制定与重构当中来。首先，我们应当积极推动多边投资协议的制定。在WTO的投资协议越来越不能满足投资需求的今天，《跨太平洋伙伴关系协定》（TPP）与《跨大西洋贸易与投资协定》（TTIP）对中国的投资安全产生了不利影响。中国应在维护WTO多边规则的基础上，推进WTO协议更新升级，建构范围广、水平高、层次深的区域合作网络。其次，要重视双边投资协定（BIT）。在应对政治动荡的过程中，双边投资协定是国际法所规定的重要依据，中国虽然与世界上100多个国家签署了双边投资协定，但由于签署日期多在20世纪90年代，大多没有"完全保护与安全"的条款。因此，中国政府有必要对这些条款进行升级更新，并尽快展开双边投资协定的谈判。

（四）加强法制建设，健全促进对外直接投资的法律体系

随着中国对外投资规模的不断扩大，中国在对外投资领域法制建设不健全的弊端逐渐显露出来。截至目前，中国针对对外投资的法律法规多为国务院及相关部委所制定的行政法规与规章制度以及一些地方性的法规，因此法规之间往往缺少统筹规划，在稳定性及系统性方面仍存在诸多问题。在此情况下，不仅法律不能得到切实有效的落实，企业也会感觉茫然无措，无法把握投资法规。中国应尽快出台针对对外投资领域的法律，将现有的部门之间的法律法规整合起来，健全促进对外投资、保护对外投资利益的法律体系，在法律层面上降低中国企业的对外投资风险。

（五）完善海外投资保险制度，借助保险公司与行业协会的力量"抱团出海"

在海外投资遇到不可抗力而被迫中止的情况下，投资保险便成为企业规避风险的必要手段。隶属于世界银行集团的多国投资担保机构（MIGA）在

推动对外直接投资方面贡献良多，MIGA 保险能力强，对适格投保者的要求更低，提供分保业务和再保业务，企业可尝试与其建立合作机制，借鉴其成功经验。不过，MIGA 的担保份额是按照会员国持股比例进行分配，而中国占股仅 3%，"一带一路" 共建国家中只有新加坡设有 MIGA 分支机构，其运行机制也较复杂。国内企业中，中国出口信用保险公司可以为投资者及金融机构因投资所在国政治风险造成的经济损失提供风险保障，承保范围包括投资所在国征收、汇兑限制、战争及政治暴乱、违约等。企业还可借助行业协会的力量获取更加完备的信息，更好地应对风险。中国国际商会和贸促会等组织为大型项目投资企业提供信息交流和预警的平台，帮助协调企业决策，化解利益冲突。企业之间也可以通过"强强联合"的方式"抱团出海"，避免内耗，增强竞争力。同时，要加强中国海外投资保险制度的创新力度，不断推出适合"一带一路"共建国家的保险产品，扩大保险的品种与覆盖面，为企业海外投资提供坚实的后盾。

（六）寻求战略联盟，实现合作共赢

海外投资应重视当地利益相关方的诉求，充分尊重当地文化习俗，找到更好的沟通方式，融入当地市场。企业在对外投资时可以考虑采用合资方式分散风险，接受东道国利益集团参股也是一种选择。聘用当地人才，适当增加原材料在当地的采购份额，积极培养潜在的利益共同体，有助于减少政治风险带来的冲击。此外，企业还可选择多边机构参与的方式降低政治风险，比如通过国际金融公司（IFC）、亚洲开发银行（ADB）等机构投资入股或提供债权资金，降低企业被东道国政府征收或国有化的风险。Daniel M. Shapiro 等人通过研究中国在拉丁美洲的投资，发现中国向东道国提供发展贷款能够为中资企业进入自然资源领域带来便利，但与非政府利益相关方发生冲突的可能性却增大了，更加难以获得"社会经营许可"。[①] 因此，企

---

① Daniel M. Shapiro, Vecino Carlos, "Exploring China's State-led FDI Model: Evidence from the Extractive sectors in Latin America", *Asia Pacific Journal of Management*, 35（1），2018.

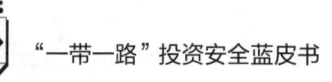

业需要凝聚最广泛的共识，团结最广大的力量，尽最大可能获取利益各方的支持。

（七）规范企业行为，不忘民心相通、包容发展

"走出去"的企业要规范其在当地的经营行为，遵守东道国法律法规，注意避免盲目地追求利润而忽视当地劳工权益。企业"走出去"过程中要有国际化视野和担当，尊重东道国的社会文化习俗，增进文化认同，构建中国企业与当地居民的情感纽带。对外投资企业要特别注重自己在当地的企业形象，承担起力所能及的社会责任，对于资源类投资而言，要避免破坏当地的自然环境，努力获取当地居民的支持和认可。

（八）加强对外宣传与对内培训，重视话语权与人才培养

要重视宣传与公关工作。企业与当地媒体、社区、工会、宗教组织和社会团体的关系会通过影响社会认同从而影响企业面对的政治风险，因此企业要积极主动地提升与媒体及公关机构的交往能力，通过主动、客观、真实的信息披露，增强企业经营的透明度，树立企业积极正面的形象。必要时，可借助东道国公关公司的力量应对不利舆论。

当前中资企业缺乏熟悉东道国政治文化的国际化、专业化人才，应建立完善人才培养和激励机制，既要组织国内优秀员工到国外学习交流，也要吸收东道国高层次人才。

（九）既要重视政企互动，又要避免过多使用政治手段

商务部多次强调，"走出去"的企业要与东道国政府建立良好人脉关系。除了与执政党保持良好关系外，还要注意与在野党和社会团体的关系。在部落地区投资时，由于中央政府控制力有限，还需取得当地部落首领支持。在与东道国政府合作沟通的时候，还要注意避免与某一政党交往过于密切。部分国家党派竞争激烈、政权更替频繁，即使获得某一政党的强力支持也不能保证项目的顺利进行，有时反而会给项目未来推进造成阻碍，尤其是

水库、电站等建设运营周期长的项目。

长期以来,加强和驻外机构、使领馆的联系一直是中资企业遇到问题时的第一选择,然而过多地使用政治手段解决商业问题在某些情况下可能适得其反。企业可以通过当地合作伙伴、供应商、本地员工等途径获取帮助。此外,密切联系华人华侨,充分发挥他们在海外独特的作用和优势,有助于企业解决信息获取不完全和政治风险防控不到位等问题。

(十)遵循多元化原则,进一步完善对外投资的区域配置

"一带一路"共建国家政治安全水平存在较大差异,新加坡、马来西亚、捷克、克罗地亚、斯洛伐克等国政治安全程度高,对这些国家的投资所面临的政治风险相对较小;而黎巴嫩、也门、柬埔寨、阿塞拜疆、乌克兰等国政治风险相对要高一些,企业在做出投资决策时需要更多地关注其政治风险变化趋势,遵循多元化原则和风险控制原则,做好风险评估工作,寻求最有利于自身的投资区域配置。

B.3 "一带一路"共建国家投资的经济安全分析报告

梁昊光 陈 秀 刘明欣*

摘 要： 2020年以来，新冠疫情给世界造成了全方位冲击。但疫情下的"一带一路"合作并没有按下"暂停键"，中国与"一带一路"共建国家坚毅前行，经贸合作展现出强大韧性和旺盛活力。在全球治理的必要性与紧迫性日益加深的背景下，"一带一路"共建国家范围也不断扩大，涉及全球诸多经济区域，跨国企业投资领域越来越广，投资金额不断增加，经济投资安全成为对外投资中越来越重要的考量因素。本报告针对"一带一路"共建37个样本国家2010～2019年的经济发展情况进行量化建模分析，并结合对外投资中实际的发展问题提出了建议，展示出中国正同各国一道，在经济安全领域把"一带一路"建设成各方共同发展、共同繁荣的发展之路。

关键词： "一带一路" 经济安全 对外直接投资 国别差异

---

* 梁昊光，北京第二外国语学院中国"一带一路"战略研究院执行院长、教授，"一带一路"数据分析与决策支持北京市重点实验室主任，北京市首都发展研究院院长，主要研究方向为"一带一路"投资安全；陈秀，北京第二外国语学院中国"一带一路"战略研究院硕士研究生，主要研究方向为"一带一路"互联互通；刘明欣（通讯作者，lmxinxt@163.com），北京第二外国语学院经济学院硕士研究生，主要研究方向为国际经济与服务贸易。

一 经济安全的内涵

对外投资的经济安全是指在全球化的背景下,投资国或投资企业在对东道国进行投资的过程中,充分考虑东道国经济发展水平与基础、市场规模与生产能力、宏观经济活力与稳定性以及市场开放度等影响国家经济安全的因素,避免经济风险,实现投资国或投资企业的经济投资安全。经济安全是国家安全的重要组成部分,在企业对外投资决策过程中占据重要地位。

(一)国家安全

随着和平时代的到来,经济全球化迅速发展,国内外对于国家安全有了新的理解,新时代的国家安全不仅包括政治、军事等传统安全概念,还包括经济、文化、社会、外交、科技等诸多方面。

从国家角度出发,国家安全的定义是指国家领土完整、主权独立、人民安居乐业、社会各方面稳定发展,是一种维持国家内外安定、长期安全可持续发展的能力。从投资者角度出发,国家安全尤其是东道国的国家安全,是每一个投资者都必须要关注的。东道国国内的任何变动都会对跨国企业产生重大冲击,如加征关税、实行贸易保护、政府选举、党派更替、文化冲突、伦理困境等,这些都会让投资者经营受挫。从投资者利益出发,这些让跨国企业经营困难的情况都会增加一国的国家风险,降低投资者对东道国的投资安全信心。因此,对一个国家进行投资时,一定要关注东道国的国家风险,衡量该国的安全水平。

本报告对国家安全的理解主要是从国家利益或投资者利益出发,立足投资者角度,因此,对国家安全的理解基于第二种观点进行阐述。综上,本报告认为的国家安全是从投资者角度出发,一国内部变化或国际形势变动对东道国的国家利益或国家秩序产生了影响,这些影响会对跨国企业投资决策产生联动作用。跨国企业在对外直接投资过程,会受到众多因素的影响,例如东道国本身的政治、经济状况以及政策的变动,而且世界经济政治形势复杂,利益交织，世界上任何一国的变动都会对其他国家产生或大或小的影响。因此，国家安全程度越来越成为企业对外投资必须考虑的一个重要因素。

（二）对外投资的经济安全

当前，经济全球化程度日益加深，国家间的联系日益紧密，投资活动越来越频繁，全球逐渐发展成为一个整体。经济全球化的推进给各国带来了许多益处，资金加速流动，经济快速发展。然而，在各国经济联系更紧密的同时，世界经济体系应对危机的能力变得愈发脆弱，一旦经济危机发生，将迅速波及各个国家。在此背景下，全球各国逐渐意识到经济安全的重要性。

为了降低对外投资的风险、减少经济风险对投资造成的冲击、提高对外投资的安全，采取一定的措施以降低对外投资风险及减少不确定的损失是十分必要的。在对外投资过程中，投资主体应充分考虑东道国的经济安全现状以及影响经济安全的各个因素，投资主体在对外投资前，应对东道国的经济风险现状进行充分的了解，包括东道国的宏观经济发展水平、经济稳定性、市场规模以及市场开放度等。在选择合适的国家进行投资后，还要根据东道国的政治经济制度进行本土调整，合理经营，满足市场需要。

事实上，对外投资经济安全除受上述因素影响之外，还与其他各类风险互相交织，贯穿投资过程的始终，对外投资的经济安全在投资主体对外投资决策中占据重要位置。[①] 在推进"一带一路"进程中，中国或中国跨国企业在对外投资时，应对东道国的经济风险加以辨别，统筹国内外资源，获取更多的对外投资利益，在国际竞争中占据更加有利的投资地位，保证投资主体的持续发展。

二 投资合作与安全影响

综合国内外诸多学者的研究，本报告将影响国家经济安全的因素归为经

---

① 温俊萍：《经济全球化进程中发展中国家经济安全研究》，华东师范大学博士学位论文，2006。

济发展水平与基础、市场规模与生产能力、宏观经济活力与稳定性以及市场开放度四类。

（一）经济发展水平与基础

东道国经济安全和东道国的经济发展水平与基础有着密切联系。经济发展水平是指一个国家在不同时期经济发展的总体规模，常用指标包括国内生产总值、国民收入、人均国民收入等宏观经济指标。经济发展基础是指一个国家或地区的自然资源、基础设施建设以及其他生产要素等。经济发展基础虽然不像经济发展水平一样对国家或地区经济安全和经济发展起到决定性作用，但经济发展基础作为经济发展的重要支撑，在海外直接投资中也起到重要作用。

经济发展水平是一个国家或地区经济环境的综合反映，不同的国家经济发展水平有所差异，这是决定一国经济安全程度和吸引外国资本的决定力量。经济发展基础是一国经济的重要支撑，间接影响着国家经济安全。通常来说，一国的经济基础包括该国的战略资源、基础设施建设以及其他基础要素，这些要素影响着东道国对外资的吸引力。经济发展的一个重要基础是资源，经济发展的另一重要基础是基础设施。东道国基础设施建设水平与完善程度对海外直接投资有促进作用，能够提升一国经济安全水平。除此之外，国家的可使用土地、科技发展程度、教育普及度等其他要素也是国家经济发展基础的组成部分，是一国经济安全水平的影响因素。

（二）市场规模与生产能力

市场规模和生产能力是一国经济安全的重要影响因素。市场规模又称市场容量，是指一个国家产品或行业的总体规模，与该国家的人口数量、消费需求以及贫富程度有密切关系。生产能力是指一个国家在一定时期内所有行业能够生产的最大数量，与该国生产技术、生产设备等有密切联系。

国内生产总值（GDP）是衡量一个国家经济总产出的宏观经济指标，可以衡量一个国家的经济总体水平，因此，常用GDP衡量一国的市场规模。一国GDP越高，市场规模越大，可以容纳更多数量更多种类的产品，满足不同消费者的需求，该国经济发展就越平稳。在国家经济安全评价的过程中，经济总量较大的国家呈现较高经济安全程度的可能性较高。在面对突发的经济危机时，稳定的经济发展体系、国内庞大的市场规模以及国民内需可以放缓经济下滑的速度，有效地抵御外界冲击。

在国内外众多学者的经济理论分析研究中，东道国的市场规模以及生产能力通常被认为对海外投资有着重要影响力，东道国市场规模或发展潜力越大，海外投资越多。随着市场规模的扩大、生产能力的提高，东道国资源利用效率提高，规模经济和范围经济的效用更广，技术更新换代速度加快，能够有效地拉动经济发展，提高国家经济安全水平。

（三）宏观经济活力与稳定性

投资主体在东道国进行投资时，除东道国的经济发展水平对经济安全产生影响外，宏观经济波动对投资安全也有巨大的影响。东道国在面对突发状况时的财政政策与货币政策很可能会对投资主体产生巨大的影响，提高投资风险，增加不必要的损失。此外，突发性的经济金融危机和自然灾害也会对经济造成较大的波动，如2008年美国的经济危机迅速冲击了全球多个国家，许多国家的经济风险陡然增加，GDP出现负增长，一些国家通货膨胀严重，大量投资主体利益受损；再如，2020年全球暴发新冠疫情，各国都采取不同程度的隔离措施，导致全球价值链出现断裂，跨国投资企业受到沉重打击。

GDP增长率测度了东道国某一时期经济增长的速度，不同时期的增长速度反映了东道国整体经济波动的状况，可用于测度东道国的经济风险，进而描述对该国投资的经济安全。通货膨胀率是衡量东道国整体经济波动情况的另一重要指标，可以衡量经济系统对对外投资产生的负面影响。根据购买力平价理论，若东道国的通货膨胀率大于母国的通货膨胀率，投资在东道国的货币将会发生贬值致使投资收益缩水，导致一定程度上减少投资主体对东道国的投资。[1]

---

[1] 王献芬：《FDI过程国家经济风险评价》，西南财经大学博士学位论文，2013。

（四）市场开放度

东道国的市场开放度是指东道国政府和居民对外来投资主体的接受程度，决定了东道国能否有效地引进外来先进技术、高质量人才及高水平管理技术。"一带一路"共建国家众多，不同国家的市场开放程度有所差异。[①]市场开放度是对其进行投资的重要考量因素。

市场开放度具体包括贸易开放度与投资开放度。对外贸易依存度是衡量一国贸易开放程度的重要指标，对外贸易依存度是指一国的进出口总额占该国国民生产总值或国内生产总值的比重。其中，进口总额占国民生产总值或国内生产总值的比重称为进口依存度，出口总额占国民生产总值或国内生产总值的比重称为出口依存度。对外依存度越高，这个国家就越开放。此外，研究表明对外贸易依存度的高低与一国吸收外来投资的能力有直接关系。

三 "一带一路"经济安全的空间格局与时间变化

本报告选取37个样本国家，统计其2010~2019年10年间宏观经济状况，选取经济发展指标，通过科学计算，得出每年各国经济安全水平得分。依据评分对各国经济发展进行分析，可以直观地了解各地区10年间经济发展趋势、区域经济集聚现象，从而对未来地区经济态势做出合理预测，为企业投资决策提供参考。

（一）2019年"一带一路"经济安全格局

根据模型计算结果将各个国家的经济安全指标由高到低分为五个级别。2019年各国经济安全评级结果具体如表1所示。2019年"一带一路"样本国家各国经济安全等级存在差异。有9个国家经济安全水平高，分别是新加

[①] 张秋林：《"一带一路"背景下东道国基础设施与中国对外直接投资》，山东财经大学硕士学位论文，2018。

坡、越南、印度、阿拉伯联合酋长国、柬埔寨、波兰、捷克、立陶宛、马来西亚，评级为 A；有 4 个国家处于中上水平，分别是泰国、匈牙利、斯洛伐克、塞尔维亚，评级为 B；有 18 个国家的经济安全处于中等水平，分别是拉脱维亚、卡塔尔、菲律宾、摩尔多瓦、沙特阿拉伯、约旦、孟加拉国、克罗地亚、阿尔巴尼亚、巴林、罗马尼亚、印度尼西亚、巴基斯坦、黎巴嫩、俄罗斯、缅甸、土耳其、乌克兰，评级为 C；有 3 个国家经济安全处于中下水平，分别是斯里兰卡、科威特、埃及，评级为 D；有 3 个国家经济处于极低安全水平，分别是哈萨克斯坦、阿塞拜疆、也门，评级为 E。

表 1　2019 年各国经济安全等级

等级	指数区间	国家数量	国家
A	65～100	9	新加坡、越南、印度、阿拉伯联合酋长国、柬埔寨、波兰、捷克、立陶宛、马来西亚
B	55～64.9	4	泰国、匈牙利、斯洛伐克、塞尔维亚
C	35～54.9	18	拉脱维亚、卡塔尔、菲律宾、摩尔多瓦、沙特阿拉伯、约旦、孟加拉国、克罗地亚、阿尔巴尼亚、巴林、罗马尼亚、印度尼西亚、巴基斯坦、黎巴嫩、俄罗斯、缅甸、土耳其、乌克兰
D	20～34.9	3	斯里兰卡、科威特、埃及
E	0～19.9	3	哈萨克斯坦、阿塞拜疆、也门

数据来源：作者计算。

本研究所涉及的 37 个样本国家涵盖 7 个地区，用各个区域内样本国家的经济安全投资指数均值代表该区域整体投资安全水平，结果如表 2 所示。各区域经济安全水平由高到低依次为东南亚、中东欧、南亚、西亚北非、其他独联体国家。需要指出，受限于数据的可获得性，本报告中涉及的东北亚样本国家仅有俄罗斯，中亚的样本国家仅有哈萨克斯坦，不能充分代表该区域的整体投资安全水平。因此不对这两个区域的整体投资安全水平进行讨论，详细内容参见第四部分。

东南亚地区的国家经济安全水平较高，在所有区域中表现最好。在经济安全评分前十名的国家中，有五个东南亚地区的国家，分别是排名第一的新加坡、排名第二的越南、排名第六的柬埔寨、排名第九的马来西亚、排名第十的泰国，评分都在64分以上，属于经济相当安全的地区。尤其是新加坡经济安全排名常年排在第一位，主要得益于其开放的经济体系、国际化的金融市场、便利的港口运输，吸引了大量外资涌入，成为"一带一路"建设中国重要的经贸往来伙伴。东南亚地区的其他国家，例如菲律宾评级为C，排名第十六；印度尼西亚评级为C，排名第二十七；缅甸评级为C，排名第三十一。虽然东南亚所有国家的经济安全都位于C级及以上的等级排名，但是缅甸在该地区经济安全表现最差，在样本中排名靠后，主要是因为该国常年受军政府统治，民主化进程艰难，市场经济体制不够完善，国家管制严格。

中东欧地区的经济投资安全表现整体处于中等偏上。中东欧当地发展水平较高、基础设施建设相对完善、人口素质较高、市场规模和市场完善程度较高以及当地融资环境和条件较好等因素不断吸引着海外投资者。在37个样本国家中排名前十的中东欧国家有波兰、捷克和立陶宛，占中东欧样本国家总数的30%。而排名前二十的中东欧国家有七个，占中东欧样本国家总数的70%。其余中东欧样本国家经济安全排名均位于总样本国家的前三十。中东欧地区内各国家的经济安全水平虽有差异，但两极分化情况并不十分严重，整体态势较好，较多国家的经济安全位于中等偏上水平。

南亚地区的国家经济安全水平差异较大。印度排名第三，属于A等级，评分高达93.7；孟加拉国排名第二十，属于C等级；巴基斯坦排名第二十六，属于C等级；斯里兰卡排名第三十二，属于D等级。在该地区中，经济评级从A到D，各国经济安全水平差距较大，既有国家经济较为安全的印度，又有经济安全水平评分低至30.5的斯里兰卡。这部分国家经济安全水平较低主要因为其基础设施落后，产业经济结构单一，市场化体系尚未建立，观察南亚地区，印度虽占据南亚大部分面积，有着较高的经济安全水平，但是其余国家的经济安全水平处于中低的等级，投资的经济安全水平低。综合全部国家的情况来看，该地区的经济安全质量不足。

独联体地区的国家经济安全水平普遍偏低。摩尔多瓦排名第十七，等级为C；乌克兰排名第三十一，等级为C；阿塞拜疆排名第三十六，等级为E，三个样本国家均处于偏下的水平,在所有区域中,经济安全水平最低。这主要是因为该地区多依赖油气资源,经济结构单一,效率低下,人均收入水平低,市场消费不足,经济难以持续健康发展,对海外投资吸引力不足。

西亚北非地区国家的整体经济安全水平极低。经济发展水平较低、基础设施建设较差、市场开放程度不高等现象在西亚北非地区普遍存在。投资安全水平排名位于三十之后的西亚北非样本国家有三个,占西亚北非总样本国家的30%。其中,也门、埃及、科威特这三个国家为总样本排名的最后三名,经济投资安全水平较低。但是阿拉伯联合酋长国在经济投资安全水平排名位于前十。整体来说,西亚北非地区的经济安全水平在世界范围内表现有待提升。

表2 2019年各区域经济安全指数均值排名

区域	指数均值	排名
东南亚	66.03	1
中东欧	56.44	2
南亚	53.65	3
西亚北非	39.23	4
其他独联体国家	29.8	5

数据来源:作者计算。

(二)2010~2019年"一带一路"经济安全态势分析

若以每年度所有样本国家经济安全指数的平均值代表该年该国的经济安全水平,可以观察到近10年内国家经济安全水平总体向好,虽然在2012年、2013年、2014年、2017年样本国家的总体投资安全指数略有下降,但"一带一路"共建国家经济安全水平总体呈上升趋势。整体平均的经济安全指数由2010年的23.50上升至2019年的49.81,提高了112%,国家经济安全水平成倍上升,投资状况有较明显的改善(见图1)。

37个样本国家于2010~2019年的投资安全等级变化不尽相同,虽然在某些年份一些国家经济安全水平发生较大的变化,但是从整体来看各国经济

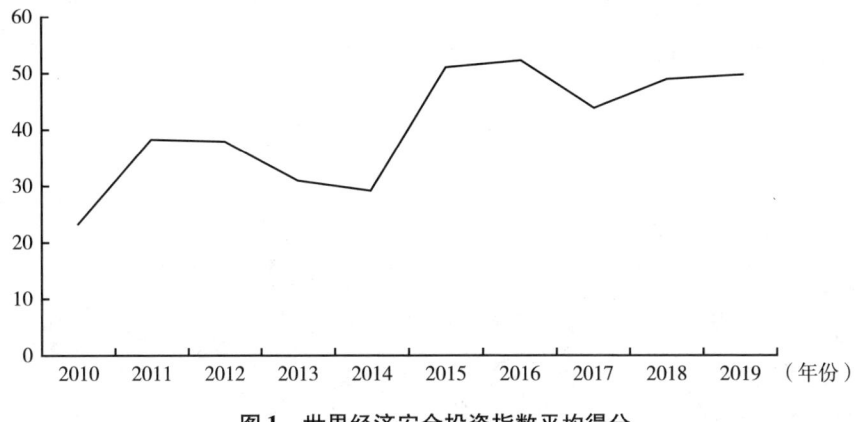

图 1 世界经济安全投资指数平均得分

安全水平稳定发展，逐年向好，各地区的经济安全水平逐年提高。从 10 年变化趋势观察，东南亚各国经济安全水平不断提高，尤其是自 2015 年后，经济安全水平不断提高，范围不断扩大，投资安全格局较好。

经济安全呈现出以东南亚为核心的热点区，且随着时间的推移，东南亚地区的投资安全集聚程度不断加深，热点范围不断扩大，该地区的整体投资安全水平不断提高，对周边区域产生了较强的辐射作用。投资安全冷点区主要集中在独联体国家、西亚北非地区，且西亚北非地区的经济风险呈现进一步集聚的趋势。

四 区域国别投资与合作水平分析

以每年度某区域内样本国家的经济安全指数平均值代表该年该区域的整体经济安全水平，2010~2019 年 7 个区域整体经济安全指数变化趋势如图 2 所示。总的来看，除东北亚俄罗斯的经济安全水平稍有下降外，所有区域的经济安全水平均出现不同程度的上升趋势。独联体国家 10 年内的上升幅度最大，为 297%；其次为中东欧国家，上升幅度为 221%；东南亚国家的经济安全指数上升幅度为 115%；西亚北非国家的经济安全指数上升幅度为 84%；南亚、中亚的经济安全指数上升幅度分别为 64%、43%。各区域的上升幅度及10年内的变化趋势有所差异，取决于各国内部的经济发展水平、经济波动情况、基础设施建设完善程度等具体表现。

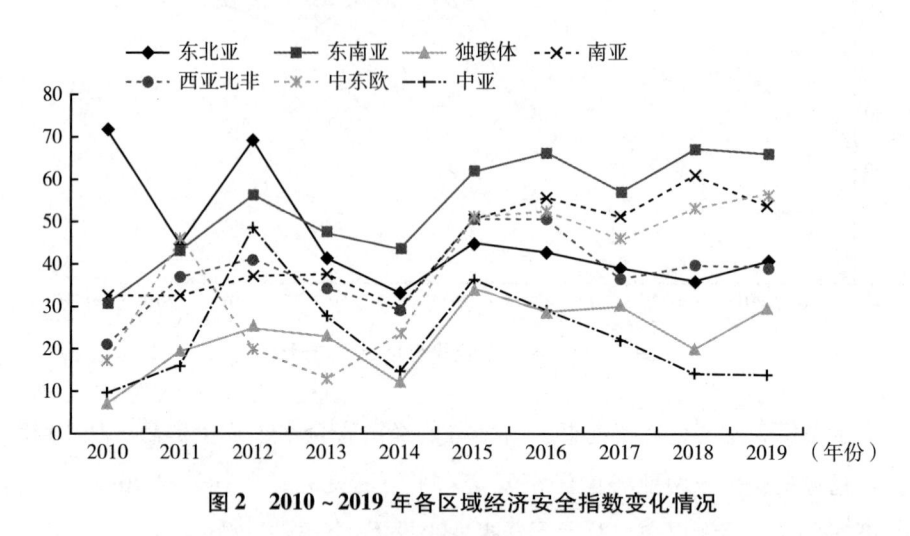

图2 2010~2019年各区域经济安全指数变化情况

（一）东北亚经济安全水平相对较低

东北亚地区是指亚洲东北部的国家和地区，结合"一带一路"倡议，本报告只讨论俄罗斯和蒙古国两个东北亚国家。根据可收集的数据，东北亚地区只对俄罗斯进行统计分析，得出近10年俄罗斯的经济安全得分，由图3可知，俄罗斯经济安全水平由2010年排名第二下降到2019年排名第二十八，经济安全得分逐年下降。

2016年签署《建设中蒙俄经济走廊规划纲要》，标志着"中蒙俄经济走廊"建设正式启动。中蒙俄三国通过共建经济走廊，提供政策福利，在国家层面保障企业的贸易投资，密切三方经贸往来，实现资源互补，吸引外来投资，提高经济安全。

1. 俄罗斯经济安全局面挑战巨大

东北亚地区的俄罗斯近10年表现不尽如人意。2010~2019年，俄罗斯GDP年均增长率不超过5%，近5年来不超过3%，低于世界经济3.2%的年均增长率，经济活力达不到世界平均水平，发展潜力堪忧。GDP总量从

图3 俄罗斯经济安全分数变化

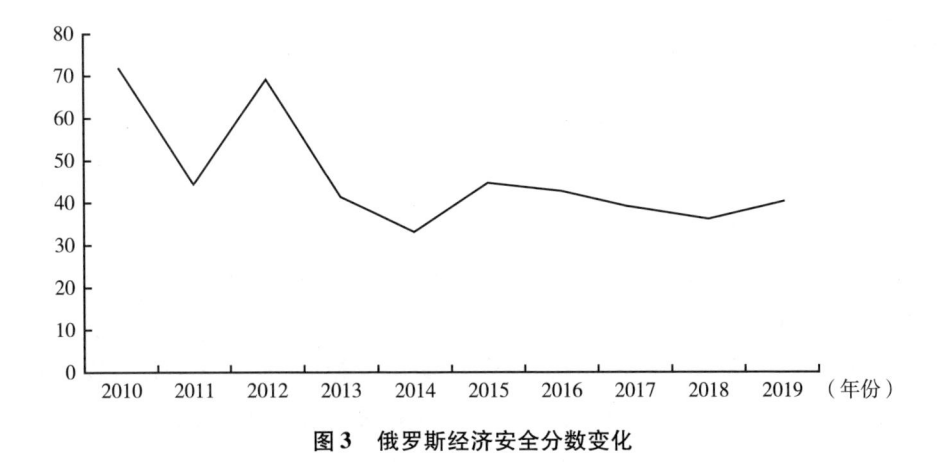

2013年最高点的2.29万亿美元，降至2019年的1.697万亿美元，市场规模逐年缩小，国民消费能力降低，企业丧失活力，经济实力大不如前，国家经济安全不断下降。

俄罗斯经济安全下滑是历史和现实双重因素导致。受近年来国际油价低迷的影响，国内经济受国际油价冲击较大，国家经济安全水平随之下降；除国内影响外，在国际环境中，俄罗斯与欧美国家利益冲突严重，西方国家对俄罗斯实行经济封锁，采取制裁措施，俄罗斯的国际市场进一步缩小，贸易开放度被迫降低，压制了俄罗斯经济的发展。在"一带一路"建设过程中，中国视俄罗斯为经贸往来的密切伙伴，非常重视与俄罗斯的经贸往来。

2.蒙古国经济安全受限于国家政策

蒙古国经济发展缓慢，虽然有天然草场，适合发展畜牧业，但纬度较高，气候恶劣，机械化水平低，难以形成大规模集约化的现代生产模式。蒙古国有丰富的矿产资源，提出"矿业兴国"的战略，吸引大量外资，带动相关产业发展。但政府通过《战略领域外国投资协调法》将矿产列为战略资源，严格限制外国投资，投资者无法大规模开采矿产资源实现生产成本的降低，转而到其他地区寻找价格低廉的矿产资源，外资吸引力下降，导致海外投资数量不足，国家经济体系脆弱，总体经济安全水平较低。

（二）东南亚投资经济安全前景广阔

从整体来看，东南亚地区整体的经济安全水平高于其他地区。通过十多年的发展，各个国家都有了长足进步，东南亚整体经济安全评分上升了115%，经济安全大幅提高。到 2019 年，东南亚各国经济安全水平普遍达到 40 分以上，进入经济安全水平的中上等级，东南亚地区各国经济的迅速发展离不开区域合作。

从图 4 可见，东南亚地区经济整体呈现上升趋势，但国家间仍有较大差异。如果将东南亚各国按照经济安全水平由高到低进行排列，大致可以分为三级梯队。第一梯队国家具备较高的经济安全水平和较强的外资吸引力。新加坡在过去 10 年表现相当稳定，除 2010 年和 2018 年外，其经济安全得分一直保持在 100 分，在所有样本国家中表现最优，是首选投资国。第二梯队的国家虽然最初经济安全水平较低，但是通过 10 年努力，经济安全分数不断上涨，发展势头迅猛，成为吸引海外投资的主力军。第二梯队的国家有菲律宾、柬埔寨、马来西亚、泰国、印度尼西亚和越南，这些国家都是发展中国家，都得益于全球产业结构转型，来自发达经济体的产业大批量进入，带动产业升级，拉动经济增长。但各国之间也有一定差别，如欧美国家对来自菲律宾的产品实施不同程度的关税优惠待遇，因此，菲律宾对欧美市场享有极大的出口优势，出口量增加，易形成贸易顺差，积累外汇储备；柬埔寨有大量廉价劳动力，人力资源成本低，利用人口红利促进产品生产，拉动经济发展，投资安全指数由 2010 年的 5.6 分上升到 2019 年的 68.6 分，经济安全水平大幅提高，成为经济安全排名第五的国家；马来西亚制定优惠政策，欢迎外来投资，国家开放度提高，经济体制与国际惯例趋同，跨国企业协调成本降低，吸引大量外来投资，推动马来西亚的经济发展，经济安全水平稳定提高；泰国钾盐储量和印尼的锡储量在世界上占有重要地位，依托丰富廉价的自然资源吸引了大量外商涌入，工业设施不断完善，带动了相关产业发展；越南进行社会主义经济体制改革，适应全球市场经济，提高市场开放度，投资安全指数由 2010 年的 22.6 分上升到 2019 年的 96.5 分，成为经济安全排名第二的国家。第三梯队的国家主要是指经济发展曲折、未来国家经济安全不明朗的国家。此类国家主要指缅甸，该国常年内乱，民主化进程坎坷，政局不稳严重影响基础设施建设，现代化经济体系难以建立，2019年经济安全得分排名最后，经济发展不确定性大。

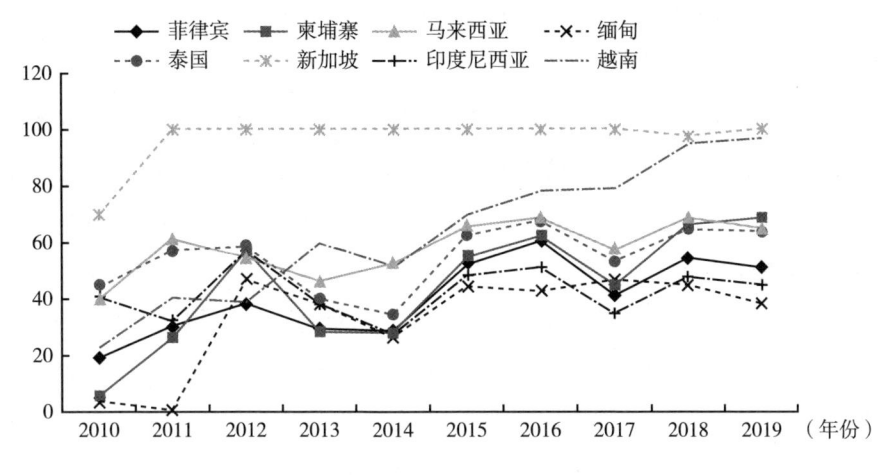

图4　东南亚各国家经济安全分数变化

以新加坡为首的东南亚地区一直是投资的热点，在诸多国家努力下，东南亚地区经济安全系数逐年提升。区域经济一体化发展加速，各国经济安全水平稳定提高，形成显著的经济集聚效应。

1. 新加坡经济全面发展

新加坡是拉动东南亚地区经济增长的重要国家，也是全球四大金融中心之一，经济体制高度发达，国际经贸来往频繁，常年保持较高的国家经济安全水平，对海外投资有极强的吸引力，是"一带一路"建设过程中与中国联系最为紧密的贸易伙伴。

首先，新加坡地处马六甲海峡，是天然的贸易港口，2018年集装箱吞吐量高达3666万标准箱，位列全球第二，基础设施完善，物流业发达，交通运输便利，深受跨国企业青睐。其次，新加坡市场广阔，2019年新加坡GDP为3728亿美元，人均GDP高达64229美元，国民消费水平高，对产品种类数量需求较大，跨国公司积极来此开发新市场。最后，新加坡是世界金融中心，主营亚洲美元业务，金融体系完善，资金充足，抵御全球经济危机能力强，国内经济安全水平高。

对于投资国或投资企业而言，新加坡自身经济体系稳定，在可预见的未来能够保持稳定发展。总体而言，该国经济风险水平相当低，企业在此进行直接投资相当安全，是"一带一路"建设中最具吸引力的国家之一。

2. 越南经济实现迅速发展

东南亚地区很多国家都有较好的发展潜力，10年内国家经济安全水平稳步上升。由图4可知，在这类国家中越南表现最为突出，2019年经济安全得分是2010年的3.27倍，因此，本报告选择越南作为第二梯队国家的代表阐述此类国家的经济安全。

越南处于经济发展的初级阶段，生产要素价格低，土地和人口成本低。越南抓住国内外发展机会，加快对外开放力度，推动经济体制改革，成为中国经济转型后的下一个"世界工厂"。2020年越南抗疫有效，经济发展未受重创，国家经济风险不断降低，越来越多外资乐意进入越南。

3. 缅甸投资经济发展受限于政局动荡

从图4可见，无论是2010年还是2019年，缅甸都是东南亚地区经济安全水平最低的国家。在37个样本国家中2019年经济安全排名第二十九，经济发展不稳定。

缅甸经济发展滞后与其国内政局不稳定有很大关系。二战期间缅甸受到英国控制，独立后军政府掌权，国家常年内乱，政局不稳，不少国际投资项目中途搁浅。长年战乱使国家GDP总量小，2019年缅甸GDP仅为760.86亿美元，占全世界的0.0868%，人均消费能力低，市场规模狭小，难以形成规模经济。近年来缅甸GDP增速有所提高，但受限于基数，经济发展缓慢；通货膨胀率居高不下，近三年通货膨胀率均值为7.14%，经济发展十分不稳定，国家经济安全水平低。

（三）独联体其他国家抵御经济外来风险能力不足

独联体国家是苏联解体后独立主权国家形成的协调组织，是一个基于地缘政治的区域概念。目前独联体的正式国家有亚美尼亚、阿塞拜疆、白俄罗斯、摩尔多瓦、哈萨克斯坦、吉尔吉斯斯坦、塔吉克斯坦、乌兹别克斯坦、俄罗斯；非正式国家有乌克兰和土库曼斯坦；2022年待加入成员有格鲁吉亚。本研究将独联体中的哈萨克斯坦、吉尔吉斯斯坦、塔吉克斯坦、乌兹别克斯坦以及吉尔吉斯斯坦五个国家归为中亚地区；俄罗斯归为东北亚地区；剩余国家，包括亚美尼亚、阿塞拜疆、白俄罗斯、摩尔多瓦、乌克兰和格鲁吉亚归为独联体其他国家。

独联体其他国家经济安全水平低于全球平均水平。该地区经济安全最高得分不超过50，主要是因为该地区经济发展主要依赖能源出口和国民消费，对固定资产投资规模小，无法形成可持续发展的经济体系，区域的经济安全脆弱。独联体其他国家经济结构失衡，经济发展畸形，一直是投资冷点，难以吸引外资，较难形成经济集聚效应，对世界经济影响力小，极易受到经济危机的冲击。

由图5可以更加直观地感受到，该地区各国经济安全得分波动大，抵御外来风险能力差。阿塞拜疆在经济安全发展过程中呈现曲折波动，2012年阿塞拜疆评分高达48.8，排名第十二，但2019年回落到2.7的评分，下降幅度达171%。受全球经济衰退、国家油价暴跌的影响，阿塞拜疆近年来经济安全水平不断下降。乌克兰经济安全评分总体呈现上升趋势，但是在样本国家中排名逐年后退，主要是国内外政治经济因素导致国家经济发展速度落后于相邻国家。另一样本国家摩尔多瓦表现突出，发展稳定，经济安全得分呈现上升趋势，2010年评分为8.3，2019年评分为50.4，上升幅度高达507%，成为独联体其他国家中经济安全水平最高的国家。除样本国家外，独联体其他国家中的亚美尼亚凭借其高度开放的经济制度努力吸引外来投资。

1. 乌克兰经济安全受国际形势影响大

由图5可知，2014年乌克兰经济安全投资指数暴跌到0，虽然在计算得分时未能考虑现实中的所有因素，但是在一定程度上反映出2014年乌克兰经济受到较大冲击。乌克兰危机起源于2013年乌总统欲中止与欧盟合作，

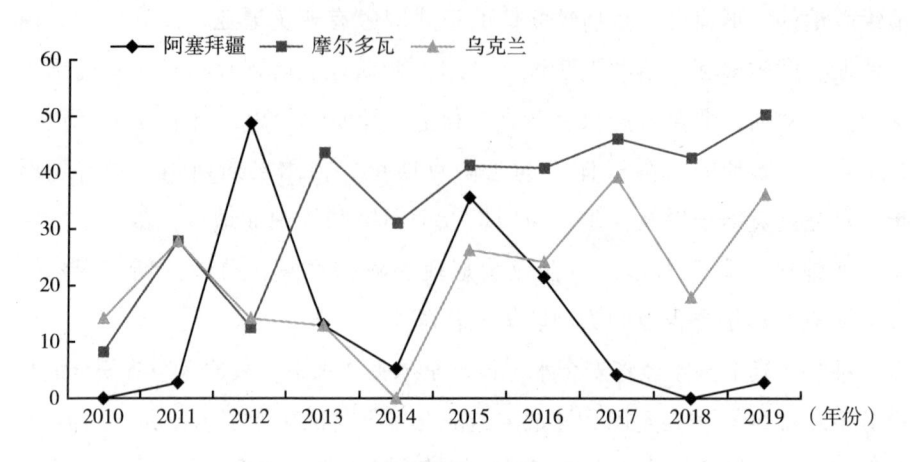

图5 独联体其他国家各国经济安全分数变化

强化与俄关系，结果年底爆发第二次"广场革命"，出现乌克兰危机。此次危机归根结底是利益之争，后来俄罗斯出兵威胁，乌克兰经济直接崩溃，2014年GDP增长率为-6.55%，2015年GDP增长率为-9.77%。2016年后，乌克兰经济逐渐恢复，实现正增长。

乌克兰处在重要的战略位置，北约和俄罗斯都在争取乌克兰，但是不同利益集团为实现自己目的会对乌克兰施加制裁。乌克兰受国际形势影响大，经济发展存在较大的不确定性，经济安全水平略低，投资者顾虑较多，海外投资有所减少。

2. 阿塞拜疆经济安全受单一产业结构影响

在独联体其他国家中，阿塞拜疆经济安全得分变动幅度最大。2003～2013年GDP增长率高达11%，被称为"外高加索发展的火车头"。但好景不长，受国际油价暴跌的影响，阿塞拜疆经济萎靡，投资乏力，出口减少，货币贬值，出现通货膨胀。这种巨大差异缘于阿塞拜疆单一资源依赖型的产业结构，受国际油价影响大，致使国内经济增长不稳定，国家经济安全水平降低。

2020年9月，因领土纠纷，阿塞拜疆与亚美尼亚发生冲突，造成大规模人员伤亡，中国"海上丝绸之路"通过阿塞拜疆的巴库—第比利斯—汉杰到达欧洲的路线遭到破坏，阿塞拜疆国家经济安全水平再度下滑，外来投资减少。

3. 亚美尼亚经济发展得益于高度开放

亚美尼亚是位于亚欧边境外高加索地区的独联体国家。虽然是小国，但是该国通过市场化转型，建立起一套基本符合现代市场特征的经济制度，完善价格机制，提高开放程度，降低投资者的调试成本，增强国际竞争力。

亚美尼亚有着极高的市场开放度，美国智库传统基金会公布的《2019年经济自由指数》中，亚美尼亚在全球180个经济体中位列第47。各国企业在此投资生产所遵循的标准与国际惯例相近，高度的市场包容性吸引了外来企业的投资，国内各行业发展较快。亚美尼亚凭借市场开放度吸引外资流入，虽然受国际经济环境的影响大，但国家总体经济发展趋势平稳，各方面设施逐步完善，经济安全水平相对稳定。

4. 白俄罗斯经济安全受到国内政治影响

白俄罗斯经济安全水平受政治影响较大。白俄罗斯1997年才进行经济改革，建立国家资本主义体制，即国家干预和市场相结合的管理机制，但在某些领域政府力量占据主导地位，导致市场自由度低、产品种类不足、消费者可选择少，未能形成规模化生产。这是白俄罗斯2011～2012年货币金融危机爆发的根本原因，危机起源于政府想要提振经济，采取行政手段扩大内需，致使国内进口增加、贸易逆差扩大、外汇不断消耗、货币贬值、汇率暴跌，最终出现金融危机。

2020年的白俄罗斯总统选举引发社会动荡，极大地影响国内经济稳定。一些关系白俄罗斯经济命脉的支柱型企业，如白俄罗斯钾肥厂、明斯克拖拉机厂、明斯克轮式牵引车制造厂等企业被迫停工停产，造成数以亿计的损失。

（四）南亚各国经济安全参差不齐

从图6来看，南亚地区各国之间的经济发展水平差距大，印度呈现出一枝独秀的局面，2012年印度的经济安全得分是57.8，排名第七，到2019年经济安全评分为93.7，排名第三，可以观察到2010~2019年，印度的经济安全水平不断提高，在南亚地区遥遥领先于其他国家。印度经济发展迅速主要得益于开放的经济体制，20世纪末就注重吸纳外来资金，带动本国产业发展。

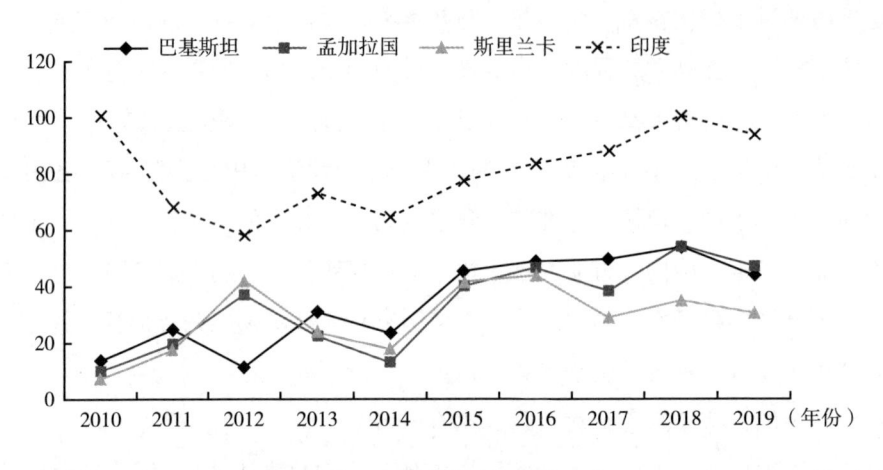

图6 南亚各国经济安全分数变化

但是南亚地区的其他国家，例如巴基斯坦、孟加拉国和斯里兰卡，经济安全水平较低，10年来评分一直低于40，属于C或D等级。整体来看，南亚地区国家经济发展和经济安全形势呈现不平衡的发展态势。孟加拉国经济安全水平整体呈现上升趋势，2019年成为南亚地区经济安全排名第二的国家，除主权债务外，各项宏观经济指标基本健康。巴基斯坦经济形势相对较好，与2010年相比，2019年经济安全评分上升幅度达到220%，通过与中国合作共建"中巴经济走廊"，极大地提振国民信心和刺激内需，拉动国内生产。斯里兰卡和马尔代夫是印度洋上的岛国，气候宜人，环境优美，旅游资源丰富，旅游业发展提供工作岗位，降低失业率，拉动第三产业进步，提高国民人均收入，经济安全水平上升。阿富汗、尼泊尔和不丹经济发展相对滞后，外资吸引力不强。阿富汗连年战乱，社会动荡直接影响国家经济安全。

随着区域经济发展，南亚地区逐渐意识到区域合作的重要性。南亚各国不断加深开放程度，中国与南亚地区联系日益紧密，双方投资数额增长，投资领域扩大，目前已有印度、巴基斯坦、斯里兰卡三个国家与中国签订关于促进和保护投资的双边投资协定，为中国企业对南亚投资提供国家层面的保障。

1. 印度经济安全程度在合理区间

印度是世界上的人口大国、世界十大经济体之一，经济总量在2016年超过英国、2019年超越法国，目前是世界第五大经济体。庞大的经济体量意味着广阔的消费市场，这是印度保持高水平经济安全的基础。印度在2011~2018年GDP增长率保持均值6.8%的高速增长，国家经济活力高，未来发展前景广阔，吸引众多海外投资。各项宏观经济指标，如通货膨胀率、财政赤字、外汇储备等都处在合理区间，国家经济发展稳定。

在"一带一路"建设中，印度有着较高的经济安全指数。尤其是对于软件行业而言，印度有着密集的产业园区、高素质的技术人员，吸引着世界科技公司来此投资，为印度创造了大量的工作岗位，进一步拉动经济增长，实现经济正循环。

2. 巴基斯坦经济安全下滑主要缘于新政府政策

南亚地区的巴基斯坦是我国唯一的"全天候战略合作伙伴"，是"一带一路"共建国家中的积极参与国，建设中的"中巴经济走廊"更是"一带一路"倡议的重大项目。

从图6可以看到，2018~2019年巴基斯坦经济安全评分有所下降，主要是受到伊姆兰·汗领导的新政府上台影响。新政府上台后，政府公共发展支出缩水，结果拖累全社会固定资产投资下滑，经济增速放缓。另外，巴基斯坦汇率市场化过程过快，汇率市场波动，货币大幅贬值，通货膨胀严重，政府被迫调高基准利率，债务负担持续加剧，国际主权评级下调，海外投资者丧失信心，外资流入减少，国内经济发展下滑。

3. 马尔代夫经济安全主要受旅游业影响

马尔代夫与孟加拉国相似，都是南亚地区的岛国，都依靠旅游业发展经济。依靠旅游业，近年来马尔代夫GDP增长率保持在5%~7%（未统计

2020年GDP增长速度），有着稳定的经济发展动力，有一定的外资吸引力。2016年人均GDP达到9044美元，进入中等收入国家，国民消费能力增强，但国民收入主要依赖国外旅客，经济发展的不确定性较大。

2020年新冠疫情波及全球，各国加强出入境管理，旅游业经营惨淡，酒店大量停业，马尔代夫经济受到巨大冲击，大批人口失业，GDP缩水，GDP增速下降，经济风险水平有所上升，国家经济安全水平下滑。在疫情得到全面控制、旅游业逐渐恢复后，相关行业依旧可以选择马尔代夫进行投资。

4. 阿富汗经济安全受战争影响

阿富汗是世界有名的战争国家，爆发战争的频率相当高。受战争破坏，阿富汗的工业基础几近崩溃，目前是世界最不发达国家之一。历经30多年战乱，国内经济破坏殆尽，基础设施遭到严重破坏，经济难以发展；全国有40%左右的人口每天生活费不足1美元，处于绝对贫困线以下，国民消费能力极弱。但其服务业发展迅速，其中通信产业发展最快，是阿富汗发展最快的产业和经济发展的主要支柱，提供部分工作岗位，在一定程度上降低失业率，吸引部分外资涌入，缓慢进行市场化发展。总之，阿富汗国家经济安全指数非常低，国内经济发展尚未成型，企业对该国进行投资的风险比较大。

（五）西亚北非经济安全呈缓慢上升趋势

西亚北非的平均经济安全指数在近10年的增长幅度为84%，增长较慢，处于所有样本国家的中等水平。从图7可见西亚北非各个国家的经济水平变化情况。除土耳其和也门外，西亚北非地区经济安全水平总体呈现平稳上升趋势，在2017年经历小幅下降后呈缓慢上升趋势。

土耳其、也门的投资安全水平总体呈现下降趋势，下降幅度分别为30%、100%。也门的经济安全水平恶化最为严重，也门政府腐败、国民贫穷、社会混乱等问题使其成为经济安全水平极低的国家。西亚北非国家的经济安全水平均较低，将对中国在该地区的投资产生不利影响。西亚地区的伊朗，每年的利率变动程度几乎超过100%，经济环境的不稳定性会使对外投资企业的经营活动陷入不确定性中，其融资、投资等一系列行为将受到很大限制。叙利亚、也门通货膨胀较为严重，因此对对外投资也会产生不良影响。沙特阿拉伯与伊朗长期依靠出口石油发展本国经济，因此，当国际石油价格发生较大的波动时，这些国家的国民经济将会发生较大的波动，大幅增加了经济风险。另外，不丹、黎巴嫩、也门、伊拉克等国的基础设施发展水平较低，该地区的公路、铁路、航空、海运的交通设施均较为滞后，对外资的吸引力较低。

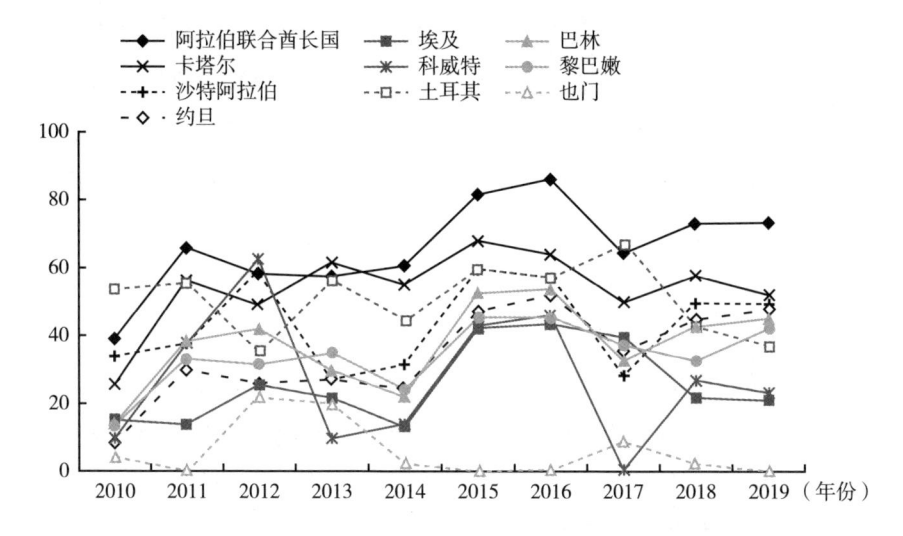

图7 2010～2019年西亚北非各国经济安全分数变化

1. 阿拉伯联合酋长国经济安全长期处于较高水平

阿拉伯联合酋长国的经济安全一直处于较高水平。近年来阿拉伯联合酋长国未出现任何经济冲突事件，政府权威高度集中，国家内部紧密一致，对国家的认同感非常高，未来阿拉伯联合酋长国将会保持较高的经济安全水平。近几年中国在阿拉伯联合酋长国投资增速明显，截至2020年10月，仅北京市企业在该国累计直接投资达1.08亿美元，其中2019年北京市在阿联酋新增直接投资近5942万美元，是2018年投资金额的39倍。[①]

---

① 《中国与阿联酋关系发展步入"黄金时期"：合作迎来巨大机遇》，https://www.sohu.com/a/437199897_100011043。

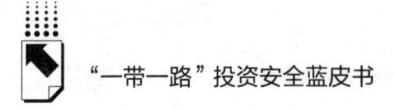

2. 埃及通货膨胀水平较高

埃及的经济安全水平处于较低阶段。近年来埃及政府出台一系列改革政策以促进国内经济发展，加之国际货币基金组织、世界银行以及非洲开发银行等多边组织贷款协议的实施，埃及经济有所增长。但埃及通货膨胀率水平也较高，因为埃及政府削减补贴，食品以及能源价格增加明显。另外，该国政府允许埃镑汇率自由浮动致使埃镑贬值严重，2017年该国通货膨胀率达到将近30%的最大值。埃及近年来劳动力价格有所上升，繁杂的劳动法规和纠纷使劳动力成本相对较高，因此应注意人力资源风险。此外，埃及技术水平较低，国内尚未形成完备的信息系统，很大程度上限制了中国投资主体对埃及的直接投资。中国商务部统计数据显示，埃及2017年上半年的科研支出占GDP的比例低于2%，大量科学家因收入过低以及项目资金不足而移民他国，造成了大量科研人才流失。另外，埃及对外来投资形式也有所限制。

3. 卡塔尔受海湾盟国封锁严重

卡塔尔的经济安全水平有待提高。2017年，沙特、阿拉伯联合酋长国、巴林、埃及四国宣布同卡塔尔断交，停止了同卡塔尔的人员、交通往来，也门、利比亚、马尔代夫、毛里塔尼亚、科摩罗等国随后也宣布同卡断交，卡塔尔面临以沙特为首的海湾盟国对其进行的经济和交通封锁。海湾盟国对卡塔尔的封锁导致许多商品的运输成本上升，尤其体现在进口食品价格上。此外，卡塔尔还存在缺乏劳动力、工程难以实施、融资困难、仲裁率高以及对保函要求较高等经济风险。

4. 科威特经济安全受单一市场影响

科威特经济安全有所提升。近年国际石油价格有所上升，长期依赖出口石油的科威特经济因此得以回升，此外，丰富的外汇储备及主权财富基金使科威特经济能够平稳运行，但近两年科威特的经济改革进程有所放缓。科威特营商环境有所提升，外来投资企业的便利度有所增加，2018年世界银行发布的营商环境指数排名显示，科威特商业环境在全球排名第96，较2017年提高了6个名次，同时，2018年科威特商业环境的前沿距离为61.23，较

2017年上升了1.52。但科威特的网络水平较低，网络普及度及网络技术运用能力有待进一步提升。此外，2011年科威特政府开始推动劳动力市场"科威特化"，使对科威特投资企业人力成本上升，增加了一定的经济风险。

5. 土耳其经济安全不容乐观

土耳其经济风险较为突出。土耳其政府近年来实施积极的行政政策与财政政策以刺激本国经济发展，增加财政赤字、大规模修建基础设施、放低银行利率，短期内使土耳其经济增速较快，但经济过热现象比较突出。此外，土耳其经济严重依赖外需，结构存在失衡，经济快速增长并不会长久。另外，土耳其外债较高、经常账户赤字、通货膨胀较为严重且对能源进口存在较大的依赖，短期内难以消除货币贬值现象，与此同时，还要注意其国内事件对经济造成的不利影响。例如，2014年土耳其国内民众因对政府的不满而游行示威，这次游行示威造成了土耳其国内经济环境大动荡。经过政府组织平息，波及百万人口的游行示威最终结束，但是此次政治波动对土耳其外贸领域造成了恶劣的影响。①

6. 也门国内冲突严重

也门经济安全一直处于较低水平。也门教派冲突较为突出，国内战争较为严重，因此也门国内经济持续低迷，经济风险将长期存在。也门交通基础设施水平较低，很大程度上阻碍了外来投资的进程。在公路方面，截至2017年底，也门的公路里程仅16811.92公里；在航空设施方面，也门机场设施普遍滞后，仅有萨那、亚丁、塔兹、荷台达、穆卡拉和赛永6个国际机场；此外，也门海岸线仅2200多公里，只有亚丁、荷台达和穆卡拉等7个港口。②

（六）中东欧呈现积极稳定的经济安全局面

安永发布的《2018年中国海外投资概览》中写道，中国投资主体在海

---

① 孙晗：《一带一路框架下中国与土耳其经贸合作研究》，黑龙江大学硕士学位论文，2019。
② 李敏：《"一带一路"背景下我国对中东地区直接投资的机遇与挑战》，《对外经贸实务》2018年第6期。

外进行并购的地区中，欧洲地区占60%，显然欧洲是中国投资者进行对外投资的首要选择，并且这种趋势仍在持续。2018年6月，中国与中东欧"16+1"合作继续为"一带一路"建设助力，中国投资者在中东欧投资潜力巨大。中东欧地区的投资安全指数在近10年的增长幅度为221%，且区域内绝大多数国家的经济安全变化趋势极为相似。例如2012年，区域内绝大部分样本国家的经济安全水平均出现了下降，且下降幅度相近；2015年，区域内所有样本国家的投资安全水平均出现了上升，且上升幅度相近。

以中东欧样本国家经济安全分数的平均值代表中东欧国家在该维度的经济安全水平，中东欧样本国家经济安全分数变化情况如图8所示，中东欧大部分样本国家的经济安全变化趋势相似。中东欧地区的经济安全始终较高，且呈现上升趋势，但起伏较大。中东欧地区经济长期依靠欧元区市场，各国国内需求不足，导致该地区经济安全走势与欧元区的经济状况息息相关。欧元区在2012年经济出现明显衰退，对中东欧地区经济的冲击也非常明显。而在2015年，中东欧四国——波兰、捷克、匈牙利、斯洛伐克的经济增长迅速，得益于国内需求增加、欧盟资金的使用等因素。在经济安全方面，中东欧地区最初是该维度的投资热点区，但后来热点逐渐消失，近年来甚至出现了冷点区，表明中东欧的经济安全有所下降。最初经济安全热点集聚的出现，与2012年中国与中东欧16国领导人会晤机制即"16+1"模式的建立息息相关，2019年，随着希腊的加入，中国与中东欧国家合作平台已扩展为"17+1"，该机制在一定程度上促进了中国对中东欧直接投资的友好环境。

中国投资主体在中东欧进行对外直接投资时，应注意结合东道国的具体情况进行合理经营，如果缺少合理的预算与管理就有可能在后续的项目实施中遭受很大的损失。

1. 阿尔巴尼亚经济安全增长较为乐观

阿尔巴尼亚投资经济风险较低。阿尔巴尼亚人力资源较为丰富且成本较低，地理位置优越，因临近西欧发达国家市场，阿尔巴尼亚销往欧盟的产品具有运输和关税成本优势。阿尔巴尼亚自然资源丰富，是欧洲水力资源最为

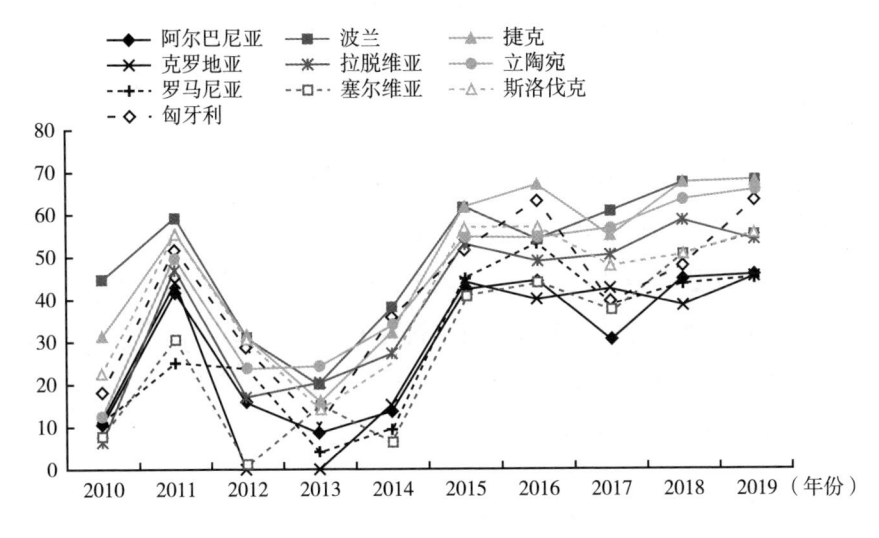

图 8 中东欧各国经济安全分数变化

丰富的国家之一，水力发电能力非常强劲，拥有巴尔干半岛装机容量和水库容量最大的梯级水电站群。但阿尔巴尼亚基础设施水平较为落后，政府近年来致力于改善基础设施水平及与周边国家的互联互通建设，新建与翻修了大量公路，该国的"泛欧交通走廊"极大地促进了与周边地区的互联互通状况。2015 年，阿尔巴尼亚先后开通 3G 和 4G 移动电话服务，近年来 3G/4G 互联网活跃用户增长迅速。此外，阿尔巴尼亚互联网固定宽带覆盖率明显增加，政府积极推动数字化建设。近年来，中国对阿尔巴尼亚的大型投资项目有中国洲际油气股份有限公司通过上海泷州鑫科能源投资有限公司收购班克斯石油公司、中国光大控股有限公司收购地拉那国际机场等。

2. 波兰经济发展机遇与风险并存

波兰近年来经济安全稳步上升，但要注意通货膨胀等风险。2015 年，法律与公正党执政；2016 年出台了《负责任的发展计划》，该党持续推出经济发展政策和改革政策，致力于经济发展、提高社会福利；2017 年欧盟区需求、出口和投资回暖，波兰国内消费明显增加，经济逐步回升，近期经济前景较为广阔。受物流价格和食品价格的影响，波兰国内的物价水平有所上升；近年来由于国内经济的稳步增长，波兰的名义工资有所上升，人力成本也随之增加；受物价与工资的影响波兰的通货膨胀率有所回升。因此，在波兰进行投资时，既要看到经济与营商机会，又要注意通货膨胀等经济风险。

3. 塞尔维亚经济安全系数较高

塞尔维亚经济安全系数较高，但要注意塞尔维亚政府对项目审批与投资方式限制的风险。武契奇政府自执政以来，持续推行一系列经济政策，实行私有化改革，吸引国内外投资，促进经济发展，近年来塞尔维亚经济有所回升。此外，塞尔维亚劳动力丰富，整体教育水平和技术水平较高，且人力成本较周围国家也具有一定优势。塞尔维亚投资审批程序较为复杂且对外来投资的投资方式进行了限制，导致对该国的投资存在一定的经济风险。

（七）中亚经济安全缓慢提高

在样本国家中，中亚地区只有哈萨克斯坦国家的数据，经过计算，10年间其经济安全得分皆低于50分，如图9所示，哈萨克斯坦经济安全水平低，并且经济安全得分波动较大，2012年排名高达第十三，2019年排名第三十五，经济安全水平不够稳定。

哈萨克斯坦、塔吉克斯坦、土库曼斯坦、乌兹别克斯坦和吉尔吉斯斯坦统称为中亚五国。2013年9月，习近平主席在访问哈萨克斯坦时，首次提出"丝绸之路经济带"的重要倡议，哈萨克斯坦成为"一带一路"的首倡之地，积极参与"一带一路"建设，2019年成为中国在海外第三大投资目的国。除哈萨克斯坦之外，其余中亚国家也积极参与"一带一路"，成为重要的共建国家。到2019年，中国成为乌兹别克斯坦海外投资的最大来源国，成为吉尔吉斯斯坦的第二大海外投资来源国。

中亚五国地理位置相近，有着相似的历史文化和自然条件，经济发展水平相近，自然资源充足。当前中亚各国政局稳定，采取积极措施推动经济发展，不断提高经济开放度，推动传统农业国向工业国家的发展，国家基础设施日益完善，经济体制逐步靠近世界要求。相似的经济社会现状将五个国家连成一个整体，区域联系紧密；对投资企业而言，增加了客户的数量，扩大了市场范围，减少了国家差异，提高了地区经济安全水平，增强了地区投资吸引力。

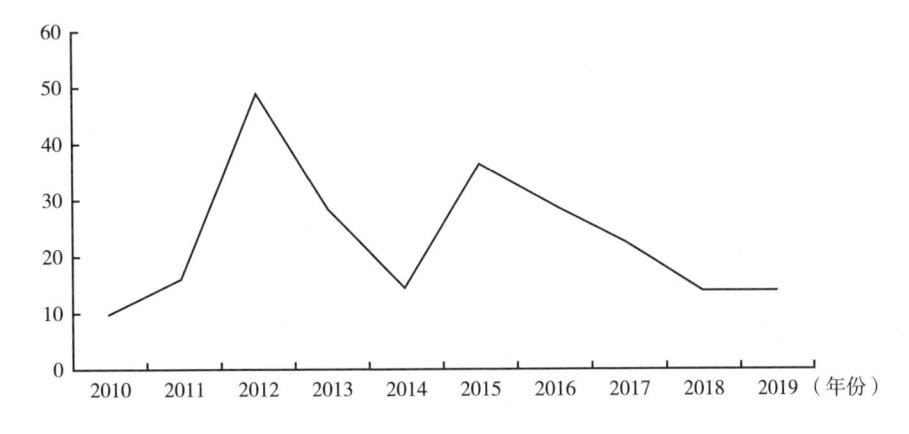

"一带一路"共建国家投资的经济安全分析报告

图9 哈萨克斯坦经济安全分数变化

中亚五国在经济方面也有着一些相同的缺点。五个国家市场经济体制尚未完全建立，各国经济标准与国际惯例有较大出入，跨国企业需要耗费大量成本适应各国经济标准。尚未建立成熟的政府服务系统，经济政策朝令夕改，给海外投资带来不必要的经营损失；政府工作人员素质参差不齐、效率低下，官员腐败，行政过程随意性强，这都给企业经营带来极大的不确定性。尚未健全经济基础设施，交通、通信、电力设施落后，极易出现的信息沟通延误等状况给企业带来更高的经营成本，压缩了企业的利润空间。

中亚五国是"一带一路"建设的重要参与国，从整体来看，虽然经济基础一般，但是经济安全水平在不断上升，中亚五国积极采取措施提高国家开放度，积极参与区域合作，区域吸引力逐渐提升。

1. 哈萨克斯坦经济安全依托能源资源

哈萨克斯坦依托能源优势发展多元化经济。哈萨克斯坦有着"能源和原材料基地"之称，自然资源丰富，价格低廉，发展能源产业成本低，能源产业已成为国民经济支柱性产业。2019年中国对哈直接投资存量达72.54亿美元，主要集中在能源产业。考虑到当前国家经济结构过于单一，政府不断提高国家开放度，希望通过引入外资促进国内经济多元发展。投资企业可以借助政府的优惠政策进入该国，在国家层面保证自身权益，依托其丰富的自然资源，利用自身先进技术，形成发展互补格局，发展多元产业。

2. 塔吉克斯坦奉行对外开放的经济政策

塔吉克斯坦注重提高国家开放度，减少外资进入限制，进行市场化改革，努力向国际经济体制靠拢，有效简化企业经营步骤，降低企业经营成本。在推动能源产业和工业化发展的同时，奉行开放的对外经济政策，不断扩大吸引外资的程度。因此，跨国企业进入后，面临的调试压力较小，外资吸引力强。例如，2016年，中国企业与塔吉克斯坦关于输变电BOT项目达成共识，签署投资协议，2018年11月，比原计划提前三个月完成500千伏输变电项目工程。

3. 土库曼斯坦经济安全受经济改革的影响

土库曼斯坦积极进行经济改革。土库曼斯坦位于亚欧大陆中心地带，地理位置优越，交通设施完善。起点是土库曼斯坦边界的"中国-中亚天然气管道"，自2009年起每年向中国输送约300亿立方米的天然气。对跨国企业而言，优越的地理位置可以辐射更广阔的市场，覆盖更多消费者，实现规模经济，增加出口数量，提高外汇储备，同时土库曼斯坦一直坚持市场化和私有化改革，通过改革保证企业所有权，激发企业活力，提高公司收益，吸引更多外来企业，提升了国家经济安全水平。

4. 乌兹别克斯坦设立自由经济区提高经济安全水平

乌兹别克斯坦成立自由经济区，找准发展优势，给予政策优惠，删减烦琐的行政命令，鼓励外国企业参与本国市场，提高企业效益，拉动国家经济。乌兹别克斯坦设立奇拉克奇自由经济区、努库斯自由经济区等，在自由经济区内，跨国企业可以享受税收减免、取消外汇兑换限制、政策优惠等投资待遇。乌兹别克斯坦不断开放对外投资窗口，吸引海外投资，提高利用外资的水平，国民经济水平不断提高。2019年，乌兹别克斯坦共吸引外国直接投资121亿美元，1652家中国企业在乌投资，涉及金融、能源、通信等多个领域。

5. 吉尔吉斯斯坦经济安全受开放度的影响

吉尔吉斯斯坦坚持经贸自由，实行开放的经济政策，市场准入条件较宽松，提高市场开放度，大力鼓励外商投资，经济自由度较高。中国一直是吉尔吉斯斯坦最大的贸易伙伴、最大进口来源国和最大投资来源国，中国在吉尔吉斯斯坦建设了比什凯克第九十五中学以及孔子学院等著名学校，承建"达特卡－克明"输变电线项目。在"一带一路"建设过程中，吉尔吉斯斯坦一直与中国保持密切联系。但是因为国家开放度较高，其受国际形势影响较大，过去10年中，吉尔吉斯斯坦曾出现较大的经济波动。

五 "一带一路"经济安全与全球治理

对于投资主体在"一带一路"对外直接投资中所面临的经济风险，中国应同其他"一带一路"共建国家一道构建以普遍规则为基础、以政策协调为手段、以多边机制为平台、以共同发展为目标的世界新格局新秩序，形成积极的全球治理环境。

（一）以普遍规则为基础

我国投资主体在进行"一带一路"投资时，应与"一带一路"共建国家共同构建普遍规则；在进行经营活动时，要遵守东道国法律政策，树立遵法守法的基本理念，按照东道国的规定合法经营。"一带一路"建设涉及许多发展中国家，部分国家的市场经济制度尚未成熟，对海外投资态度暧昧，政策朝令夕改现象普遍。中国境外机构可以向相关行业的中国企业提供法律支持，普及东道国最新经济政策和外来投资优惠策略，帮助中国企业更快更稳地进入当地市场。如果东道国政策变动导致中国企业大规模受损，中国政府应立即采取措施，充当联络人的角色，联系受损企业和东道国政府，深入了解情况，在遵守东道国政策法规的前提下，帮助中国企业争取合法权益，减少不必要损失。

（二）以政策协调为手段

要以积极的政策协调指导企业发展，帮助企业克服其先天局限。企业作为微观层面的经营者有一定的局限性，难以把控长期世界经济发展趋势，优秀的专家学者应发挥自身优势对未来世界经济发展大势做出科学合理的预测，指导企业发展方向，推动国内国外全面发展。

在引导企业发展的基础上，应健全激励机制，统筹企业发展，使企业投资与国家大政方针相容。在发展过程中，国家和企业难免出现利益摩擦，例如西方国家出现产业空心化，国家利益和企业利益冲突，导致产业无序转移，最终双方利益都受到损失，国家经济发展减速。因此，中国应与"一带一路"共建国家做好政策协调，统筹经济发展大势，合理布局企业的海外投资，提高跨国企业竞争力，最大限度避免不必要的损失。

（三）以多边机制为平台

在进行"一带一路"投资时，应与共建国家友好往来，建立多边机制平台，加强在投资保护和经济安全方面的合作，签订与时俱进的多边贸易投资协议，积极适应新的国际形势，减少各国企业在彼此国家进行商业往来时遭受的不公平待遇，确保双方利益不受损。

应充分利用外交方式加强国家间的交流合作，从而减少经贸往来中的风险，减少摩擦和矛盾，降低贸易壁垒和投资风险。应推动区域经济合作，坚定经济全球化的发展趋势，秉持互利共赢的发展理念，欢迎世界各国积极参与到"一带一路"建设中，推动区域经济发展，促进全球经济繁荣。

（四）以共同发展为目标

在进行"一带一路"投资时，应秉承与共建国家共同发展的理念，加强合作，充分发挥东道国优势，找到双方利益的切合点，实现互利共赢与可持续投资，共同防范经济风险。

"一带一路"共建国家经济环境复杂，中国企业在进行对外投资时，应注意企业之间的合作，形成战略联盟，实现产业集群、优势互补等综合的企业组合，做到"抱团出海"，增强对外投资实力，服务于中国"一带一路"建设的长远发展，共同抵抗各项投资风险；更应该拥抱当地文化，吸收当地优秀人才与先进技术，保障当地员工利益，主动承担起在东道国的社会责任，为东道国社会发展做出积极贡献。

B.4 "一带一路"共建国家投资的金融安全分析报告[*]

张英男 秦培富 郭艳军[**]

摘 要： 经济全球化使金融安全在国家安全中的地位日益加强。在对"一带一路"共建国家进行投资时，金融安全的重要性也愈发凸显。本文选取通货膨胀、公共债务、外债水平、外汇风险作为影响金融安全的主要因素，结合2010～2019年各国金融安全的指数得分情况，对37个"一带一路"共建国家金融安全格局及其演变进行了定性与定量分析，并对各区域国别的金融安全状况进行了具体剖析。研究发现，从时间上看，整体金融安全水平在10年间为下降—上升—下降—再次上升的波动状态；从空间上看，2019年东南亚金融安全水平较高，中亚金融安全水平较低。受2020年新冠疫情影响，大部分国家的债务都有不同程度的增加，使一些财政状况不佳的国家金融安全程度下降。最后，本文从政策、企业两个层面对如何提高"一带一路"共建国家投资金融安全水平提出合理化建议。

关键词： "一带一路" 金融安全 对外直接投资

---

[*] 本研究为北京第二外国语学院2020年度校级科研专项（编号：KYZX20A012）——"基于金融安全的'一带一路'沿线人民币国际化基础评价与实现路径研究"成果。

[**] 张英男，北京第二外国语学院中国"一带一路"战略研究院硕士研究生，主要研究方向为产业经济学和国际金融；秦培富（通讯作者，1506515107@qq.com），北京第二外国语学院中国"一带一路"战略研究院硕士研究生，主要研究方向为产业经济学；郭艳军，北京第二外国语学院中国"一带一路"战略研究院讲师，主要研究方向为"一带一路"投资安全。

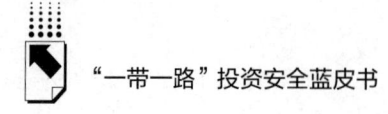

金融是货币资金融通的总称。一般来说，金融安全是指货币资金融通的安全和整个金融体系的稳定。一国金融系统的安全会对本国宏观经济的运行起到难以估量的作用。王元龙博士在其《中国金融安全论》中认为，金融安全是指在金融全球化条件下，一国在其金融发展过程中具备抵御国内外各种威胁、侵袭的能力，确保金融主权不受侵害，使金融体系保持正常运行与发展的一种态势。本研究认为，金融安全是国家安全的一个组成部分，更是影响母国企业进行投资经营的重要因素。因此，在对一个国家进行直接投资时，其金融安全必须引起高度关注。

一 投资的金融安全影响因素

以下主要从通货膨胀、公共债务、外债水平、外汇风险等来阐释企业在对外投资经营中金融安全的影响因素，这些因素涉及国内、国际两个层面，因素之间由于金融的属性也会相互影响、相互传导。

（一）通货膨胀

通货膨胀指一国整体物价水平持续性上升，一般表现为货币贬值或购买力下降，货币贬值对内来说是指单位货币的购买力下降，对外来说则是指本国货币对外汇价的下降。衡量通货膨胀的主要指标有CPI、PPI等。影响通货膨胀的因素主要有货币驱动、需求拉动、成本驱动和结构性推动等。宽松的货币政策如提高货币供给有时会造成物价普遍上涨，财政政策也会影响通货膨胀，在政府增加支出或降低税率的同时，抑制利率上升，扩大信贷会引发价格上涨。在实际产出水平等于自然产出水平的前提下，总需求的增加会导致整个物价水平上涨。当生产要素价格上涨，如劳动力成本上升时，工资螺旋也会引发通胀。在货币工资增长相同的情况下，各部门生产效率的高低更会推动物价上涨。此外，在国际环境中，东道国限制商品进口也可能导致供不应求，从而使物价总水平上涨，或者国外商品或生产要素价格的上涨引发输入型通胀。一般来说，温和的通货膨胀有助于经济的发展，恶性的通货膨胀则会引发巨大的经济下滑。

（二）公共债务

公共债务的界定通常从两个层次出发，一是界定政府的机构范围，二是界定金融工具范围，不同的界定范围会直接影响公共债务的统计。国际货币基金组织（IMF）对于公共债务的统计主要是指一般政府部门持有的债务总和，即一般政府总债务，包括特别提款权、货币和存款、债务证券、贷款、保险、养老金和标准化担保计划，以及其他应付账款形式的负债等。[①] 公共债务一般由内债和外债两个部分组成，两者都可以在短期或长期基础上产生。短期公共债务必须在几个月或几年内还清，而长期债务可能需要几十年才能还清。衡量一个国家的债务可持续性时，短期债务和长期债务的划分是很重要的。一个国家可能很有能力偿还当前到期的贷款，但如果把所有的长期债务都考虑在内，似乎会陷入严重的财政困境。对于一般的经济体，政府债务违约通常会引发通货膨胀预期，这是因为政府可以间接地通过中央银行购买国债而获得债务融资，而这必然引发公众对通货膨胀的担忧。[②]

（三）外债水平

随着经济全球化的发展，外债越来越成为公共债务问题中的一个主要部分。外债是指一国对国外的负债，按照国际货币基金组织和世界银行的定义，外债是在任何特定的时间内，一国居民对非居民承担的具有契约性偿还责任的负债，不包括直接投资和企业资本。评价一国外债水平是否安全的指标主要有负债率、偿债率和债务率。外债结构，即在外债总额中各种形式、来源、利率、期限和币种的外债分别所占的比重，也是考察一国债务清偿能

[①] 爱宗：《公共债务管理：金融危机的挑战与未来改革方向》，《国际金融研究》2015 年第 8 期。

[②] 秦卫波、蔡恩泰：《美国公共债务与对外债务可持续对美元霸权地位的影响》，《苏州大学学报》（哲学社会科学版），2019 年第 6 期。

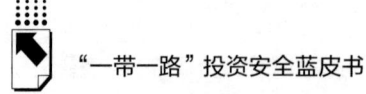

力的重要依据。外债规模受国际储备和国际收支状况影响。国际收支是指一个国家在一定时期内对外经济往来、对外债权债务清算引起的所有货币收支，主要由经常项目、资本项目和储备资产所构成。资本项目、经常项目下的国际贸易情况和外汇储备资产情况都会直接影响一国外债规模的变动。若国际收支大量顺差，央行为了稳定汇率会大量购买外汇，造成基础货币增加，引发通货膨胀；大量逆差则会耗尽本国外汇储备，本币汇率下降，债务问题加剧。企业在进行对外直接投资时，应细致了解目标国的经济情况，考察国际投资环境动向，注意潜在风险①以及企业到境外开展并购等投资活动的有利机遇。②

（四）外汇风险

外汇风险是指一个企业的成本、利润、现金流或市场价值因汇率波动而引起的潜在的上涨或下落的风险。企业外汇风险有交易风险、会计风险和经营风险，这些都是未预期的汇率变动引起的企业在外汇资产或负债上的变动风险。交易风险源于外汇汇率波动引起的应收账款与应付债务价值的变化；会计风险源于汇率变动导致的资产负债表中某项外汇项目发生的变化；经营风险源于未预料到的汇率变化导致的企业未来收益的变化。其中，经济风险的影响是长期性的，其对对外直接投资企业的冲击远高于交易风险和会计风险。③ 影响汇率波动的因素主要有国际收支、外汇储备、利率、通货膨胀以及汇率制度。

（五）其他因素

一国整体的金融发展水平也会影响外商投资的安全程度，从而影响其投

---

① 钟寻：《东道国经济增长、外债规模与中国对外直接投资》，《广西财经学院学报》2016年第4期。
② 李继宏、陆小丽：《全球主权债务危机背景下中国企业境外直接投资的机遇、风险和对策》，《区域金融研究》2012年第5期。
③ 章丽群、陆文安、李肇扬：《中国企业对外投资汇率风险研究》，《国际商务研究》2016年第4期。

资积极性。金融市场具有融资、调节、避险和发送信号的功能。东道国的金融发展水平越高，金融体系越完善，金融监管制度越健全，母国在投资时就越能获得更全面的保险，越可以通过对冲风险获得更高的投资收益。近年来，气候变化带来的金融风险复杂多变，越来越成为影响企业对外投资的重要因素。根据气候变化影响金融体系的渠道，可将气候风险大致划分为物理风险和转型风险两类。① 大量研究表明，全球气候变化会对金融资产价值、劳动生产率、经济增长、国家间的贫富差距等方面产生持久而显著的负面影响。

二 "一带一路"共建国家的金融安全态势

（一）2019年金融安全格局

根据模型计算结果，将各个国家的金融安全等级由高到低分为五个级别。2019年各国金融安全评级结果及格局分布具体如表1所示。2019年共建"一带一路"样本国家的金融安全程度不尽相同。其中，俄罗斯金融安全水平最高；其次是菲律宾、泰国、越南、阿塞拜疆、阿拉伯联合酋长国、科威特、沙特阿拉伯，评级为A；6个国家（缅甸、孟加拉国、印度、波兰、捷克、斯洛伐克）处于中上水平，评级为B；柬埔寨、马来西亚、印度尼西亚、摩尔多瓦、土耳其、克罗地亚、立陶宛、罗马尼亚评级为C；乌克兰、巴基斯坦、埃及、卡塔尔、约旦、阿尔巴尼亚、塞尔维亚、匈牙利、哈萨克斯坦评级为D；新加坡、斯里兰卡、巴林、黎巴嫩、也门、拉脱维亚处于极低安全水平，评级为E。其中，新加坡是国际金融中心，相关金融监管经验较为丰富。但新加坡近年来债务水平较高，债务相关评分较低，导致新加坡的金融安全评分处于较低水平。各区域投资安全水平由高到低依次为东北亚、东南亚、独联体其他国家、中东欧、南亚、西亚北非、中亚（见表2）。

---

① 中国人民银行：《中国金融稳定报告（2020）》，http://www.pbc.gov.cn/jinrongwendingju/146766/146772/4122054/index.html。

表 1　2019 年各国金融安全等级

等级	分数区间	国家数量	国家
A	86~100	8	俄罗斯、沙特阿拉伯、科威特、泰国、菲律宾、阿塞拜疆、越南、阿拉伯联合酋长国
B	79~85.9	6	孟加拉国、印度、波兰、缅甸、捷克、斯洛伐克
C	69~78.9	8	立陶宛、马来西亚、柬埔寨、印度尼西亚、罗马尼亚、土耳其、摩尔多瓦、克罗地亚
D	55~68.9	9	塞尔维亚、匈牙利、乌克兰、阿尔巴尼亚、哈萨克斯坦、巴基斯坦、卡塔尔、埃及、约旦
E	0~54.9	6	拉脱维亚、也门、新加坡、斯里兰卡、巴林、黎巴嫩

数据来源：作者计算。

整体来看，2019 年东南亚国家的金融安全处于较高水平，且金融发展潜力较大。其中，泰国、菲律宾、越南表现较好，金融安全指数在 37 个国家中的排名分别为第四、第五、第七，评级为 A。需要注意的是，事实上新加坡为东南亚国家中金融环境水平较高的国家。2018 年全球金融中心指数（GFCI）排名显示，新加坡是全球第四大国际金融中心，仅次于伦敦、纽约和香港；也是世界第三大外汇交易中心及亚洲第一大外汇交易中心。但其近年来债务水平较高，导致其金融安全指数处于较低水平，应警惕该短板对新加坡金融安全造成的不利影响。泰国、越南、菲律宾等国的各项金融安全二级指标分数较高，国内金融环境有向好潜力。缅甸、马来西亚、印度尼西亚、柬埔寨的金融安全指数处于中间水平，在样本国家中的排名分别为第十二、第十六、第十七、第十八，评级均位于 B 或 C。除新加坡因其潜在风险而金融安全分数较低，需特殊考虑外，其他东南亚样本国家的金融安全均位于 37 个样本国家中等或中等偏上水平，没有位于金融安全评级 D 或 E 的国家。这说明东南亚地区整体的金融安全状况较好，但仍需警惕债务水平较高等因素给个别东南亚国家带来的潜在金融安全隐患。

独联体其他国家的平均金融安全分数在各区域排名中位列第二。但三个样本国家中，只有阿塞拜疆金融安全表现较为突出，位列第六，评级为 A。摩尔多瓦和乌克兰的金融安全分数分别位列第二十一、第二十五，排名为 C 和

D，位于中等或中等偏下水平。其中，阿塞拜疆的金融环境仍有不断稳定且向好态势；乌克兰受其国内局势动荡的影响，出台了一系列的财政赤字举措以及紧缩的货币政策，在某些方面抑制了其国内的金融市场的活跃度，可能会降低投资者对该国投资的金融安全预期。总之，独联体其他样本国家中，仅有阿塞拜疆的金融安全情况较好，摩尔多瓦和乌克兰国内金融环境均有待提升。

中东欧的整体金融安全位于中等水平，部分中东欧样本国家的金融安全水平较为接近，呈现出一定的相似性。除拉脱维亚评级为 E 外，其余各中东欧样本国家金融安全评级均为 B、C、D。大部分中东欧样本国家的金融安全分数较为接近，分布较为集中。例如，波兰、捷克、斯洛伐克、立陶宛的金融安全分数分别为 83、80、79、78；罗马尼亚、克罗地亚、塞尔维亚、匈牙利的金融安全分数分别为 73、69、67、63；表明部分中东欧样本国家的金融安全水平较为接近，呈现出一定的相似性。这与欧盟或北约以及由波兰、匈牙利、捷克与斯洛伐克四国组成的"维谢格拉德集团"等联合组织的缔结作用有关。金融一体化在推动中东欧各国金融市场快速发展的同时，资本的流动也对金融系统的稳定性产生了冲击，加之部分中东欧国家对金融活动的监管不力，导致对中东欧地区投资仍面临一定的金融风险。

南亚国家的金融安全水平整体较低。除孟加拉国与印度金融安全分数排在第九、第十，表现为中上等外，巴基斯坦与斯里兰卡的金融安全水平分数排在第二十八、第三十五，位于南亚样本国家排名末端，金融安全水平较低。南亚各国家的人均收入均位于中低等水平，较低水平的经济状况制约了南亚各国的金融发展；同时，南亚各个国家较为普遍地采取了一定的贸易与投资保护措施，例如提高关税等。较低的对外开放水平严重影响了南亚区域的金融发展。

西亚北非各国的金融安全水平有较大差异，两极分化严重，且大部分样本国家处于金融安全极低水平。样本国家中，沙特阿拉伯、科威特、阿拉伯联合酋长国的金融安全排名分别为第二、第三、第八，等级为 A，金融安全等级较高。这些国家依靠巨额石油收入，通过推动金融自由化进程，使国内金融业迅速发展。而卡塔尔、埃及、约旦、也门、巴林、黎巴嫩的金融安全排名均在第二十九名之后,且巴林、黎巴嫩的金融安分数位于样本国家最后两名。这些评级为 D 或 E 的西亚北非样本国家数量占到西亚北非样本国家总数量的 60%。这些金融安全水平较低的西亚北非国家多受困于国内外政局动荡、战乱频发等因素,国内经济金融环境难以发展,公共债务高、国际储备少,几乎是这些国家的共同特征。总体来看,除个别西亚北非国家金融环境较好外,大部分西亚北非国家处于极低水平。

表2 2019年各区域金融安全指数均值排名

区域	指数均值	排名	区域	指数均值	排名
东北亚	100	1	南亚	68.78	5
东南亚	78.47	2	西亚北非	59.61	6
独联体其他国家	74.30	3	中亚	58.88	7
中东欧	70.93	4			

数据来源:作者计算。

(二)2010~2019年金融安全态势

以每年度所有样本国家的金融安全分数平均值代表该年的整体金融安全水平,10年内整体金融安全变化趋势为下降—上升—下降—再次上升的波动状态。2011年、2016年、2017年,样本国家整体金融安全水平呈现下滑趋势,其余年份的金融安全水平有着不同程度的提高,并在2015年、2019年达到峰值。总体来看,近10年内,"一带一路"共建国家金融安全水平呈现波动式上升趋势。整体平均金融安全分数由2010年的53.1上升至2019年的70.0,提高了31.8%,金融安全水平虽不稳定,但总体得到了提高。

37个样本国家2010~2019年的金融安全等级指数变化情况如表3所示。少数样本国家的金融安全变化趋势有着自己的特点。例如,黎巴嫩的投资安全水平持续极低;科威特的金融安全在2014年之前一直位于样本国家最高水平,但在2015年之后大幅度下降,近年来有向好的态势。

表 3　样本国家 2010～2019 年的金融安全等级指数变化

国家\年份	2010	2011	2012	2013	2014	2015	2016	2017	2018	2019
俄罗斯	81.7	63.9	67.0	67.3	79.4	100.0	95.7	89.4	100.0	100.0
菲律宾	60.3	50.2	56.2	62.4	71.9	81.6	82.4	75.9	76.1	88.3
柬埔寨	75.4	54.9	53.9	65.4	74.6	92.2	100.0	100.0	95.1	75.3
马来西亚	53.6	46.5	44.2	48.4	55.3	53.7	46.5	43.9	54.3	75.7
缅甸	58.2	44.9	53.6	58.8	68.7	77.2	83.3	75.1	80.3	81.1
泰国	68.8	53.0	53.1	57.2	67.2	75.3	74.1	64.0	76.0	94.1
新加坡	34.9	28.6	24.0	34.3	41.5	55.4	37.5	37.9	43.9	50.3
印度尼西亚	68.6	54.2	56.0	62.3	65.2	71.2	71.5	64.1	68.3	75.3
越南	55.5	43.8	50.1	57.9	65.3	62.0	59.7	55.4	68.9	87.7
阿塞拜疆	85.9	95.3	77.6	76.9	86.8	86.0	77.8	84.2	90.4	87.9
摩尔多瓦	57.7	42.5	48.1	57.0	62.9	53.9	58.0	62.2	65.5	71.5
乌克兰	41.2	35.3	35.5	45.0	38.9	57.2	43.4	52.8	59.5	63.5
巴基斯坦	50.6	40.1	42.7	50.0	58.1	61.1	56.4	45.8	49.6	57.6
孟加拉国	66.1	50.4	58.0	59.7	70.2	78.3	81.8	69.2	72.8	85.1
斯里兰卡	40.4	25.7	27.8	36.5	37.1	30.6	33.9	29.2	34.4	48.4
印度	58.0	41.3	47.9	51.6	58.8	62.3	66.5	62.7	70.3	84.1
阿拉伯联合酋长国	52.4	48.1	56.2	63.7	71.1	61.2	63.1	61.9	80.6	86.1
埃及	50.7	32.6	38.3	38.5	42.9	34.4	13.2	20.1	33.1	55.9
巴林	8.3	21.5	29.8	34.5	41.3	19.9	1.2	0.0	10.6	21.2
卡塔尔	57.9	56.8	63.2	70.8	82.1	65.2	22.1	24.8	49.3	56.0
科威特	100.0	100.0	100.0	100.0	100.0	60.2	46.1	47.4	77.9	97.2
黎巴嫩	0.0	0.0	0.0	0.0	0.0	0.0	0.0	17.1	0.0	0.0
沙特阿拉伯	97.6	91.6	97.7	87.0	91.3	74.5	89.5	88.3	99.5	99.8
土耳其	45.2	35.5	44.7	52.4	60.7	64.0	60.1	51.2	63.7	72.6
也门	81.6	52.7	60.3	49.0	58.2	67.9	57.1	40.8	37.4	52.4
约旦	44.7	25.7	27.3	36.4	43.8	41.7	36.5	40.7	40.3	55.0
阿尔巴尼亚	51.8	31.4	33.1	38.2	44.8	53.3	63.9	59.3	63.3	59.6
波兰	48.1	36.5	42.2	49.4	58.6	62.2	58.5	58.3	69.8	83.2
捷克	56.9	42.9	43.6	52.9	61.2	67.3	67.4	61.2	69.4	80.9
克罗地亚	38.1	17.6	16.2	24.3	30.9	47.9	52.3	54.7	57.7	69.9
拉脱维亚	17.0	17.0	19.7	35.3	35.9	47.0	39.2	34.5	37.3	53.1
立陶宛	44.4	33.1	40.9	51.2	58.8	59.4	59.4	55.7	64.8	78.9
罗马尼亚	50.5	36.5	38.8	53.0	61.8	72.4	69.8	63.4	72.2	73.8
塞尔维亚	30.7	23.1	20.8	7.0	10.9	69.9	79.5	77.6	70.3	67.0
斯洛伐克	52.0	39.7	45.8	53.8	60.7	57.8	51.6	50.9	61.8	79.1
匈牙利	15.1	8.8	9.0	24.2	30.9	39.6	34.9	33.3	42.3	63.7
哈萨克斯坦	63.9	53.2	50.4	60.6	60.5	52.9	42.1	52.0	61.5	58.9

数据来源：作者计算。

以每年度某区域内样本国家的金融安全分数平均值代表该年该区域的整体投资安全水平，2010~2019年7个区域整体金融安全分数变化趋势如图1所示。总的来看，各个区域金融安全随时间变化的趋势大体相同，为下降—上升—下降—再次上升的波动状态。2011年、2016年、2017年，大部分区域整体金融安全水平呈现下滑趋势，其余年份的金融安全水平有着不同程度的提高，并在2015年前后、2019年达到峰值。个别区域呈现出自己的波动特点。例如，中亚和西亚北非的金融分数分别在2014年、2015年有所下降，其他区域的金融安全分数在这两年均呈上升趋势；2016年各区域的金融安全分数均呈下降趋势，只有南亚有所提升；类似的，在2017年所有区域的金融安全分数均下降，只有独联体和中亚国家有所提升。但总体而言，各区域的金融安全波动趋势大体相同。

各区域的金融安全总体变化幅度各不相同。中东欧金融安全分数在10年内增长幅度最大，为75.3%；其次是东南亚地区，增长幅度为32.1%。西亚北非增长幅度最小，仅为10.7%。其他区域均为20%左右的增长水平。以哈萨克斯坦为代表的中亚地区在10年内金融安全水平有所下降，下降幅度为7.8%。总体来看，金融安全在空间上的集聚特征随着时间的推移而不断变化，东南亚的金融安全热点集聚愈发凸显，而部分西亚北非国家始终为金融安全水平较低、金融风险较为集聚的国家。

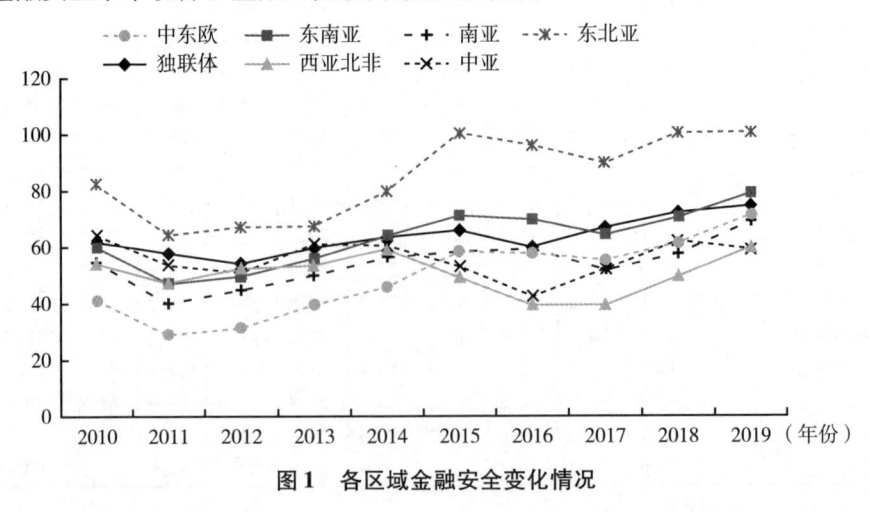

图1 各区域金融安全变化情况

数据来源：作者计算。

三 各区域国别的投资金融安全分析

（一）东北亚整体金融安全向好

1. 俄罗斯金融安全水平较高，但存在潜在汇兑风险

俄罗斯历史欠债得到有效治理，与世界大多数国家相比，俄罗斯的公共债务水平相对较低，基本还清了继承自苏联的近千亿美元外债。由于西方制裁和利差不断扩大限制了政府在海外融资的能力和意愿，上述苏联债务均由俄罗斯国债预算资金偿还。俄罗斯外汇储备较为充足，汇率水平有望保持稳定，自2014年11月开始，为了缓解资本外流和国际储备大幅下降的压力，俄罗斯转而采取浮动汇率制度，2016年起卢布币值趋于稳定，2018年年初的汇率升高则是受到石油价格升高的影响。俄罗斯汇兑限制风险可能在外汇市场压力增大时上升，在2014年国际油价下跌和乌克兰危机的双重影响下，俄罗斯出现了大规模的资本外流，持续几年的资本外流规模都在1000亿美元以上，给俄罗斯外汇市场和卢布汇率造成巨大压力。

2. 蒙古国未来偿债压力突出

蒙古国公共债务问题有所缓解，但未来偿债压力巨大，2016年，蒙古国公共债务占GDP比重高达90.2%，达到近年来峰值，并远超2013年生效的《财政稳定法》规定的上限，2021~2023年蒙古国将迎来偿债高峰，其中2021年将偿还的债务为6.3亿美元，2022年为10亿美元，2023年为10.8亿美元。蒙古国官方外汇储备上升，汇率水平有望保持稳定，国际社会对蒙古国的贷款和援助也极大充实了其国际外汇储备，市场信心有所提升，尽管美国的货币收紧政策带来一定压力，但图格里克仍呈升值趋势。鉴于奥尤陶勒盖铜金矿开发所带来的外汇储备恢复和矿产出口收益增加等积极因素，蒙古国汇率可能会继续保持稳中有升的趋势。蒙古国汇兑限制风险较低，金融开放程度较高，蒙古国对利润、债息、资本、知识产权的资本收益和进口投入回报等汇款的流入与流出不加限制，极大便利了外来投资者。

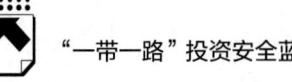

（二）东南亚整体金融安全水平较高，债务问题显现

1. 泰国公共债务增加，汇率较为稳定

泰国在经历泰铢危机后加速产业及金融的整合与改革，1997年初，泰铢开始遭到投机性攻击，7月泰国政府被迫宣布放弃泰铢盯住美元的汇率制度，实行有管理的浮动汇率制度，当天泰铢贬值幅度高达30%以上，到1998年7月，泰铢对美元累计贬值了60%，同期泰国GDP增速出现断崖式下跌，1998年负增长7.6%。泰国从2004年1月开始实行金融系统总规划，进行了多方位的经济改革，根据国情制定了扩大内需和促进出口的政策，从而加快了泰国经济复苏的步伐。泰国应对新冠疫情，扩大公共债务，2020年新冠疫情暴发造成泰国旅游业、酒店业、零售业业务规模急剧萎缩，泰国政府于3月推出两个总价值约4000亿泰铢的一揽子计划。截至2020年11月底，泰国公共债务已达7.92万亿泰铢，占GDP比重达50.46%。泰国经常账户保持顺差，国际储备规模呈上升趋势，汇率较为稳定，汇兑限制风险较低。截至2020年10月底，泰国的外汇储备为2366亿美元，虽然2020年贸易顺差额减少，汇率有所波动，但风险依然可控。

2. 越南外资流入增加，外债问题凸显

越南货币政策趋紧，加强财政预算管理，控制赤字规模，越南央行2020年通胀率为3.2%，继续推行遏制通胀、确保宏观稳定、支持经济增长的灵活的货币政策，越南公共债务2015～2019年占GDP比重一直在60%左右，受益于吸引外资持续流入和出口扩大，越南的经济增长压力下降，政府开始实施偏紧的财政政策，降低政府债务水平。2020年越南国家财政赤字占GDP的4.2%，但相比前几年已有所下降。越南国际收支连续多年顺差，但国际储备规模较小，外债问题凸显。越南积极加入多项自由贸易协定，不断拓展外部市场，商品贸易持续保持顺差状态，国际储备虽稳定增长，但规模仍较小，远低于外债规模。越南外汇兑换管制严格，但利润汇回受限的风险不大，外资流入持续增加。根据越南外汇管理规定，在越南金融机构开设越南盾或外汇账户才能办理外汇相关业务，而2018年受中美贸易摩擦影响，

部分外资转向营商环境相对较好且劳动力丰富的越南，使越南2018年外资流入快速增加。2020年在新冠疫情下，越南GDP同比增长2.9%，而整个东南亚萎缩3.8%，越南是2020年在东南亚唯一保持正增长的国家。

3. 老挝通货膨胀率较高，债务违约风险增加

老挝货币政策工具传导不畅，汇率波动使国内通胀水平高启，金融体系不发达，银行业务涉及面较窄，银行业发展水平比较滞后；而且美元化程度高，使传统的货币政策无法发挥相应作用，金融系统高度美元化成为重要风险来源。同时受新冠影响，国际汇率波动幅度加大，老挝统计局数据显示，2020年7月，老挝的消费物价指数达到113.15点，年通货膨胀率达到5.12%。老挝长期赤字造成财政和预算紧张，受疫情影响面临严重的债务问题，公共财政常年赤字，积累了规模较大的公共债务，造成预算紧张。世界银行的报告显示，老挝的公共债务占GDP的比重已经从2019年的59%上升到了2020年的69%，整整上升了10个百分点，且2020年当年的债务到期额已经达到12亿美元。

4. 缅甸外债偿还压力较大，外汇风险较高

缅甸通货膨胀水平下降，扩张性财政政策使财政收支失衡加剧。缅甸自新政府执政以来实施宽松货币政策，广义货币供应量保持高速增长，经济货币化程度显著上升。随着大宗商品价格的下跌，其通货膨胀水平将趋于下降，但是受新冠疫情影响，为刺激经济增长，缅甸实行扩张性财政政策，加大在基础设施领域的公共投资，财政赤字高于警戒线水平。2020年5月，缅甸央行放贷1.3万亿缅币用来弥补财政赤字，而且政府军与民族地方武装冲突导致军费激增，公共债务也将继续攀升。缅甸国际收支持续逆差，外汇储备增长缓慢，存在外债偿还压力。新冠疫情期间，大宗商品价格下降，不论是出口还是进口，虽然规模都比去年有所增加，但贸易逆差情况还是无法改变。外汇储备虽在稳步增长，但相对于外债规模来说仍比较少，2015~2019年债务率持续稳定在90%左右。缅甸外汇管制逐步放松，对外开放力度加大，汇率波动较大。近年来受到美元升值的影响，缅币持续贬值，然而在2020年，由于受疫情影响，人们的可支配收入大幅减少，进口需求猛跌，

125

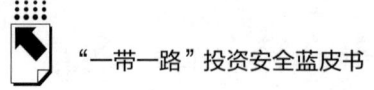

购买本地产品的本国货币成了更加保险的选择，缅元对美元的汇率涨幅高达11%。

5. 新加坡金融体系发达，债务规模较大

新加坡货币政策独具特色，实施扩张的财政政策来应对疫情，公共债务规模扩大。新加坡经济受对外贸易影响较大，新冠疫情冲击了新加坡的生产活动，经济进入衰退。2020年2月，新加坡提出了40亿新元的"经济稳定与援助配套"方案，赤字规模进一步扩大。2021年2月15日，新加坡贸易和工业部发布的报告显示，2020年新加坡GDP增长-5.4%。《联合早报》2月17日报道，新加坡2020财政年的整体预算赤字在轮番疫情援助措施的叠加下达到649亿新元，占GDP的13.9%。这也是新加坡独立以来的最大财政赤字。新加坡国际收支持续顺差，国际外汇储备有所回升，外债水平较高。2009~2019年，新加坡一直保持贸易顺差状态，截至2020年6月，新加坡外汇储备余额为3125亿美元，但是新加坡的外债水平高达400%以上，外债主要集中在金融机构和其他部门，短期外债占比均在70%以上。新加坡金融宏观调控监管较为成熟完善，危机应对能力较强。新加坡金融市场水平在东南亚国家领先，金融宏观调控能力与金融监管能力非常先进，金融制度与管理在国际市场上仍可作为标杆模范，投资风险较低。

6. 柬埔寨债务风险可控，外汇风险较低

柬埔寨货币政策受汇率制度限制缺乏一定的独立性，通货膨胀温和，财政赤字和公共债务风险可控，由于实行盯住美元的汇率制度，其货币政策缺乏独立性，只能紧盯美国货币政策动态。受疫情影响，柬埔寨大宗商品价格下降，2020年的通货膨胀率为2.9%，2019年公共债务比重为31.1%。柬埔寨国际收支处于逆差状态，国际外汇储备持续增长，外债和外汇风险可控。虽然柬埔寨出口强劲增长，但商品贸易账户呈逆差状态，近年来柬埔寨国际外汇储备规模上升，加之国内自身财政收入增长，对外部援助的依赖性有所下降，外债各指标都处于国际警戒线以下。柬埔寨出口产品结构单一，但经济开放度在增强，国际资本持续流入。服装和制鞋业是柬埔寨最大的制造业和出口部门，2018年服装和鞋类出口占全部商品出口的95%，使柬埔寨极易受到外部经济环境影响，同时柬埔寨政府对外国投资者持欢迎态度，并给予外国投资者国民待遇，政府管制负担持续降低，柬埔寨近年来外资流入增长迅速。

7. 印度尼西亚外债偿付压力较小，外汇风险较高

印度尼西亚实施积极的财政政策和宽松的货币政策以应对外来冲击。2020年，印尼政府公布了一项规模达15.5亿美元的紧急财政刺激计划，财政赤字和政府债务增加，但是整体上印尼政府负债率低，政府综合财力较强，债务负担仍处于可控水平。印度尼西亚经常账户连续多年赤字，但外债偿付压力较小，外汇储备稳中有增，印尼以内向型经济为主，国内消费和投资贡献了逾90%的经济增长，印尼经济对于外来冲击有较强的韧性。印尼外债长期处于较低水平，短期外债偿付压力很小且呈现下降趋势，但政府外债在外债总额中占比较大，将近50%。截至2020年9月底，外汇储备增至1352亿美元，相当于9.1个月的进口融资额。印度尼西亚汇率波动较大，外汇风险较高，印度尼西亚实行的是自由浮动汇率制，由于印度尼西亚经济模式极易受国际环境影响，加之其国际外汇储备规模不大，印尼盾的汇率会经常面临大幅波动，由此可能对已有投资的收益造成汇兑损失。

8. 马来西亚财政负担加剧，外汇风险较低

马来西亚货币政策立场宽松，财政赤字管理目标难以实现。马来西亚一贯坚持宽松货币政策，即在维持价格稳定的同时，重点考虑支持经济稳健增长。受疫情影响，马来西亚财政负担加剧，2020年财政赤字占GDP的6.2%，马来西亚的债务势必会上升，惠誉将马来西亚债务评级从"A-"下修至"BBB+"。马来西亚国际收支持续顺差，充足的外汇储备为外债偿付提供保障。马来西亚是出口导向型经济体，政府采取自由开放的对外贸易政策，通过减税和简化流程等方式促进对外贸易和服务的发展，商品贸易持续顺差，其中油气和电子产品是主要创汇产品。马来西亚币值相对稳定，外汇风险较低，实行有管理的浮动汇率制度，汇兑限制风险较低，但存在一定程度的汇兑管制。其经常账户长期持续保持盈余状态，且实行严格管理的汇率制度，有助于防止林吉特的大幅震荡。

（三）独联体其他国家金融安全整体处于较低水平

1. 格鲁吉亚各项金融安全指标处于较低水平

格鲁吉亚货币政策聚焦通胀目标，长期实行积极财政政策，公共债务持续攀升。近年来格鲁吉亚通胀率持续走低，因此采取了宽松的货币政策，加大了资本性支出的投入力度，公共债务持续攀升，总量仍位于较高水平，负债率与债务率均超过国际警戒线。格鲁吉亚经常账户逆差呈下降趋势，但仍位于较高水平，受益于政府支持和基础设施的改善，旅游业显著拉动了服务贸易的增长，带动格鲁吉亚经常账户逆差显著降低。2018年，格鲁吉亚经常账户逆差占GDP的比重为9.2%。格鲁吉亚经济体量较小，实行开放型经济，汇率波动较大，拉里汇率受经常账户及主要贸易伙伴国货币汇率波动的影响较大，尤其近年来，拉里汇率呈走低趋势。2015年以来，格鲁吉亚拉里兑美元汇率不断下降，尤其受到俄罗斯卢布与土耳其里拉兑美元汇率大幅度下跌、季节性因素导致旅游业出口额下降等因素的不利影响，加之格鲁吉亚国内进口商品需求提升，格鲁吉亚拉里进一步贬值。

2. 乌克兰金融安全水平较差，但国际外汇储备有所回升

乌克兰财政支出持续攀升，债务负担较重，公共债务总量及外债总额在近年来不断上升，偿债率、负债率、债务率均常年超过国际警戒线。2016年，乌克兰公共债务占GDP比重达到近10年来峰值，虽然2017年GDP的增长导致公共债务占GDP之比下降，由81%下降到74.8%，但公共债务仍处于较高水平，债务风险较为严重。乌克兰贸易逆差大幅扩大，国际外汇储备转为上升趋势，乌克兰经常账户逆差从2016年的69.4亿美元增至2017年的91.6亿美元，同比增长32%。从2015年开始，随着格里夫纳币值趋于稳定和对外投资增加，国际外汇储备转为上升趋势。乌克兰信贷发展状况不佳，信贷出现负增长，国内融资难度提升。自2014年乌克兰国内动乱以来，政治动荡、经济衰退，乌克兰央行行长瓦莱里娅·甘达列娃在2017年4月被迫辞职，人们对金融系统的稳定性愈发担忧，央行在2017年继续施行紧缩的信贷政策以平抑汇率、稳定经济，2017年M2增速下跌9.1个百分点，从10.9%降至1.8%，信贷增速更是出现了负增长，跌至-4.7%，给投资者在该国的融资造成了一定的障碍。

（四）南亚经济状况制约金融发展

1. 印度金融安全领先南亚，但财政状况不佳

印度整体财政执行超出预算安排，财政赤字风险较为突出。在2017~2018年度财政预算中，印度政府为了发展经济，采取了强化农村建设、大幅度减税、加大铁路基建投入、为外商投资提供便利等措施，以达到扩大内需、释放潜在购买力的目的，从而引发较严重财政赤字。印度外债水平较为合理，偿付压力不大，印度的债务"三率"均未超过国际警戒线，整体保持较为合理水平且有所改善。印度宏观经济增长势头较好，整体外债偿付能力较强。印度国际外汇储备方面表现较好，储备规模有所增加。近两年印度的宏观经济形势较好，国际资本大量涌入印度金融市场，从而间接补充了国际外汇储备，汇率水平有望保持稳定。国际资本大量涌入印度资本市场，使印度卢比有较强的升值态势，但投资者也要注意防范资本大量涌入对印度金融市场产生冲击而造成的风险。

2. 孟加拉国借贷款难度提升

孟加拉国长期执行积极财政政策，财政赤字持续存在，但债务风险可控。孟加拉国经济基础始终较为薄弱，财政收入水平一直较低，财政赤字问题较为突出，占GDP的比重也不断上升，且有进一步扩大态势，但各项债务指标均未达到国际警戒线。孟加拉国货币政策较为稳健，利率水平稳定，粮食供应压力减轻缓解了孟加拉国的总体通货膨胀压力，再加上塔卡汇率趋稳，孟加拉国通货膨胀并不明显。孟加拉国经常账户赤字有所上升，外汇储备减少，贬值压力较大。2018年，孟加拉国商品贸易逆差扩大，政府持续干预外汇市场，国际外汇储备有所减少，经常账户呈赤字趋势，塔卡面临一定贬值压力，存在一定外汇风险。孟加拉国信贷增速下滑，监管力度不断加大，政府通过采取谨慎货币政策，不断加强对商业银行监管力度，应对孟加拉国银行业不良贷款较多的困境，因而对外汇管制也十分严格。

3. 巴基斯坦债务风险突出，金融风险加大

巴基斯坦货币政策收紧，财政赤字扩大，公共债务规模持续增长。在连续四年的宽松货币政策后，2018年1月，巴基斯坦央行提高基准利率25个基点，货币政策开始有所收紧；2019年，巴基斯坦到期债务本金和利息额总计已达到119.5亿美元，未来也将存在一定债务风险。巴基斯坦国际外汇储备减少，卢比存在贬值压力，大额进口和政府持续干预外汇市场以防止卢比贬值使巴外汇储备大量减少。管理性浮动汇率制度和外部账户的糟糕表现给巴基斯坦的国际外汇储备带来压力，2013年12月，国际货币基金组织将巴基斯坦的汇率制度由浮动汇率制度重新归为其他管理性制度，其后巴基斯坦央行在国际收支危机中多次实施重大干预行动。巴基斯坦货币外部压力愈发加大，央行大量干预货币市场以支持卢比汇率，外汇储备的大量减少迫使央行允许卢比进行多次贬值，如2018年3月的调整导致卢比对美元一次性贬值4.6%。

（五）西亚北非国家金融安全两极分化严重

1. 埃及债务违约风险较大

埃及财政赤字问题较为严重，债务水平较高，未来偿付风险较大。2016年埃及迎来近年来债务峰值，公共债务占GDP的比重为111.2%。随着财政紧缩计划和各项经济改革的推行以及盟国和国际组织的援助，埃及公共债务规模连续两年下降，但是如果境外援助流入无法弥补财政赤字资金缺口，债务违约可能性将增加。埃及国际外汇储备逐渐回升、外汇风险较低，埃及作为中东地区劳务输出大国，侨汇收入占经济体量的很大一部分，国际外汇储备主要来源于侨汇，在施行自由浮动汇率制度后，侨汇逐步回流至埃及官方银行体系，侨汇收入增长促使外国投资者对埃及经济信心增强，外汇储备稳步增加。此外，国际援助在一定程度上弥补了埃及国际外汇储备，塞西总统执政以来，外部对埃援助逐渐恢复，随着美元加息进程的放缓，埃及币值将保持稳定。

2. 以色列金融体系完善，但融资成本有增加压力

以色列货币政策相对紧缩，利率上调将增大外资融资成本。以色列央行曾在2018年11月将本国的基准利率由0.1%上调至0.25%，此后多次强调将保持货币政策不变，继续施行相对紧缩的货币政策。以色列国际外汇储备稳步增加，币值存在一定的升值压力。由于经常账户长期顺差，以色列的外汇储备逐年攀升，同时以色列的初创公司常常被跨国企业高价收购，这为以色列创造了大量外汇收入。由于通货膨胀率极低，谢克尔存在一定的升值压力。以色列金融体系相对成熟完善，地区辐射影响力大，以色列银行是其中央银行，独立于政府行使职能。以色列自身具有较高的主权信用评级，同时美国为以色列提供政府信誉担保，再加上犹太人在国际金融市场上的影响力，以色列的国际融资非常便利。

3. 科威特金融安全水平不断提高

科威特财政赤字显著下降，债务风险较低。得益于油价上涨，国有资产私有化（如科威特国际机场）以及开始征收的增值税等系列因素的影响，科威特财政收入增加使财政赤字相对降低，公共债务风险可控。科威特国际外汇储备持续攀升，汇率保持稳定，持续的贸易顺差使科威特拥有充足的国际外汇储备，近年来储备规模一直稳定在300亿美元左右，较充足的国际外汇储备提高了科威特的对外支付能力，为第纳尔汇率稳定提供了保障。

4. 土耳其外汇风险与融资风险较为突出

土耳其货币政策大幅趋紧以应对通货膨胀，近年来里拉汇率急剧贬值，引发进口商品价格上升。土耳其央行实施紧缩的货币政策，2020年11月，土耳其央行大幅度加息，而11月土耳其物价再次飙升，使年通胀率为14%，又一次给央行带来了巨大压力，里拉通胀上行风险给外来投资者的经营活动带来了更多的不确定性。土耳其国际外汇储备有所下降，汇率持续下跌，外汇风险较为突出。近年来土耳其里拉汇率持续下跌，政府持续干预外汇市场使得外汇储备显著减少，里拉汇率大幅贬值，使中国企业生产成本大幅增加，面临较大经济风险和损失。2020年11月，土耳其央行副行长称，

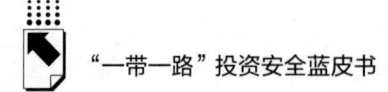

应时刻注意土耳其里拉汇率贬值对企业造成的潜在风险。土耳其信贷管制趋紧，融资风险上升。从2015年开始，土耳其的信贷增速趋缓，货币投放量显著减少，土耳其信贷增速大幅下滑。由于利率大幅上升和外债偿付压力加剧，金融系统稳定性遭到一定破坏。

5. 沙特阿拉伯金融水平位列西亚北非之首

沙特金融体系较为完善，金融市场较为活跃。沙特具有完善的金融市场，现已形成由金融市场体系、金融机构体系、金融监管体系、金融调控体系所组成的较为完善的金融体系，到目前为止沙特已发展成为中东地区一支不可忽视的金融力量，其发展相当迅速，而且沙特在国际金融市场的活动也颇为活跃。[1] 沙特金融业全球地位日益攀升，世界经济论坛出台的一项报告显示，无论是从金融市场规模还是从金融市场对全球重要性方面来看，沙特均居阿拉伯国家金融市场之首，且位居世界第二十，同时沙特金融稳定性居世界第一，银行业服务水平居世界第四十位。沙特金融业在中东金融体系中地位日益上升，在全球金融系统中开始崭露头角。

（六）中东欧整体债务风险值得关注

1. 波黑常年处于贸易逆差

波黑货币政策收紧，债务风险处于可控范围。波黑的公共债务总量近年来不断上升，偿债率、负债率、债务率均常年超过国际警戒线，有一定的债务负担，但公共债务占GDP比重、债务"三率"以及外债总额均有下降趋势，波黑公共债务与外债偿付压力不大。波黑对外贸易逆差依然较大，2020年前10个月内，受新冠疫情影响，波黑出口与进口均有所下降，外贸逆差更是进一步扩大。波黑国际外汇储备规模与汇率保持稳中有升态势，2018年，欧元区经济复苏及经常账户盈余将为欧元稳中有升走势继续提供结构性支撑，波黑马克也相对升值，美国商业周期下行对2020年前

---

[1] 高荣蓉：《当代沙特阿拉伯的金融体系研究》，西北大学硕士学位论文，2016。

的美元构成下行压力，因此欧元汇率保持逐渐升值趋势，波黑马克也保持稳中有升态势。

2. 波兰债务问题不容忽视

波兰实施宽松货币政策，扩大财政支出，债务风险不容忽视。波兰央行自 2015 年 3 月以来已将基准利率维持在 1.5% 不变，鉴于目标通货膨胀低于预期，政府当期货币政策目标以稳定兹罗提汇率和抑制通货紧缩为主，采取宽松货币政策，波兰公共债务水平与外债总额持续较高，且负债率超过了国际警戒线，表明波兰债务负担较重。波兰经济增速有所回升，汇率较为稳定，贸易顺差有所下降，导致近年波兰国际外汇储备小幅下降，汇率水平小幅升值，对利润、债息、资本、知识产权的资本收益和进口投入回报等汇款的流入与流出不加限制。

3. 塞尔维亚金融安全向好

塞尔维亚公共债务规模持续下降，但仍有较高的债务风险。近年来塞尔维亚努力降低公共债务占比，外债总额也在持续下降，但负债率与债务率依然超国际警戒线。2017 年，得益于第纳尔相对于欧元的较大幅度升值，塞尔维亚公共债务规模多年来首次有所下降，但公共债务占 GDP 之比仍处于较高水平，债务风险较为突出。塞尔维亚国际外汇储备规模止跌回升，汇率水平有望保持稳定，经常账户逆差占 GDP 比重连年提高，虽然经常账户出现逆差，但是由于未来经济前景较好，国有企业私有化进程等因素推动外国直接投资的大量流入，带动了塞尔维亚官方外汇储备的止跌回升。尽管美国收紧货币政策，但由于塞尔维亚宏观经济基本面改善、外资投资活跃以及侨汇增加，第纳尔兑美元汇率呈稳中有升趋势。塞尔维亚整体汇兑制度环境有望继续改善，其《外汇管理法》规定，第纳尔可自由兑换，外国企业可在当地注册并在其国内外资银行或内资银行开设外汇账户，由于塞尔维亚正在积极加入欧盟和世界贸易组织，因此整体汇兑制度环境有望继续改善，外来投资者可能获得更多便利。

（七）中亚金融体系不发达，通货膨胀问题普遍

1. 哈萨克斯坦通货膨胀上升，外债压力较大

哈萨克斯坦财政政策由稳健转为积极，货币政策根据疫情调整，通货膨胀率上升。2020年，哈萨克斯坦和其他国家一样，遭受了疫情蔓延、油价下跌、外需萎缩的三重打击，为消除负面影响，哈国民经济部实施反危机措施以稳定经济和救济民众，总规模达5.9万亿坚戈，预计政府债务会继续上升，哈央行2020年全年的通货膨胀率达到7.5%的水平，相比之前上升较多。哈萨克斯坦国际收支出现赤字，外汇储备增长，但外债压力较重。2020年受疫情影响，需求萎缩，投资项目进展放缓。商品进口下滑，出口总体也呈下降趋势，加上油价总体下跌、执行欧佩克+减产协议等原因，全年国际收支经常账户出现赤字。但是值得注意的是，哈萨克斯坦黄金外汇储备显著增长，截至2020年10月末，哈央行黄金外汇储备达336亿美元，同比增长13.8%，同时债务率和负债率连续多年均超过国际警戒线，其总体偿债压力和负担较重。据哈萨克斯坦央行发布数据，截至2020年7月1日，哈萨克斯坦外债余额为1598亿美元，虽然汇率、资产价值变动和其他原因导致外债减少14亿美元，但较年初仍增长12亿美元。

2. 塔吉克斯坦债务风险加剧，外汇风险较高

塔吉克斯坦经常账户赤字上升，外汇储备不足，疫情下债务风险加剧。塔吉克斯坦生产能力不足，生活用品大量依赖进口，经常账户赤字长年维持在较高水平，2018年底，塔吉克斯坦外债总额为29.2亿美元，占GDP比重为38.9%，已接近其外债上限。2020年，在疫情影响下，侨汇收入下降导致塔吉克斯坦经常账户赤字扩大，短期内债务激增，但是塔吉克斯坦外汇储备仅4.9亿美元，远低于外债规模，主权信用风险上升。塔吉克斯坦汇率波动较大，外汇风险较高，受疫情影响币值贬值压力大，近年来索莫尼兑美元汇率波动较大，汇率持续下跌的原因包括企业和商人对美元需求大、国家外汇来源减少、外汇储备不足以及2020年的疫情冲击等。2020年上半年，塔吉克斯坦继续实行"不设汇率变化界限"的浮动调节汇率政策。据塔吉克

斯坦国家银行数据,索莫尼兑美元的官方汇率下跌了6.4%,汇率大幅降低导致普通群众投机情绪加剧,预计2021~2023年索莫尼对美元还将贬值9.1%,每年约贬值3%。

3. 乌兹别克斯坦贬值空间压缩,外债偿还压力较小

乌兹别克斯坦财政支出力度加大,政府积极降低信贷风险,采取逐渐宽松的货币政策以应对疫情冲击。2020年上半年,隔离管控措施使乌兹别克斯坦失业率达13.2%,较2019年同期增加4.1%,政府在2020年实现投资233.2亿美元,用于完成社会领域、基础设施建设和生产型项目。受疫情冲击,2020年4月,乌兹别克斯坦央行将政策利率从16%下调至15%。之后12月把政策利率维持在14%不变。乌兹别克斯坦外汇管制取消,减少行政干预以吸引外资,转变币值贬值趋势。2020年8月,生效的外汇交易新规进一步放开了货币兑换,促进了国际贸易活动的进一步发展,当月美元对乌兹别克斯坦苏姆的汇率中间价达到了10262.87,创下10年来的新高,从中长期来看苏姆贬值空间压缩,2020年后贬值情况可能会有所改善。乌兹别克斯坦外汇储备创新高,外债偿还压力较小,2019年初,乌兹别克斯坦黄金和外汇储备达到280亿美元,占GDP的55%,政府负债173亿美元,外汇储备远远超过外债规模,截至2020年8月1日,乌兹别克斯坦的官方储备资产为347亿美元,创历史新高。

4. 土库曼斯坦经济管制严格,通货膨胀持续高启

土库曼斯坦货币政策传导不够通畅,通货膨胀持续高启。2018年,土库曼斯坦通货膨胀率升至17.5%;2019年,土库曼斯坦采取了相关的货币政策以应对通胀;但土库曼斯坦国内银行业不发达,货币政策缺乏有效的传导机制,央行出台的货币政策对通货膨胀的遏制效果非常有限,通货膨胀率仍居高不下。土库曼斯坦经济管制较为严格,外资进入困难,尽管政治环境相对稳定,但经济发展模式因开放度不够而较为单一,外资进入的程序较为复杂,门槛较高、注册周期长、限制多,外汇管制严格。自2016年1月起,各金融机构和货币兑换点均停止外汇销售。2020年7月22日,世贸组织总理事会成员国一致同意授予土库曼斯坦世贸组织观察员国地位,这将有助于

推动土库曼斯坦的经济发展，提升其在国际贸易中的地位。土库曼斯坦金融自由化程度低，相应的赤字和负债水平较低，但币值贬值压力较大。由于土库曼斯坦政府对发债态度谨慎，按照当前的经济状况，结合其借贷意愿，土库曼斯坦预计在未来一段时间内不会出现严重的债务问题，但是由于经济形势持续低迷，马纳特汇率在过去 10 年内贬值压力不断上升，2018 年 5 月，在黑市中马纳特经历了巨幅贬值。

四　金融安全对策建议

（一）政策层面

1. 提高中国金融机构对"走出去"企业的金融服务能力

（1）加快完善政策性金融体系，为各类非商业风险提供更为广泛的风险分担机制。加大对创新企业、品牌企业和拥有自主知识产权企业的支持力度，对中小企业特别是科技型中小企业，进行适度的政策倾斜。加大对资源开发型投资的金融支持，这类企业前期投资资金需求量大，投资周期长，投资风险也大。为此，国家可以设立专项基金，由政策性金融机构提供长期低息贷款，包括前期费用、勘查资金、专利使用费、其他取得资源开发权所需资金。设立专门的境外投资促进机构，为企业境外投资提供相关金融咨询，并为企业向商业性金融机构融资提供担保和贴息支持。

（2）完善金融市场，发展金融产品和金融衍生工具对冲海外融资风险。老挝、土耳其、哈萨克斯坦、土库曼斯坦通货膨胀率很不稳定，缅甸、印度尼西亚、格鲁吉亚、塔吉克斯坦汇率波动都较大。因此，应该支持中资银行的国际化经营战略，发挥金融机构在"一带一路"投资中风险分担及信息服务的功能，为我国"走出去"企业提供本地化、多元化的全方位金融服务；支持国内商业银行开展业务创新和金融产品创新，满足我国企业"走出去"个性化融资需求；推动设立海外投资发展基金、风险投资基金等机构，鼓励企业充分利用海外资本市场融资，疏通境内外企业之间的资金流通渠道；建立并完善我国的套期保值金融市场，例如远期合约、外汇期货、期权市场，使企业可以通过合理的操作，规避金融不稳定造成的投资损失，对冲汇率、利率、商品价格等重要的市场波动风险，维护好企业利益。

（3）完善海外投资保险制度，积极引导保险机构加大对外投资的风险分散作用。目前，我国唯一的政策性保险机构是中国出口信用保险公司，它提供出口信用保险保障和国别研究、资信评估等专业化信息服务，在帮助企业有效管控境外风险、切实增强海外市场竞争力和开拓能力等方面能够发挥独特作用。但是国内其他的保险公司如中国财险、平安保险等都很少介入海外业务。当前的国际经济环境对我国保险机构提出了新的要求，要大力支持相关金融机构参与到海外投资的相关风险补偿建设中来，设立激励机制，建立和完善海外投资企业的破产失业救济制度，解决企业退出问题。

2. 构建东道国金融安全数据库，建立信息预警机制

（1）加强"一带一路"共建国家债务风险评估。随着我国对"一带一路"共建国家贸易和投资规模的不断扩大，海外利益将快速拓展，但海外利益保护能力的发展存在一定的滞后性。在当前海外利益保护能力难以满足需求的背景下，对风险的识别和防范是当前海外利益保护重点。"一带一路"共建国家债务水平是影响我国海外投资利益的重要因素，如果东道国的公共债务缺乏可持续性，会导致海外投资收益与风险的失衡，严重威胁海外投资利益安全。从对"一带一路"共建国家债务风险级别的分析来看，债务风险分布呈现区域化分布特点。[①] 像东南亚的越南、老挝、新加坡，南亚的巴基斯坦，中东欧的塞尔维亚，独联体其他国家，北非的埃及，中亚的哈萨克斯坦、塔吉克斯坦等外债问题已经比较严峻。因此，在我国参与"一带一路"建设的进程中，应组织相关机构构建"一带一路"共建国家债

---

① 林乐芬、潘子健：《共建"一带一路"海外利益风险与保护机制——基于"一带一路"沿线国家政府的债务可持续性分析》，《学海》2020年第2期。

务指标体系并及时更新，关注重点地区和重点国家的债务风险问题。投资前，引导企业尽量选择低风险区域，谨慎选择高债务风险东道国；对于已经展开投资，但债务可持续性弱、债务风险较高的重点国家和区域，针对性地加强海外利益保护资源的分配。

（2）建立金融风险预警系统。金融风险的预防和控制有以下三个步骤——前瞻防范、事中控制、后续弥补。金融风险管理的主要手段应当是前瞻防范，其中重中之重就是金融风险预警系统的建立完善。[①] 金融风险预警的可包含如下内容：应建立"一带一路"共建国家与金融安全相关的投资指标数据库，主要针对一些金融自由化程度较高、金融科技较为发达的国家，如俄罗斯、新加坡、沙特阿拉伯、印度等，做好东道国金融数据、金融制度的更新，分析、预测其进行金融活动时可能发生的各种状况，为保障金融活动安全提出相应意见与策略。金融风险预警系统需要全方位覆盖东道国整个金融行业，包括保险、银行和证券机构，以便更全面地监控金融活动，及时通知相应的机构和政府监管部门可能存在的金融风险，从而保证金融风险前瞻防范的有效性。相关部门还应密切跟踪相关国家外资审查政策动向，加强重点审查领域的预警，帮助企业进行科学投资决策；同时加强双边交涉，积极引导企业有序开展外经贸活动，帮助企业切实维护自身合法利益。

3. 加强政府间金融安全领域的合作

（1）增强中国与"一带一路"共建国家在金融基础设施等方面的互联互通。在政府层面分享中国在跨境支付网络、互联网支付等方面的经验，通过签订本币互换协议等满足统一货币结算的需求。近年来，我国金融科技技术开始落地东南亚，推动当地科技创新，赋能普惠金融，拓宽金融服务面。通过整合境内外政策性金融、开放性金融、商业性金融资源，推动商业银行开展网络化布局，形成市场导向型的多层次融资渠道和方式，促进金融和经济良性循环，为"一带一路"项目提供可持续的融资支持，构建稳定、可

---

① 陈颖、王建红：《区域金融风险管理的目标与策略研究》，《海南金融》2011年第7期。

持续、风险可控的"一带一路"金融保障体系。① 中国与东道国政府之间签订双边投资协定，或者在东道国建立自贸区，这些都将有利于减少中国企业在东道国投资的金融风险，推进金融基础设施合作的发展。

（2）加强金融监管领域的国际合作，防范后疫情时代潜在的新型金融风险。2020年大部分国家为应对疫情冲击实施了较为激进的宽松政策，根据国际金融研究所（Institute of International Finance）的数据，2020年全球债务飙升，超过15万亿美元，达到创纪录的277万亿美元，相当于全球产出的365%。国际货币基金组织建议，在后疫情时代，金融改革计划应聚焦于解决新冠危机暴露出来的脆弱性，加强非银行金融部门的监管框架，完善审慎监管，以遏制在长期低利率环境下的过度风险承担行为。因此，应加强与东道国监管部门的协调合作，掌握东道国的资金实力与经营活动情况，特别注意对跨境资本流动的监管，以抵御金融危机。随着金融科技的发展，也要注重金融监管方式与监管手段的改革，提高金融监管效率。充分考虑气候变化因素，重点关注受气候变化影响较大的产业和地区，如东南亚的印度尼西亚，南亚的印度、孟加拉国等，提前预防气候变化或自然灾害可能对金融体系的冲击，并积极加强相关国际交流与合作，依托国际合作论坛等平台，形成良好的金融合作网络。

（二）企业层面

1. 加强企业海外投资前瞻性信息搜集

为了减少甚至避免信息不对称所产生的损失，企业应借助行业协会、海外商会、相关信息平台，或者与信息、金融等第三方专业服务机构的深度参与和协作②，来获取更多有关东道国的有利信息。

（1）有效利用投资行业协会的专业信息。有关投资的行业协会相比其他机构更具有专门性，对国际和东道国的投资环境的了解会更加全面和迅

---

① 范朋真：《"一带一路"沿线国风险对我国对外直接投资的影响及防范对策研究》，温州大学硕士学位论文，2019。
② 樊烨：《借鉴国际经验完善对外投资风险防控体系》，《新西部》2019年第17期。

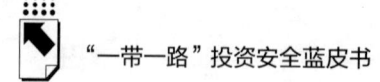

速，对各个国家的经济、金融运行状况也有更深入的挖掘。中国现有三个有关投资的行业协会，企业应加强与其交流合作，争取加入行业协会。通过行业内部的风险防范经验交流与信息资源共享，遭遇风险时可以相互帮扶，团结协作，联手抵御金融风险。[①]

（2）搭建各类"一带一路"信息平台为企业提供相关风险信息。例如，"中巴经济走廊"的能源信息平台为中国企业提供了巴基斯坦相关政策法规、税制、财政政策等相关内容，为中国企业评估巴基斯坦金融风险提供了良好的信息源。[②]

（3）积极寻求与东道国相关金融机构的合作。对新加坡、沙特阿拉伯等金融体系较为发达的国家进行投资前，企业应充分利用东道国金融市场资源，积极与商业银行、证券公司等金融机构进行交流合作，降低汇率波动及国际收支风险，为企业财务体系的稳定性和安全性提供保障。[③]

（4）企业内部积极搜寻有效信息。可通过成立调研小组、借助海外商会及华人华侨的帮助（尤其是在马来西亚、新加坡等华人集聚的东南亚地区）、进行实地考察等途径充分了解投资目的国各方面信息，全面评估各国汇兑、财政债务和银行系统等金融风险。[④]

2. 健全企业内部风险识别与预警体系

企业内部对金融风险的警惕、识别以及预警对投资的成功与否尤为关键。良好的风险意识是基础。在进行对外投资时，企业内部上到管理者，下到基层员工，均应该结合已有信息对东道国的金融状况有大致了解，并对可能存在的金融风险做出基本判断；在整个对外投资过程中，都应该时刻保持

[①] 项子晴：《我国对"一带一路"沿线国家直接投资风险评价与防范研究》，南昌大学硕士学位论文，2020；何寒寒：《中国海外投资的风险规避及其法律对策》，甘肃政法学院硕士学位论文，2019。

[②] 黄梁峻：《"一带一路"沿线国家的投资风险及其治理研究》，广东外语外贸大学硕士学位论文，2019。

[③] 沙启娟、黄新莹、黄超：《"一带一路"倡议下我国企业对外投资风险及对策探讨》，《国际商务财会》，2018年第12期。

[④] 柴虎虎：《"一带一路"倡议对企业OFDI风险影响研究》，广东外语外贸大学硕士学位论文，2020。

警惕的心理，实时关注东道国的金融市场变化。

在金融风险识别与预警方面，投资管理者需要具备正确识别风险的眼光和能力，并运用适当的方法来进行风险识别，通过建立风险保障制度，在投资前运用一定的方法进行有效的风险评估。[①] 例如，企业可通过自行开发或借助第三方大数据分析平台，结合投资国金融环境变动信息，动态观测指标变化趋势，对诸如汇率、外债等各项金融指标进行量化评估，对东道国投资金融风险进行深入分析。同时，企业在对外投资中，需要一定的投资管理方面的人才，以有力识别和管控东道国债务、汇率等金融风险，并让企业获得更多投资利润。因此，企业可通过培养和引进的方式，多措并举，满足自身对相关方面人才的需求。[②]

3. 合理运用财务手段与金融工具

价格波动风险与汇率风险是企业在对外投资时面临的主要金融风险。运用合理的财务手段与金融工具可有效规避上述两种金融风险。[③]

（1）企业应注重财务管理的优化。可以采用多种货币结算的方式，降低汇率变动引起的金融风险。对于格鲁吉亚、土耳其等汇率波动较大的国家，可以考虑购买货币保险[④]；或者在投资活动的不同阶段，合理选择外汇的种类和比重，及时调整自身拥有的各种货币储值资产比例；除此之外，企业在进行对外投资时，还需要注重管理各个国家或地区分支机构之间的资金调拨工作，可以提前调拨资金或延后调拨资金，防止汇率波动带来较大的经济损失。企业也要加强内部控制制度建设，完善财务管理流程，加强企业信息系统更新，对东道国金融环境变化引起的企业关键财务指标变动进行实时

[①] 何泽均：《企业金融投资风险与防范浅析》，《海峡科技与产业》2019年第2期。
[②] 陆敏敏：《基于投融资视角的中小企业金融风险控制策略》，《经营与管理》2019年第6期；吴倩：《我国电气业公司对外直接投资的财务风险管控》，浙江大学硕士学位论文，2018。
[③] 许少凡：《后危机时代中国金融企业对外投资的风险分析》，《全国流通经济》2019年第34期。
[④] 项子晴：《我国对"一带一路"沿线国家直接投资风险评价与防范研究》，南昌大学硕士学位论文，2020。

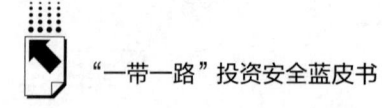

跟踪检测，努力降低企业境外投资的财务风险。[①]

（2）企业应合理运用各类金融工具规避金融风险。可以通过运用外汇期货、远期外汇合约、期权等金融工具对冲外汇风险，采用利率调期、投资债券市场等方式规避利率风险[②]，尤其在东道国面临事件冲击而有较大调整利率的可能性时，如马来西亚在政局不稳定和新冠肺炎疫情打压经济复苏之际，大马国家银行将隔夜政策利率从3%调整至1.75%。在此情况下可向银行申请人民币远期结售汇业务的办理等，避免货币贬值带来的损失；对跟单信用证、预付货款等国际贸易方面结算方式实现灵活运用；向银行申请办理国际贸易融资；约定汇率波动空间，双方风险共担；获得贷款时，采用固定利率计算利息；锁定汇率，或者使用人民币结算[③]；等等。

[①] 沙启娟、黄新莹、黄超：《"一带一路"倡议下我国企业对外投资风险及对策探讨》，《国际商务财会》2018年第12期。

[②] 项子晴：《我国对"一带一路"沿线国家直接投资风险评价与防范研究》，南昌大学硕士学位论文，2020。

[③] 吕旭东：《"一带一路"下企业对外投资管理研究——以A公司对孟加拉投资为例》，《会计师》2020年第2期；李祺：《浅析中小企业对外投资中金融风险的防范》，《中小企业管理与科技（上旬刊）》2018年第12期。

B.5 "一带一路"共建国家投资的社会安全分析报告[*]

兰晓 秦清华 贺子潇[**]

摘 要： 中国对外投资的社会安全风险主要表现在投资经营的价值损害，此类风险非物质性强，识别、评估和防范相对困难。本报告以37个"一带一路"共建国家为样本，选取2010～2019年的数据对其社会安全水平进行评级，从时间和空间两个维度对社会安全态势变化展开分析，并详细阐述了各区域国别存在的社会安全风险。研究发现，十年内样本国家的整体社会安全状况有较大的改善，中东欧国家的整体社会安全表现较为良好，西亚北非和南亚国家的整体社会安全水平较低。

关键词： "一带一路" 对外投资 社会安全

一 社会安全的内涵和影响因素

对外投资的社会安全指企业在境外投资时受到当地社会环境（文化环

---

[*] 本文系国家社会科学基金重大项目"一带一路"投资安全保障体系研究（19ZDA101）阶段性成果。
[**] 兰晓，北京第二外国语学院中国"一带一路"战略研究院讲师，主要研究方向为"一带一路"绿色投资；秦清华，北京第二外国语学院中国"一带一路"战略研究院硕士研究生，主要研究方向为产业经济学和投资安全；贺子潇（通讯作者，hzx1217@126.com），北京第二外国语学院中国"一带一路"战略研究院硕士研究生，主要研究方向为投资安全和绿色"一带一路"。

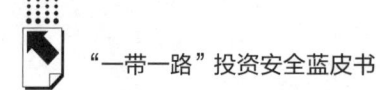

境、种族环境、社会治安等）的干扰，项目相关方的人身安全、重要财产受到不确定性影响，多数情况下为负面影响。

在本文中，我们将"社会安全风险"定义为影响投资经营的社会因素带来的安全风险，其核心内涵在于对投资经营可能构成价值损害。中国与"一带一路"共建国家历史背景、文化语言、宗教信仰、法律体系等有着较大的差异，在投资经营过程中，中资企业面临东道国复杂的社会关系，势必遇到由这些社会因素引起的安全问题。随着中国对外投资规模不断增长，中国在对外投资中面临的社会风险也逐渐凸显。

影响企业对外投资社会安全的因素主要有文化差异、劳动力素质、社会治安和恐怖主义风险、营商便利、市场管制和法律风险等方面。这些因素直接或间接作用于经济活动，在跨国企业融入当地社会的过程中发挥重要影响。

（一）文化差异

文化差异主要指社会文化的差别，包括语言文字、宗教信仰、风俗习惯、意识形态、思维方式等方面。文化差异具体表现为某一特定族裔、种族或民族的成员所特有的信仰、行为、语言、习俗和表达方式，其不仅体现在不同国家不同地区之间，也存在于同一个国家或者区域内。文化差异涉及价值观、信仰和行为规则，它影响一个社会群体与另一个社会群体之间可接受的行为范围。布赞认为，相互排斥的认同概念、语言文化传统威胁和移民身份冲突等是影响社会安全的主要因素。[①]

文化差异能为跨国公司挖掘更多的投资机会，但也可能导致自身商业模式无法适应本地市场。由于消费者的态度和行为受到文化的高度影响，因此当公司进入新市场时，应修改商业模式以适应当地的偏好、习俗和习惯。

[①] Barry Buzan, "From International System to International Society: Structural Realism and Regime Theory Meet the English School", *International Organization*, Vol. 47, No. 3, 1993, pp. 327–352.

(二)劳动力素质

劳动力素质水平是一个国家、地区或某个历史时期的社会经济、科学技术和文化水平的集中体现。在现代社会化大生产中，劳动力素质是决定生产力发展的重要因素。劳动力素质会影响企业的生产率和运行效率，进而影响利润和投资收益。"一带一路"共建国家绝大多数是发展中国家，国民教育水平和劳动力素质需进一步提升。企业在对外直接投资过程中，需要充分了解当地居民的综合素质，据此适时调整企业的经营方式和理念，让合适的人从事合适的工作，尽可能避免用工矛盾。

(三)社会治安和恐怖主义风险

社会治安指的是社会的安定秩序，是社会在一定的法律、法规及制度的约束下呈现的一种安定、有序的状态或状况。良好的社会秩序会吸引投资者进行投资，而混乱的社会秩序会削弱投资者的投资意愿。社会治安引起的投资风险指东道国境内内乱、暴动等社会治安动乱事件、罢工以及抢劫、绑架等事件给投资企业及其员工造成的财产损失和人身危害的风险。

恐怖主义风险是威胁良好治安环境的最重要因素之一，也是海外中资企业可能面临的一大不可抗力因素。目前世界上公认的恐怖主义组织有"伊斯兰国"、"基地"组织、塔利班组织、"东突"组织等。当今世界恐怖主义风险主要集中在中亚、西亚、非洲等地区。这些地区局势动荡，给中国跨国企业带来巨大的经济损失和人员伤亡的威胁和风险。

(四)营商便利

营商便利衡量企业在东道国进行投资、建厂、管理、经营、退出等一系列活动的便利程度，涉及经济社会改革和对外开放等众多领域。一个地区或国家营商便利度的高低会影响其吸引外资的数量和质量，更会对在域内经营的企业产生直接影响，最终对该地区或国家的经济发展、税收、社会就业等产生较大影响。

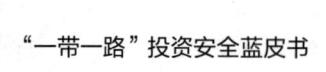

世界银行每年定期发布《世界营商环境报告》，对全球190多个国家和地区的营商便利程度进行测算，综合考虑每个国家和地区在开办企业、办理施工许可证、获得电力、登记财产、获得信贷、执行合同、办理破产等方面的便利程度以及在保护少数投资者、纳税、跨境贸易等方面的政策扶持力度。营商便利度较高意味着监管环境更有利于当地公司的启动和运营。

（五）市场管制和法律风险

市场管制是指投资对象国根据一定的外贸方针和政策法令，对外资企业经营和跨境贸易进行的监管、限制和干预；目的是维护国防治安、保护本国产业、平衡国际收支、执行贸易协议或承诺、防止倾销，或是基于卫生、宗教等方面的考虑。市场管制措施包括外资准入许可、进口配额、输入保证金、输入附加税、关税行政规定（诸如领事签证、产地证明、包装及标签规定等）、最低工资规定、环境保护以及卫生条例等特别规定。

法律风险是指企业在海外投资过程中，因外部法律环境的改变，或包括企业自身在内的各种主体未能充分遵守东道国的法律规定或合同约定，而给企业带来负面法律后果的可能性。由于海外投资行为通常是在投资对象国的法律法规框架内开展，投资对象国政府的审批、核准等政策变动及当地劳工、环保、税收、外汇、具体行业法规政策的不确定都会导致各种复杂的海外投资法律风险，因此投资风险的可控性要远远低于国内投资。

二 "一带一路"共建国家的社会安全态势

"一带一路"共建国家分布在亚洲、非洲和欧洲，地理跨度大，历史背景、语言文化、宗教信仰、法律体系等有着较大差异，各国社会安全水平各异。为了更全面分析这些国家的社会安全水平，本节依托总报告投资安全理论模型和评价指标，对"一带一路"共建国家的社会安全时空格局以及态势变化进行分析。总报告的模型使用的六个可量化指标（环境政策指数、教育政策指数、社会传统指数、内部冲突指数、法律权利度指数、营商便利指数）与本节提出的影响因素有一定联系，也有所区别。

（一）2019年"一带一路"对外投资的社会安全空间格局

根据总报告的模型计算结果，将各个国家的社会安全等级由高到低分为六个级别。2019年各国社会安全评级结果及格局分布具体如表1所示。

表1 2019年各国社会安全等级

等级	指数区间	国家数量	国家
A	75~100	5	阿拉伯联合酋长国、越南、新加坡、阿塞拜疆、柬埔寨
B	66~74.9	8	摩尔多瓦、马来西亚、沙特阿拉伯、罗马尼亚、哈萨克斯坦、阿尔巴尼亚、俄罗斯、卡塔尔
C	53~65.9	6	拉脱维亚、立陶宛、泰国、克罗地亚、印度、塞尔维亚
D	43~52.9	6	印度尼西亚、土耳其、匈牙利、捷克、波兰、斯洛伐克
E	24~42.9	7	埃及、巴林、孟加拉国、约旦、乌克兰、斯里兰卡、科威特
F	0~23.9	5	缅甸、巴基斯坦、菲律宾、黎巴嫩、也门

数据来源：作者计算。

本研究所涉及的37个样本国家涵盖七个地区，用各个区域内样本国家的社会安全指数均值代表该区域整体社会安全水平，结果如表2所示。各区域社会安全水平由高到低依次为独联体其他国家、中东欧、东南亚、西亚北非、南亚。需要注意的是，由于数据来源限制，东北亚样本国家仅有俄罗斯，中亚样本国家仅有哈萨克斯坦，不能充分代表该区域的整体社会安全水平，因此在均值排名中除去了这两个地区。

表2 2019年各区域社会安全指数均值排名

区域	指数均值	排名
独联体其他国家	59.07	1
中东欧	58.77	2
东南亚	57.45	3
西亚北非	41.68	4
南亚	33.1	5

数据来源：作者计算。

独联体其他国家的社会安全整体水平排名较高，排第一。这是因为独联体其他样本国家较少，只有阿塞拜疆、摩尔多瓦和乌克兰。阿塞拜疆、摩尔多瓦的排名分别为第四、第十三，而乌克兰的排名仅为第二十八。需要特别指出的是，社会安全指数均值的排名数据只统计到2019年，并未体现出2020年独联体其他国家的社会安全态势，如2020年阿塞拜疆和亚美尼亚由于纳卡地区冲突不断，两国社会安全指数发生较大变化。

中东欧地区的整体社会安全表现处于中等偏上的水平，所有样本国家社会安全排名均位于总样本国家的前25名。中东欧地区的劳动者自身素质较高、受教育水平较高、社会秩序安定、营商便利度良好，为海外投资者创造了便利。中东欧地区内各国家的社会安全水平虽有差异，但两极分化情况并不十分严重，整体态势较好。

东南亚国家除了菲律宾、缅甸外，其余样本国家社会安全水平中等偏上。特别是越南、新加坡、柬埔寨社会安全表现突出，社会安全指数在37个样本国家中分别排名第二、第三和第五。马来西亚、泰国、印度尼西亚位于中间水平。而缅甸、菲律宾排名较低，在37个国家中的排名为33和35。菲律宾社会贫富差距引发了诸多社会矛盾，同时恐怖主义威胁和暴力犯罪问题较为严重。而缅甸民族宗教冲突形势复杂，少数民族和穆斯林教徒时常与政府发生冲突，造成大量人员伤亡。

西亚北非国家的整体社会安全水平较低，极少数国家社会安全指数较高，比如阿拉伯联合酋长国社会安全指数为100，排名第一。而西亚北非70%的样本国家社会安全指数排在第二十名之后。其中，黎巴嫩、也门分别排在倒数第一、第二。这些国家普遍深陷战争，国内恐怖主义盛行。西亚北非地区虽有阿拉伯联合酋长国这种社会安全水平较好的国家，但是整体水平中等偏下。

南亚国家整体社会安全水平较低。除了印度的社会安全水平处于中等位置，其他样本国家如斯里兰卡、孟加拉国、巴基斯坦均排在第二十五名之后。现实中大部分南亚国家经济不景气，社会治安差，宗教民族冲突不断，较高的社会安全风险削弱了这些国家对国际资本的吸引力。

（二）2010~2019年对外投资社会安全呈上升态势

若以每年度所有样本国家的社会安全指数平均值代表该年的整体社会安全水平，2010~2019年37个样本国家整体社会安全指数变化趋势如图1所示。近10年内整体社会安全变化趋势为"上升—下降—上升"的波动状态。整体平均社会安全指数由2010年的40.76上升至2019年的50.94，提高了24.98%，这表明37个样本国家的整体社会安全状况有较大的改善。

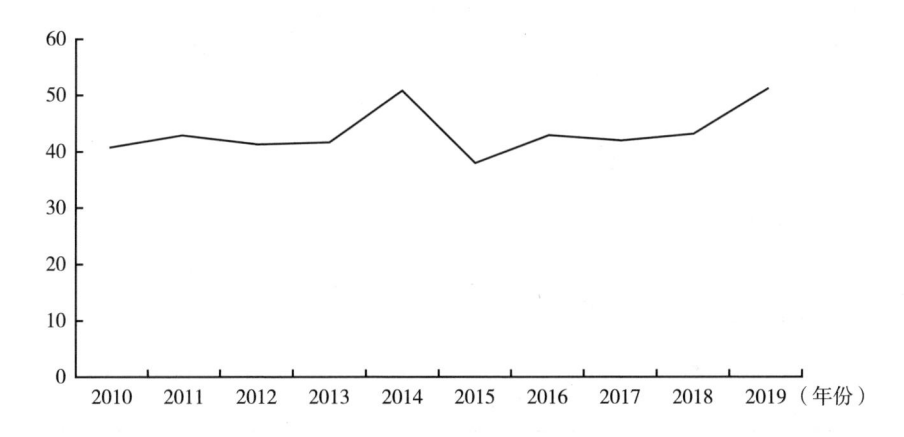

图1 2010~2019年"一带一路"共建国家社会安全变化情况

以每年度某区域内样本国家的社会安全分数平均值代表该年该区域的整体社会安全水平，2010~2019年7个区域整体社会安全指数变化趋势如图2所示。总体来看，除了西亚北非地区的社会安全水平近10年来持续走低，其他6个地区的社会安全水平均基本呈现"上升—下降—上升"的变化态势，与整体社会安全变化情况大致相同。其中，南亚国家的上升幅度最大，为131.87%，然后是独联体其他国家、中东欧、东南亚和中亚。而俄罗斯的社会安全指数略有下降，下降幅度为0.68%。西亚北非的下降幅度则较大，为29.71%（见图2）。

各国社会安全等级呈现较大差异，37个样本国家2010~2019年的社会安全等级如表3所示。整体来看，大部分国家的社会安全水平变化趋势较为

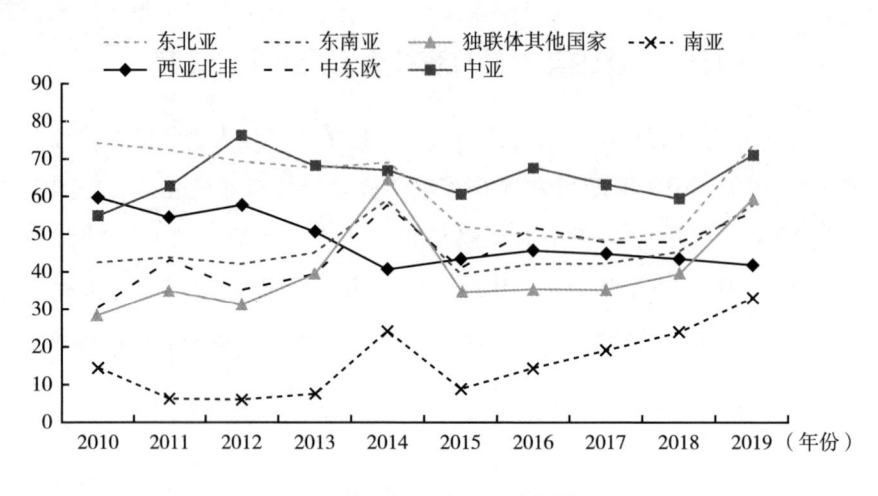

图 2 各区域社会安全变化情况

平稳。有部分国家，如印度、柬埔寨、罗马尼亚、塞尔维亚、捷克、阿塞拜疆、哈萨克斯坦、阿尔巴尼亚等国家在某一年社会安全等级提升较大。而也门、卡塔尔、巴林等国家因为战乱社会安全等级在某一年骤然降低。

表3 2010~2019年社会安全指数变化

国家＼年份	2010	2011	2012	2013	2014	2015	2016	2017	2018	2019
俄罗斯	73.9	72.0	69.0	67.5	69.1	51.7	49.4	48.1	50.7	73.4
菲律宾	10.4	2.9	6.8	4.3	6.0	10.5	19.1	23.1	25.1	16.9
柬埔寨	37.8	44.8	46.4	52.7	87.9	34.6	36.4	36.4	42.3	75.8
马来西亚	47.7	57.1	44.5	52.2	68.1	48.9	51.4	48.9	52.3	66.4
缅甸	19.3	3.6	16.0	14.2	28.8	13.2	19.8	20.1	18.6	23.9
泰国	48.7	40.5	39.8	37.8	36.3	34.4	37.8	38.4	40.1	55.9
新加坡	77.2	99.6	83.6	90.1	100.0	77.1	75.6	72.7	75.6	81.9
印度尼西亚	39.4	34.6	36.1	36.6	47.6	31.4	32.8	31.5	34.9	50.5
越南	57.8	65.2	61.2	70.5	97.3	62.6	62.4	65.2	70.1	88.4
阿塞拜疆	50.4	49.5	46.1	47.4	50.1	47.9	55.4	55.6	57.3	77.7
摩尔多瓦	35.4	39.3	36.0	45.0	76.3	40.2	44.5	43.0	47.0	66.1
乌克兰	0.0	15.6	11.2	25.3	66.5	15.4	5.2	5.7	12.5	33.4
巴基斯坦	14.5	2.4	6.1	5.4	14.3	2.7	4.6	8.4	10.9	17.8
孟加拉国	4.7	0.0	0.0	0.0	24.8	0.0	7.4	12.4	17.5	27.5

续表

国家\年份	2010	2011	2012	2013	2014	2015	2016	2017	2018	2019
斯里兰卡	25.2	10.9	13.3	11.7	14.2	15.3	21.2	29.7	37.1	33.7
印度	12.7	11.7	3.8	12.6	42.4	16.9	24.2	25.5	29.4	53.4
阿拉伯联合酋长国	82.8	89.5	92.8	100.0	97.7	100.0	100.0	100.0	100.0	100.0
埃及	34.8	28.4	31.4	16.0	6.6	4.6	9.6	11.6	13.2	24.2
巴林	58.9	51.4	49.4	34.2	14.2	30.3	38.6	35.4	31.1	25.1
卡塔尔	100.0	100.0	100.0	99.3	84.1	90.1	89.7	90.6	89.9	73.0
科威特	75.2	70.5	78.3	64.3	46.4	45.2	47.8	46.2	44.7	37.4
黎巴嫩	24.5	9.6	11.4	3.0	0.1	2.4	10.2	9.4	8.6	9.1
沙特阿拉伯	79.5	78.2	80.8	80.4	71.0	70.3	67.3	69.1	70.1	66.5
土耳其	54.0	55.0	59.0	56.0	48.8	48.7	48.8	39.7	31.4	48.4
也门	37.6	21.6	27.3	12.2	0.0	2.4	0.0	0.0	0.0	0.0
约旦	45.7	38.1	45.4	40.9	33.3	38.3	42.1	44.4	45.1	33.1
阿尔巴尼亚	43.2	61.3	56.2	59.1	76.5	48.3	50.3	52.9	55.1	72.9
波兰	15.4	30.8	19.2	29.8	50.5	31.9	40.6	37.3	39.2	44.6
捷克	28.5	44.8	38.0	39.9	50.5	70.0	96.7	70.9	48.2	47.7
克罗地亚	31.6	40.0	32.8	38.0	56.8	47.8	57.2	56.0	57.0	54.9
拉脱维亚	34.9	49.8	39.6	43.0	64.3	35.2	42.7	43.2	49.5	62.1
立陶宛	57.9	70.1	65.9	61.8	67.5	54.8	64.5	61.6	63.0	59.9
罗马尼亚	26.2	37.0	26.5	37.4	71.8	41.8	51.6	49.1	52.7	67.8
塞尔维亚	18.1	28.1	24.8	30.7	51.6	33.4	47.0	46.8	48.9	53.2
斯洛伐克	27.8	37.3	27.7	31.2	50.5	27.6	36.9	32.5	33.4	43.0
匈牙利	21.6	31.9	20.1	20.9	37.2	18.3	27.8	25.6	30.4	48.4
哈萨克斯坦	54.8	62.3	76.2	67.8	66.6	60.4	67.5	63.2	59.0	71.0

数据来源：作者计算。

三　各区域与国别的投资社会安全分析

本部分从文化差异、劳动力素质、社会治安状况、营商便利、法律风险等角度出发，详细分析了中国企业在东北亚、东南亚、独联体其他国家、南亚、西亚北非、中东欧、中亚共七个区域投资会遇到的具体社会安全风险。

（一）东北亚：法律风险较高，社会治安亟待改善

在东北亚地区，蒙古国和俄罗斯是中国对外投资的重点国家。当前，"中蒙俄经济走廊"不仅是"一带一路"的重要走廊之一，也是与欧洲经济圈合作的重要走廊之一，俄罗斯更是中国对外投资的重要战略合作伙伴。不断深化和蒙俄的双边贸易与对外投资，对于中国"一带一路"建设和"走出去"具有十分重要的战略性推动作用。

1. 文化差异：警惕民族主义

随着中国快速发展，蒙古国和俄罗斯国内生出抵触声音。中国在蒙古国的部分资源投资型企业进行大规模开发时，将会涉及土地征收，导致不同程度的移民。企业与移民对于土地征收的程序和补偿标准的理解差异可能会导致矛盾产生。部分中国企业不熟悉、不遵守当地的风俗习惯和法律法规，都会引发民族主义者的攻击。

2. 劳动力素质：高素质劳动力匮乏

在俄罗斯和蒙古国，人口密度不高，缺乏技术人才和管理人员。因此，中国需要调动大量专业技术人员到当地，增加了中资企业的人力成本。高素质劳动力的缺乏已经制约了"中蒙俄经济走廊"的持续健康发展。

3. 社会治安：暴力犯罪凸显

蒙古国和俄罗斯恐怖主义风险与战争风险较低，未来中短期内发生政治暴乱的可能性不大，并且中蒙俄的外交关系相对稳定。但蒙俄两国国内暴力犯罪情况凸显。根据盖洛普发布的《法律与秩序——2020全球治安指数报告》[1]，2020年俄罗斯和蒙古国的治安指数得分相对较低，分别为74分和71分，低于世界平均水平。

4. 营商便利：俄罗斯营商环境改善巨大

根据世界银行发布的《2020年全球营商环境报告》[2]，俄罗斯营商环境

---

[1] Gallup, *Global Law and Order 2020*, Washington: Gallup, 2020.
[2] World Bank, *Doing Business 2020*.

排在世界第28位，蒙古国排在第81位。近年来俄罗斯营商环境改善巨大，表现亮眼。2012年，总统普京签发"五月法令"，责令政府采取措施提升俄营商环境排名。2017年，俄排名从2012年的第120位升至第40位；2018年11月，因中小企业监管环境改善，俄排名进一步升至第31位；2020年又进一步提升到第28位，彰显了普京政府政策的巨大成效。预计俄罗斯将继续维持和提供良好的营商环境，为外商投资提供有利条件。

同时，蒙古国也积极改善营商环境，主要措施有：一是为促进经济增长，蒙古国议会于2017年2月2日通过《企业所得税法》修订案，决定对部分行业实施税收优惠，范围包括食品、服装、纺织、建材及部分农业领域。二是建设工业园区降低企业营商成本。当前，蒙古国正在建立工业园区，使更多企业能享受到低成本、便利的公共基础设施服务。计划投资100亿美元建设的赛音山达工业园区，其建成有助于形成产业集群，降低企业的营商成本。

表4 东北亚地区经济体在《2020年全球营商环境报告》中的世界排名和分项指标排名

经济体	世界排名	分项指标排名									
^	^	开办企业	办理施工许可证	获得电力	登记财产	获得信贷	保护少数投资者	纳税	跨境贸易	执行合同	办理破产
俄罗斯	28	40	26	7	12	25	72	58	99	21	57
蒙古国	81	100	29	152	50	25	25	71	143	75	150

数据来源：世界银行《2020年全球营商环境报告》。

5. 法律风险：法律风险较高

目前蒙古国投资领域限制较少，但有安全审查要求。蒙古国《投资法》规定，外商在蒙古国享有国民待遇，可进行自由外汇和利润再投资、动产和不动产、知识与工业产权等种类投资；可采取独资、合资、收购兼并、有价证券等投资方式。蒙古国政府重视环境保护，绿色发展和环境保护领域法律法规较多，特别是严格规范矿产资源开发的环境保护和恢复、矿区附近水源和森林地保护等，矿山开发及与其相关公路、铁路等建设项目均需进行环境评估。

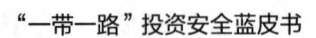

此外，在外籍劳工管理方面，蒙古国的相关规定较为严格。在蒙古国雇用外籍劳工，雇主需要经过申请、审核和颁发劳务许可一系列复杂流程，并且缴纳达到当地最低工资两倍的岗位费。

俄罗斯鼓励外商投资的行业多为传统产业，限制外资进入自然垄断行业。油气管道和电网建设运营领域迄今为止未对外资开放。公路建设领域对外资进入开始松动，但运营领域尚未开放。

另外，俄罗斯法律体系仍需完善，腐败现象滋生，行政部门办事效率低，而且立法变动频繁，特别是针对外资的政策不够稳定，颁布施行后频繁修订，重要条款经常变化，投资者的预期收益往往难以达到，甚至可能出现财产被剥夺的情况。

（二）东南亚：人口红利巨大，投资前景向好

东南亚地区包括东帝汶、菲律宾、柬埔寨、老挝、马来西亚、缅甸、泰国、文莱、新加坡、印度尼西亚和越南共11国。自2015年以来，东南亚的社会安全水平和营商环境持续改善，尤其是2018年至今改善程度较大。尽管2020年由于受到新冠肺炎疫情影响安全局势有所恶化，但外界仍然普遍看好东南亚未来的经济发展，尤其是数字经济，加之客观的人口红利，使其具备了足够的投资价值。2020年是中国—东盟数字经济合作年，中国对东盟的投资方向也基本聚焦于有很大市场增长空间的智慧城市发展、工业互联网等方面，是值得期待的合作领域。但投资者需要密切关注该地区的社会安全形势，保护资产和资金安全。

1. 文化差异：认同与担忧并存

东南亚地区的文化受印度和中国文化体系的影响较深。中国早自汉朝即开始与东南亚进行贸易活动，而且中国人口因贸易往来等因素南移。相比东北亚、西亚北非等地，中国和东南亚地区的文化共性更为显著，也更容易相互理解和认同彼此的文化体系。近年来中国输出的文学、影视等文化产品也受到东南亚地区国家的欢迎和喜爱，这对于当地民众了解和学习中华文化提供了更多渠道，也为中国企业在当地投资营造了良好的文化氛围。

东南亚国家对于中国经济的快速发展感到喜忧参半,希望与担忧并存。一方面,它们看重中国的消费市场,把中国当作该地区经济增长的"发动机",积极促进与中国的经济合作;另一方面,它们担心中国产品会抢走东盟国家在欧美以及日韩等市场的份额,也唯恐中国会从其手中夺走国际直接投资。并且中国与东南亚国家在领土争端、项目对接与落地、打击跨境违法犯罪等方面还有很多问题亟待解决。中国需要进一步做好与东南亚国家的政策沟通。

宗教方面,在东南亚国家中,佛教、伊斯兰教以及原始宗教交会并存,形成特色鲜明的地区文化。很多东南亚国家民众都有宗教信仰,也有一些禁忌。这要求中国企业需努力融入当地的社区环境,避免出现违反当地风俗习惯的问题。

2. 劳动力素质:人口红利优势,高端人才短缺

东南亚地区拥有充足的劳动力和人口红利优势。根据国际货币基金组织的数据,2019年东南亚国家人口总数约为6.5亿,约占世界总人口的8.7%。在人口结构层面,2019年东南亚男女比例整体上差距不大,且人口年龄中位数普遍小于30岁,远低于美国和中国的38.1岁和37.4岁,处于人口红利的黄金期。人口红利优势不仅为东南亚提供了丰富的劳动力资源,还有利于形成更大的消费市场。

在受教育程度方面,东南亚国家基础教育普及水平较高,高等教育普及率较低。因此东南亚虽然具有充足劳动力,但缺乏中高端人才,这将给今后互联网等行业的发展带来阻力。若外商倾向投资高新技术行业,可考虑新加坡、文莱等受教育程度较高的国家。

3. 社会治安:形势严峻,社会保护制度缺失

在社会治安方面,进入2020年秋季以来,东南亚地区整体安全形势趋向恶化。美国在南海地区举行高频侦察行动和军事演习,并拉拢日本、澳大利亚等地区盟友围堵中国,加剧该地区紧张局势。缅甸军方将若开军排除在停火范围之外,频繁对其发动军事打击,导致若开邦冲突不断,大量民众为躲避战火而流离失所。泰国爆发自2014年军事政变以来最大规模的反政府

示威，示威者要求现任政府下台、起草新宪法、限制国王权力。印度尼西亚频繁发生分离主义势力、极端主义势力袭击事件，武装分子与安全部队交火造成平民伤亡，社会治安形势严峻。

另外，东南亚国家经济高度依赖外部环境，非正规经济规模大，在新冠疫情冲击之下，支柱产业受损严重，且东南亚仅有少数国家具有健全的社会保护制度。多数东盟国家仅将GDP的小部分用于社会保护计划，约占GDP的6%，而在西欧国家这个数值一般为25%，拉丁美洲国家为12.5%。因此，能够享受到诸如失业救济金和医疗保险等有助于渡过危机的社会保险福利的工人相对较少，反而是民间社会组织更可能在帮助、支持工人和公司方面发挥重要作用。社会保护制度的缺失增加了该地区社会安全形势的不确定性。

4. 营商便利：营商便利度显著提升

在营商便利方面，东南亚国家制定了各项政策以创造宽松的外资环境。例如，越南制定了《外国投资法》《外国投资法实施细则》《进出口税法》等法规，给予投资地区的项目和特别鼓励投资的项目"4年免交所得税及4年后减半征收"的优惠；印度尼西亚制定了减免税收和取消或停征行政事业性收费政策；马来西亚为外资企业提供相应的税收优惠；菲律宾等其他东南亚国家也进一步扩大了外商投资范围，并向外商提供项目优惠和补贴。

在政策支持下，东南亚国家的营商环境持续优化。在《2020年全球营商环境报告》中，部分东南亚国家营商环境排名明显上升，如菲律宾营商环境综合评分从2019年的60.9上升至2020年的62.8，排名提升至第95。此外，泰国、马来西亚、缅甸2020年的营商环境排名也得到提高。

尽管东南亚国家的营商环境改善成效较大，但由于各国在鼓励和限制投资的行业方面存在很大差异，投资人需要有所区别。例如，马来西亚规定外商在投资金融、保险、法律服务、电信等行业时股权方面会受到严格限制，印尼限制传统造船、蜡染、传统医药等传统行业的外资。此外，部分东南亚国家法律环境宽松，腐败问题严重。根据世界银行统计，2018年东南亚国家监管质量排名靠后，仅新加坡、文莱、马来西亚三国政府相对清廉。因此投资商在东南亚投资时需要将上述因素纳入考虑范围。

表5　东南亚十一国在《2020年全球营商环境报告》中的世界排名和分项指标排名

经济体	世界排名	开办企业	办理施工许可证	获得电力	登记财产	获得信贷	保护少数投资者	纳税	跨境贸易	执行合同	办理破产
新加坡	2	1	3	6	2	5	2	2	2	1	3
马来西亚	12	15	2	2	4	5	1	9	3	5	5
泰国	21	7	8	3	10	9	2	6	6	6	2
文莱	66	3	10	8	19	1	13	12	22	7	8
越南	70	14	5	7	9	2	11	18	12	8	13
印度尼西亚	73	18	17	10	14	9	8	10	15	17	4
菲律宾	95	22	13	9	15	21	9	13	14	18	9
柬埔寨	144	25	25	21	18	2	13	24	16	22	10
老挝	154	24	15	20	13	13	22	25	9	20	23
缅甸	165	10	9	22	16	25	21	22	25	24	20
东帝汶	181	9	21	18	23	23	20	23	13	25	23

数据来源：世界银行《2020年全球营商环境报告》。

5. 法律风险：法律制度有待完善

东南亚国家总体而言法律制度和法律体系并不完善，人治多于法治。制度不健全导致投资企业违法行为频发，一旦与东道国政府或合作方发生矛盾，违反法律的行为将成为企业的软肋。因此，中国企业到东南亚投资或开展贸易，更应严格遵守其法律，降低投资风险。如越南对国外药品进入制定了很复杂的审批程序和严格的准入条件，涉及多个部门，如果国外药品企业不重视越南法律规定程序，不通过专业机构推进项目，反而会拖慢投资进度。

（三）独联体其他国家：社会安全形势恶化，警惕民族冲突

独联体其他六国（乌克兰、白俄罗斯、格鲁吉亚、阿塞拜疆、摩尔多瓦、亚美尼亚）的社会安全水平在2015~2019年不断提升，社会治安状况和营商环境均得到持续改善。但进入2020年以来，这些国家政局动荡，同

时受新冠疫情冲击，该地区社会安全形势开始恶化。2020年9月以来，亚美尼亚和阿塞拜疆在纳卡地区爆发大规模军事冲突，直到2020年11月才正式停火，但是该地区的民族矛盾和争端并没有真正得到解决，未来仍然有发生武装冲突的可能性。

中国境外企业应该关注该地区的社会安全形势，尊重当地多民族的文化习俗，不要前往存在武装冲突的地区，避免卷入民族争端和战争冲突。

1. 文化差异：多民族聚集，意识形态摇摆不定

该地区是多民族聚集区域，宗教信仰各异。文化方面，苏联解体后，各独立国家处于民族意识形态和认同感重塑的特殊时期。它们放弃了苏联模式，却未能实现对西方资本主义价值观和文化的普遍认同，导致民族意识形态领域出现"真空"。在缺乏强有力的民族文化支撑的情况下，独联体国家内部对民族文化的定位更加迷茫，亲俄亲欧的文化纷争以"颜色革命"的形式贯穿于独联体各国。由于文化和意识形态的差异，中国企业必须保持谨慎的态度，尊重当地的民族文化和宗教信仰，避免与当地的民众和政府发生矛盾。

2. 社会治安：民族冲突和领土争端加剧

该地区社会治安状况总体较为良好，没有反政府武装组织，也较少发生恐怖袭击。根据盖洛普发布的《法律与秩序——2020年全球治安指数报告》，2020年阿塞拜疆的治安指数为91分，格鲁吉亚为88分，亚美尼亚为85分，白俄罗斯和摩尔多瓦为77分，乌克兰为69分，治安状况整体较好。目前影响该地区社会治安的主要因素是民族冲突、领土争端和政局变动。

在民族冲突和领土争端方面，目前该地区主要问题是阿塞拜疆与亚美尼亚的纳卡冲突问题。对于纳卡冲突问题，尽管欧安会、美国、俄罗斯一直居中调解，但是亚、阿两国立场相差甚大，导致纳卡问题至今悬而未决，未来仍有发生武装冲突的风险，威胁该地区的社会治安。

另外，政局变动也对该地区社会治安有不利影响，需要重点关注乌克兰和白俄罗斯。乌克兰政权由于党派纷争严重，一直处于动荡不安的状态中，单单是总统选举就衍生出许多波折。白俄罗斯方面，政府选举同样引发大规模抗议。政局变动引发的大量游行抗议，威胁两国的社会治安，目前两国的

社会矛盾并未得到解决，社会动荡预计还将持续。在该地区的境外企业应该远离冲突地区，避免卷入民族和政治纷争。对于这一部分，在本书的政治安全分析报告中有进一步探讨。

3. 营商便利：营商便利度持续改善

近年来独联体其他六国的营商便利度持续改善。根据世界银行2020年的数据，格鲁吉亚营商环境排名世界第7；阿塞拜疆排名第34，仅比中国低3位；亚美尼亚、摩尔多瓦和白俄罗斯分别位列第47、第48和第49；乌克兰排在第64位（见表6）。

表6 独联体六国在《2020年全球营商环境报告》中的世界排名和分项指标排名

经济体	世界排名	开办企业	办理施工许可证	获得电力	登记财产	获得信贷	保护少数投资者	纳税	跨境贸易	执行合同	办理破产
阿塞拜疆	34	9	59	80	44	1	105	40	83	28	47
白俄罗斯	49	30	48	20	14	104	79	99	24	40	74
格鲁吉亚	7	2	21	42	5	15	7	14	45	12	64
摩尔多瓦	48	13	156	84	22	48	45	33	38	62	67
乌克兰	64	61	20	128	61	37	45	65	74	63	146
亚美尼亚	47	10	62	30	13	48	120	52	43	30	95

数据来源：世界银行《2020年全球营商环境报告》。

六国中营商环境排名最高的国家是格鲁吉亚。该国政府不断优化对企业提供的服务，支持外国企业投资发展。格鲁吉亚对外商实施国民待遇。该国法律规定，外国投资应向格鲁吉亚国家投资局申报和登记，每年年底前需要申报新增和追加投资。该局还监管那些获得"特别重要投资地位"的投资项目，并定期向政府汇报。

营商便利度改善较大的有乌克兰和阿塞拜疆。自2009年以来，乌克兰在《全球营商环境报告》中的排名上升速度居世界第二，从2018年的第76位上升到2020年的第64位。2020年，约10万个零售实体、1万多个维修家电产品的公司、6300家从事工程搜索的公司以及6700多家建筑公司享受

159

到营商环境改善的福利。得益于管制放松,这些企业每年节省了超过10亿格里夫纳的营商成本。

阿塞拜疆与乌克兰一样在营商便利方面取得了巨大的进步。近年来阿塞拜疆通过完善立法、简化行政程序、提高公共效率、建立完善的电子政务系统,促进了经济长足发展和营商环境不断改善。据报道,在获得许可证这个环节,阿塞拜疆已被很多第三方评价机构认为是世界上最自由、最透明和最有效的国家之一。

(四)南亚:社会安全水平处于中低位置

南亚区域包括8个国家,分别是阿富汗、巴基斯坦、不丹、马尔代夫、孟加拉国、尼泊尔、斯里兰卡、印度。近10年内,南亚地区的整体社会安全水平一直处于中低水平。部分国家常年被恐怖主义侵扰,民族、宗教内部冲突不断,暴力袭击事件频发。经济不景气导致失业率持续走高,贫富差距过大导致社会矛盾重重。2020年的新冠疫情又使具有高人口密度的南亚地区受到严重冲击,进一步降低了外国投资者在此投资的意愿。

1. 文化差异:注意工作理念分歧

南亚国家与中国社会文化上的差异可能会造成双方工作理念的分歧。以华为公司为例,该公司在巴基斯坦因地制宜,减少加班时间,满足当地工作人员的工作时间需求,妥善处理了东道国与投资国文化差异的问题,提升了企业的经营效率。

2. 社会治安状况:形势恶劣,警惕民族和宗教问题

在恐怖主义风险方面,南亚地区是恐怖主义活动频繁、恐怖主义袭击事件多发的区域,是"恐怖主义弧形带"的重要环节。[1] 另外,南亚还是世界上民族、宗教矛盾冲突最为严重的地区之一。其中,印度和巴基斯坦都是恐怖主义潜在威胁最大的国家。

印度国内根深蒂固的民族、宗教矛盾在一定程度上影响了外商投资的积

---

[1] 宫玉涛:《南亚地区恐怖主义的新态势、威胁与对策》,《南亚研究季刊》2017年第4期。

极性。印度国内最为突出的宗教问题便是印度教和伊斯兰教这两大宗教的冲突，这也是印度国内局势动荡不宁的主要原因之一。频繁的暴力冲突事件也对印度的工业化生产造成一定的破坏，在冲突极其频繁的地区如克什米尔，其旅游业更是遭到毁灭性打击。印度国内宗教冲突造成的社会安全问题对国外投资者的投资信心产生了不利的影响。

巴基斯坦国内教派争斗和恐怖主义袭击持续不断，引起社会动荡，严重削弱了外国投资者的投资信心。巴基斯坦国内大部分公民信仰伊斯兰教，而伊斯兰教的两大教派逊尼派和什叶派之间的矛盾冲突在巴基斯坦尤为突出。宗教矛盾容易造成恐怖袭击事件，对于投资者来说无疑是巨大的风险隐患，严重的暴力冲突可能会导致项目被迫停工，造成难以估量的损失，甚至对投资国工作人员的人身安全造成威胁。①

3. 营商便利：营商便利度逐年提升

南亚地区近年来营商便利度逐年提升，受到外国资本的青睐。在《2020年全球营商环境报告》中，巴基斯坦与印度入选营商环境改善程度最高的10个经济体之一。巴基斯坦与印度都采取了改革措施简化创办公司、获取施工许可证的流程，提高了工作效率。其他南亚国家如孟加拉国、斯里兰卡也都积极鼓励外商投资，并实施了一系列较为优惠的政策。这些措施大大提升了外国投资者在此投资经营的营商便利度，提高了自身吸引外资的能力（见表7）。

表7 南亚地区经济体在《2020年全球营商环境报告》中的世界排名和分项指标排名

经济体	世界排名	开办企业	办理施工许可证	获得电力	登记财产	获得信贷	保护少数投资者	纳税	跨境贸易	执行合同	办理破产
印度	63	136	27	22	154	25	13	115	68	163	52
不丹	89	103	103	103	103	103	103	103	103	103	103
尼泊尔	94	135	107	135	97	37	79	175	60	151	87

---

① 施国庆等：《中国-巴基斯坦经济走廊投资社会风险探究》，《河海大学学报》（哲学社会科学版）2017年第1期。

续表

经济体	世界排名	分项指标排名									
^	^	开办企业	办理施工许可证	获得电力	登记财产	获得信贷	保护少数投资者	纳税	跨境贸易	执行合同	办理破产
斯里兰卡	99	85	66	89	138	132	28	142	96	164	94
巴基斯坦	108	72	112	123	151	119	28	161	111	156	58
马尔代夫	147	74	63	149	176	144	147	119	157	124	141
孟加拉国	168	131	135	176	184	119	72	151	176	189	154
阿富汗	173	52	183	173	186	104	140	178	177	181	76

数据来源：世界银行《2020年全球营商环境报告》。

4. 法律风险：劳动法烦琐严苛

南亚国家的法律体系各有不同，以印度为代表的国家法律体系极其复杂，以孟加拉国为代表的国家法制不健全，法律陈旧。中资企业人员面对这两类国家需要充分防范，避免陷入法律纠纷。下面以印度为例，阐述中资企业投资印度项目时易遇到的法律风险。

一方面，印度有多达100多部的劳工法律法规，不仅适用于不同行业和不同工种的员工，在实际应用中也要综合考虑员工的人数、性别、所在地等方面，如此烦冗的法律法规让那些有在印度投资计划的外资企业望而却步。另一方面，为了避免外国劳工参与印度劳动力市场的竞争，印方对外国劳工的管控格外严苛，外国企业员工的签证审批问题迟迟难以解决。印度此举便是希望外国投资者在印度的建设工程更多雇用印度人，而不是从自己的国家带来大量工人。这致使大量外国员工被迫离开印度，大量在建项目陷入停工僵局。可见，印度严苛的劳动法会给外国企业的正常生产经营造成较大的干扰。

（五）西亚北非：局势动荡，战乱频繁

西亚北非地区包括阿联酋、阿曼、埃及、巴勒斯坦、巴林、卡塔尔、科威特、黎巴嫩、塞浦路斯、沙特阿拉伯、土耳其、希腊、叙利亚、也门、伊拉克、伊朗、以色列、约旦18个国家。作为全球矛盾最尖锐、斗争最激烈、战争最频繁的地区，2016年以来，西亚北非地区社会安全状况不断恶化。中国在关注同西亚北非的经济合作之外，也非常重视西亚北非的政治和社会安全问题。2016年1月，中国政府发布了关于阿拉伯政策的文件，在其中提及对西亚北非区域的新政策。中国认为，"一带一路"倡议下的发展是西亚北非区域稳定的关键因素，中国愿意加强"在重大国际和地区问题上的协调"。建议中国企业要格外关注该地安全形势，保持警惕，加强安全防范。

1. 社会治安状况：战乱频繁，恐怖主义滋生

近年来，西亚北非地区经济发展滞后，政局动荡，恐怖主义滋生，导致该地区社会治安状况持续恶化：阿富汗"塔利班"、"伊斯兰国"等恐怖组织活动频繁，美国和伊朗、叙利亚等国家紧张关系不断升级，伊拉克反政府抗议不断持续，土耳其跨境打击库尔德工人党不断提升地区影响力。加之疫情冲击，西亚北非地区贸易、石油、旅游等收入减少，经济下滑，失业率上升，社会深层次问题难以在短期内解决。

对于"一带一路"海外投资而言，社会治安状况是打算进入西亚北非市场的中国企业应当关注的重点。该地区复杂多样的安全问题威胁着中方及其合作企业的人员、设施安全和可持续经营，也对中国政府保护海外中资企业提出了挑战。

2. 营商便利：营商环境改善较大

尽管西亚北非地区的社会安全形势不容乐观，但令人振奋的是该地区的营商环境改善较大。根据世界银行的数据，2020年世界营商环境改善最大的10个经济体中西亚北非地区占据4席，包括沙特、约旦、巴林和科威特。阿联酋仍是该地区表现最佳的经济体，营商便利度排名第16（见表8）。

后疫情时代西亚北非地区各国对于外商直接投资均持欢迎态度，2020年以来并未加强或收紧投资审查的政策措施。例如，阿联酋的阿布扎比实施《外商直接投资法》，颁发"外商直接投资许可证"，这将使执照公司对阿布扎比的业务拥有100%所有权。本牌照覆盖农业、工业及服务业的122种经济活动，覆盖总资本在200万~1亿迪拉姆或以上的企业。

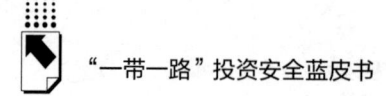

表8　西亚北非地区经济体在《2020年全球营商环境报告》中的世界排名和分项指标排名

经济体	世界排名	开办企业	办理施工许可证	获得电力	登记财产	获得信贷	保护少数投资者	纳税	跨境贸易	执行合同	办理破产
阿联酋	16	1	1	1	2	3	2	6	9	1	5
巴林	43	6	4	9	3	6	4	1	6	4	2
沙特阿拉伯	62	4	5	2	4	5	1	7	7	3	17
阿曼	68	3	7	4	6	14	9	4	4	6	7
约旦	75	11	15	8	8	1	12	8	5	10	9
卡塔尔	77	10	2	5	1	9	17	2	10	12	12
科威特	83	7	9	7	5	9	4	3	15	7	10
埃及	114	9	11	11	16	4	7	19	16	20	8
巴勒斯坦	117	19	16	12	11	2	14	13	2	13	17
伊朗	127	20	10	14	7	7	16	18	11	9	13
黎巴嫩	143	14	17	16	13	12	14	14	14	14	14
伊拉克	172	16	13	17	15	18	13	16	19	18	17
叙利亚	176	13	18	19	18	16	10	11	18	19	15
也门	187	17	18	20	10	18	18	10	20	15	16
塞浦路斯	54	50	125	75	71	80	21	29	50	142	31
以色列	35	28	35	83	75	48	18	13	67	85	29
土耳其	33	77	53	41	27	37	21	26	44	24	120
希腊	79	11	86	40	156	119	37	72	34	146	72

数据来源：世界银行《2020年全球营商环境报告》。

3. 法律风险：处理好劳工问题

对于该地区的法律风险需要重点关注劳工法律风险，主要指劳资纠纷、与工会关系的处理、对劳工权益保障不足等。例如，沙特阿拉伯、阿联酋等西亚国家都对不同行业的最低工资标准、工作时间和休息休假等做出了相关规定。劳工风险是中国企业对外投资时容易忽视的风险之一。处理不好劳工问题，企业容易遭受经济损失，还会引起民众对中资企业的抵制。

（六）中东欧：社会稳定，营商环境良好

中东欧地区包括阿尔巴尼亚、波黑、保加利亚、克罗地亚、捷克、爱沙尼亚、匈牙利、拉脱维亚、立陶宛、北马其顿、黑山、波兰、罗马尼亚、塞尔维亚、斯洛伐克和斯洛文尼亚16个国家。中东欧地区社会治安状况较为良好，恐怖主义威胁较小，暴力犯罪情况较少，失业率普遍不高，社会内部矛盾较少。但是中东欧国家社会文化与中国相差较大，中国企业在当地投资经营时难免会遇到社会风险。

1. 文化差异：语言文化差别大、宗教信仰多元

中东欧国家在地理位置上与中国距离较远，并且双方的历史和社会发展过程截然不同，因此中东欧国家与中国在社会背景与文化传统方面具有较大差异。

第一，在语言方面，中东欧地区较多使用小众语言，当中国企业在当地开展投资时，很难找到精通两国语言并熟悉专业知识和法律知识的人才，这就导致了在沟通过程中时常会出现双方交流不畅的情况，影响了投资合作的顺利进行。

第二，在价值观和意识形态方面，中东欧国家和中国存在较大差异。这就要求中国企业需要充分理解中东欧员工的价值观念，改变传统的观念和做法，否则难以调动当地员工的工作热情。

第三，在宗教信仰方面，中东欧地区存在多种宗教，如天主教、东正教和伊斯兰教等。多样的宗教构成所带来的多元文化倾向使中东欧地区的市场行为与偏好趋于复杂，加大了投资决策的工作量与难度，增加了投资风险。

2. 营商便利：整体水平较高

整体来看，中东欧的营商环境排名较高，立陶宛、北马其顿、爱沙尼亚、拉脱维亚均位于前20名，这对外国投资者来说具有较大吸引力。近10年内，中东欧各国采取了不同措施来提高投资的营商便利度。波兰政府在吸收外资方面一直采取积极态度，在欧盟允许的范围内鼓励外资进入，并对外资企业一视同仁，让它们在优惠政策方面享受本土企业的待遇。匈牙利通过升级内部电子税务系统，使纳税变得更加容易。受到欧盟的扶持，中东欧地区营商便利化水平常年保持在较高的水准，有利于外国企业的跨国投资（见表9）。

表 9　中东欧地区经济体在《2020 年全球营商环境报告》中的世界排名和分项指标排名

经济体	世界排名	开办企业	办理施工许可证	获得电力	登记财产	获得信贷	保护少数投资者	纳税	跨境贸易	执行合同	办理破产
立陶宛	11	14	3	8	2	9	14	8	17	4	33
北马其顿	17	3	18	3	11	14	8	4	7	11	14
爱沙尼亚	18	5	8	23	3	9	29	5	15	5	29
拉脱维亚	19	10	22	28	10	4	17	7	20	9	30
斯洛文尼亚	37	17	32	12	24	29	5	23	1	32	8
波兰	40	33	16	27	30	6	20	32	1	24	22
捷克	41	34	34	5	15	9	25	26	1	31	15
塞尔维亚	44	8	16	2	17	15	17	8	18	6	18
斯洛伐克	45	30	33	24	4	9	31	27	1	21	26
亚美尼亚	47	9	5	13	5	5	14	20	12	14	10
黑山	50	12	21	8	20	21	4	13	17	13	13
克罗地亚	51	13	23	20	7	11	22	8	11	2	8
匈牙利	52	26	31	34	12	6	32	28	1	14	31
罗马尼亚	55	15	19	19	23	13	8	13	5	2	4
保加利亚	61	17	22	9	22	17	17	7	19	5	12
阿尔巴尼亚	82	21	14	23	18	23	14	19	22	8	22

数据来源：世界银行《2020 年全球营商环境报告》。

3. 法律风险：对外贸易投资法律体系复杂

中东欧各国的法律体系与中国的法律体系存在较大差异，中东欧 16 国的对外贸易投资法律体制可分为两个层面。一是 16 国中的欧盟国家与欧盟内部的其他成员国之间的贸易和投资问题，一般需要遵循欧盟内部的统一大市场原则；二是这些国家与其他非欧盟国家（第三国）的贸易和投资则要适用欧盟对第三国的共同贸易政策、共同海关税则和法律体系。所以，中国企业应重点关注这两个层面的法律体制。①

---

① 杜娟：《"一带一路"贸易投资便利化之中东欧国家法律环境评析》，《西安交通大学学报》（社会科学版）2017 年第 6 期。

（七）中亚：社会形势基本可控，隐患犹存

中亚地区包括哈萨克斯坦、吉尔吉斯斯坦、塔吉克斯坦、土库曼斯坦、乌兹别克斯坦5个国家，该地区安全形势在2011~2019年总体保持稳定，营商便利度不断提高，但是2020年由于受到政权变更和新冠疫情等问题影响，社会安全风险上升，其社会发展的不确定性有所增加。尽管中亚地区及其周边政治、经济未来发展仍充满变数，但在没有发生重大突发事件的前提下，中亚地区将在可预见的一段时间内继续保持"基本可控、隐患犹存"的总体社会安全特征。

考虑投资该地区的中国企业应时刻关注该地区的疫情、政局和社会治安形势的变化，在当地的中资企业和中国员工需做好安全防范工作。

1. 文化差异：民族问题由来已久

中亚地区民族成分复杂，公民接受教育水平普遍较为落后，不同的民族有着不同的宗教信仰和生活习俗，中亚各国深层次的民族问题长期存在。如果在当地进行投资，需对当地习俗充分了解，融入当地的社会氛围，树立良好的企业形象，避免当地社会团体或民众的厌烦和抵制。

在商品文化意识上，中亚国家还没有摆脱对中国部分出口商品的刻板印象。尽管中国的机电产品质优价廉，但中亚国家的许多人不愿意购买标注"中国制造"的机电产品。在文化风险方面，与中亚各国政府、社区和员工的文化差异给中国企业及其管理者带来了一定的困难。

2. 社会治安状况：社会治安存在巨大隐患

在政治权力交接和新冠疫情的冲击下，2020年中亚国家内外交困，其在社会治安方面存在巨大隐患，具体表现在以下几方面。

第一，社会治安形势恶化，内部冲突和骚乱频发，主要发生在哈萨克斯坦、吉尔吉斯斯坦。2020年1月15日，吉尔吉斯斯坦首都抗议人群围攻总统府，由边境冲突引发。另外，疫情期间中亚地区交通事故、盗窃诈骗等社会治安案件高发，极端主义趋向活跃，民族激进主义冲突增多，毒品交易频繁。

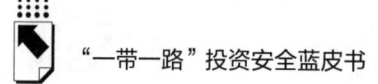

第二，中亚各国抗疫能力差距大，疫情变化不乐观。为应对新冠疫情，中亚各国采取了包括实行国家紧急状态等应急措施，但由于对这种新型传染病缺乏了解和应对突发事件能力不足，疫情在中亚国家快速蔓延反复。在严重的疫情面前，中亚各国医疗卫生观念和社会健康系统暴露出不足。如果疫情进一步失控，将引发该地区社会安全形势进一步恶化，社会冲突和动荡加剧。

第三，战乱和恐怖主义给中亚安全带来挑战。随着阿富汗形势不断恶化，相邻中亚国家边境战乱风险增加，塔阿边境最令人担忧。除了战乱影响，在阿北部靠近塔吉克斯坦的边境地区，国际恐怖势力不断重组，"恐毒"合流。中亚"圣战"人员在欧洲活动频繁，"伊斯兰国"加紧招募中亚劳工。在疫情之后恐怖主义很可能在中亚发生报复性反弹。

另外，中亚地区非传统安全因素（人口、水资源、生态、粮食等）的威胁也在悄然上升。为此，中亚各国分别采取了不同措施加以应对。

总之，社会治安和恐怖主义问题不仅会对急于得到外国资金和技术支持的中亚国家产生巨大影响，而且可能使中国企业蒙受经济损失，所以不得不防。

3. 营商便利：努力打造良好的营商环境

近年来中亚地区在营商便利度方面持续改善。由于经济转型一直是中亚国家面临的首要任务，为了吸引外资、促进经济发展，中亚各国出台了一系列方便外资企业的经济政策，并努力打造良好的营商环境。根据世界银行《2020年全球营商环境报告》，哈萨克斯坦2020年的营商环境排在世界第25位，吉尔吉斯斯坦排第80位，乌兹别克斯坦排第69位，塔吉克斯坦排第106位，均比2019年的排名有所提升。

其中，哈萨克斯坦营商便利度得分更是高于俄罗斯、西班牙、日本、法国等一些发达国家。世界银行的报告指出，哈萨克斯坦通过引进电子报关单系统和降低海关行政费，使跨境贸易更加容易。同时，由于引入自动化系统，法院判决公开透明，商业合同的执行更加容易。此外，哈萨克斯坦引进了电子案件管理系统，以衡量生成和扩大案件报告的可能性。

表 10 中亚四国在《2020 年全球营商环境报告》中的世界排名和
分项指标排名（暂无土库曼斯坦数据）

经济体	世界排名	分项指标排名									
^	^	开办企业	办理施工许可证	获得电力	登记财产	获得信贷	保护少数投资者	纳税	跨境贸易	执行合同	办理破产
哈萨克斯坦	25	8	7	10	8	8	2	14	22	2	7
乌兹别克斯坦	69	3	17	6	19	17	8	16	24	6	20
吉尔吉斯斯坦	80	12	14	21	3	4	21	21	20	23	18
塔吉克斯坦	106	10	18	24	20	3	21	23	23	19	24

数据来源：世界银行《2020 年全球营商环境报告》。

4. 法律风险：法律尚不健全，警惕潜规则

到目前为止，中亚五国的法律还不完善，往往有法不依，中亚市场长期以来存在严重的具有中亚特色的潜规则。中国企业在中亚的投资项目大多涉及基础设施和能源领域，这些领域的企业往往需要与东道国政府或者国有公司谈判并签订长期合同。由于中亚各国的政府通常既是交易的参与者，又是交易规则的制定者，可能会使中国企业处于不利的境地。同时，由于这类项目运营周期较长，关系国计民生，因此中国企业能否妥善处理与当地的关系尤为重要。

四 社会安全对策与建议

针对中国企业在"一带一路"共建国家进行投资经营易出现的社会安全问题，中国企业需要总结对外投资的成功经验和失败教训，把握全球直接投资发展趋势和风险，建立和完善对"一带一路"共建国家的社会安全风险评估机制以及应急处置管理机制，对对外直接投资的社会风险进行有效识别、管控和治理，并采取各种安全保障措施保护驻外员工的人身安全。

（一）建立健全项目全过程社会风险评估、检测与管理机制

当前，中国大多数的海外投资项目风险管理仅仅停留在进行风险评估的初期阶段，需要在跨国投资经营中建立一个完备的风险管控体系。企业应根据对象国的外在风险威胁、内在脆弱性和损害可能性，构建风险评估模型，对该地区社会安全形势进行全面评估，并将不同国家及地区的风险情况进行分类、分级，建立海外投资社会安全风险评估预警体系。

在项目准备阶段，中国企业需要识别东道国的社会安全风险，评估东道国的社会安全环境，并制订减轻社会安全风险的计划。在项目实施阶段，企业应建立社会安全风险监测和预警机制，定期评估项目的正负面影响，根据实际情况不断对社会风险应对方案进行调整和改进。在项目完成和运营阶段，企业应持续监测并评估项目的完成程度，总结和反馈社会风险管控效果，最终建立一个完备的投资风险管控体系。

（二）签订双边投资协定，建立互信机制

社会不稳定是对"一带一路"国家投资的最大威胁。针对处于社会不稳定状态或存在潜在不稳定因素的国家，中国企业应积极与其签订或修改双边投资协定，保证投资主体可以在海外依法维权，合法权益被透明地保护。针对投资周期长的基础设施投资项目，需要从国家层面建立互信机制，对这类项目设立担保条件，在资金面临风险、回收困难时有应对方案，这样才能在获取效益的同时最大限度地保障投资的安全。

（三）识别和尊重文化差异，加强跨文化培训

"一带一路"共建国家的文化背景和宗教习俗与中国有很大差异，企业在外投资经营必须注意尊重当地的风俗习惯和宗教文化，同时要维护自身人身安全，避免发生冲突，也要尽可能远离高风险区域。

在尊重文化差异的同时，中国企业也需要加强跨文化培训。通过培训使

员工理解和尊重当地文化，打破员工内心的束缚，避免员工间出现因文化差异而产生的摩擦。跨文化培训的方式主要有文化敏感性训练（使具有不同文化背景的员工领会公司的经营理念）、生活适应性训练（使员工能够提前为可能出现的困境准备解决方案）和语言培训（包括对语言背后的各种文化理念和文化习俗的认识理解）等。

（四）实行人才本土化战略

对于企业跨国投资来说，实行人才本土化战略是一项重要的战略决策。虽然跨国投资项目的外派管理人员的个人能力较强，但他们缺少对当地居民思维习惯、行为方式的了解，也不熟悉当地的法律法规。因此，对外直接投资的企业应该选择熟悉东道国法律、政策的本地专家参与投资项目的管理。在国际上，大多数跨国公司都采用了人才本土化的策略。通过实行人才本土化策略，跨国投资企业可以减少语言、文化等因素引起的冲突；有效利用当地员工在东道国的社会关系，可以为打开东道国市场提供便利，降低交易成本，在一定程度上也保障了跨国投资的安全。

（五）建立和完善应急处置管理机制

面对日益复杂的社会安全风险，中国企业建立常态化的海内外应急力量、应急准备、应急预案等应急管理机制势在必行。

首先，做好事前风险调查与风险预警工作。海外突发事件风险源具有复杂性、多样性和不确定性，需要中国企业及时掌握在不同国家地区可能面临的风险类型及可能遭受的伤亡程度。借助国际或当地智库机构或专业服务机构，定期获得该国的系统性风险信息。其次，做好项目投资的顶层设计，设置负责处置相应风险和安全事件的领导机构，设立应急处置方案及合作协作机制，一旦面临社会安全风险，高效调配资源，做好风险处置的服务与支持工作。再次，项目实施期间，加强对驻外员工的风险管理培训工作，让驻外员工充分了解并加强风险防范意识。最后，运用大数据和人工智能技术建立海外应急救援平台，打通国内外的应急平台体系，集中、统筹、调度国内外各种应急救援力量、资源，为应对和处置海外重大安全事件提供情报信息支撑。

（六）充分利用海外安保力量，加强国际警务合作

随着"一带一路"建设规模的不断扩大，如何确保驻外机构、企业、出国公民的海外安全成为降低投资海外风险的重要事项。目前，能够承担海外安保服务的公司数量极少（只有40家左右），缺乏能够提供完整海外安全服务的公司，远远无法满足中国企业海外安保需求。在发展政府主导的海外安保体系的同时，在保证国家及个人机密的前提下，也应适当开放与民间安保组织以及海外组织的合作。

首先，建立完善的安保服务企业与人才数据库。其次，充分利用海外安保力量，并支持国内民间安保力量与企业合作"走出去"。再次，在发展路径方面，应建立合作互助的安保机制，加强情报共享、个案合作、联合执法等合作协助。国内可以借鉴国际私营安保企业运营的经验，优先支持有潜力、有资质的私营安保公司，通过与各国家安保业合作、派出专业素质高的安保队伍等方式"走出去"为境外机构、企业提供常规安保服务，也可将其作为国家或企业的应急处置救援备用力量使用。最后，创新国际警务合作模式。从人才交流方面，提高联合执法和协助执法的水平[①]；充分发挥驻外警务联络官的作用，开展国际联合巡逻机制，加强涉外事件处置的应急反应能力。

（七）积极营造企业良好的海外形象，打响中国品牌

中国企业在"一带一路"共建国家进行投资时，应积极营造企业良好的海外形象，在东道国获得社会认可。在投资准备阶段，中国企业可以提前与当地政府和企业建立良好关系，避免出现当地民众联合抵制企业进驻的情

---

① 靳高风、邢更力、俞青青：《"一带一路"共建国家社会安全风险及对我国的影响——基于2018~2019年社会安全形势分析》，《中国人民公安大学学报》（社会科学版）2019年第6期。

况，降低未来可能面临的投资风险。在经营期间，企业一方面要自觉遵循跨国投资准则和东道国的法律法规，与东道国政府维持良好关系；另一方面要尊重当地文化习俗和宗教信仰，保护东道国生态环境，积极支持东道国公益和慈善事业，逐步提高中资企业在当地民众中的声誉，营造合作友善、诚信守法、有责任心的企业形象。

B.6 "一带一路"共建国家投资的对华关系安全分析报告

张耀军　张鹤曦　江训斌*

摘　要： 全球化进程下，发展国际经济合作和贸易关系成为必然趋势，国家间的关系也就必然会影响企业的生产与投资。尤其是在差异性较大的"一带一路"共建国家中，随着中国对外直接投资规模不断增大，东道国对华关系风险引发的负面影响需引起关注。本报告对"一带一路"背景下对外直接投资的对华关系安全进行了宏观研究，结合其时空变化情况分析了各个区域和具体国家的安全发展态势，并且给出了针对性建议。研究发现，近10年间各国对华关系投资安全平均指数出现小幅下降。东南亚、南亚区域内大部分国家对华关系安全指数处于较高水平。其中最主要的风险因素来自印度、孟加拉国、缅甸和柬埔寨。西亚北非地区的对华关系安全仍有大幅提升的空间。

关键词： 对华关系　投资安全　"一带一路"

---

* 张耀军，北京第二外国语学院中国"一带一路"战略研究院教授，主要研究方向为"一带一路"国际合作；张鹤曦，北京第二外国语学院中国"一带一路"战略研究院硕士研究生，主要研究方向为"一带一路"国际合作；江训斌（通讯作者，13918031889@163.com），北京第二外国语学院中国"一带一路"战略研究院硕士研究生，主要研究方向为"一带一路"国际合作。

"一带一路"建设推动了国际经济合作和贸易关系的强劲发展,"一带一路"共建国家之间客观存在的差异性也不可避免地对企业的生产与投资产生影响。除政治、经济、文化因素外,还需注意到,随着中国对外直接投资规模不断增大,东道国对华关系风险引发的负面影响愈发明显。所以针对各"一带一路"共建国家对华关系安全情况展开研究,对未来中国企业进一步开展海外投资活动有重要的指导性意义。

一 对华关系安全的内涵及其评估影响因素

中国对"一带一路"共建国家投资所关注的对华关系是指"一带一路"共建国家或地区的政府、企业和民众等在特定时期内对待中国政治和经济活动的态度和立场,是中国企业对外直接投资过程中的重要衡量因素。较好的对华关系是降低投资风险的重要缓冲。[①]

对华关系是宏观层面的两国关系,这种关系由许多层面构成。以下部分将从经济、政治、贸易、人文等因素进行整体安全评估,对投资所关注的各国对华关系做一个系统性的分析。在各个层面之下,可以发现更加具体的因素,例如税收、双边协议的签订、贸易额等和对华关系安全的关系。评估这些因素将有助于更好衡量企业在各东道国投资的风险。

(一)双边政治关系对于对华关系安全有巨大的边际效应

当今世界正经历百年未有之大变局,经济、科技、文化、安全、政治等格局的调整激发了世界性的动荡变革。在这样的大背景下,国家间上层交互对本国内部各领域产生的边际效应难以估量,所以中国与"一带一路"共建国家的双边政治关系,如两国正式建交的时间、两国领导人和代表团互访情况与互访规模、两国间签署的协定和声明等,必然是衡量"一带一路"

---

① 郭晨曦:《对华关系如何影响对外直接投资的区位选择——基于"一带一路"沿线国家的研究》,《新金融》2019年第3期。

共建国家对华关系投资安全指数时值得关注的因素。从具体表现上看，如建交时间越早，说明两国之间的友好历史越长，两国的政治关系可能越稳定；互访次数越多、受接待规模越大、接待人级别越高，说明彼此间重视程度越高，两国之间的政治关系也越密切；两国间签署的协定与声明多，一则可以说明两国沟通交流密切，二则能表明两国在诸多问题上的看法以及未来发展路线具有相似性。

（二）贸易往来体量的变动能折射出一段时间内对华关系变化情况

这里主要关注的仍然是"一带一路"共建国家及区域与中国的双边贸易往来，具体数据可包括双边货物进出口额及其变化幅度，进出口商品数量和商品总值，两国间贸易保护政策、进出口壁垒情况，信用证规定，双边贸易协定的签署情况，两国在对方国家进出口贸易伙伴中的排名位置等。还可根据两国贸易过程中结算贷款、报关提货、公证检验等程序进行衡量。中国与参与"一带一路"建设的亚洲国家之间，贸易往来受双边关系波动影响较明显，其中又以进口贸易为主。此外，如果两国之间总的贸易体量较小、相互依赖程度较低，则贸易往来受双边关系波动的影响会更显著。[①] 一个国家对华关系投资安全指数越高，意味着两国相互信赖程度越高，贸易过程中涉及的贷款、入关、提货等程序所受到的阻碍也就越小，出口商和出口国家花费的成本以及所承担的不确定性就越低。

（三）稳定的投资关系和宽松的审计程序是紧密双边关系的表现之一

"一带一路"共建国家主要是欠发达和发展中国家，处于经济发展的初始或起步阶段，对资本的需求量很大。在"一带一路"倡议推行过程中，大力推进投资自由化与便利化，密切与共建国家相互间的投资活动，有助于缓解产能过剩、调整产业升级、促进技术进步、拓宽资源渠道、提升投资回

[①] 邓美薇：《中国与"一带一路"沿线国家的双边关系波动对贸易往来的影响——GDELT海量事件数据的实证分析》，《经济论坛》2020年第7期。

报，对于双方都意义非凡。在中国对外投资过程中，考虑到长时间交往合作蕴含的潜在风险，为保障投资活动安全顺利推进，中国与众多"一带一路"共建国家签订了双边投资协定①，约定双方权利与义务关系。稳定投资关系，某种意义上说也就是稳定了双边关系。因此双边投资协定签订的时间可作为衡量对华关系的因素。参照商务部《中国对外签订双边投资协定一览表》②，最早与华签署双边协定的是欧洲的瑞典，协定于1982年3月生效。除此之外，双边投资审计程序和合作机制的建立情况也应被纳入考虑范围。对华关系投资安全指数低的国家，相对来说审计程序更严苛复杂，阻碍多、商谈时间长也会导致合作机制的建立时间较晚。两国间关系越紧密，越有可能为对方提供优惠政策和宽松环境，吸引企业前来投资设厂。

（四）协调双边税收政策与协定的签署有助于稳定双边关系

在国家间经济交往活动中，税收能给一个国家带来财政收入和国民净福利，相对也会给另一方国家带去损失。所以在"一带一路"推行过程中，中国签订了大量双边税收协定，以求在具体实施上能落实无差别原则，稳定税收待遇，协商建立起有效的争端解决机制，避免税收因素对两国经济交往可能造成的障碍，维持较稳定的税收关系。共建国家对华税收政策、是否与华签订税收协定、与华签订避免双重征税书面协定的时间、签订税收饶让抵免的情况，可在一定程度上反映出两国间经济活动的历史以及往来经济活动的和谐程度，同时能反映出与华关系和交往地位。需注意，考虑到目前国际经济形势的动态变化，现行税收协定还存在一些问题，如部分企业的税收负担尚存、税务争议带来的沉没成本高、部分国家还未与华签署双边贸易协定，诸多问题有待进一步完善。

---

① 双边投资协定（Bilateral Investment Treaty），指资本输出国与资本输入国之间签订的，以促进、鼓励、保护或保证国际私人投资为目的，并约定双方权利与义务关系的书面协议。这是目前各国间保护私人外国投资普遍行之有效的重要手段，被视为有关国家投资环境的重要标志之一。

② 《我国对外签订双边投资协定一览表》，商务部，http：//tfs.mofcom.gov.cn/aarticle/Nocategory/201111/20111107819474.html。

（五）双边人文关系能直接体现两国人民距离的远近

"一带一路"共建国家经济发展水平不一，社会文化风俗迥异，人文交流是促进国家间交往的重要桥梁与纽带、实现"一带一路"倡议中"五通"之本——民心相通的主要桥梁，而民心相通是落实投资的必要前提。其中，教育、旅游、体育赛事、媒体影音等层面的双边交往情况是日常生活中衡量一个国家对华关系亲疏的最直接因素。比如，在教育方面，可关注互派教师和留学生规模、合作办学规模、孔子学院数量、是否签署相互承认高等教育文凭和学位协议等。在旅游层面，除最基本的旅游往来人数和消费额，还可以衡量两国间具有丝绸之路特色的旅游产品情况，旅游年、文化周等活动情况，以及两国间旅游优惠政策。目前与中国签署互免签证协定的国家与地区有148个[①]，涵括众多"一带一路"共建国家。

以上几个方面是评估对华关系投资安全指数过程中主要的衡量因素，同时，考虑到动态演变和"一带一路"共建国家的复杂情况以及多种因素共同作用下的分析研究，可考因素远不限于上述范围。

二 "一带一路"共建国家的对华关系安全态势

对华关系是指"一带一路"共建国家或地区的政府、企业和民众等在特定时期内对待中国政治和经济等活动的态度和立场。国家的政策调整、突发事件等都可能会造成对华关系的改善或者恶化。因此动态的态势认知将有助于从宏观层面把握两国关系走向，在了解两国关系历史的同时对未来态势提供参考。本节分为两部分，第一部分是对2019年各国的对华关系投资安全态势分析，第二部分是对2010~2019年安全态势的动态考察。时间点和时间段的结合分析将有助于从宏观到微观的具体感知。

---

① 数据引自《中国与外国互免签证协定一览表》，中国领事服务网，http://cs.mfa.gov.cn/gyls/lsgz/fwxx/t833978.shtml。

（一）2019年对华关系安全空间格局

首先需要针对各个国家2019年度投资所考虑的对华关系安全水平，建立客观认识，把握区域最新投资安全态势。

根据模型计算结果，将各个国家的对华关系安全等级由高到低分为六个级别。2019年各国对华关系安全评级结果及格局分布具体如表1所示。2019年共建"一带一路"样本国家的对华安全程度差异明显。其中，越南的对华关系投资安全指数最高；其次是波兰、泰国、巴基斯坦、匈牙利、阿尔巴尼亚、罗马尼亚、土耳其、马来西亚、印度尼西亚、新加坡，评级为A；5个国家（俄罗斯、埃及、印度、科威特、乌克兰）处于中上水平，评级为B；斯里兰卡、立陶宛评级为C；哈萨克斯坦、斯洛伐克、克罗地亚、摩尔多瓦、菲律宾评级为D；孟加拉国评级为E；其余13个国家（柬埔寨、阿塞拜疆、缅甸、塞尔维亚、沙特阿拉伯、巴林、拉脱维亚、黎巴嫩、捷克、约旦、卡塔尔、也门、阿拉伯联合酋长国）处于极低安全水平，评级为F。

表1 2019年各国对华关系安全等级

等级	指数区间	国家数量	国家
A	68~100	11	越南、波兰、泰国、巴基斯坦、匈牙利、阿尔巴尼亚、罗马尼亚、土耳其、马来西亚、印度尼西亚、
B	58~67.9	5	俄罗斯、埃及、印度、科威特、乌克兰
C	50~57.9	2	斯里兰卡、立陶宛
D	44~49.9	5	哈萨克斯坦、斯洛伐克、克罗地亚、摩尔多瓦、菲律宾
E	39~43.9	1	孟加拉国
F	0~38.9	13	柬埔寨、阿塞拜疆、缅甸、塞尔维亚、沙特阿拉伯、巴林、拉脱维亚、黎巴嫩、捷克、约旦、卡塔尔、也门、阿拉伯联合酋长国

数据来源：作者计算。

本研究所涉及的37个样本国家涵盖七个地区，用各个区域内样本国家的投资安全指数均值代表该区域整体投资安全水平，结果如表2所示。各区域投资安全水平由高到低依次为东北亚、东南亚、南亚、中东欧、中亚、独联体其他国家、西亚北非。需要指出，受限于数据的可获得性，在本文中涉及的东北亚样本国家仅有俄罗斯，中亚的样本国家仅有哈萨克斯坦，不能充分代表该区域的整体投资安全水平，因此不对这两个区域的整体投资安全水平进一步讨论。

表2 2019年各区域对华关系投资安全指数均值排名

区域	指数均值	排名
东南亚	66.29	1
南亚	60.95	2
中东欧	54.92	3
独联体其他国家	47.43	4
西亚北非	27.55	5

数据来源：作者计算。

整体来看，2019年东南亚地区的对华安全水平较高，但该区域内各国表现仍有较大差异。其中，越南、泰国表现尤为突出，对华关系投资安全指数在37个国家中的排名分别为第一、第三。其次是马来西亚、印度尼西亚、新加坡，分别处于第九、第十、第十一位。在这些东南亚国家中，地理位置与中国相邻或相近、相似的地缘政治条件、较长的历史与文化渊源、相近的党政关系与制度体系、历史上与华人口流动融合等因素，使其具有较好的对华关系安全环境。菲律宾的对华关系投资安全指数处于中间水平。柬埔寨和缅甸的对华关系安全水平较低，在37个国家中的排名分别为第25和第27。这两个国家的对华关系安全水平情况与其国内形势变化带来的合作不确定性、民众的历史误解以及地缘政治战略的衡量有关。[1] 37个样本国家中，排名前十的国家中，东南亚国家有4个，新加坡处于第十一位，占东南亚样本国家总数的62.5%，说明东南亚地区整体的对华关系安全状况较好，但同时需考虑到仍有缅甸等国家对华安全水平（在东南亚区域内）相对较低。

---

[1] 刘艳峰：《中菲海上安全关系缓和：动因与前景》，《南海学刊》2017年第3期。

从数据均值来看，南亚整体对华关系投资安全指数在 7 个区域内处于中等偏上的位置，但其内部样本国家的指数高低差异十分明显，巴基斯坦对华安全排在 37 个样本国家的第 4 位；其余三个样本国家，印度在第 14 位，斯里兰卡是第 17 位，孟加拉国排到了第 24 位；整体排位并不高。在部分南亚国家中，与中国战略方向一致、国家利益不谋而合、共享边界线和旅游资源、相近的文化风俗等因素能够促使两国间有较好的双边关系；而采取平衡性外交政策、不结盟政策、利益导致边界冲突、投资贸易审批程序繁复和具有攻击性的媒体舆论[1]等因素，都可能对南亚各国与华的友好关系造成极大影响。在指数上，虽然孟加拉国和斯里兰卡的排位并不算高，印度也仅在前 15 位，但从 37 个样本国家整体数值来看，南亚样本国家仍处于中上行列。且有巴基斯坦这样对华关系安全水平较好的"全天候战略合作伙伴"，南亚在筛选后的五大样本区域中排在第二位是情理之中的。另外还需意识到，存在部分无法收集数据、尚未和中国建交的南亚国家；在数据计算中可以不被包括，但在现实操作中必定需要被纳入衡量范围。

中东欧地区的对华关系投资安全指数整体处于中间值。中东欧当地与华建交时间早、对华友好历史长、双边贸易投资量大、税收政策优惠、政府审批效率较高以及长期稳定的文化交往交流等因素对与华关系有促进作用。在 37 个样本国家中排名前 10 的中东欧国家有波兰、阿尔巴尼亚、匈牙利、罗马尼亚，占中东欧样本国家总数的 40%。而排名前 20 的中东欧国家有 6 个，占中东欧样本国家总数的 60%。中东欧地区内各国的对华安全水平虽有差异，有个别国家计算所得指数较低，排位较靠后；但整体靠前，较多国家表现较好。

独联体其他国家的对华关系安全水平整体较低。有数据可考的部分独联体其他国家与华建交时间偏晚，双边优惠政策数量较少，且受地缘政治条件和站位的影响较大，对华关系安全情况不佳。三个独联体其他样本国家的对华关系安全排名分别为第 16、第 22、第 26，均处于中等或中等偏下的对华

---

[1] 曾向红、李琳琳：《西方对华舆论的演变与中国的应对策略》，《教学与研究》2020 年第 10 期。

关系安全水平。这在一定程度上反映了独联体其他国家整体偏松散的与华联系及较疏远的对华关系。但所展示出的情况有限，也并不意味着区域内全无与华关系密切的国家。

西亚北非地区国家的整体对华安全水平可提升空间较大。与华建交时间晚、投资贸易合作阻碍多、交际误解影响两国间的交流往来、政府体制落后、腐败严重、管治能力低下等现象是西亚北非地区与华交往中的普遍状况。对华关系投资安全水平排名位于30之后的西亚北非样本国家有5个，占西亚北非总样本国家的50%。其中，约旦、卡塔尔、也门、阿联酋这四个国家为总样本排名的最后四位，对华关系安全水平有非常大的提升空间。且对华关系安全水平排名位于前10的西亚北非样本国家只有土耳其一个国家。

综合上述情况，结合图1来看，在对华关系安全上，越南、泰国、马来西亚、印度尼西亚等东南亚样本国家，波兰、匈牙利、阿尔巴尼亚、罗马尼亚等中东欧样本国家2019年对华关系处于较高水平。南亚的巴基斯坦以及西亚北非的土耳其对华关系投资安全评估所得分数较高。而以阿联酋为代表

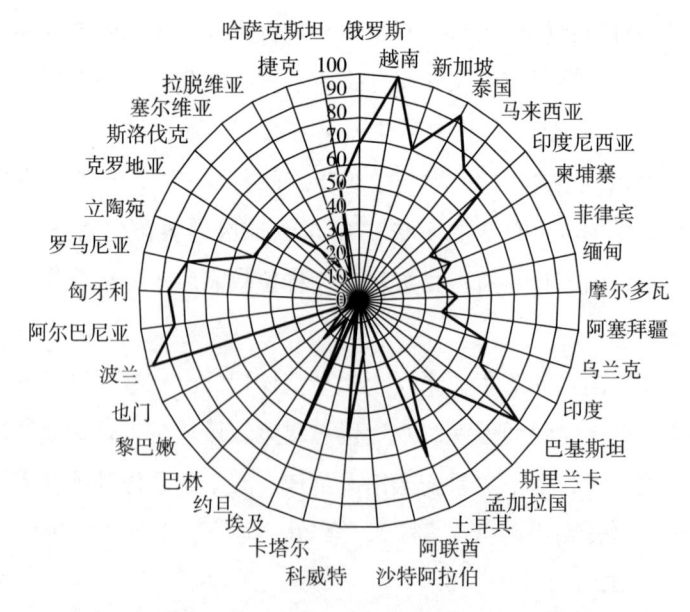

图1 2019年各样本国家对华关系投资安全指数

的多数西亚北非国家以及捷克、拉脱维亚等少数中东欧国家的对华关系投资安全水平不高。综合来看,东南亚地区的对华关系整体较好,西亚北非地区的对华关系有待进一步拉近,其他区域内部各国的对华关系状况有较大差异。

需要说明的是,以上分析仅建立在已有数据的基础上,尚有诸多国家无从收集公开可靠数据;另外,在数据统计与分析过程中或许对某一或某些影响因素较为偏重,而对最终所得数据产生一定影响。在实际操作过程中需要结合具体情况另做补充分析。

(二)2010~2019年对华关系安全态势

若以每年度所有样本国家的对华关系投资安全指数平均值代表该年的整体对华关系安全水平,可得到如图2所示散点走向曲线。2012年、2014年、2019年样本国家总体对华关系投资安全指数略有下降,2016年、2017年下降幅度增大。在近10年内,"一带一路"共建国家对华关系安全水平呈现上升—下降趋势。整体平均对华关系投资安全指数由2010年的51.33下降至2019年的50.23,降低了2.1%,对华关系安全状况小幅度恶化。

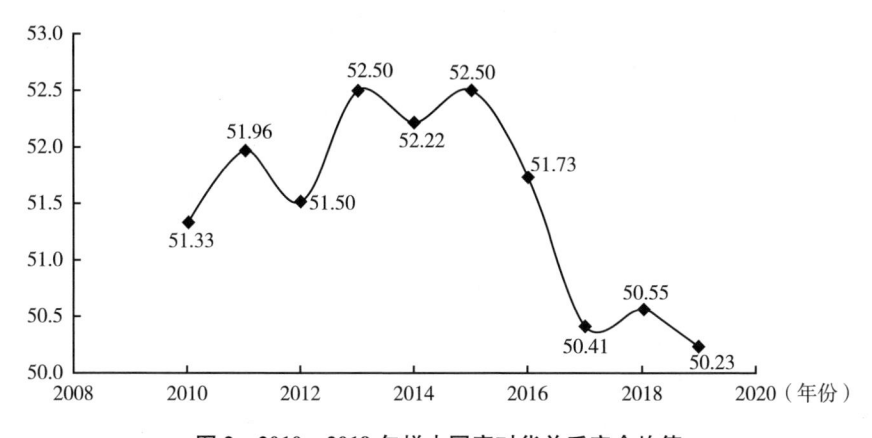

图2 2010~2019年样本国家对华关系安全均值

各国对华关系安全等级及变化趋势呈现较大差异,37个样本国家于2010~2019年的对华关系安全指数变化情况如表3所示。大部分国家的对华关系安全水平较稳定，部分国家呈现出小幅波动。有极少数国家，如越南、印度、黎巴嫩、约旦、斯洛伐克等国，在部分样本年份的安全指数波动较大。

表3 2010~2019年样本国家对华关系投资安全指数估值

国家	2010	2011	2012	2013	2014	2015	2016	2017	2018	2019
俄罗斯	60.4	66.2	64.1	68.1	66.3	60.8	67.8	68.6	68.7	67.9
菲律宾	40.5	42.1	42.0	43.0	42.9	42.2	43.1	42.6	43.3	44.0
柬埔寨	34.9	35.3	35.2	35.0	34.8	34.6	34.0	34.0	36.0	37.7
马来西亚	73.5	74.8	73.1	77.7	76.1	75.1	77.8	75.9	76.7	75.1
缅甸	39.8	40.0	39.9	39.7	39.9	40.3	38.0	36.7	36.7	36.6
泰国	89.5	91.7	91.2	95.6	94.0	93.6	97.6	96.0	95.0	92.8
新加坡	69.2	71.0	67.8	74.1	72.9	71.8	75.7	72.8	72.4	70.8
印度尼西亚	63.7	67.1	67.1	70.0	69.1	68.4	71.9	72.2	73.8	73.3
越南	88.4	89.8	90.1	92.8	93.4	94.5	98.8	99.9	100.0	100.0
阿塞拜疆	34.7	35.5	36.1	37.1	37.8	40.0	37.8	36.1	37.1	37.6
摩尔多瓦	44.4	44.7	45.1	45.7	46.2	48.2	45.6	43.9	44.3	44.4
乌克兰	56.5	58.7	59.4	61.0	60.8	61.4	60.9	60.3	60.3	60.3
巴基斯坦	95.2	94.6	95.1	94.1	94.2	95.2	93.2	92.8	90.2	89.1
孟加拉国	44.7	44.0	43.9	44.4	44.5	46.7	43.3	40.9	41.0	40.4
斯里兰卡	53.1	53.3	53.4	53.7	54.0	54.0	53.1	53.0	52.8	53.3
印度	55.8	58.0	54.7	59.9	60.3	59.7	63.5	62.5	62.9	61.0
阿联酋	0.0	0.0	0.0	0.0	0.0	0.0	0.0	0.0	0.0	0.0
埃及	62.2	63.5	64.4	64.9	65.3	65.6	65.0	64.8	64.7	64.9
巴林	21.1	22.2	21.8	23.0	23.0	23.3	21.8	19.7	21.8	22.6
卡塔尔	9.2	9.5	8.6	9.6	8.8	7.5	5.7	2.7	5.2	5.3
科威特	65.7	65.1	64.3	63.8	63.5	63.4	62.0	61.1	60.6	60.5
黎巴嫩	21.0	20.7	19.5	19.1	18.1	16.9	14.6	11.9	12.7	12.4
沙特阿拉伯	19.8	22.1	21.2	24.0	23.9	24.0	23.9	21.0	23.4	23.3
土耳其	76.9	78.0	78.4	80.0	79.6	80.6	80.2	78.4	76.5	75.8
也门	13.7	13.2	11.5	10.4	9.0	7.3	4.5	1.3	1.9	1.3
约旦	17.5	16.9	15.7	15.4	14.9	15.9	12.2	8.9	9.9	9.4
阿尔巴尼亚	92.7	90.3	91.6	89.6	90.3	93.4	88.0	87.7	85.3	84.6
波兰	100.0	100.0	100.0	100.0	100.0	100.0	100.0	100.0	98.0	97.1

续表

国家	年份									
	2010	2011	2012	2013	2014	2015	2016	2017	2018	2019
捷克	19.9	19.6	16.8	16.3	15.1	13.4	11.7	9.4	11.5	11.3
克罗地亚	49.8	50.0	50.2	50.7	50.9	52.8	50.2	48.5	48.8	48.6
拉脱维亚	16.7	17.1	15.8	16.6	15.9	16.0	13.8	12.0	14.0	14.1
立陶宛	52.2	52.4	52.8	53.4	53.7	55.6	53.0	51.4	51.4	51.4
罗马尼亚	83.4	83.4	83.8	82.8	82.8	83.8	82.1	82.0	79.8	79.1
塞尔维亚	32.2	31.8	31.1	31.9	32.1	35.2	31.3	27.9	28.9	28.3
斯洛伐克	65.4	62.4	61.5	59.3	58.8	60.6	54.7	52.1	50.3	48.8
匈牙利	88.4	87.9	88.5	88.4	88.4	88.8	87.3	87.6	85.5	85.9
哈萨克斯坦	47.2	49.6	49.7	51.5	50.8	51.7	49.8	48.5	49.1	49.5

数据来源：作者计算。

东南亚、南亚区域内大部分国家对华关系投资安全指数在10年间均处于较高水平。根据图3和图4，两个区域内对华关系投资安全指数变化趋势较为相似；2010~2013年曾有持续波动，2013年后趋于稳定，整体安全水平走高。其中最主要的风险因素来自南亚的印度和孟加拉国以及东南亚的缅甸和柬埔寨。印度与中国双边关系好坏的关键在于，随着中国在国际上话语权的增强[1]，两国共同国家利益重合程度。而孟加拉国的对华关系投资安全指数几乎与印度同时、同向变化，因地缘政治条件因素，受印度对华关系影响大。

东北亚与中亚地区可考样本较少，在此只分别对俄罗斯、哈萨克斯坦的情况进行了可视化处理，仅具有一定的参考性。从表3可以发现，俄罗斯与华关系一直较好，2013年、2017年和2018年处于最高安全等级值域内。哈萨克斯坦在2011年宣布与中发展全面战略伙伴关系，且2013年俄中关系进一步出现紧密化趋势后，哈萨克斯坦于2013年、2014年体现出了较高的对华关系安全水平。

从图5、图6中可看出，独联体其他国家和西亚北非地区样本国家整体

---

[1] 高少林：《论西方发达国家对华关系的思想基础》，《学理论》2009年第20期。

"一带一路"投资安全蓝皮书

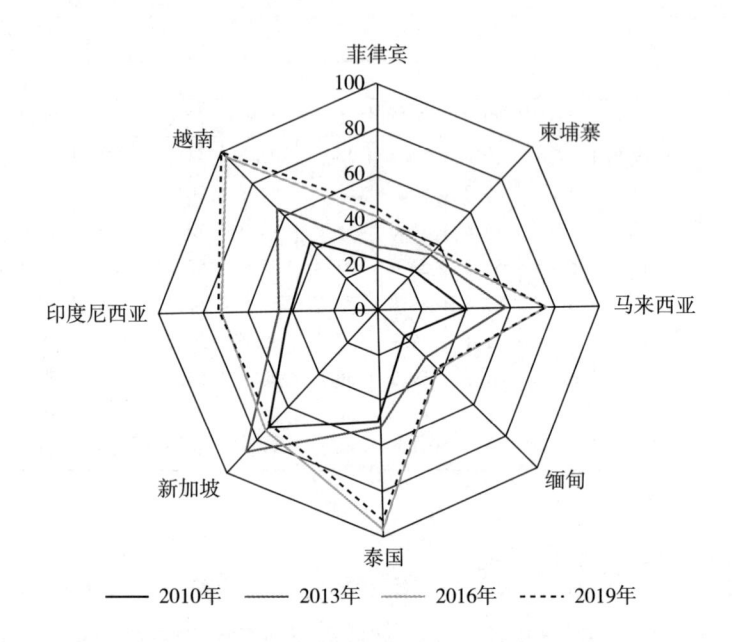

图3 东南亚样本国家对华关系安全变化趋势

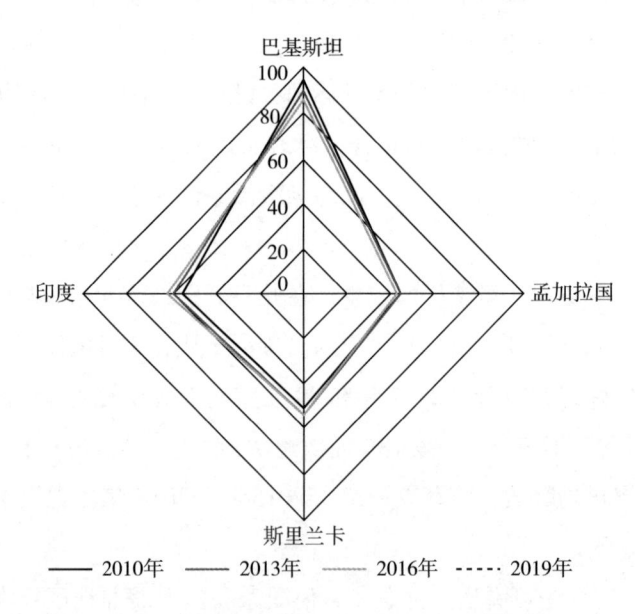

图4 南亚样本国家对华关系安全变化趋势

对华关系风险指数高，但 10 年间两大区域内大多数国家安全评级均较为稳定。如黎巴嫩等国，数值波动大，但均处于最低安全级别内。黎巴嫩在 2011 年与华关系安全指数暴跌，跌幅为 10 年间最大，或与时年发生的叙利亚战争引起双边交往机制瘫痪有关。在西亚北非区域内，沙特阿拉伯、约旦 10 年间对华关系投资安全指数较低，可能数据采集者在计算中，考虑到文化差异带来的双边交往误解或其他因素将层层递进影响两国关系，最终给予了较低的评分，但实际上两国的双边贸易额高、特殊时期相互扶持力度大等因素在实际投资衡量对华关系时更重要。

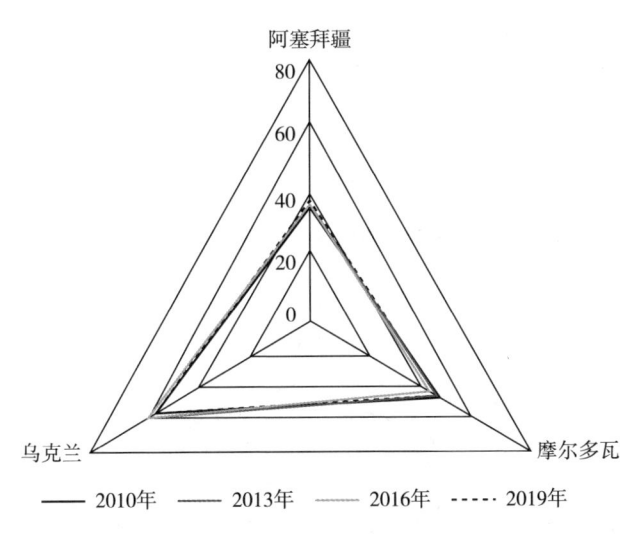

图 5　其他独联体样本国家对华关系安全变化趋势

结合图 7，中东欧地区在本次统计时间段内对华关系安全水平稳定在中间值，大部分样本国家的评估指数维持在最高等级内，个别国家，如斯洛伐克，所得指数较低。类似的，在数据搜集与制作过程中或许更多考虑了斯洛伐克与中国整体差异性和地缘政治条件差异性导致的双边关系不确定性，这也能在一定程度上解释斯洛伐克在过去 10 年间对华关系安全等级存在的波动情况。另外，这里需要注意，波兰在 37 个样本国家 2019 年对华关系投资安全指数排名中位列第二，但比较前几年有所下降，实际投资过程中要关注当前对华关系安全的最新评估数据，也要注意把握数据的动态变化。

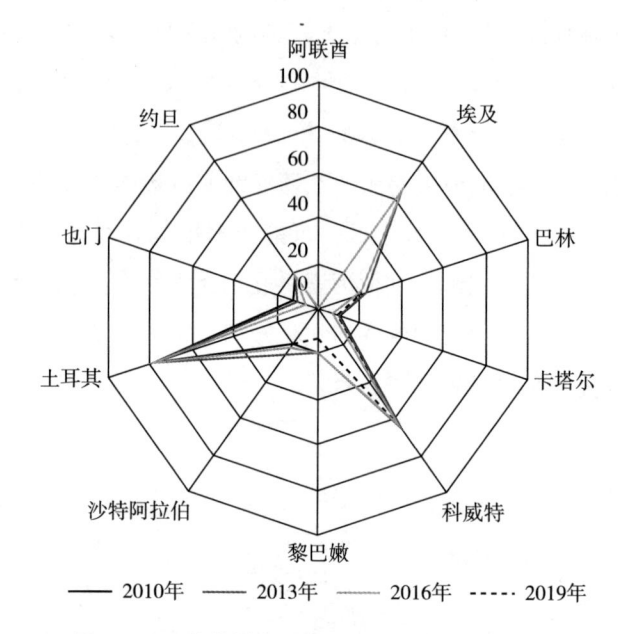

图 6 西亚北非样本国家对华关系安全变化趋势

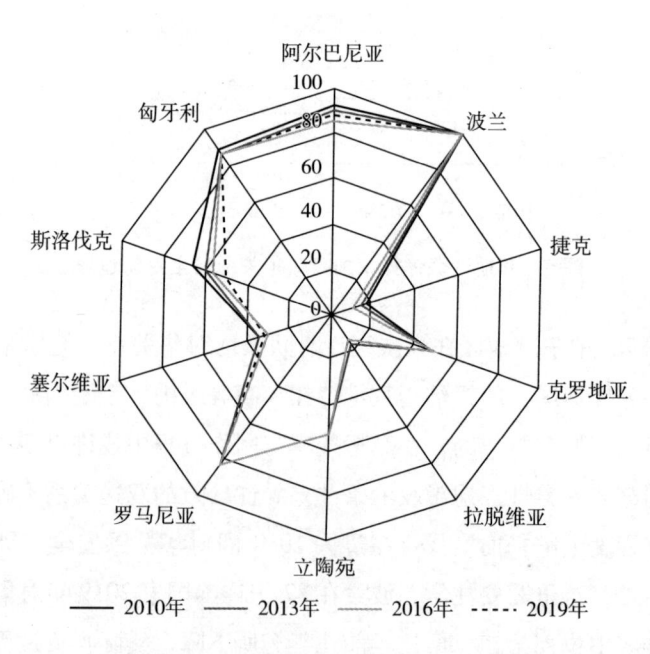

图 7 中东欧样本国家对华关系安全变化趋势

虽然各国对华关系安全态势各不相同，但呈现出一定的区域集聚性特点，冷热点分析是较好的识别空间特征集聚状态的分析方法。对华关系安全热点区在前期集中在中东欧地区，但其集聚效应已逐渐消失，中东欧地区国家的对华关系安全水平普遍有所下降。近年来的对华关系安全热点区集中在东南亚，且集聚程度不断增强，其整体对华关系安全已处于较高水平。对华关系冷点区持续集中在西亚北非，虽集聚程度有所减弱，但该地区的对华关系安全仍有大幅提升的空间。

从中东欧地区来看，2010年，中东欧部分国家完成政权更迭，政务效率提升。同时绝大多数中东欧国家已经走出衰退，经济开始缓慢复苏，推出了一系列政策和规定推动发展。程序高效、政策优惠，推动了中国和中东欧国家间的合作，相关协定陆续签订，对华关系安全等级升高，进而引来新一批投资，出现良性循环。但近年来，中东欧国家普遍面临经济结构调整和基础设施升级的强烈需求，腐败问题显露、政局不稳；老龄化问题加重，缺乏开展双边合作的生产要素，使达成双边合作的阻碍增大，中国和中东欧国家各项双边交流与合作活动进展趋缓。

对华关系安全热点向东南亚转移并形成集聚以及西亚北非地区对华关系安全冷点趋缓，主要得益于2013年提出并逐步开始实践的"一带一路"倡议。"一带一路"共建国家中有五分之一位于西亚北非，同时近年来中国投资在大多数西亚国家吸纳的FDI中所占的份额不断上升，这些都为西亚北非国家对华关系安全冷点缓和提供助力。但现如今，中国与西亚北非国家都处于各自发展的关键阶段，并且双方地缘政治条件差异大，利益关系复杂，此外，该区域内仍然有部分国家未与中国正式建交，合作过程之中也存在许多分歧与挑战，安全冷点还将持续。

在"一带一路"倡议框架下的六大经济走廊中，中国通过"中国—中南半岛经济走廊"以及"孟中印缅经济走廊"两大走廊，与越南、老挝、泰国、马来西亚、柬埔寨、印度、缅甸和孟加拉国进一步拉近了距离，与南亚、东南亚建立了深度联结机制，为中国与南亚和东南亚国家政策沟通、经济合作、人文交流、互联互通搭建了重要平台。中国与东南亚国家之间现有的诸多合作机制和对话平台，如中国—东盟"10+1"、亚太经合组织（APEC）、亚欧会议（ASEM）、亚洲合作对话（ACD）、亚信会议（CICA）、大湄公河次区域（GMS）经济合作、澜沧江—湄公河合作（LMC）、博鳌亚洲论坛、中国—东盟博览会等，以上平台和机制凸显了中国与东南亚地区国家合作的良好现状以及未来的利好走势。未来在良性循环中东南亚国家对华关系投资安全指数也将持续出现热点聚集效应。

三 各区域与国别的投资对华关系安全分析

在了解了各个国家整体对华关系安全态势走向之后，应当根据不同国家自身国情做出更加具体的分析。"一带一路"覆盖全球大多数区域，开辟了一条名副其实的联通各大洲与各国家的"道路"。对这些国家进行具体分析可以更加详细地了解"一带一路"建设对这些国家的影响。在分析过程中，欧洲、亚洲、北非等区域是发展合作的重点；政治交往、贸易投资是研究与讨论的焦点。对于在研究中呈现出一定差异性特点的国家，将在后文通过案例分析的方式展开论述，以便详细了解这些国家与中国的故事，为海外投资增补背景知识。

（一）东北亚合作开拓新局面

东北亚是一个地理概念，即东亚东北部地区，为东亚所属的二级区域。与中国签订协议的东北亚国家只有俄罗斯与蒙古国，因此在这里仅对这两国展开叙述。

在世界经济全球化与区域经济一体化的背景下，东北亚经济一体化成为一种必然趋势。相比其他地区，东北亚区域经济合作开始较晚，发展相对滞后。习近平主席提出"一带一路"倡议，意味着中国从原来主要依靠同欧亚大陆桥发展中国与中亚的合作，向东北拓展到与俄蒙的合作。

1. 俄罗斯与中国有相似发展目标和相近处境立场

2014年5月，普京总统正式宣布支持中国"一带一路"倡议。2015

年4月14日，俄罗斯以创始会员国身份加入亚投行。2018年5月17日，中俄共同签署了《中华人民共和国与欧亚经济联盟经贸合作协定》，两国通过促进合作、经验交流等方式，简化了通关手续，货物贸易成本得到降低。

在当前全球政治经济格局中，中俄两国战略目标相似、处境立场接近，俄罗斯提出的欧亚经济联盟、"转向东方"、大欧亚伙伴关系、开发北极、北南国际走廊等重大战略都可和"一带一路"深入对接。未来两国应在经贸投资、产能合作、自贸区谈判、走廊建设、开拓北极航道、国际贸易等方面深入合作，携手应对重大风险和挑战，进一步巩固双方战略协作和互利互惠关系，以"一带一路"为载体推动构建中俄新型大国关系，打造更紧密的利益和命运共同体。

但中国同俄罗斯的实施目标仍有差别。对于一些关税与自贸协定谈判，俄罗斯采取的措施都较为谨慎。换句话说，俄罗斯的态度是支持但有附带条件、参与但又留有余地；对于更为实际、更深层次的合作（如建立自贸区）的态度有所保留。

2. 蒙古国对华关系向好稳定发展

蒙古国的地理位置对于"一带一路"的发展有着非常重要的影响。事实上，蒙古国也提出了一些倡议，以便更好地对接中国提出的"一带一路"倡议。例如，"草原之路"倡议在2017年被升级为"发展之路"。

虽然由于历史原因以及当前国家利益，蒙古国国内仍有部分人排斥与中国拉近距离。[1] 但从国家层面来说，近年来中蒙关系一直朝着健康稳定的方向发展，两国已经建立了睦邻互信伙伴关系，保持了高层互访的连续性。蒙古国现任总统巴特图勒嘎在选举时曾对华态度并不友善，但在胜选之后多次访华，积极参与"一带一路"建设，在疫情期间送了3万只羊给中国，态度发生了重大的转变。

---

[1] 杨涛：《平衡外交中的蒙古国》，《世界知识》2011年第19期。

（二）东南亚对华安全水平大幅提高

东南亚国家联盟，简称东盟，于1967年8月8日成立于泰国曼谷，现有10个成员国——印度尼西亚、马来西亚、菲律宾、泰国、新加坡、文莱、柬埔寨、老挝、缅甸、越南。

2020年在单边主义、保护主义抬头的背景下，东盟10国和中国、日本、韩国、澳大利亚、新西兰于11月15日正式签署《区域全面经济伙伴关系协定》（RCEP），世界上最大自贸区诞生。

随着RCEP的签订，东南亚地区的对华安全水平大幅提高。2020年7月14日，中国海关总署举行发布会，指出2020年上半年东盟取代欧盟和美国，成为中国第一大贸易伙伴。这一信号表明，中国与东南亚的关系正在悄然升温，双方关系未来可期。

海外投资方面，近些年东南亚诸国经济的快速发展引人瞩目，不少中国企业看到机会，加大与东南亚地区经贸往来，"下南洋"也正成为国内企业界关注的焦点话题之一。根据海关总署的数据，2020年上半年中国与东盟进出口总值为2.09万亿元人民币，同比增长5.6%，其中中国与泰国进出口增长9.2%，与越南进出口增长18.1%，增速显著。[①]

除了传统领域的经贸往来，中国企业抓住了移动市场的机遇，投资东南亚的新兴产业，从电商到游戏，无一不有着中国企业的身影。目前东南亚最为火热的领域便是电子商务，数据显示，来自中国的手机游戏在东南亚ios以及Google Play商店下载量及营收的增速均超过50%，遥遥领先其他海外市场，占据了绝大部分席位，东南亚地区甚至被定义为游戏业的"第二个中国市场"。

不论是在疫情期间保持贸易逆势增长，还是中国企业在东南亚市场的大获成功，都反映出中国与东南亚国家的经贸往来正在不断向前发展，成为全球经济的亮点。

[①] 《中国—东盟农业合作前景广阔（患难见真情共同抗疫情）》，中华人民共和国海关总署，http：//www.customs.gov.cn//customs/xwfb34/mtjj35/3196432/index.html。

（三）独联体其他国家需要挖掘潜力

独联体国家是一个基于地缘政治的区域概念，在这里不将它们统一进行归类，而是根据各国实际地理位置进行划分。哈萨克斯坦、吉尔吉斯斯坦、塔吉克斯坦、乌兹别克斯坦以及土库曼斯坦五国被归为中亚地区；俄罗斯被归为东北亚地区；剩余国家，即本部分的独联体其他国家，包括亚美尼亚、阿塞拜疆、白俄罗斯、摩尔多瓦、乌克兰和格鲁吉亚六国。

1. 乌克兰已成为欧亚地区对华出口铁矿石最多的国家

乌克兰始终保持着同中国良好的贸易往来。据统计，2019年乌克兰与中国的双边货物贸易额为127.5亿美元，比上年增长30.0%。其中，乌克兰对中国出口35.9亿美元，增长63.0%，占其出口总额的7.2%，提高2.5个百分点；乌克兰自中国进口91.6亿美元，增长20.5%，占其进口总额的15.2%，提高1.8个百分点。乌克兰对中国贸易逆差55.6亿美元，增长3.1%。[1]

贸易方面，2020年中国继续保持乌克兰第一大贸易伙伴国地位，乌中合作潜力巨大，双边贸易总额有望进一步提升。据统计，2020年前8个月乌克兰对华大豆出口增长迅猛。此外，乌克兰对华铁矿石出口同比增长107.8%，首次成为欧亚地区对华出口铁矿石最多的国家。[2]

2. 阿塞拜疆对华关系发展受限

中阿关系在两国对外关系中处于边缘状态。受地理位置遥远以及国际环境影响，中国对于阿塞拜疆没有特殊的要害利益关系，这就使两国交往并非处于战略上的重要位置。

在现实利益上，能源合作是中国同阿塞拜疆合作关系的重要部分。阿塞拜疆的石油、天然气等能源具有天然优势，因此它的经济开发和贸易的支柱甚至文化经济外交，在很大程度上都依赖于同其他国家的能源合作。中国作

---

[1] 《2019年12月乌克兰贸易简讯》，https：//countryreport.mofcom.gov.cn/new/view.asp? news_id=68378。

[2] 《2019年12月乌克兰贸易简讯》，https：//countryreport.mofcom.gov.cn/new/view.asp? news_id=68378。

为新兴的发展中国家，同阿塞拜疆有着经济互补性的需要，在能源需求日益扩大的背景下，加强双方合作日益重要。

另外，由于两国的贸易合作有限，两国发展前景也受到限制。阿中两国都是发展中国家，两国在贸易上能够进行深度合作的领域不多。

两国合作的发展也面临一些挑战。首先，文化与语言的差异、距离与交通的不便使两国沟通不畅，缺乏更深入的了解。其次，经济上两国的互补性不强，资本输出达不到规模，技术转让够不上层次，交往难以升级。最后，两国市场发展水平决定了管理边际成本、人力资源成本高，消费者购买力尚有欠缺。

（四）南亚各国对华态度不一

南亚8国包括印度、巴基斯坦、孟加拉国、阿富汗、斯里兰卡、马尔代夫、尼泊尔和不丹。中国同南亚国家有着较高的经济相互依存、基础建设发展需求，但小国所要承担的地缘和外交压力以及国内政治共识的缺乏，使它们很难对中国的倡议做出有效的回应。

斯里兰卡对华政策受不同总统影响不尽相同甚至截然相反。2015年，斯里兰卡对于中国的外交政策定位朝"印度优先的政策"发展。然而2019年11月18日，国防和城市发展部前常务秘书戈塔巴雅·拉贾帕克萨以55.25%的得票率成功当选新一任总统。由于他本人在外交政策方面和竞争对手存在较大差异，斯里兰卡同中国的关系有望回暖。新当选的戈塔巴雅·拉贾帕克萨非常注重发展对华关系。

不同于印度和斯里兰卡，孟加拉国对中国领导层较为友好，民众层面也对中国抱有好感。巴基斯坦与中国接壤，是中国的"好邻居、好朋友、好伙伴、好兄弟"，自"一带一路"倡议提出以来，中国对巴基斯坦的援助力度逐渐加大，两国合作推向了新的高度。

贸易方面，从2016年中国与"一带一路"主要共建国家贸易规模分析来看，中国与南亚地区贸易额为1115亿美元，占中国与共建国家贸易总额的11.7%；而在全球贸易整体低迷的背景下，中国与南亚的贸易增长为0.3%，仅次于中国与东欧地区的贸易增长率。但同时，中国与南亚贸易总额在中国对外贸易总额中占比一直徘徊在2%左右，合作潜力尚未释放。①

（五）西亚北非地区各国对华关系安全状况有极大提升空间

西亚北非地区，处于三洲两洋的交通要冲，包含部分亚洲西部和非洲北部，共25个国家和地区。报告中选取了数据相对较全面的18个国家作为样本——阿联酋、阿曼、埃及、巴勒斯坦、巴林、卡塔尔、科威特、黎巴嫩、塞浦路斯、沙特阿拉伯、土耳其、希腊、叙利亚、也门、伊拉克、伊朗、以色列、约旦。从已有数据来看，西亚北非地区国家的整体对华安全水平仍有较大提升空间。与华建交时间晚、投资贸易合作阻碍多、交际误解影响双边交流、政府腐败严重、管治能力低下等现象是西亚北非地区国家的普遍状况。可能的情况是，考虑到文化差异带来的双边交往误解或其他因素可能阻碍双边合作，进而影响正常双边关系，数据采集者在计算中给予了较低的评分。但实际上双边贸易额高、特殊时期相互扶持力度大等因素在实际投资衡量对华关系时更重要。

1. 吉布提对华关系安全指数有望随其对国内债务违约的合理规避而提升

作为对华关系风险较高的代表国家，根据现有贷款记录，2018年吉布提政府对中国新增主权债务违约，且目前暂时未达成重组协议。吉布提公共债务尤其是公共外债负担较重，财政赤字及经常账户赤字对其主权偿付能力造成一定拖累。2018年，吉布提偿债率为15.6%，负债率为114.2%，债务率达327.1%，负债率和债务率远超国际警戒线。

随着中吉两国《中华人民共和国政府和吉布提共和国政府关于共同推进丝绸之路经济带和21世纪海上丝绸之路建设的谅解备忘录》（2018年9月）和《中华人民共和国政府与吉布提共和国政府关于共同推进"一带一路"建设的合作规划》（2019年4月）的签署，中吉两国双边关系进一步拉近。如图8所示，2019年10月至2020年10月，双边贸易额虽有波动，但整体仍然呈现小幅上升的态势。

---

① 李青燕：《南亚局势新动向对"一带一路"在南亚推进的影响》，《国际论坛》2018年第3期。

综合以上情况，如果吉国政府主动规避违约情况的发生，未来吉布提对华关系投资安全指数有望提升，随着双边关系的加强，两国间双边贸易投资额有望创造新高。

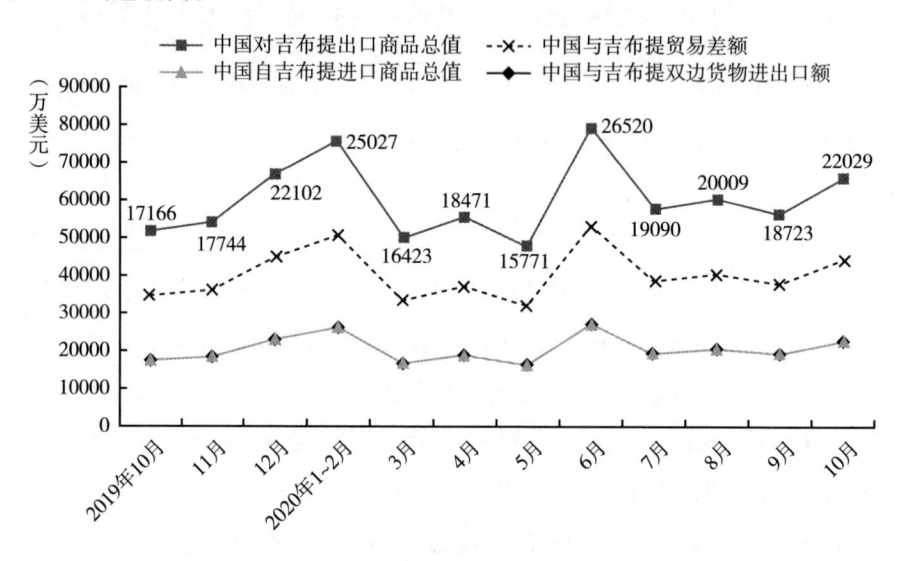

图8　2019年10月至2020年10月中国与吉布提进出口商品总值统计

数据来源：中国海关。

2. 埃及对华关系安全状况较为稳定，未来有望迎来双边投资新高峰

对华关系投资安全指数多年稳定的国家以埃及为代表，虽然地缘政治关系和文化差异导致的双边跨文化交流误解对双边交往有些许负面影响，但因埃及具有一定的教育优势以及开放的国家战略和与中国一定程度上相同的国家利益，中埃在各领域的双边交流与交往十分频繁。中国"一带一路"倡议与埃及国家复兴计划"2030愿景"高度契合，中埃两国经贸往来进一步扩大。2018年，中国成为埃及最大的贸易伙伴国，全年中埃双边贸易总额达138.3亿美元，同比增加27.7%。其中中国出口额同比增加26.4%，进口额同比上升40%。[①]

[①] 中国出口信用保险公司：《国家风险分析报告2019——全球投资风险分析、行业风险分析和企业破产风险分析》，中国金融出版社，2019。

若在数据制作时更多考虑到中埃历史友好关系以及持续大幅上涨的双边贸易投资量，埃及对华关系安全水平评级有望再上一个台阶。持续向好的对华关系安全状态对投资者来说是极大利好。

尽管本报告数次强调数据统计与衡量中可能存在一定的因素比重失衡，但仍然能从指数中发现西亚北非地区整体对华关系安全风险有缓和趋势，以上仅以两个国家为例做了代表性分析。综观其他西亚北非国家，其与华关系日趋紧密，投资市场前景一片大好。

土耳其一直是"一带一路"倡议的积极响应者。2015年11月，习近平主席访问土耳其，两国签署了关于将"一带一路"倡议和"中间走廊"倡议相衔接的谅解备忘录。两年后，土耳其总统埃尔多安来华出席"'一带一路'国际合作高峰论坛"时表示土耳其支持"一带一路"倡议的实施，已经完工的伊斯坦布尔马尔马拉海底隧道、欧亚海底隧道和正在建设的伊斯坦布尔第三机场等设施都是对"一带一路"倡议的补充。

沙特阿拉伯作为对华关系安全评估中的高风险国家，实际上也有着良好的与华关系。汶川地震时沙特阿拉伯是全球对华捐赠数额最多的国家，一直将中国视为其经济转型的关键国家。仅在2017年3月，中国与沙特阿拉伯就签署了首批总额为550亿美元的30个涉及多个行业的产能与投资合作项目；2019年2月，两国又在"中沙投资合作高峰论坛"期间签署了总额为280亿美元的35份投资与产能合作协议。

在实际投资时需要考虑到评估数据展现出来的风险因素，同时也应该看到西亚北非地区与华友好往来的真实案例以及在众多领域中的密切合作关系，全面衡量投资风险，善于投资，敢于投资。

（六）中东欧合作总体向好

与中国签订"一带一路"合作协议的中东欧国家有波兰、立陶宛、爱沙尼亚、拉脱维亚、捷克、斯洛伐克、匈牙利、斯洛文尼亚、克罗地亚、波黑、黑山、塞尔维亚、阿尔巴尼亚、罗马尼亚、保加利亚和北马其顿。

近年来，中国与中东欧国家的贸易合作水平不断提升，主要表现在三方

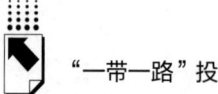

面：一是贸易保持良好增长态势；二是投资规模不断扩大，投资形式多样化；三是基础设施领域合作顺利。

中国提出的"一带一路"倡议引起了许多中东欧国家的强烈反响。一些国家积极参与到"一带一路"的合作建设中，制定了一系列相应的政策，实现与"一带一路"的战略对接，如波兰、塞尔维亚、匈牙利等国家。还有一些国家关注的是"一带一路"建设为其带来的实际经济利益，如捷克、斯洛伐克、克罗地亚、罗马尼亚、保加利亚等国。另外一些国家政府则注重紧跟欧盟的政策导向，对"一带一路"反响不大，主要包括黑山、北马其顿等。可以看到，不同国家对中国提出的"一带一路"倡议响应的积极性不尽相同。大部分中东欧国家政府将"一带一路"看作促进发展的机遇，甚至制定本国政策，更好地有效对接"一带一路"。

中东欧同中国的合作也存在一些挑战。"一带一路"倡议提出时间不算太长，对其效能的了解和研判刚刚起步，因此具体落实到中东欧地区需要进行更深入的沟通协商。在这种态势下，中东欧国家参与"一带一路"建设的主动性较弱，与其他对接性强的国家相比，缺乏直接的联系。除此之外，中东欧地区近几年的发展水平，政治制度方面差异性较大，对"一带一路"倡议的理解大多停留在经济合作层面，其所包含的人文精神并未得到很好的贯彻。这些都是今后"一带一路"倡议在中东欧地区进一步宣传可能遇到的问题。[①]

（七）中亚地区潜力与挑战并存

中亚五国位于欧亚大陆结合部。特殊的地缘位置使该地区成为"丝绸之路经济带"互联互通的核心区。中亚地区还具有矿产资源富集、农牧业较为发达、安全环境复杂及民族宗教多元等特征。因此，该地区"丝绸之路经济带"建设的成败，将对中国周边外交、向西开放与中国西北边疆安

[①] 吕一平：《中东欧对"一带一路"倡议的研判及中国中东欧关系探析》，山西大学硕士学位论文，2018。

全等产生直接且深远的影响。

在政策沟通方面，中国与中亚国家积极对接经济发展战略，协调法律法规，并通过制定区域合作规划和具体落实措施等，为"丝绸之路经济带"建设提供各层面的政策保障。[①]

"一带一路"倡议为中亚地区基础设施建设提供了强大动力。公路、铁路、航空、港口、隧道、管道及与之配套的物流基地、物流园等一批重点项目相继完成或落地。中吉乌国际道路货运2018年2月正式通车，据乌方测算，该线路将使每吨货物运费较此前减少300~500美元。"霍尔果斯—东大门"经济特区陆港货物吞吐量日益上升，实现了中国沿海商品与中亚、欧洲之间的联通。

在人文交流领域，"中亚人文交流与合作国际论坛""丝绸之路国际电影节""丝绸之路国际旅游合作联盟"等有序开展，上海合作组织大学、孔子学院、新丝绸之路大学联盟、中亚学院等平台相继建立。中国还同中亚各国互办"旅游年""文化年""文化日"等，加强与中亚国家社会各领域、各界别与各层次的交往与交流。中国还在中亚各国建立中国文化中心，便于让中亚国家进一步了解中国社会与文化，拉近与当地民众的心理距离。此外，在地方层面，中国同中亚地区国家联系也日趋活跃，如陕西、山东等地近些年分别同中亚国家省市建立了相应级别的友好省市关系。

贸易方面，据中国海关统计，2019年1~5月，中亚双边贸易额为2.72亿美元，同比增长72.15%。其中，中国对中亚出口7922万美元，增长3.66%；自中亚进口1.92亿美元，增长136.52%。[②]

"一带一路"建设在中亚初见成效的同时，也面临诸多挑战。首先，中亚国家内部对"一带一路"建设仍有疑虑。尽管总体上来说中亚各国在国家层面对"一带一路"提供政策支持也积极参与，但在个别国家中些许内部人士仍存有疑虑。由于这些疑虑的存在，"中国威胁论""资源掠夺论"

---

① 曾向红：《"通"中之重："丝绸之路经济带"建设在中亚》，《当代世界》2019年第2期。
② 《2019年1~5月中亚双边贸易额同比增长72.15%》，中华人民共和国商务部，http://am.mofcom.gov.cn/article/jmxw/201907/20190702878797.shtml。

"人口威胁论"等谬论在一些地方仍有市场。

其次,有些西方国家以排他方式整合中亚地区,提出了一系列旨在通过中亚地区联通欧亚大陆的一体化方案。其中,比较具有影响力的构想有美国"新丝绸之路"战略、欧盟"欧洲—高加索—亚洲国际运输走廊"、日本"丝绸之路外交"战略、韩国"丝绸之路快速铁路"构想和俄罗斯"欧亚经济联盟"等。一方面大国之间的良性竞争和必要协调有助于维持该地区的稳定;但另一方面部分构想致力于排斥俄罗斯、中国与伊朗在中亚地区的影响,不仅有损该地区的稳定,而且在一定程度上造成了资源浪费。另外,2016年8月,中国驻吉尔吉斯斯坦使馆遭遇恐袭;2018年10月,塔吉克斯坦北部索格特州首府苦盏市发生监狱暴动。中亚国家面临的非传统安全形势令人忧虑。

四 对华关系安全对策建议

发展"一带一路"共建国家对华友好关系,对外需要政府间积极合作,对内离不开政府政策支持。而作为参与"一带一路"倡议、资金投放的主体,企业自身也应该学会规避风险,以市场为导向,利用信息资源,在遵守国际规范的前提下合理投资,避免在投资活动中因两国关系恶化产生更大损失。

(一)加强国家间政策层面沟通

未来,要加强与"一带一路"共建国家的协同合作,应加大签署投资、税收、金融和研究等方面的双边协定力度和范围的广度,携手搭建跨境经贸合作平台,建设多元化的安全合作机制,抓住重点国家和重点领域,保障双方贸易投资的稳定性和可持续性,降低投资风险,提升对华安全指数,构建以合作共赢为核心的新型国际关系。

1. 积极签署、增订双边投资协定

应根据与东道国的双边投资情况,尤其是针对相关制度环境较差的国家，选择恰当时机与其签订或升级双边投资协定，弥补制度缺位，降低风险，保护中国企业，推动对外直接投资活动开展。中国与大部分"一带一路"共建国家签署双边投资协定的时间较早。随着两国内外环境和双边关系变化，原来签署的双边投资协定部分内容效用减弱或已失去效力，在现今实际操作中显现出的投资保护水平较低。如新加坡、马来西亚、泰国、斯里兰卡、巴基斯坦、印度尼西亚、蒙古国、菲律宾、阿拉伯联合酋长国、沙特阿拉伯等，与中国双边协定签约时间集中在20世纪八九十年代，亟待更新。应根据当前动态变化情况，重新签订原有协定，或增补附加条款，进行升级。另应该积极与相关国家签订司法协助、领事条约、检验检疫等政府间双边协定，携手降低中国企业对外投资准入的风险与成本。

2. 携手打造"一带一路"共建国家经贸合作区

境外经贸合作区，是为支持企业"走出去"开展对外直接投资而在东道国建设的合作园区。目前中国在建和已建经贸合作区，比较有代表性的包括泰国泰中罗勇工业园、巴基斯坦海尔—鲁巴经济区、柬埔寨西哈努克港经济特区、埃及苏伊士经贸合作区、越南龙江工业园、匈牙利中欧商贸物流合作园区、中俄托木斯克工贸合作区等。未来，结合对华关系安全统计数据和实际情况，可以重点考虑在哈萨克斯坦、乌兹别克斯坦、以色列、蒙古国、老挝、越南、柬埔寨、俄罗斯、哈萨克斯坦、土库曼斯坦、波兰、匈牙利、爱沙尼亚等国家拓展建设合作化跨境经贸区，具体又可以根据东道国的资源禀赋情况分成农业加工型园区、加工制造型园区、资源合作型园区、商贸物流园区等不同种类的专业化经贸园区[①]，进而打通"一带一路"共建国家不同境外经贸合作区之间的合作，利用比较优势，携手构建跨区域投资经营承接平台。

3. 加强重点区域对接，深化双边战略关系

应根据对华关系安全等级，关注重点区域和国家，尤其是对华关系投资

---

① 张艳璐：《小国对外战略的逻辑与偏好分析：以波罗的海三国为例——兼论波罗的海三国对华关系和政策的演变》，《俄罗斯东欧中亚研究》2019年第5期。

安全指数极值国家以及样本国家数量极少的区域，联合东道国政府，以区别化的方式方法推进双边战略对接与投资合作。

以东北亚俄罗斯为例，应抓住俄罗斯推进欧亚经济联盟和"东向战略"、蒙古国推进"草原之路"战略的机遇，深化政府间合作，积极扩大双边投资与贸易额度，扩大双边投资与贸易广度。具体来说，如关注俄罗斯东西伯利亚等地区恶劣的自然环境对基础设施建设提出的较高要求，对此可联合企业为其提供过往在基础设施建设方面积累总结出的丰富经验，尤其是与其具有相似地理环境的青藏铁路的建设极具参考价值。中国领先世界的高铁技术、高寒问题的攻克经验，都将是深化双边关系、增进双边友谊的催化剂。

4. 发展战略伙伴关系，建立支点国家

中国的伙伴关系是一种动态发展的合作关系形式，未来应根据国家关系的实际情况和发展方向，发展不同层次的伙伴关系；并根据国家实际需要，适时调整伙伴关系的具体形态，扩大海外投资市场的安全范围。

在具体操作中，可参照中国与东北亚国家的交往进程。自2014年起，中俄全面战略协作伙伴关系进入新阶段；2015年5月，中俄发表《关于丝绸之路经济带建设和欧亚经济联盟建设对接合作的联合声明》；同年7月，中俄蒙元首第二次会晤举行，三国元首批准《中俄蒙发展三方合作中期路线图》，"中俄蒙经济走廊"雏形初现。中俄关系密不可分，在此基础上展开的双边交往活动也日渐增多。

（二）加强对企业的引导

应考虑到当前各国对华关系安全状况，利用税收、补贴、制度规范等硬支撑，结合定向人才、组织接洽等软支撑，引导企业将对外直接投资区位选择重点放在对华关系投资安全指数高的"一带一路"共建国家，遵循适度分散和差异化原则，在保障投资总量持续增加的同时，提升投资质量，引导对外投资空间流向，优化海外投资布局。

1. 灵活运用税收和补贴政策，引导投资者合理布局

可以考虑针对共建国家对华关系投资安全指数的不同等级，划分不同的

核准规范和税收标准。对于安全指数极低的国家进行投资，可以结合具体情况考虑适当保留双重征税；相对的，对于在越南、新加坡、泰国、马来西亚、巴基斯坦、印度尼西亚、土耳其、波兰、阿尔巴尼亚、匈牙利、罗马尼亚等对华关系投资安全指数较高的国家投资的企业，或可考虑推行一定的税收减免。

类似的，可根据企业对外直接投资区位选择意向，给予不同额度、不同类别的补贴。如视情况放宽对外经济技术合作专项资金累计额度限制，简化垫支赔付资金核销程序、提升投（议）标项目标书购置费补贴比重，以及针对整体对华关系安全表现较好的地区设立单独的税收、补贴优惠政策，引导企业向对华关系安全风险较低的国家直接投资并形成聚集。

2. 扩大融资渠道，创新融资方式

鉴于中小企业初始资金体量小，信誉不够高或申请贷款时信誉度评级未达意向区域标准，且银行能够为企业提供的海外贷款支持力度有限等常见现象，应适时考虑采取多种手段，开拓出海投资者融资新渠道和新方式。积极开发"一带一路"金融产品，发挥金融机构和平台的作用，打破旧有的银行借贷依赖局面，鼓励投资者尝试战略纳新，采用股权、债权融资，拓展上市、私募资金等方式，多渠道引资融资，壮大企业资本力量。

3. 提升责任意识，打造中国印象

要引导、帮扶企业在海外投资过程中顺应趋势，响应号召，提升责任意识，打造中国形象。一方面要引导企业坚持走绿色可持续发展道路。了解东道国生态发展状况和环境保护的诉求，将对环境影响、生态补偿和社会责任等方面的评判纳入对外投资企业的考核中，完善其内部治理机制。另一方面，帮助企业根据"一带一路"共建国家的投资环境和舆论风向，调整经营方式和雇佣成分，淡化外资色彩，顺应本地文化风俗，融入当地经济社会发展，提升中国企业形象。同时积极带动当地企业与华交流，推动两地关系进一步深化，助力中国与"一带一路"共建国家实现包容性发展和互利共赢。

4. 完善管理体制，加强投资监管

目前，企业海外投资项目审批难、阻碍多、程序重复的现象仍未得到有效治理。对此，一方面，需要合理管控下级审批部门，进一步简化海外投资的审批程序，使投资人能高效率、低成本、便捷化开展投资；另一方面，结合现存的外汇管制问题来看，要减少对于民营企业出海投资的不合理管制和条约束缚，但同时要严格监管国有企业在海外的投资与运营活动。针对有意向到对华关系风险等级较高、极高国家投资的项目，应进行严格的论证与审查，并且设定专项流程，定期派专员访问考察。不断加强对国有企业的境外监管，完善海外投资企业和项目财务制度，严抓直接投资负责人和相关人员在海外的资产管理。注重项目从计划到实施再到运营全过程的动态考察与管理，敦促投资人合理整顿，提升专业化水平。政府内部可委派部门专员或成立专项小组，并辅以聘请外部机构或专家等手段，与海外投资企业对接，推行"一带一路"投资项目责任制，跟进企业在项目进行中的风险预估和效果论证。

5. 以市场为导向，遵循国际惯例

"一带一路"建设要市场化运作，企业要争取话语权，同时坚持按市场规则和国际惯例规范运作项目，走国际化和本土化相结合的发展道路，树立良好的国际形象，并充分考虑到各个"一带一路"共建国家在全球政治经济形势变化和新冠疫情持续蔓延等挑战下，债务负担加剧的现实。

在资金来源方面，除借助外部条件外，企业自身也应该积极拓宽"一带一路"合作项目的投融资渠道。一方面，尝试中资企业、美欧企业、当地企业三方或多方合作投资，通过合资经营共担风险、共享收益，特别要注重与欧美一流的同行在第三方市场的合作。另一方面，用好中国的商业银行、开发银行、进出口银行以及丝路基金等机构的专项资金，更要通过高质量的合作项目赢得亚投行、世界银行、亚洲开发银行等国际金融机构的青睐。

推进共建"一带一路"意义重大，它深刻反映了对古代丝绸之路精神

的传承发扬，体现了各共建国开放合作的宏大经济愿景，是实行更加积极主动开放战略的具体实践。通过对"一带一路"共建国家对华关系安全评估，从经济、政治、贸易等方面构建起两国关系的框架，将有助于相关企业规避在共建国家投资的风险，更好地发挥国内外各地区比较优势，加强东中西互动合作，深入发展与各共建国家的合作伙伴关系，促进全面释放开放潜力、提升经济开放水平，为国内投资者提供宽领域安全新市场，构建全方位开放新格局。

产业专题
Industry Topics

B.7 "一带一路"共建国家电力行业投资安全分析报告[*]

安 然 焦思盈 张紫钦[**]

摘 要： 本报告简要介绍了全球电力行业及其发展现状，综合阐释了电力行业对外投资安全的影响因素，并依托"一带一路"倡议，详细分析了投资空间格局及重点国别和项目的风险，最后从政策、行业、企业三个层面提出相应管控建议。研究表明，政治、经济、营商环境等国家层面因素以及行业竞争、投资审查、人力资源等行业层面因素对投资安全影响较大。从投资时空格局演变来看，"一带一路"共建国家和地区为

---

[*] 本研究为北京第二外国语学院2020年度校级科研专项（编号：KYZX20A010）"一带一路"互联互通与全球治理研究成果。

[**] 安然，北京第二外国语学院经济学院硕士研究生，主要研究方向为"一带一路"人民币国际化；焦思盈（通讯作者，Jiaosy1996@163.com），北京第二外国语学院英语学院硕士研究生，主要研究方向为"一带一路"人文与外交、语言经济学；张紫钦，英国伦敦大学皇家霍洛威学院学生，北京第二外国语学院中国"一带一路"战略研究院交流人员，主要研究方向为国际商务管理。

电力行业重点对外投资区域，国有企业为主力军，可再生能源为投资趋势。从国别来看，巴基斯坦、委内瑞拉和孟加拉国三国由于电力缺口较大，具有一定的投资潜力，但是投资环境较差；从项目来看，伊江水电站、菲律宾马利万斯煤电站和赞比亚火电站三个重点项目面临的诸如资金回笼以及项目进度等问题加剧了投资风险。

关键词： "一带一路"　电力行业　投资安全

一　行业综述

自"一带一路"倡议提出以来，我国电力企业逐渐走出国门，成为"一带一路"区域基础设施建设的先行者。但是由于电力项目投资金额较大、资金回收期较长，受到政治、经济、资源、环境和政策等诸多因素的影响，因此行业潜在风险点较多而且较为分散。本部分将先介绍全球电力行业发展现状，为后期电力行业投资安全的研究奠定基础。

2020年全球电力行业装机规模保持稳定增长。世界能源结构持续优化，火电占比持续下降，可再生能源占比逐步上升。受新冠肺炎疫情影响，部分地区和发展中国家电力市场需求进一步收缩，中国用电需求相对较高。以下将从电力行业总体发展、发展格局、产业链关键技术以及头部企业四个部分进行阐述。

（一）总体发展

2020年，受新冠疫情影响，全球经济持续低迷，能源供需经受明显冲击。国际能源署（IEA）《电力市场报告2020》[①] 数据显示，2020年全球电

---

① 国际能源署（IEA）：《电力市场报告2020》，https://www.iea.org/reports/electricity-market-report-december-2020。

力消费下降2%，这是自20世纪中期以来降幅最大的一次，远高于金融危机导致的2009年全球电力需求下降0.6%。亚太是拉动电力消费增长的重要力量，其中，中国仍然是用电需求较高的主要经济体。近年来，随着能源结构不断优化，传统火电占比持续下降，可再生能源行业地位逐步提升。2020年全球燃煤发电量下降5%，成为史上最高纪录；而核能发电量2020年全年减少4%；天然气发电量减少2%。

2021年，随着全球经济从疫情当中缓慢复苏，预计全球用电需求也会有所回升，主要依靠新兴经济体特别是中国和印度等国家拉动电力需求市场。2021年煤炭需求预计持续下降，可再生能源预计保持稳健增长，特别是风能和太阳能等清洁能源的电力产出预计持续创新高，全球市场份额从2020年的28%增长至29%。由于法国和日本的经济持续复苏以及中国和阿联酋的新核电站上线，2021年核能发电预计增长2.5%。在发达经济体中，可再生能源和核能的占比持续上升，传统化石燃料的占比持续下降。可持续发展和经济绿色复苏正在成为国际社会的普遍共识。

（二）发展格局

依据电源不同，电力行业可分为火电、水电、核电和可再生能源发电。各种类型电源的资源储量分布与电力发展密切相关，影响行业投资的区域选择。本部分将重点依次介绍各细分电力行业资源储量及发展格局。

1. 全球火电资源储量及电力发展格局

（1）煤炭。《BP世界能源统计年鉴2020》[①] 数据显示，截至2019年底，全球已探明煤炭储量为1.07万亿吨，主要分布在美国、俄罗斯、澳大利亚、中国、印度（见图1）。

（2）石油。根据《BP世界能源统计年鉴2020》数据显示，截至2019年底，全球已探明石油储量为2446亿吨，主要分布在中东、拉美、北美及欧洲部分地区。其中，委内瑞拉、沙特阿拉伯、加拿大、伊朗、伊拉克、俄

---

① 英国石油公司（BP）：《BP世界能源统计年鉴2020》。

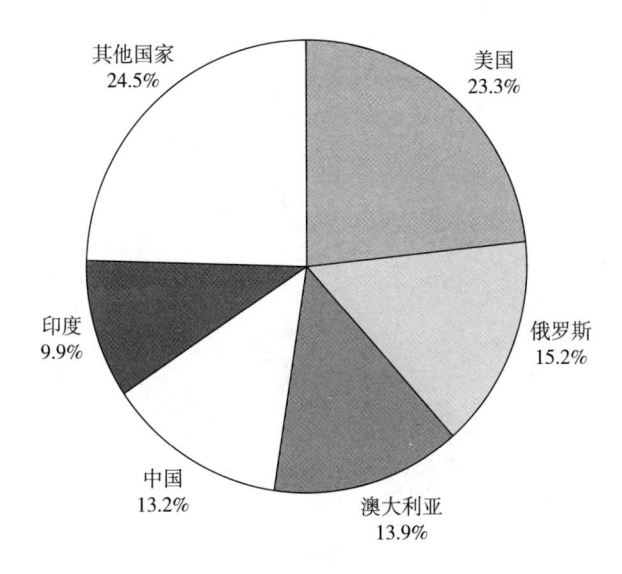

图1 截至2019年底全球已探明煤炭储量

数据来源：英国石油公司《BP世界能源统计年鉴2020》，第44页。

罗斯等国石油储量相对丰富（见图2）。近年来全球石油产量大致呈上升态势，但是2019年产量为44.8亿吨，同比下降0.3%（见图3），其中美国是最大的生产国，俄罗斯、沙特阿拉伯、伊拉克等也是主要的石油供应方。

（3）天然气。截至2019年底，全球已探明天然气储量为198.9万亿立方米，主要分布在中东、独联体国家、亚太、北美，其中，俄罗斯、伊朗、卡塔尔、土库曼斯坦、美国储量较为丰富（见图4）。

为了改善全球气候变暖的严峻态势，2016年签订的《巴黎协定》对各国节能减排提出了具体的行动目标。许多国家为了实现协定的气候目标，纷纷制订了严格的碳排放计划。随着全球碳排放政策持续收紧，全球火电装机容量增速放缓，占比持续下降。尤其在发达国家中，近年来煤电装机容量大幅下降，天然气和可再生能源装机容量大幅上升。欧盟正在经历煤炭退产能阶段，英国、法国、意大利、荷兰、葡萄牙、奥地利、爱尔兰、丹麦、瑞典和芬兰都承诺在2030年前逐步彻底淘汰煤电。根据美国能源经济和金融分析研究所报告显示，截至2020年11月，全球已有130家金

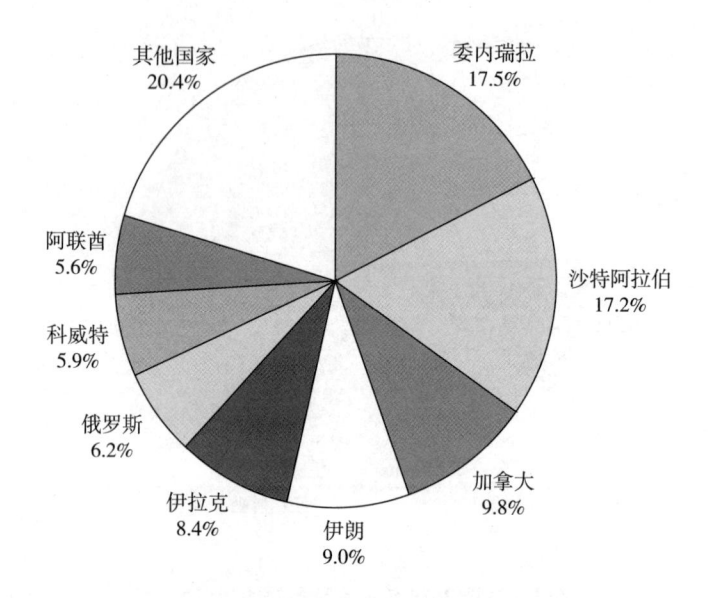

图 2　截至 2019 年底全球已探明石油储量

数据来源：英国石油公司《BP 世界能源统计年鉴 2020》，第 14 页。

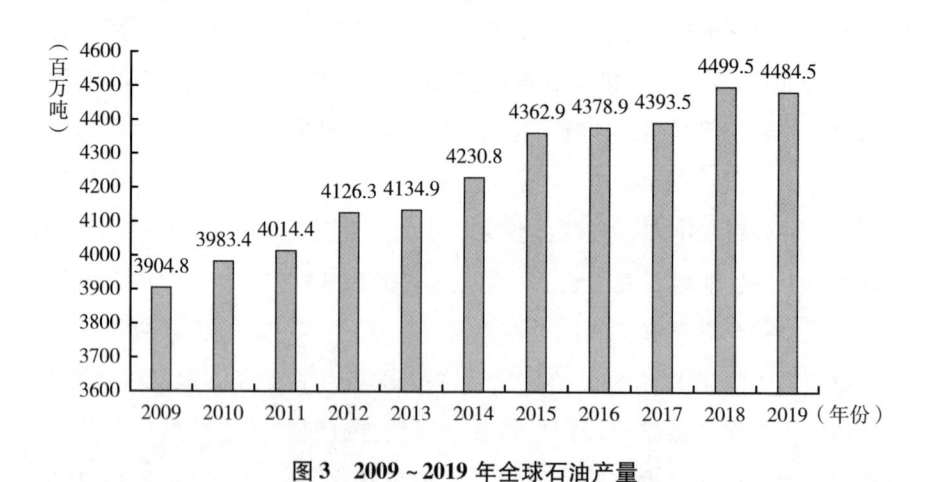

图 3　2009~2019 年全球石油产量

数据来源：英国石油公司《BP 世界能源统计年鉴 2020》，第 17 页。

融机构宣布限制对煤电项目的投资支持，较 2019 年（105 家）同比增长 23.8%（见表 1）。

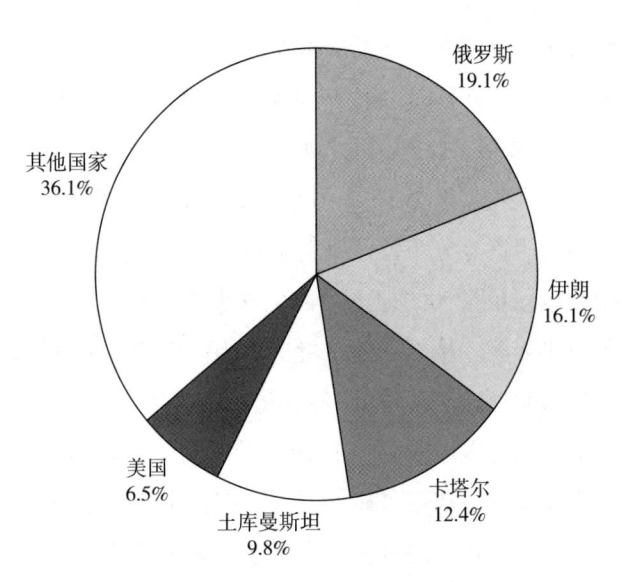

俄罗斯 19.1%
其他国家 36.1%
伊朗 16.1%
美国 6.5%
土库曼斯坦 9.8%
卡塔尔 12.4%

图 4　截至 2019 年底全球天然气储量

数据来源：英国石油公司《BP 世界能源统计年鉴 2020》，第 32 页。

表 1　截至 2020 年 11 月限制煤电项目融资的金融机构

单位：家

国际金融机构类型	数量
多边开发银行	8
出口信贷机构	20
保险及再保险公司	37
跨国金融机构	65
合计	130

数据来源：美国能源经济和金融分析研究所，https://ieefa.org/finance-exiting-coal/#1596145653395-89446f18-be8d1269-34c9。

中国仍为最大的煤电国家，占全球在运煤机组容量的 50% 和在建容量的 48%。2020 年上半年，全球燃煤发电装机容量出现首次下降。2020 年 1~6 月，全球煤电淘汰容量达到 21.2 吉瓦，新增装机容量则为 18.3 吉瓦。[①]

---

① 《2020 年上半年全球燃煤发电装机容量首现下降》，中国储能网新闻中心，http://www.escn.com.cn/news/show-1099835.html。

2. 全球水电资源储量及电力发展格局

英国 Hydropower and Dams 编辑出版的 World Atlas & Industry Guide 提供了最完整的水能资源开发数据。世界水能资源理论蕴藏总量为43.6万亿千瓦时，其中，技术可开发量为15.8万亿千瓦时，经济可开发量约为9.5万亿千瓦时。世界水能资源分布及开发情况具有较大差异。从地区分布看，亚洲是全球水能总蕴藏量最大的地区，占全球水能资源理论蕴藏量的40%多。其次是南美洲和北美洲。从国别分布看，中国、巴西、俄罗斯、印度、印度尼西亚等国家为水能理论蕴藏量排名靠前的国家。[1]

近年来，全球水力发电量保持持续增长趋势。2020年受全球新冠疫情影响，水电行业在提供清洁与可靠能源方面起到了关键作用。随着清洁能源电力需求的增长及行业技术的进步，全球水电装机容量保持稳定增长，较多使用小型水电和抽水蓄能等水力发电设备。但是由于近年来全球频频出现极端天气，高温或者洪涝灾害等给水电供应项目的推进带来极大的阻碍。加之近年来我国不断推动水电工程朝着大型化、清洁高效的方向发展，使相关项目工期延长，影响新增装机容量。

根据国际水电协会发布的《2020年全球水电现状报告》[2]数据显示，截至2019年，全球水电总装机容量达到1308吉瓦，年增长率为1.2%。2019年水力发电的清洁发电量达到创纪录的4306太瓦时，这是历史上可再生能源的最大贡献。根据报告，水电装机地理分布较为集中，主要集中在东亚、南美、南亚和中亚等地区。其中，中国是全球最大的水力发电国，然后为巴西、美国、加拿大、日本、印度等国。

3. 全球核能资源储量及电力发展格局

核电是依靠核燃料的核裂变反应释放核能，通过热交换器制造蒸汽，并带动涡轮机发电的技术，其主要燃料是铀。根据世界核能协会的数据统计，

---

[1] 徐志、马静、贾金生、张莹、王菲：《水能资源开发利用程度国际比较》，《水利水电科技进展》2018年第1期。

[2] 国际水电协会：《2020年全球水电现状报告》，https://www.hydropower.org/news/invest-in-hydropower-to-tackle-coronavirus-and-climate-crisis-impacts。

截至2019年，全球铀产量为54752吨，其中哈萨克斯坦、加拿大、澳大利亚、纳米比亚等地区是全球铀产量最高的国家（见图5）。

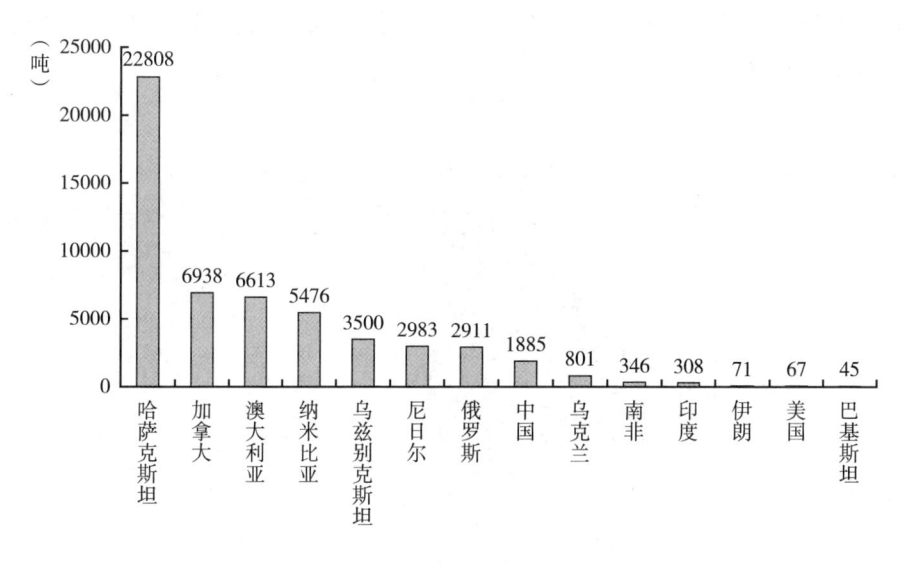

图5　2019年全球铀产量国家排名

数据来源：世界核能协会（World Nuclear Association），https://www.world-nuclear.org/information-library/facts-and-figures/uranium-production-figures.aspx。

核电装机和发电量均呈现上涨趋势。核电属清洁低碳电力，具有资源消耗少、环境影响小和供应能力强等许多优点。自2011年福岛核电站事故之后，出于对核电站的核废料存储安全性的担忧，发达国家不得不重新调整国家核电发展政策。根据《BP世界能源统计年鉴2020》数据，2019年全球核电发电量为2796太瓦时，同比增长3.2%，为2004年以来的最快增长速率。在装机容量方面，根据国际原子能机构最新统计数据，2019年全球核电总装机容量为443吉瓦，新增装机容量为5.5吉瓦。美国核电发电量最高，法国、中国、俄罗斯核电发电量紧随其后。

但是2020年受新冠疫情影响，全球核电需求随即下降。随着可再生能源电力成本降低，2020年可再生能源发电首次超过核电行业的占比，原本占据全球发电总量10.4%的核电行业发展正在面临多重挑战。

4. 全球可再生能源电力发展格局

根据国际可再生能源署数据统计，截至2020年，全球可再生能源发电装机容量达到2799吉瓦，其中非水可再生能源装机容量达到全球占比58.8%（见图6）。

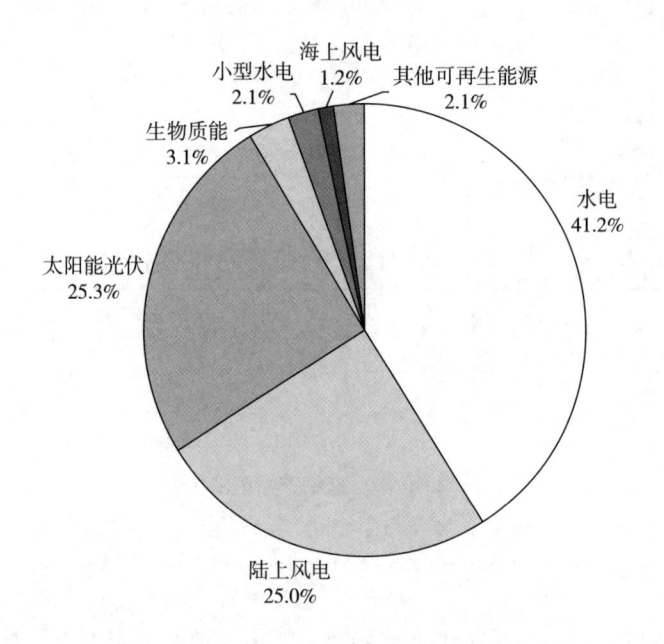

图6 截至2020年全球可再生能源技术分布

数据来源：国际可再生能源署。

- 水电 41.2%
- 陆上风电 25.0%
- 太阳能光伏 25.3%
- 生物质能 3.1%
- 小型水电 2.1%
- 海上风电 1.2%
- 其他可再生能源 2.1%

其中，中国成为可再生能源的领导者。截至2020年，中国可再生能源装机容量排名世界第一，达到925.2吉瓦。[①] 之后是美国、巴西、印度、德国和日本等国（见图7）。随着中国内部能源结构优化，煤炭发电占比持续下降，可再生能源发电占比持续上升。由于具有经济、安全、清洁、技术更新迭代快等优点，可再生能源有望成为未来电力需求市场的主导力量。本部分将着重介绍太阳能、风能和生物质能发电情况。

---

① 国际可再生能源署，https：//www.irena.org/Statistics/View‐Data‐by‐Topic/Capacity‐and‐Generation/Country‐Rankings。

图7 2020年全球可再生能源装机容量国家排名

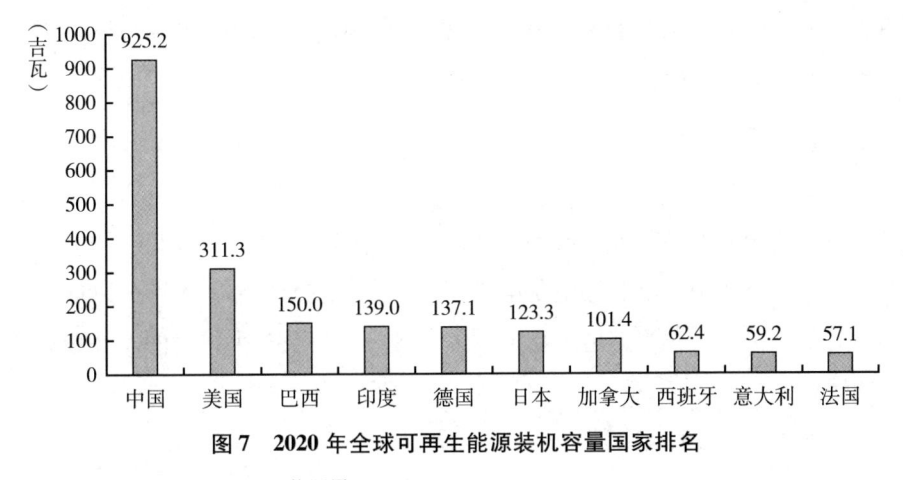

数据来源：国际可再生能源署。

（1）太阳能。截至2020年，全球太阳能装机量已达707.5吉瓦。为了缓和财政压力、提升行业竞争力，全球主要经济体均缩减光伏发电补贴。2018年以后，中国加快推进光伏发电上网平价工作。2020年，国家光伏电价新政落地，分布式补贴下调超五成。

（2）风能。根据比利时布鲁塞尔全球风能理事会（GWEC）发布的《2021年全球风能报告》，2020年是全球风电行业创纪录的一年，全球新增风电装机93吉瓦，同比增长53%。截至2021年3月，全球风电装机量已达743吉瓦。同时，该报告指出，预计未来5年全球风电市场将平均每年增长4%，2025年之前新增装机量超过469吉瓦。[1] 目前全球风电装机需求不断增加，中国和美国仍是全球最大的陆上风电市场。

（3）生物质能。截至2019年，全球生物质能装机量已达124吉瓦。对生物质能发电的政策支持始于美欧等发达国家，经过数十年的发展，生物质能发电技术已经非常成熟，且成为一些国家重要的发电和供热方式。目前，欧盟和美国是引领全球生物质能源的两大经济体。我国对生物质能的开发虽然较晚，但是近几年在国家政策扶持下，我国生物质能源开发利用得以实现

---

[1] 全球风能理事会（GWEC）：《2021年全球风能报告》。

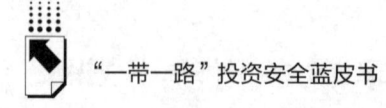

快速发展。同时，国际能源署预测2023年中国或将超越欧盟成为全球最大生物质能电力消费国。

（三）关键技术

在当前全球电力行业的发展格局之下，关键技术的攻关成为各国电力重点发展方向。其中发电和输电是电力产业链中的重要环节，本部分以这两个环节为研究对象，对当前电力行业中的关键技术以及未来技术的发展趋势进行阐述。

1. 发电技术领域

在全球能源低碳化、清洁化的发展趋势之下，目前电力行业中发电环节的关键技术主要集中在新能源发电的推广，对于传统资源则以提高发电效率、降低环境污染为技术进步导向。从具体的发电技术来看，煤电技术向高效率低排放发展的趋势明显，主要通过提高发电效率和材料循环使用来提高清洁度，我国的煤电技术总体已接近国际先进水平。水能发电的技术进步聚焦于与自动化、数字化技术的结合，我国的水电技术包括水坝工程的建设和水电机组及金属结构技术已进入国际领先行列，也已具备自主研制大型水电机组的能力。核能发电中目前第三代核电技术安全性能大幅提升，在核电技术中占主导，而第四代核反应堆技术和小堆技术同时具备安全性、经济性和环保性的特点，发展迅速备受重视，但目前我国第四代核电技术仍处于实验阶段，整体水平低于领先国家。可再生的新能源发电面临的主要问题是复杂多变的自然条件，因此需要预测极端天气等因素，重点突破新能源数值模拟与气象预报技术。另外，对于我国而言，全国范围内部分时段存在弃风、弃光等问题，需要在大容量储能技术上取得核心突破。

2. 输配电技术领域

目前输配电技术领域主要突破方向有两个方面，一是实现大容量、远距离安全输电。目前，大容量远距离输电技术主要包括特高压直流输电技术、柔性直流输电与直流电网等。在特高压交直流输电技术上，我国输电的成套装备已实现国产化，在电压等级、输电距离、传输容量、关键设备等方面不断刷新世界纪录，整体达到国际领先水平。但是输电过程中部分高端装备、少数核心器件的制造技术目前国内尚未完全掌握，需要重点攻关。二是提高配电供需互动能力。随着配电网可再生分布式能源发电的高比例接入、大容量电动汽车充电设施的普遍设立，电网负荷峰谷差更加难以调整，传统的被动型配电网将难以适应这些新的需求与变化，需要采用主动配电网技术解决现代配电网建设中遇到的新问题。

（四）头部企业

作为行业中的佼佼者，头部企业具有强大的影响力与号召力。通过对头部企业的研究可以以小见大，将行业发展现状窥得一二。福布斯以上市公司营收、利润、资产和市值等指标为依据进行企业排名，本部分选择2020年福布斯2000强中前10名的电力企业作为头部企业研究对象（见表2）。整体来看，前10名电力企业全部来自欧美发达国家，显示出其强大的综合竞争力。

表2 2020年福布斯全球2000强榜单电力企业前10名

单位：十亿美元

排名	企业	国家/地区	营业收入	利润	总资产	市值
97	意大利国家电力公司（Enel）	意大利	86.6	2.4	192.4	69.4
112	法国电力集团（EDF）	法国	79.8	5.1	340.4	24.7
120	伊维尔德罗拉公司（Iberdrola）	西班牙	39.7	4.1	136.6	62.5
144	杜克能源（Duke Energy）	美国	25.1	3.7	163.6	62.1
169	爱克斯龙（Exelon）	美国	33.8	2.9	125	36.1
175	南方公司（Southern Company）	美国	20.8	3.5	118.9	60
180	Next Era Energy	美国	17.2	3.5	120.6	113.1
218	意昂集团（E.ON）	德国	45.9	1.8	118	26.1
231	ENGIE	法国	67.2	1.1	179.4	26.2
262	英国国家电网公司（National Grid）	英国	19	1.9	81.7	41.3

二 电力行业对外投资安全的影响因素

投资电力行业具有投资周期长、投资成本高、投资回报率低、电力不可储存等特有的投资风险。近五年来，随着"一带一路"项目的稳步推进，中国企业纷纷"走出去"，其中电力企业对外投资也在稳步发展。"一带一路"共建国家为重点投资区域，市场潜力大，投资前景广阔。当前，"一带一路"共建国家电力缺口较大，人均装机量为330瓦，低于世界平均水平的800瓦，其中南亚人均装机容量水平只有150瓦左右。[①] 中国发电总量很大，发电装机容量已达世界第一，在发电、输电技术等领域都形成了巨大的优势，同时在清洁能源领域具有世界领先的技术。但是中国电力行业的优势主要集中在火电，而"一带一路"大部分共建国家清洁能源资源储量丰富，与我国在电力资源禀赋上形成良好的优势互补。

"一带一路"共建国家虽然资源矿藏等十分丰富，但是同时存在经济结构单一、政治风险突出、经济基础薄弱、基础设施落后等问题，由此限制了能源的开发利用，使电力行业投资面临很多不确定因素。本部分将从国家层面和行业层面两个维度来评估电力行业的投资安全，从而为企业做出投资决策构建风险识别框架。

（一）国家层面

考察一国的投资安全需要多维度进行综合分析，每一维度对投资安全都会产生不同程度的影响。本部分将从国家层面出发，分别从政治局势、经济发展、市场需求、营商环境、对华关系、全球事件、偿债能力以及自然条件八个方面进行阐述。

1. 政局稳定性与政策连续性影响投资项目收益

政治局势或政治环境是对外投资安全不确定因素的最重要来源之一。

[①] 顾欣、张玮强、金杰、刘贞瑶：《"一带一路"倡议下电力互联市场的投资风险研究》，《东南大学学报》（哲学社会科学版）2020年第3期。

在政局比较稳定的国家进行投资，项目受政府更迭、政治腐败以及社会内外冲突影响的风险较低。[①] 反之，在政局较为动荡的国家投资，受政府有效性和政策连续性等因素影响，项目运营稳定性和投资安全性较低。由于电力行业具有投资周期长、投资成本高等特点，建设周期一般为三年到十年不等，在海外投资建厂时需要与当地政府进行政策对接并且遵循合法的开发流程，所以政策的有效性和连续性会直接影响电力投资的项目收益。

2. 经济增长和发展水平高低影响投资预期收益

经济基础反映了一个国家的经济状况是否稳健，主要反映在双边贸易额、通货膨胀率、汇率、GDP 以及市场供需关系等指标上。经济发展状况良好的国家，一般而言具有比较稳定的政治环境和社会环境，通胀率较低且汇率稳定，市场发展潜力大，发展前景比较好。所以，在经济基础比较好的国家投资，项目受资金波动风险较低，从而可以带来比较稳定的预期收益。相反，在经济基础比较薄弱的国家投资，可能受限于比较落后的基础设施建设水平，抑或偏高的通货膨胀率，投资项目收益预计会大打折扣。由于电力行业具有投资成本较高等特点，为了确保能够获得稳定的赢利，在海外投资建厂时需要充分考虑当地的经济环境和通胀率。

3. 电力市场需求大小影响投资前景

电力市场是决定电力行业海外投资是否有投资前景和潜力的重要因素。电力市场一般包括通电率、电气化率、电力需求、电力进口程度以及人均耗电量等指标。[②] 其中，通电率和电力需求两个指标在影响电力投资市场潜力方面占比较大。一方面，电力需求或电力缺口越大、电力供给不足的问题越突出，投资市场潜力越大。另一方面，一个国家的发电能源丰富、人均耗电量大表示该国具有巨大的电力市场投资潜力。电力

[①] 曾芬钰、李格格：《我国电力项目海外投资风险评价研究》，《上海电力学院学报》2019 年第 3 期。

[②] 袁家海、曾昱榕：《基于熵权 Topsis 灰色关联的"一带一路"国家电力投资风险评价研究》，《华北电力大学学报》（社会科学版）2019 年第 3 期。

行业海外投资的特点决定了投资项目需要比较高的投资回报率。因此，在电力市场需求较高的国家进行投资，得益于较大的市场潜力，投资回报率通常比较可观。

4. 营商环境优劣影响电力项目进展

营商环境是影响电力行业海外投资的重要外部条件。根据世界银行标准体系，营商环境主要包括开办企业、办理施工许可、获得电力、登记财产、获得信贷、保护少数投资者、纳税、跨境贸易、执行合同和办理破产十项指标。良好的营商环境可以确保项目的有效管理和顺利实施。由于电力投资项目属于基础设施建设，整个开发过程包括手续的办理、审批等，都需要受到当地政府部门的监管，而且每一步流程都需要按照规定手续来办，所以在营商环境良好的国家投资、开展电力项目，可以确保项目顺利进行。① 鉴于电力行业海外投资周期较长这一风险特征，营商环境状况直接影响项目的初期建设，连带影响整个项目的投资周期长短。

5. 对华关系亲疏影响双边贸易合作

对华关系主要影响东道国与中国的合作情况、投资关系和贸易依存度。良好的双边政治关系有助于降低电力企业投资受阻的风险。具体来说，较近的双边关系有助于提升政策互联互通水平，加大经贸往来力度，从而提升贸易依存度。由于电力行业海外投资属于资金密集型，投资后会形成沉淀资本。对华关系的亲疏在一定程度上影响了东道国的信用等级。近几年来，贸易保护主义、单边主义盛行，贸易摩擦不断升级，地缘政治风险加剧，对海外投资造成了一定的挑战。加之电力行业投资项目的特殊性，相关政策和价格等都需要通过东道国政府制定和执行。在对华关系良好的国家投资，双方政府可以有效对接形成命运或利益共同体，提升贸易和经济的依存度。反之，在对华关系恶劣或疏远的国家中投资，易遭遇地缘政治战略风险，加剧双边关系的脆弱性，从而影响电力项目投资。

---

① 曾芬钰、李格格：《我国电力项目海外投资风险评价研究》，《上海电力学院学报》2019年第3期。

6. 全球事件影响各国经济增长水平

全球事件是大规模影响海外投资行业的不可抗力因素。2020年，受新冠疫情影响，全球经济持续低迷，市场需求大幅下降。疫情引发的社交隔离给生产生活造成了极大的阻力，也极易引发国家之间关系紧张。同时，疫情不可避免地加剧了海外电力投资的风险，例如人员聚集导致的交叉感染风险，抑或劳动力缺乏导致的项目停滞风险，还可能出现整体市场需求下降导致的投资收益风险。由于电力投资具有很强的经济依赖性，社会对电力的需求与经济发展速度呈正相关关系。全球经济因疫情停滞不前，电力需求随即下降，导致电力行业投资前景和潜力受挫。

7. 政府偿债能力强弱影响企业投资安全

偿债能力指标衡量了一国政府的负债状况和偿债能力，以评估一国爆发债务危机的风险。如果一国政府无力偿还债务，甚至爆发债务危机等，将会直接影响企业投资安全。[①] 在偿债能力较强的国家进行电力项目投资，可以有效避免债务危机加剧投资安全风险。反之，在偿债能力较弱的国家进行电力投资，如果当地政府面临比较严重的财政赤字问题，企业也会面临债务危机爆发的风险。考虑到电力行业海外投资的特点，选择偿债能力较强的国家进行投资，可以为项目建设的大环境提供一定的保障。一国的经济发展势头良好，无债务危机等风险，对于电力行业海外投资将起到一定的正向影响。

8. 自然环境与资源禀赋影响投资格局

自然环境因素包括要素禀赋、环境承载力、环境政策等指标。电力项目的投资与自然条件状况良好与否、环境资源和要素禀赋充足与否具有密切联系。一国的发电能源储量丰富、类型多样、自然条件良好，为电力投资项目提供了绝佳的客观条件。反之，一国的发电能源储量贫乏、类型单一、环境承载力差，会增加海外电力投资项目建设的难度以及加剧投资风险。当地政府的环境政策也是项目建设需要考虑的重要因素之一。由于投资国的宏观政

---

① 牛峰、季玉华、郑丹：《我国电力产业海外输出投资风险研究》，《工业技术经济》2019年第9期。

策导向和税收制度受环境约束影响极大,电力投资的可持续发展需要密切关注投资国的环境约束。[①] 自然环境中气候因素也是构成电力投资项目中风险的重要来源。近几年,全球极端天气频发,干旱、地震和洪涝等自然灾害等对水电项目建设构成了极大的威胁。鉴于电力投资项目中投资成本高的风险特征,自然环境资源的状况极易引发投资成本的增加。而且有一些东道国的环境政策趋于紧缩,例如严格限制碳排放量等,对于企业的电力项目建设也是一个巨大的挑战。

(二)行业层面

电力行业对外投资安全的影响因素在微观层面主要表现为整个行业在具体项目的投资中面临的典型障碍,本部分将其总结为行业政策风险、行业竞争风险、运营风险及财务风险四个方面。

1. 环保标准提高压缩传统电力行业市场

众多国家积极响应碳中和的目标,德国宣布最迟将于2038年彻底放弃煤电,并承诺将可再生能源的发电比重从现在的38%提升至2030年的65%;英国决定在2025年前关闭所有煤电设施且有望更早达到目标。在宏观政策的引导下,主要金融机构对煤电的支持力度也会随之变化。当前已有众多大型金融机构公开宣布停止为煤电及相关项目提供金融支持。在此背景下,以煤电为主营项目的公司将面临极大的转型压力,另外,由于"一带一路"地区仍然以廉价稳定的煤电作为发电首选,融资渠道缩窄的背景必然带来更为苛刻的煤电招标模式,在当地投资的煤电企业面临一定的风险。

2. 减少可再生能源优惠已成为全球主流

近年来发电的技术趋势以新能源的规模运用为主线,主要经济体都对新能源行业进行财政补贴,但是优惠政策也带来了逐步加重的财政负担,使电

[①] 袁家海、曾昱榕:《基于熵权Topsis灰色关联的"一带一路"国家电力投资风险评价研究》,《华北电力大学学报》(社会科学版)2019年第3期。

价居高不下。在当前全球经济形势尚不明朗的背景下，减少可再生能源优惠已成为全球主流，多个发达经济体已明确减少相关财政补贴，试图通过引入竞争推动新能源市场化发展，迫使相关企业降低发电成本。

3. 外商投资审查门槛提高，增加投资难度

一方面，部分国家为保护本土电力企业提高电力行业外商投资门槛，从趋紧的投资政策和严苛的行业标准入手增加外资进入难度，对我国电力企业境外建厂造成困扰。另一方面，随着我国电力工程境外投资建厂项目增加、"走出去"的步伐加快，欧美等诸多发达国家对此提高警惕，多次以"国家安全"为由，质疑我国对外投资的意图，提高外商投资的审查门槛。

4. 行业竞争风险加剧压缩营收空间

当地电力市场壁垒高筑及外商投资增加加剧行业竞争风险。在全球能源政策普遍收紧、发达国家电力需求下降等背景之下，电力行业的营收空间被不断压缩，我国对外投资建厂面临激烈的行业竞争风险。一方面，对于电力市场成熟的国家，其电力技术先进、电力资产优良，对于行业的政策和项目运用方式更为熟悉，具备"先天"竞争优势，同时当地政府通过相关政策加以辅助，成为我国进入当地市场的重大障碍。另一方面，随着海外投资的发展，众多国家加入境外投资的行列，电力市场容量有限，而大量电力项目的涌入必然加剧同行间的竞争。

5. 人力资源不足以及劳资纠纷事件影响项目进程

一方面是人力资源数量问题。在对外建厂的过程中，部分欠发达地区劳动力受教育程度不足、劳动效率较低，项目建设中缺乏熟练技术工人，是导致项目工期拖延的重要原因之一。另一方面由于员工不同文化背景的差异或者是薪资待遇问题，可能出现大规模罢工和劳资纠纷事件，给投资方带来一定的损失。

6. 部分技术不成熟以及技术标准的差异增加项目实施难度

电力投资项目工程复杂，目前仍有一些技术处于研究阶段，其大规模应用还不成熟，相应的设备制造、工程施工以及生产运行的能力和经验都不足，可能对项目工程质量产生不利影响。与此同时，我国与众多投资的东道

国在电力市场运行规则和行业标准等方面均存在一定的差异，比如电流的规范电压等，可能对我国投资的电力项目产生负面影响，增加项目工程实施过程中的难度。

7. 民众沟通不畅阻碍项目推进

我国企业在投资项目的管理中习惯于通过政府进行沟通，而电力项目的投资中诸多问题涉及与民众沟通。一是征地移民工作。征地是电力项目的重要组成过程，例如大型水电站的建设中需要大型水库，因此通常要淹没大片土地、迁移众多人口。征地程序复杂，周期较长。而整个过程中当地政府一般仅负责最终的审批和协调工作，因此与民众的沟通尤为重要，处理不善可能造成巨大风险。征地风险在欧美、智利、澳大利亚等土地私有化程度高的地区尤为突出。二是电力工程由于其行业特殊性在建设过程中难免会涉及环境问题。部分地区推崇高环境标准，环保人士及相关民众抗议发电厂的事件时有发生。例如东南亚地区活跃着的国际河流组织对于水电站的建设持负面的态度，并利用媒体对水电站建设对河流的影响进行负面宣传，对水电站投资形成了阻碍。

8. 巨额资金需求和较长的资金回收期增加融资风险

与其他产业投资相比，电力行业由于其自身特性面临更大的融资风险。电力基础设施项目往往规模较大，特别是发电站等设施的投资额可达百亿元人民币。厂房和设备的建设需要大量的资金投入，资金需求量集中在工程前期，且电力基础设施运营时间较长，相比而言回笼资金的速度较慢，进一步增加融资难度。在此背景之下，我国电力企业尤其是民营企业对外投资的项目境外融资渠道较为狭窄，主要是通过当地银行或者全球授信等方式进行融资，叠加汇率和利率的波动性，融资成本进一步提高。

9. 收取电费回笼资金面临困境

境外的电力项目大多是在运作之后收取电费来回笼资金，这种资金回流的方式在多个电力行业绿地投资的项目中面临困境。一方面，由于我国投资电力项目的诸多地区经济不发达、外汇储备较为缺乏，可能会出现延迟支付甚至无能力支付的情况，严重影响境外电力项目的经济收益。另一方面，东道国的电力市场改革影响电价机制，政策端产生巨大的不确定性，以巴基斯坦的风电开发为例，当地的风电价格机制从之前的议价调整为预设电价，使电价水平逐步降低，对投资方的项目收益产生巨大影响。

三 中国对"一带一路"共建国家电力行业投资态势及安全分析

上文对电力行业对外投资安全的影响因素进行了归纳，在此基础上本部分结合具体情况对"一带一路"电力行业的对外投资态势和投资安全进行分析。首先，从投资时空格局演变的视角对电力对外投资的发展态势进行整体把控。其次，结合重点国家的具体政治、经济、政策等情况，将风险因素落地，探讨不同国家背景下的电力投资安全。最后，以典型项目为例，总结出各类投资项目中的特定风险。

（一）投资时空格局演变

随着"一带一路"倡议的稳步推进，我国电力行业对外投资呈现持续增长态势。从时间上看，我国对"一带一路"投资流量和投资存量大致呈现增长态势；从空间上看，电力行业对外投资重点区域为"一带一路"共建国家，整体向发展中国家和新兴经济体转移。本部分将从投资总量、重点投资区域、投资模式以及未来发展趋势四个方面详细阐述时空格局演变。

1. 2013~2019年我国对"一带一路"共建国家投资稳步增长

首先，从全球范围看，2013~2019年，中国企业对电力生产和供应业的对外投资大体保持增长态势。从投资存量上来看，2019年中国在电力、热力、燃气及水的生产和供应业对外直接投资存量为330.6亿美元，2019年出现小幅度下降，同比下降1.9%（见图8）。

其次，从"一带一路"地区来看，截至2019年末，中国境内投资者在"一带一路"的63个共建国家设立境外企业近1.1万家，涉及国民经济18个行业大类，当年实现直接投资186.9亿美元，同比增长4.5%（见图9），

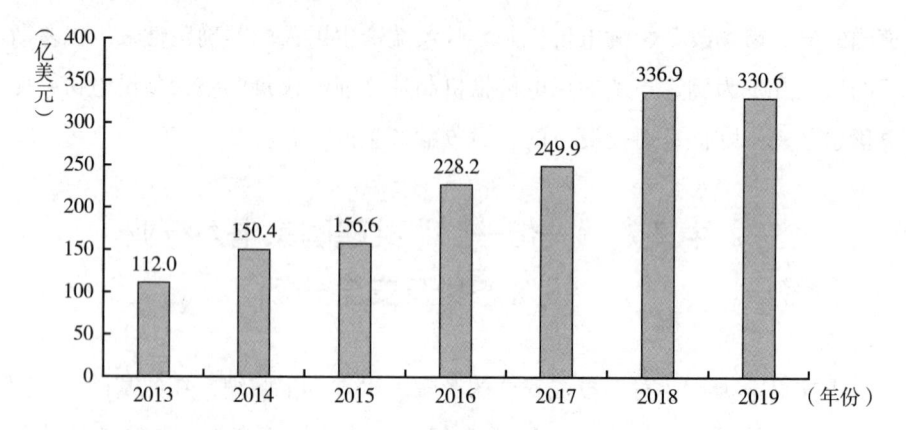

图 8　2013～2019 年各年末电力、热力、燃气及水的生产和供应业对外直接投资存量

数据来源：商务部、国家统计局、国家外汇管理局《2019 年度中国对外直接投资统计公报》，中国商务出版社，2020，第 62 页。

占同期中国对外直接投资流量的 13.7%。其中，从行业分布情况来看，2019 年电力生产和供应业为 13.4 亿美元，占同期中国对"一带一路"直接投资流量的 7.2%；2018 年电力生产和供应业为 16.8 亿美元，占同期中国对"一带一路"直接投资流量的 9.4%。

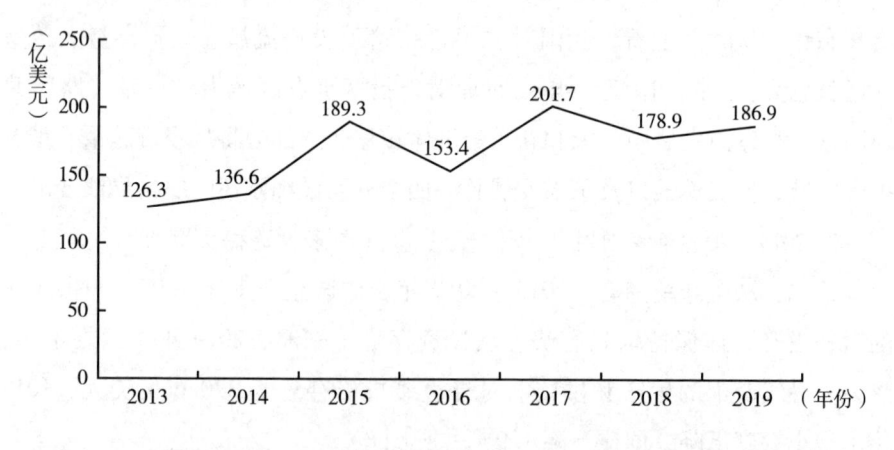

图 9　2013～2019 年中国对"一带一路"直接投资流量

数据来源：商务部、国家统计局、国家外汇管理局《2019 年度中国对外直接投资统计公报》，中国商务出版社，2020。

2. "一带一路"共建国家和地区为电力行业重点对外投资区域

中国企业电力对外投资合作地理分布广泛,"一带一路"共建国家和地区是重点投资区域。根据《2019年度中国对外直接投资统计公报》数据,2019年末,中国对"一带一路"共建国家的直接投资存量为1794.7亿美元,占中国对外直接投资存量的8.2%。按照投资存量看,位列前十的国家分别是新加坡、印度尼西亚、俄罗斯、老挝、马来西亚、阿联酋、哈萨克斯坦、泰国、越南、柬埔寨(见图10)。

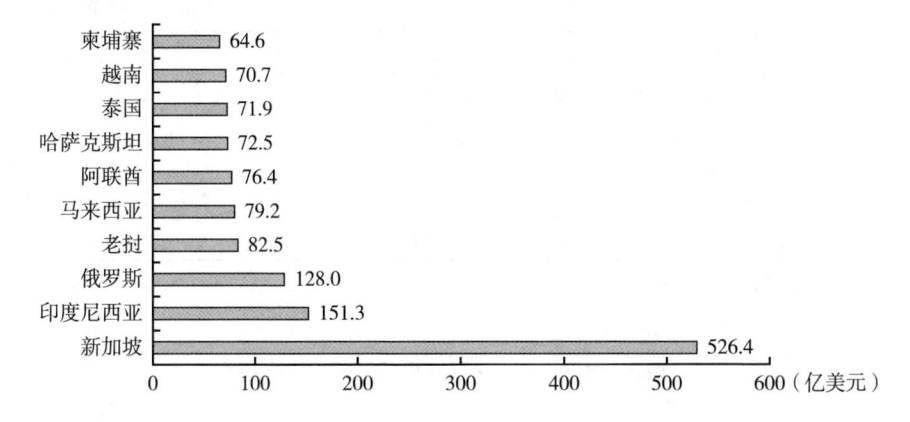

国家	投资存量(亿美元)
柬埔寨	64.6
越南	70.7
泰国	71.9
哈萨克斯坦	72.5
阿联酋	76.4
马来西亚	79.2
老挝	82.5
俄罗斯	128.0
印度尼西亚	151.3
新加坡	526.4

图10 2019年末中国对"一带一路"共建国家直接投资存量排名前十国家

数据来源:商务部、国家统计局、国家外汇管理局《2019年度中国对外直接投资统计公报》,中国商务出版社,2020,第68~69页。

在2019年中国对东盟直接投资的主要行业中,电力、热力、燃气及水的生产和供应业的投资存量占比位列第四(约95亿美元),主要分布在新加坡、缅甸、印度尼西亚、柬埔寨、老挝。相比之下,在2019年中国对欧盟直接投资的主要行业中,电力、热力、燃气及水的生产和供应业的投资存量占比位列第八(约21.7亿美元),主要分布在卢森堡、西班牙、德国、意大利。"一带一路"地区大多是发展中新兴经济体,随着近年来城市化发展加快以及人口增长,受落后的电力基础设施影响,国内电力供给普遍处于短缺状态,需要大量的后续建设,这给中国企业投资海外电力行业提供了广阔的前景。

近年来"一带一路"共建国家的电力需求保持高速增长。根据国际能源署测算,截至 2020 年,共建国家发电量比 2016 年高出约 70%。根据《中国对外承包工程发展报告(2019~2020)》①数据,截至 2019 年,电力工程建设领域业务前十市场排名大多数为已同中国签订共建"一带一路"合作文件的国家(见表 4、表 5)。

表 4　截至 2019 年电力工程建设领域新签合同额排名

单位:亿美元

排名	国家	新签合同额	排名	国家	新签合同额
1	孟加拉国	95.5	6	菲律宾	22.9
2	印度尼西亚	69.1	7	尼日利亚	18.2
3	巴基斯坦	57.2	8	沙特阿拉伯	17.5
4	伊朗	29.5	9	印度	16.8
5	越南	25.2	10	哈萨克斯坦	16.6

数据来源:商务部、中国对外承包工程商会《中国对外承包工程发展报告(2019~2020)》。

表 5　截至 2019 年电力工程建设领域完成营业额排名

单位:亿美元

排名	国家	完成营业额	排名	国家	完成营业额
1	巴基斯坦	55.3	6	伊拉克	15.8
2	越南	25.7	7	沙特阿拉伯	13.1
3	印度尼西亚	21.9	8	安哥拉	12.1
4	老挝	19.9	9	阿拉伯联合酋长国	11.4
5	孟加拉国	18.9	10	阿根廷	10.1

数据来源:商务部、中国对外承包工程商会《中国对外承包工程发展报告(2019~2020)》。

3. 工程承包模式稳步发展,国有企业为主力军

境外工程承包是中国电力企业"走出去"的重要方式之一。工程承包模式适用于电力基础设施比较落后的国家,可以解决东道国的技术、资金困难等问题,东道国对此接受度比较高。根据《中国对外直接投资供给公报

---

① 商务部、中国对外承包工程商会:《中国对外承包工程发展报告(2019~2020)》。

2020》数据，截至2019年末，中国境外企业在电力、热力、燃气及水的生产和供应业行业有726家，占比为1.7%。除此之外，根据《中国对外承包工程发展报告（2019~2020）》数据，2019年我国企业在境外电力工程建设领域新签合同额达548.9亿美元，同比增长18.3%，占年度对外承包工程新签合同总额的21.1%；完成营业额328.4亿美元，同比增长11.1%，占年度对外承包工程完成营业额的19.0%。

境外电力项目工期及成本回收周期长、大型化趋势明显，央企、国企等大型企业在资金、技术、人力资源等方面具有显著优势，仍然是境外电力项目工程建设的主力军。根据2020年度美国《工程新闻纪录》（ENR）全球最大250家国际承包商榜单，中国电力建设股份有限公司位列全球电力工程建设企业第一，中国能源建设股份有限公司、中国机械工业集团有限公司、中国中原对外工程有限公司也进入榜单前十强，分列第三、第五和第六位。[1]

4. 世界能源结构转型，可再生能源成为发展趋势

目前，中企在境外开展电力工程建设业务涉及火电、水电站、输配电工程、新能源（太阳能发电站、风力发电站）、电站运营维护等领域项目。根据《中国对外承包工程发展报告（2019~2020）》，所有电力工程建设业务中火电业务占比最高，2019~2020年新签合同额为237.4亿美元，同比增长83.4%。

目前，世界能源体系正在历经重构，向多元化、清洁化、低碳化转型。不可再生能源比例下降，同时可再生能源发电的比例将进一步提升。据英国石油公司发布的《世界能源展望2020》，未来石油需求将大幅下降，2019年或成为全球石油需求峰值；天然气需求更具有韧性，全球对天然气的需求在未来30年将持续增加，预计最后在能源结构中占比达到1/3；风能和太阳能等清洁能源增长最快。未来30年，可再生能源或成为增长最快的领域。

---

[1] "ENR'S 2020 Top 250 International Contractors", https：//www.enr.com/toplists/2020 - Top - 250 - International - Contractors - Preview.

（二）重点国别电力行业投资安全分析

我国目前在"一带一路"的电力投资主要集中在东南亚、南亚、西亚、中东欧、欧洲、非洲等地区。考虑到投资安全指数，不同国家之间具有显著差异。此处重点分析巴基斯坦、孟加拉国、委内瑞拉电力行业的投资安全。

1. 巴基斯坦电力行业投资安全分析

电力供应不足一直以来都是困扰巴基斯坦国内民生和经济社会发展的难题。巴基斯坦是"一带一路"重要共建国家。随着"中巴经济走廊"项目的持续推进和陆续投产，巴基斯坦的电力行业发展状况逐渐改善。截至2020年9月，"中巴经济走廊"19个电力项目中已有9个投产运营，总装机达532万千瓦。① 以下将基于上述风险来源，根据巴基斯坦国情进行详细的投资安全分析。

（1）政府执政水平有待提升，影响投资收益。目前，巴基斯坦正义运动党虽然执政形势稳固，但是政府对于电力行业的治理水平却有待提升。具体表现在两方面，第一，总理任命多名内阁成员共同管理电力部，导致电力部门权责不明，主管人员各自为政、政令混乱，政治局面的稳定性和政策的连续性得不到保障，影响电力投资的收益。第二，正义运动党主张顺应民意，倡导廉洁政府、推动治理改革和注重改善民生。现任政府自2018年上台以来，不断指责前政府制定的购电协议、电价政策、电价核定标准不合理，扩大了"三角债"的规模。因此，为推动国内电力行业改革，正义运动党政府着手与当地电力企业签署备忘录，并完成购电协议的修订。此项重大的政策变更降低了当地电价，对占全国发电量三分之一的"走廊"项目造成影响，导致无法覆盖项目成本，从而减少投资者的投资回本。

---

① 肖欣、王哲、张慧帅：《"中巴经济走廊"电力投资项目运营风险评估》，《国际市场》2020年第6期。

(2) 经济形势总体向好，外资吸引力增加。从 2015 年起，巴基斯坦 GDP 连续四年增幅超过 4%，经济形势总体向好。而且，近年来，巴基斯坦政府推行广泛的结构改革，改善投资环境，大力吸引外资。2017 年 7 月至 2018 年 6 月，外国直接投资额为 27.6 亿美元。[①] 但是，巴基斯坦长期存在出口增长乏力、贸易逆差升高以及货币贬值等问题。巴基斯坦卢比 2020 年比 2015 年贬值 60%，虽然"中巴经济走廊"的电力企业正在力推巴中央银行改"按需购汇"为"实施购汇"，但是尚在建设中的项目应做好货币贬值造成侵蚀投资收益的准备。

(3) 电力市场缺口较大，投资前景良好。近几年来，随着"中巴经济走廊"电力项目的不断扩大和持续投产，巴基斯坦电力供需矛盾趋缓。由于社会对电力的需求与经济发展速度呈正相关关系，巴基斯坦经济持续增长使电力市场缺口较大。虽然发电装机量快速增长，但是受困于电源结构不合理、偷漏电现象严重以及输配电线损率高等问题，电力消纳的困难逐渐凸显。

(4) 营商环境排名较低，阻碍项目进展。根据世界银行发布的《2020 年全球营商环境报告》（Doing Business 2020）排名，巴基斯坦营商环境总体得分为 61.0，排在第 108 位，较 2019 年的第 136 位上升了 28 位。巴基斯坦的行政效率总水平较低，开办企业手续办理时间较长，并且政府财政赤字较为严重，可能会对项目建设初期推进造成一定的影响。

(5) 对华关系较好，有利于双边贸易合作。"中巴经济走廊"已建成的项目，为巴基斯坦人民带来了大量的就业和经济发展机会。巴基斯坦国家领导人及多位官员高度评价"中巴经济走廊"对于推动巴方经济发展作用明显，并且希望继续发挥"走廊"的旗帜和标杆作用。巴基斯坦对华关系较为密切，地缘政治风险较低。

(6) 新冠疫情损害经济发展，政府保证项目不受影响。巴总理新闻事务特别助理、"中巴经济走廊"事务局主席阿西姆在出席巴基斯坦重型机械

---

① 《巴基斯坦》，中国一带一路网，https：//www.yidaiyilu.gov.cn/gbjg/gbgk/11084.htm。

厂同中国相关企业投资、技术合作签约仪式的致辞中，表示巴政府高度重视中巴"一带一路"合作和"中巴经济走廊"建设，将保证走廊建设不受疫情影响，优先实施并尽快推进。"中巴经济走廊"第二阶段重在加强中巴产业、产能合作，提升巴经济的自主发展能力。[①]

（7）三角债问题难以根除，影响资金回笼。三角债是长期困扰巴基斯坦电力行业发展的难题。截至2020年2月，电力三角债总额达到124亿美元。简单来说，造成电力三角债的原因大致有三。第一，电源结构不合理。巴基斯坦主要依靠进口燃油燃气发电，发电成本偏高，使巴电力部门循环债不断升高。第二，电价倒挂。电价长期无法覆盖实际发电成本，即使上调用户电价也无法改善电力行业依赖政府财政补贴的状况。第三，设施落后与偷漏电行为多发。发电设施落后老化，政府电力管理混乱，电力线损水平过高。电力三角债成因错综复杂，导致债务前清后欠、恶性循环，已成为该国难以根除的长期顽疾，是历届政府的心头大患。[②] 截至2020年6月，"中巴经济走廊"已投产电力项目电费回收整体比例仅为81%。

（8）持续改善不合理电源结构，改善投资格局。巴基斯坦的电源结构分配不合理，主要依靠燃油和燃气发电，燃煤发电占比偏低。然而巴基斯坦境内的石油和天然气资源又比较匮乏，导致过度依赖进口，外汇储备消耗迅速。得益于"中巴经济走廊"的能源项目建设，为了降低发电成本、提升能源安全，巴基斯坦政府开始逐渐提升对本国煤炭资源的重视程度和投入力度。近年来，经过政府不断努力，巴基斯坦电源装机结构持续优化，燃油发电比例大幅降低。2019年巴基斯坦国家电力管理局公布的发电数据显示，燃油发电从2018年8月的16.4亿度下降到2019年8月的5亿度，占比则从11.73%下降到3.6%。同时，燃煤发电从无到有，比例大幅上升，全部来自萨西瓦尔和卡西姆两大燃煤电站。

[①] 《中巴经济走廊事务局主席：走廊进程不受疫情影响》，中国一带一路网，https：//www.yidaiyilu.gov.cn/xwzx/hwxw/133017.htm。

[②] 肖欣、王哲、张慧帅：《"中巴经济走廊"电力投资项目运营风险评估》，《国际市场》2020年第6期。

2. 孟加拉国电力行业投资安全分析

孟加拉国人均耗电量低，国家整体长期处在电力供应不足的状态，全国尚有10%的人口未实现电力覆盖。由于社会对电力的需求与经济发展速度是同向发展的，电力短缺是制约孟加拉国经济社会发展的瓶颈。电力是孟加拉国政府重点发展的行业，孟加拉国为保持年均不低于6%的经济增长速度，并且实现2021年全国民众都能获得电力供应的目标，正在努力增加电力供应和扩大电力输送网络。孟加拉国政府积极出台政策，通过PPP、RPP、IPP等方式推动电力行业发展，以实现到2021年装机总容量达24000兆瓦以及到2030年装机总容量达40000兆瓦的目标。① 中企可以抓住孟加拉国大力发展煤电、核电、新能源发电，进行电网升级改造等发展机遇，积极参与孟加拉国电力工程建设，带动超高压输变电设备、特高压设备、光伏电池组件、核电技术等新型电力设备和技术出口。下文将基于前文所述八种风险来源，根据孟加拉国国情进行详细的投资安全分析。

（1）政局不稳定，影响投资收益稳定性。孟加拉国实行议会制，以总理为首的内阁和以总统为象征的国家元首形成了"对抗政治"。双方政治力量的博弈造成了孟加拉国政治局面不稳定、政策不连续。而且，孟加拉国经常爆发群众游行罢工，严重扰乱社会公共秩序，经济活动也随之受到较大影响。此外，孟加拉国的法律体系并不健全，法院案件审理效率低、执法不力，尤其是对于海外电力投资行业更是如此，加剧了跨国金融交易的风险。

（2）经济持续增长下通胀率较高，影响预期成本。孟加拉国的经济基本面较差。世界银行发布的数据显示，近十年来，孟加拉国经济持续稳定增长，GDP年增长率维持在6%以上，但是通胀率较高，货币贬值严重，实际购买力降低，意味着项目很难收回预期成本。2019年，孟加拉国年平均通货膨胀率为5.59%，较2017/2018财年的5.8%通胀率有所回落。

（3）电力供应不足、设备落后，企业面临额外成本。孟加拉国电力短

---

① 《2020年对外投资合作国别（地区）指南——孟加拉》，中国一带一路网，https://www.yidaiyilu.gov.cn/zchj/zcfg/159148.htm。

缺问题严重，人均耗电水平远低于周边国家。这是孟加拉国资金不足、输配电装备技术落后、电站设备老化等基础设施不完善造成的。世界银行2014年发布的报告中提到，2014~2019年，孟加拉国在基础设施建设方面需要的投资金额为740亿~1000亿美元，其中110亿~165亿美元用于电力行业发展。

（4）营商环境较差，拖延项目进程。根据世界银行发布的《2020年全球营商环境报告》（Doing Business 2020）排名，孟加拉国营商环境总体得分为45.0，排在第168位。孟加拉国存在严重的官员腐败、审批手续烦琐以及办事效率低下的现象。根据总部位于德国柏林的"透明国际"公布的"2019全球清廉指数"报告，孟加拉国在全球180个国家和地区中排在第146位。[①] 在孟加拉国投资电力行业，需要做好应对腐败现象风险的准备。然而，从投资环境而言，孟加拉国的优势主要体现在政府重视、政策优惠、经济增长较快、市场潜力较大、劳动力资源充足且价格低廉等方面。

（5）对华关系较好，双边贸易持续增长。孟加拉国与中国建交后，两国间一直保持友好合作的关系。双方在政治、经济、军事、文化等领域进行了卓有成效的合作，在一些重大国际问题和地区性问题上看法基本一致。两国元首多次互访，推动建立更加紧密的全面合作伙伴关系。

（6）新冠疫情冲击电力部门，市场需求风险上升。全球疫情蔓延给孟加拉国电力部门造成了比较严重的财政损失。据统计，受疫情隔离影响，电力的主要消费者——工厂和商户大多被关闭，导致孟加拉国电力需求大幅下降。在孟中资企业可能会面临市场需求下降的风险，并且需要提前规划，制订详细工作计划，做好应急预案。

（7）政府债务比例持续上升，影响项目资金安全。截至2018年6月底，孟加拉国外汇储备为329.43亿美元。孟加拉国在历史上未发生国家主权违约的情况。受疫情影响，孟加拉国债务占GDP比例升至40%以上，该

---

① 《透明国际》，https：//www.transparency.de/cpi/cpi-2019/cpi-2019-tabellarische-rangliste/。

比例2019年底为36%，孟因疫情引起的借贷大增，可能升至41%，超出债务与GDP比例40%的安全阈值。其中，孟政府抗疫纾困系列举措共花费10311.7亿塔卡，占GDP比例的3.7%，为亚洲第二、南亚第一。在孟投资的中资电力企业可能会面临政府债务过高而无力偿还的安全风险。

（8）能源结构单一，企业面临环境风险。燃料制约是限制孟加拉国电力行业发展的资源因素。目前，孟加拉国主要的工业能源为天然气，其使用比例在所有工业能源中占75%，主要用于天然气发电站和天然气化肥厂。[①]据官方统计，孟加拉国已探明的天然气储量最多可维持供应40年左右，能源危机成为政府急需解决的首要问题。除天然气外，开发煤炭发电是能源多元化改造的另一重要途径，也是未来投资的重要趋势。由于地理、自然环境以及人口众多等因素，孟加拉国受环境影响较大，对环境保护较为重视。在孟加拉国投资电力行业，需要考虑资源开发的环境成本。

3. 委内瑞拉电力行业投资安全分析

近年来，由于委内瑞拉政治和经济陷入困境，阻碍电力行业全面发展规划的实施，许多项目工程处于停工或者待修复状态，未能如期完工。根据商务部发布的《对外投资合作国别（地区）指南——委内瑞拉》2019年版数据，委内瑞拉共有发电厂45座，总装机容量达29370兆瓦，其中水电15136兆瓦、火电14200兆瓦；现实际总发电量为11800兆瓦，其中水电9700兆瓦、火电2400兆瓦。[②]目前装机容量可以满足国内需求，但是输变电系统落后。2009年10月，委内瑞拉政府正式成立国家电力部，然而，由于管理能力缺失、财政拨款不足、内部腐败等，委内瑞拉电力系统运营仍然存在较多问题。

委内瑞拉石油资源丰富、市场潜力较大、地理位置优越，辐射范围包括加勒比和中南美洲各国。委内瑞拉政府对社会住房、电力等民生领域投资较大，中企可以借此机会进入委电力行业。下文将基于前文所述八种风险来

---

① 李辉：《孟加拉国燃煤电站项目发展前景》，《国际工程与劳务》2016年第4期。
② 《2019年对外投资合作国别（地区）指南——委内瑞拉》，中国一带一路网，https：//www.yidaiyilu.gov.cn/zchj/zcfg/117586.htm。

源，根据委内瑞拉国情进行详细的投资安全分析。

（1）内外政局不稳，牵连国际投资业务。2019年初，马杜罗总统宣誓连任，全代会主席瓜伊多宣布自任"临时总统"，反对派连续举行大规模示威游行，委朝野矛盾进一步激化。2019年下半年以来，委反对派内部丑闻频发，民意跌至谷底，在朝野对抗中日渐处于下风。整体上，委内瑞拉执政党控局有力，委"朝强野弱"格局进一步稳固，有望进一步降低在委电力行业投资风险。但是，美国对委经济、金融等制裁逐渐加码，推翻马杜罗政府的企图并未改变，马杜罗政府仍然面临严峻复杂的外部不确定因素。在委外资工程承包商大部分为跨国企业，为避免国际业务受制裁连带影响，纷纷撤离或停止作业。①

（2）宏观经济下行，加剧工程款回收风险。近五年来，委内瑞拉宏观经济呈下行趋势，GDP增长率为负，2020年GDP下降约25%。委内瑞拉为石油食利型单一经济结构，外汇收入98%来自石油出口，政府收入60%以上来自石油产业。2019年，为改善经济状况，委内瑞拉政府出台了一系列经济改革措施，包括加大金融改革、调整财税政策、促进外贸畅通、放松物价管控等，但是因为委经济结构过于单一，宏观经济仍处困境。由于美国等西方国家对委的金融制裁，委内瑞拉国企账户无法正常对外支付美元和欧元，工程款回收风险进一步加剧。

（3）电力供应不均衡、设备缺乏维护，提高投资成本。委内瑞拉国内电力分布不均衡，东部地区以水力发电为主，供应全国67%的用电，出口巴西；西部地区以火力发电为主，因设备老化、缺乏维护，发电能力不足装机容量的20%，部分用电需要从哥伦比亚进口，与其他国家的电网联系较少，还未实现很好的互联互通，断电事故频发。委内瑞拉电力供应有季节性，旱季时全国大部分城市分区拉闸限电。而且委内瑞拉输发电设备老化，缺乏资金支持，导致电力系统性风险和隐患短期内难以消除。在委投资的中

---

① 商务部、中国对外承包工程商会：《中国对外承包工程国别（地区）市场报告（2019～2020）》。

企可能面临出现电力事故的风险,以及为维护输发电设备而增加的投资成本。

(4)营商环境较差,影响项目投资进程。根据世界银行发布的《2020年全球营商环境报告》(Doing Business 2020)排名,委内瑞拉营商环境总体得分为30.2,排在第188位。从政务环境来看,委内瑞拉朝野对抗和美国制裁仍然是影响营商环境的重要因素。在委内瑞拉国内,反对派人士、全国代表大会主席瓜伊多宣布不承认马杜罗总统,自行出任"临时总统"、组建"过渡政府",朝野对抗急剧升级。国际方面,按照奥巴马总统令实施制裁中的规定,2015年美国以侵犯人权和迫害政治对手的名义,对数名委内瑞拉高官发起制裁。根据白宫最新消息,美国对委内瑞拉的制裁将延长到2022年3月。从社会环境来看,委内瑞拉社会治安不靖,盗抢事件频发,在委承包电力工程项目企业安保成本和风险持续增加。此外,"透明国际"2019年排名,在177个国家和地区中,委内瑞拉廉洁指数排在第160位。

(5)对华关系友好,增加投资安全性。中国和委内瑞拉外交关系发展顺利,委方对我国"一带一路"倡议持积极态度。2018年9月14日,中国与委内瑞拉签署关于共同推进"一带一路"建设的谅解备忘录。近年来,中国企业在委内瑞拉开展多项合作项目,包括中国能建承建委内瑞拉EPC项目、中国一冶与委签署的第二条球团生产线项目以及中国医药向委内瑞拉卫生部提供医疗卫生产品的项目,帮助委内瑞拉摆脱依赖石油出口的单一发展模式、实现经济转型,技术实力和装备水平皆受到委方高度赞赏和普遍认可。中委合作前景广阔。

(6)新冠疫情干扰经济发展,影响项目收益。受新冠疫情影响,委内瑞拉经济状况持续下滑,通货膨胀加重、失业率大幅上升,加剧了委内瑞拉的贫困现状。目前中企的在建电力项目可能会面临比预期收益低的实际收益。虽然世界各国的经济逐渐从疫情中缓慢复苏,但是也不可避免地拉长了投资的周期,延长了投资的资金回笼周期。

(7)政府财务收支状况比较差,造成支付延误。由于委内瑞拉是石油食利型国家，政府财务状况很容易受到国际原油价格波动影响。2020年，受新冠疫情影响，国际原油价格波动较大，一度跌至负值，委内瑞拉政府和国有企业的财务收支状况急剧恶化，难以按时支付工程建设费用。中资企业可能会遭遇支付延误。

（8）自然资源丰富，环境法律健全。委内瑞拉石油、天然气、铁矿、黄金、煤炭等资源非常丰富，其中石油储量居世界首位，可采储量为3000亿桶。天然气和煤炭储量皆居世界前列。委内瑞拉政府对环境保护要求较高，相关法律体系比较健全，执法较严。在委中资企业可能需要面临环境保护成本增加的风险。

（三）典型项目投资安全案例分析

我国电力企业以BOT、EPC等多种模式对外投资建厂，在各个电力境外投资项目中，不同模式、不同地区、不同细分行业的投资风险有其普遍性，也有其特殊性。本部分以缅甸伊江水电项目、菲律宾马利万斯2×300兆瓦电站、赞比亚MCL火电项目以及厄瓜多尔TP水电站为例，探讨各项目中典型的投资安全问题。

1. 伊江水电项目

伊江水电项目是中电投云南国际电力投资有限公司和缅甸电力部、缅甸亚洲世界公司合作开发的项目。该项目采用BOT模式开发，是目前缅甸最大的利用外资项目和中国最大的境外电力BOT项目，受到中缅两国领导人的高度关注。该项目目前面临的主要投资风险如下。

（1）缅甸政治环境动荡影响项目进程。2012年4月26日，缅北出现武装冲突，伊江项目中的多个水电站位于冲突区域。由于水电站项目是中国与缅甸中央政府协商合作项目，与反政府独立军产生利益冲突，受当时军事影响，伊江水电项目的建设进程受到严重的影响和阻碍，至今仍然处于停滞状态。

（2）外汇资金往来障碍重重。一方面，缅甸长期以来遭受美国等西方国家的经济制裁，中缅货币跨境调运受到严格控制，外汇结算存在资金冻结的风险。另一方面,缅甸自身金融发展水平较低,金融市场存在缺陷,金融体系较为薄弱,汇率水平易受外界干扰,影响外汇使用。缅甸目前仍然实行外汇管制,外汇的使用、支付和交易都须获得外汇管理委员会的许可或授权,一定程度上阻碍中缅两国资金交易往来。

(3)环保标准提高增加投资难度。伊江项目涉及流域范围大、建设周期长,项目在建设和运行的过程中不可避免地对周围地区的环境造成一定的影响。与此同时,西方国家的生态环保组织FFI等长期在此区域活动,对缅环保政策的实施施加压力。在此背景之下,新政府对环保的重视逐渐提高,并成立了环境保护与林业部,于2012年3月30日发布了《环境保护法》和《环境保护法实施细则》,不断提高环保标准,提高水电项目审批和建设的门槛。

(4)项目运行政策出现反复增加不确定性。由于缅甸政府行为缺乏稳定性,行业整体法律法规延续性较差,导致已签署的协议及已获得的开发权产生不确定性。同时,在报关模式方面,按MOA协议建设期设备物资通关可免关税,但在实际执行过程中,通关物资均需向缅甸政府缴税,且缅甸政府对SO、ID等报关模式常有变动,对物资设备通关影响较大。

(5)项目运行遭到当地部分民众的强烈反对。水电站的建设需要在湄公河上游修建水坝,导致下游鱼类数量减少、水量降低,对当地居民的生产和生活造成一定影响,引起居民的反对。另外,在水电站的建设过程中修建大型水库,淹没大片土地,而缅甸中央政府及地方政府对移民安置方式和补偿标准并未出台相关政策,进一步引起当地居民的不满。

(6)融资渠道狭窄及电费回收有限导致项目资金链承压。截至2015年底,伊江项目投资累计完成77亿元,其中项目总投资的30%为合资公司股东投入,70%为银行贷款。[①]由于缅甸的资本市场作用有限,从当地获得资金也较为困难,银行停贷、融资渠道单一的问题更加凸显。与此同时,缅甸

[①] 任洪波:《"一带一路"电力投资项目风险研究——以缅甸某大型中资水电项目为例》,《经济师》2020年第1期。

电力市场较小的局面将长期存在，营收空间有限，收取的电费无法以合理方式返回中国，进一步导致资金链承压。

2. 菲律宾马利万斯煤电项目

菲律宾马利万斯 2×300 兆瓦燃煤电站项目位于菲律宾吕宋岛的巴塔安半岛马利万斯港口附近。该项目是中国在海外承揽的第一个 60 赫兹、300 兆瓦等级燃煤机组 EPC 项目，是第一个采用项目融资结构的 EPC 项目，也是中菲两国之间签署的合同金额最大的项目。该项目对于中国机电产品出口以及中菲的经贸合作具有重要意义。该项目目前面临的投资风险主要如下。

(1) 环保要求严格给工期和成本施压。菲律宾对于外资公司的环保管理力度很大，针对气体排放、水质排放及垃圾处理都有非常严格的要求，对违反者的治理也相当严厉。例如，所有柴汽油发电机均需要办理环境与自然资源部尾气排放许可，有效期仅一年，此类违章涉及的处罚非常严格，一年内有三次或三次以上的违章、三年内有三次或三次以上的严重违规，由当地法院酌情处以六年以上十年以下的监禁。严格的环保规则给投资工程的工期和成本带来巨大压力。①

(2) 技术标准差异影响项目进度和成本控制。在项目初期的设计阶段，菲律宾采用美国的电力行业标准，与我国国内的设计标准存在一定的差异，导致项目设计和审批的时间延长，影响项目整体的进度。在项目中期的施工阶段，业主要求使用国际通用的标准，这就对惯用中国标准的承包商投入的人力和物力提高了要求，无形中增加了投入成本，对成本控制造成一定的挑战。

(3) 中方对采用的合同范本不够熟悉导致利润受损。该项目的谈判过程中使用 FIDIC 合同范本，其中包括多个大项和子项条款。在谈判初期，由于我方对合同细节不够熟悉，没有充分考虑到材料涨价的因素，而菲方完全按照合同条款进行一系列工作，导致投资者利润受损。

---

① 曾芬钰、石国平:《"一带一路"背景下中菲电力 EPC 项目风险及对策分析》，《对外经贸实务》2019 年第 11 期。

(4) 国内员工入菲务工的签证政策存在阻碍。该项目属于 EPC 项目，EPC 涉及的签证类型有旅游签证、临时工签和 9G 工作签证。目前，前往菲律宾的工作人员办理下来的多为旅游签证，但是仅持旅游签工作是非法的，所以总承包商为员工申请临时工签或 9G 工作签证。如申请临时工签仅保证短时工作，长期工作必须同时保证旅游签的续签。如申请 9G 工作签需要 2 万元人民币的费用，员工中途退出则会导致签证浪费。两种方法都存在弊端。另外，菲律宾政府对入境务工签证政策不断变更，导致签证申请经常出现滞后情况，影响工期进度，增加投资商成本。

(5) 员工境外人身安全存在隐患。在菲律宾，气候引起的登革热疫情屡见不鲜。2019 年上半年，菲律宾已经录得超过 10 万例感染登革热的病例，比 2018 年同期增加了 85%，其中已有 456 例死亡。因此，登革热的暴发不仅给总承包商带来经济损失，还严重影响项目的施工进度和员工的身心健康。同时，菲律宾经常出现抢劫、绑架等危险事件，而且棉兰老岛地区存在反政府恐怖势力，恐怖袭击活动时有发生，有恐怖分子通过袭击附近建设项目向政府示威，威胁员工的人身安全。

3. 赞比亚火电项目

赞比亚 MCL 火电厂由印度 NAVA 公司和赞比亚 ZCCM 公司合资兴建，由双方在赞比亚注册的公司 MCL 公司负责经营。赞比亚 MCL 火电工程项目是山东电建二公司于 2012 年以 EPC 工程总承包形式中标的 2×150 兆瓦燃煤发电厂。此项目是非洲的首个独立发电厂，也是中方银团和中信保在非洲南部首次推进火电项目融资的尝试。此项目将打破现有的发、供电一体的国有垄断格局，对非洲乃至南部美洲的发电市场产生重大影响。该项目目前面临的投资风险主要如下。

(1) 设计进度规划不合理影响项目进程。本项目土建工程施工所用的钢材在中国采购，在上海集港，海运至南非，然后通过内陆运输至赞比亚，正常的运输时间要 30~60 天。但是由于设计的土建图纸不能按照既定计划得以批准，后续下发使用、钢筋采购运输无法按照既定计划进行，即使现场的基坑准备完毕，但是基础工程的施工却不能开始，进而影响项目的整体进度。

（2）当地现有资源条件限制本地采购。本项目在土建工程的施工中需要采购水泥和沙石，合同要求在本地采购，但是采购过程中障碍重重。一方面由于水泥供应商供给水平有限，当地基建工业对水泥需求量较大，无法保证原材料的充足供应；另一方面由于当地基础设施水平较差，尤其是雨季道路条件恶化，运输难度大幅度提高，导致运输成本增加。

（3）海外EPC项目分包环节存在较大隐患。国际EPC项目中经常通过分包来完成工作。本项目中，投资者将对外输电线路工程分包给赞比亚当地的公司，但是分包合同签订6个月之后该公司表示无力完成工作，最终投资者终止承包合同，耗费了巨大的时间成本和人力资源成本。由上可见，海外EPC项目分包环节存在较大隐患，需要全面进行分包工程管理和控制。

（4）能源政策变化频繁影响投资成本。赞比亚经济发展水平较低，能源政策变化频繁，导致价格水平波动较大。赞比亚能源管理委员会公告燃油涨价20%，导致项目原材料采购及运输成本都大幅提高，对项目投资造成不利影响，压缩利润空间。①

（5）劳动力素质较低且罢工活动频繁。赞比亚劳动力技术熟练程度参差不齐，契约精神较差，需要增加专门人力进行管理和统筹，增加项目成本和工作量。另外，由于当地文化和社会背景，员工罢工活动频繁，严重影响工程进度。

四 中国对"一带一路"电力行业投资安全的管控建议

海外电力行业投资是推动"一带一路"倡议走深走实、基础设施互联互通的重要方向。针对前述风险因素，宏观上应该加强对中国电力企业"走出去"的支持力度，加强政府间政治沟通，强化顶层设计；微观上要提

---

① 邢中华：《EPC模式下的赞比亚MCL电站项目风险管控研究》，山东财经大学硕士学位论文，2017。

高风险意识、优化投资布局、做好市场调查等,最大限度规避风险。以下将从政策统筹、行业发展、企业发展三个角度分别提出管控建议。

(一)政策统筹层面

本部分将从政策统筹层面就如何提升"一带一路"电力行业投资安全提出管控建议。建议充分发挥投资导向作用,加强双边对话合作,提供各类政策支持。

1. 建立对话机制,加强政策沟通

针对一些国家政局稳定性和政策连续性问题,应加强与"一带一路"共建国家政治与政策沟通,建立和完善双边对话机制;双方应秉持共商共建共享的合作理念,友好协商确保政策的稳定性,降低中企海外电力投资的政治风险。

2. 强化顶层设计,完善合作模式

鉴于电力投资行业的特殊性,可以通过强化顶层设计,完善"一带一路"电力基础设施互联互通合作框架,积极拟定与签署双边或多边合作协议,降低电力贸易投资相关企业的准入门槛。

推动高质量共建"一带一路",需要积极协调单一国家局部利益与"一带一路"共建区域的整体利益之间的关系,平衡多方利益诉求,促进区域合作。因此,需要完善"一带一路"能源合作新模式,在此框架下,研究电力互联互通市场发展和建设模式,科学合理设计与规划路线图,推进重点建设项目实施。

3. 健全融资机制,拓宽融资渠道

首先,针对"一带一路"电力项目投资可能会遇到的金融风险,秉持"一带一路"基础设施建设的共建原则,建立健全区域性国际融资机制。加强与共建国家协商谈判,建立风险共担机制,开拓并完善各类融资服务。

其次,与欧盟、美国、日本等对海外项目的融资优惠条件相比,中国所提供的融资贷款利率较高,不利于企业参与行业竞争;同时,全球煤炭项目融资渠道大幅缩减，融资门槛进一步提高。对此，应拓宽融资渠道、强化资金支持，例如鼓励国内政策性银行与商业银行增加对"一带一路"电力项目融资。缓解中企电力项目面临的不利外部条件[①]，减少中企在海外面临的金融风险。

（二）行业发展层面

本部分将从行业发展层面就如何提升"一带一路"电力行业投资安全提出管控建议。建议电力行业各参与方、产业链各环节主体积极发挥产业协同作用，实现技术、环境、基础设施标准以及项目建设的有效对接。

1. 提升技术水平，开发清洁能源

鉴于部分"一带一路"共建国家目前仍以传统燃料（煤炭、天然气、石油等）作为主要电源，缺乏利用可再生能源的先进发电技术，导致电源结构失衡。对此，产业链各环节主体应致力于提升技术水平，开发清洁能源。其中，上游电力辅助企业可以加大对本国可再生能源的勘探，并且加强对发电设备的技术研发，从而改变本国原本不合理的电源结构，更好地融入全球能源结构转型的大潮之中。

2. 完善基础设施，提高发电效率

部分"一带一路"共建国家电力基础设施落后，输发电设备老化，发电风险隐患和成本居高不下。对此，电力行业产业链各环节主体应积极发挥产业协同作用，共同营建良好基础设施，及时更换老旧输发电设备等，在优化产业链的同时提高发电效率，减少投资成本浪费。

3. 升级项目对接，加强人员沟通

针对海外电力项目的运营风险，处于电力产业链中游的发电企业应统筹协调好项目各参与方的工作，充分调动双方可利用资源，平衡多方利益诉求，从而升级项目对接；同时，合作双方应以"一带一路"民心相通为合

---

① 中国信用出口保险公司：《国家风险分析报告2019——全球投资风险分析、行业风险分析和企业破产风险分析》，中国金融出版社，2019。

作目标，在加强人员管理的同时，积极与当地民众进行沟通，或使用民意调查等方式，争取在不破坏当地环境的前提下完成项目开发。

（三）企业发展层面

本部分将从企业发展层面就如何提升"一带一路"电力行业投资安全提出管控建议。建议各个企业提高风险识别能力，在深入市场调查的同时制定风险预案，通过投保合理分散风险以及遵循法律法规。

1. 深入市场调查，制定风险预案

中资企业在进行投资前，建议对东道国进行深入市场调查及可行性分析，构建海外市场行情信息网络①，充分了解所投资国的市场需求、汇兑政策、通胀率、支付风险、偿债能力等指标，提高风险识别能力，做好风险预案。

2. 扩大投保范围，合理规避风险

建议企业合理利用海外投资保险，规避政治和偿债风险。在政局变动频繁的拉美地区和东南亚地区，电力企业可以从不同渠道包括多边信用保险和官方信用保险等机构购买货币保险、政治保险等多种标的险种，以此来扩大投保范围，从而转移风险、提升投资安全性。从投保方式来看，针对周期长且保额大的特定项目，投资商可选择以一家保险公司为主承保人、多家保险公司共保的方式分散风险。②

除此之外，风险共担机制也有利于降低风险。该机制通过分散投资主体、合理分担安全成本，最大限度激发各方风险管理能力，提高风险管理效率。在此机制内，投资项目的利益相关者可以获得比单独建设更高的收益及更低的风险溢价。与此同时，投资者还可以考虑寻求国际多边机构及东道国影响力较强的国有企业共同参与，确保项目参与方的信誉度，利用多边外交

---

① 牛峰、季玉华、郑丹：《我国电力产业海外输出投资风险研究》，《工业技术经济》2019年第9期。

② 牛峰、季玉华、郑丹：《我国电力产业海外输出投资风险研究》，《工业技术经济》2019年第9期。

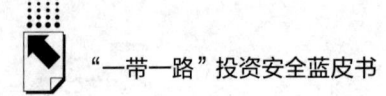

关系推动项目所在国逐步改善营商环境或者为项目提供政策支持。

3. 加强疫情防控，保障人员安全

针对新冠疫情给各国生产生活带来的冲击，建议企业在获取利益的同时，也要秉持"一带一路"倡议以人为本的理念。项目建设进程中，企业要展现出高度的企业社会责任感，与当地政府紧密合作，加强疫情防控，落实各项防护措施，切实保障项目人员生命安全。

4. 熟悉法律法规，遵循法律流程

"一带一路"地区多为发展中国家，且法律体系制度各异，很多国家的法律体系并不是很完善。由于电力行业涉及国计民生，行业相关政策由当地政府以法律法规的形式确立，因此我国企业在境外电力项目的投资中必定面临复杂的法律环境。目前，虽然多个经济体对当地电力行业进行自由化改革并逐步放开市场管制，允许其他市场主体进入发电和供电等环节，但输配电领域仍然由国家把控，表现出排他性授权的特征。基于上述情况，我国企业在进入他国市场前必须充分了解当地法律法规，严格遵循合法的开发流程。与此同时，需要及时跟进相关条款的变更，根据相关规则推进项目建设，从而为后续投资建厂奠定坚实基础。①

---

① 顾欣、张玮强、金杰、刘贞瑶：《"一带一路"倡议下电力互联市场的投资风险研究》，《东南大学学报》（哲学社会科学版）2020年第3期。

B.8 "一带一路"共建国家交通基础设施投资安全分析报告

卢尔赛 宋佳芸*

摘 要: 交通运输是"一带一路"互联互通的先导。"一带一路"共建国家主要是发展中国家,对交通基础设施建设需求较大,也是我国交通"走出去"的重点投资区域。本报告简要介绍了交通运输行业的发展现状,梳理总结了中国对"一带一路"共建国家交通项目投资建设情况,综合阐释国家政治、经济、环境、社会、法律风险及行业准入障碍、技术壁垒和合同签署执行等风险对交通运输行业对外投资安全的影响,并针对缅甸、孟加拉国和埃塞俄比亚等国家,以及雅万高铁、匈塞铁路和科伦坡港等项目详细分析了交通运输行业对外投资面临的风险,最后从国家、行业和企业三个层面提出相应的风险管控建议。

关键词: "一带一路" 交通行业 投资安全

一 全球交通运输发展现状

交通运输业是国民经济和社会发展的基础性、先导性、战略性产业和重

---

* 卢尔赛,交通运输部科学研究院工程师,主要研究方向为物流工程、交通运输规划与管理;宋佳芸(通讯作者,Jocelynsongjiayun@163.com),交通运输部科学研究院助理研究员,主要研究方向为交通运输管理。

要的服务性行业,能够保障国民经济、对外贸易和区域经济协调发展。当前,世界经济形势表现出较强的不确定性,加之新冠肺炎疫情在全球肆虐蔓延,百年未有之大变局的外部环境更加严峻复杂。基于交通运输的开放性、联动性,交通运输的快速发展为各国外贸原材料、能源供给、国土空间开发、生产力布局完善、产业结构优化等提供了重大战略支撑。世界各国越来越重视交通运输设施的投资建设,不断提高交通运输速度,提升运输质量,降低运输成本,拉动国家经济增长。

1. 铁路运输

根据世界铁路联盟(UIC)发布的全球铁路数据,截至2019年底,世界铁路总里程已达到105.71万公里,其中欧洲铁路规模最大,达到34.95万公里;北美洲、亚洲规模次之,分别是28.02万公里、22.59万公里,非洲、南美洲、大洋洲铁路规模较小。全球铁路网络建设情况见表1。

表1 全球铁路网络建设情况

地区	总里程(万公里)	占比(%)	复线里程(万公里)	复线率(%)	占比(%)	电气化里程(万公里)	电气化率(%)	占比(%)
亚洲	22.59	21.37	5.34	23.63	25.37	8.03	35.55	29.55
欧洲	34.95	33.06	13.84	39.61	65.75	17.91	51.25	65.92
非洲	7.05	6.67	0.13	1.79	0.62	1.09	15.53	4.01
北美洲	28.02	26.51	1.70	6.07	8.08	0.01	0.05	0.04
南美洲	8.9	8.42	-	-	-	-	-	-
大洋洲	4.2	3.97	-	-	-	-	-	-
总计	105.71	100	21.01	20.70	100	27.17	26.72	100

数据来源:《中国对外承包工程发展报告(2019~2020)》。

整体来看,世界各国铁路分布有明显差异,欧洲最密集,然后是北美洲、亚洲、大洋洲,非洲铁路分布最稀疏。具体来看,欧洲中心国家如德国,铁路最为密集,每平方公里有超过100条铁路线;欧洲其他国家如法国、意大利等和东亚地区的日本,铁路非常密集;亚洲部分国家如中国、印度,北美洲的美国、墨西哥,以及部分非洲国家也有非常丰富的铁路线;但世界上仍有一些国家，如非洲的利比亚、尼日尔、乍得等国没有任何铁路线。

2. 公路运输

目前，全球公路总长度已超过2000万公里，其中高速公路通车里程超过35万公里，中国、美国、英国、德国、法国、意大利、日本、加拿大等国高速公路里程合计占比超过全球高速公路里程的80%。目前，世界公路网络发展已进入第四阶段，即相对稳定期，其特点是，高速公路网规模保持稳定，智能运输系统日趋完善，交通管理水平不断提升。中国已经成为世界上公路发展最快、系统技术最全、集成能力最强、在建规模最大、通车里程最长、产品性价比最优的国家。

全球各国公路发展状况与其经济发展水平密切相关。本文从《全球竞争力报告（2019）》[1]中选取20个国家，从道路连接度和道路设施质量两项指标对各国的道路发展状况进行评级分析。道路连接度评分由0到100，道路设施质量评分由1到7，两者都是评分越高，道路表现越好（见图1）。20个样本数据中，在道路连接度方面，沙特阿拉伯和美国评分为100分，并列第一，之后是加拿大、法国、瑞典、中国，非洲国家几内亚等道路连接度不足；在道路设施质量方面，日本、阿联酋、阿曼等排名靠前，俄罗斯和越南评分较低。大部分国家的道路连接度与道路设施质量呈现正相关性；阿曼、阿联酋以及日本等国家道路连接度表现稳定，同时道路设施质量表现突出。

3. 水路运输

通常用港口集装箱吞吐量衡量港口的货物周转量和发展潜力。由表2可知，截至2019年，世界重要港口中，吞吐量排名前五的港口分别是上海港、新加坡港、宁波舟山港、深圳港、广州港，前五名港口的集装箱吞吐量均呈现上涨趋势。除新加坡港外，其余港口均在中国境内，中国近年来集装箱技术大幅上升，水运发展速度加快。依据2019年统计数据，集装箱吞吐量排名前50的港口中，中国港口数量占世界的34%（17个），东南亚地区占

---

[1] 《全球竞争力报告（2019）》，世界经济论坛，https：//reports.weforum.org/global-competitiveness-report-2019/。

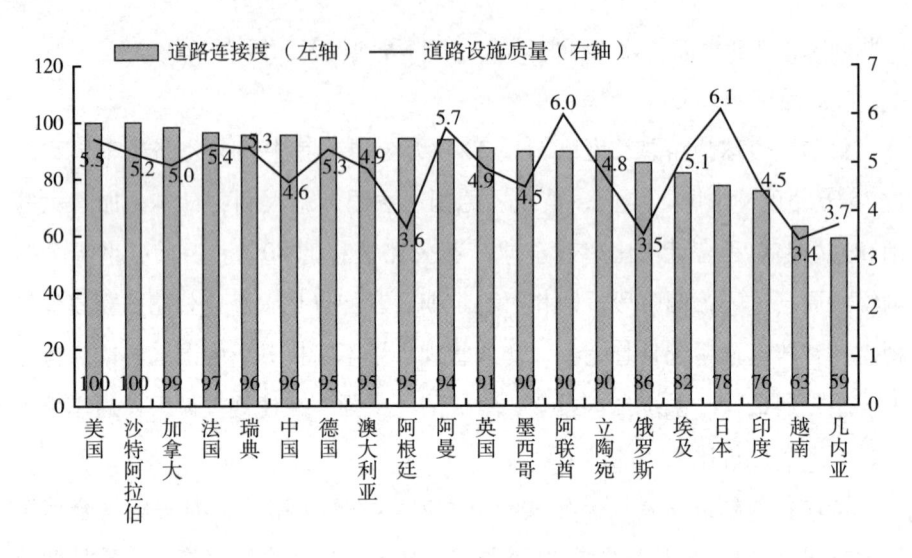

图 1　2019 年全球道路发展状况

数据来源：《全球竞争力报告（2019）》，世界经济论坛，https：//reports.weforum.org/global-competitiveness-report-2019/。

18%（9个），欧洲地区占16%（8个），美国占10%（5个），西亚北非地区占8%（4个），南亚地区占6%（3个），其他地区占8%（4个），亚太地区水运发展潜力巨大。

表 2　2019 年世界重要港口及吞吐量

排名	港口名称	吞吐量（百万标箱）	增长率（%）
1	上海港	43.30	3.10
2	新加坡港	37.20	1.60
3	宁波舟山港	27.54	4.50
4	深圳港	25.77	0.20
5	广州港	23.24	6.00

4. 航空运输

根据国际民航组织（ICAO）统计，2019年全球航空运输业客运量为45.4亿人次，全球货邮吞吐量约为1.3亿吨，全球航空运输量达6120吨，全球航空业务持续增长。

从图 2 可以发现，亚太地区经济发展迅速，有较高的经济活跃度，与各国贸易往来频繁，是全球航空运输业发展规模最大的地区，旅客吞吐量和货邮吞吐量居世界首位；欧洲和北美地区航空运输业发展较早，拥有众多老牌航空公司，例如瑞安航空、汉莎航空、美国航空公司等，欧洲地区旅客吞吐量居世界第二位，北美地区的货邮吞吐量居世界第二位；拉丁美洲和中东地区表现平平；非洲地区航空运输业发展缓慢，旅客吞吐量和货邮吞吐量排名靠后。

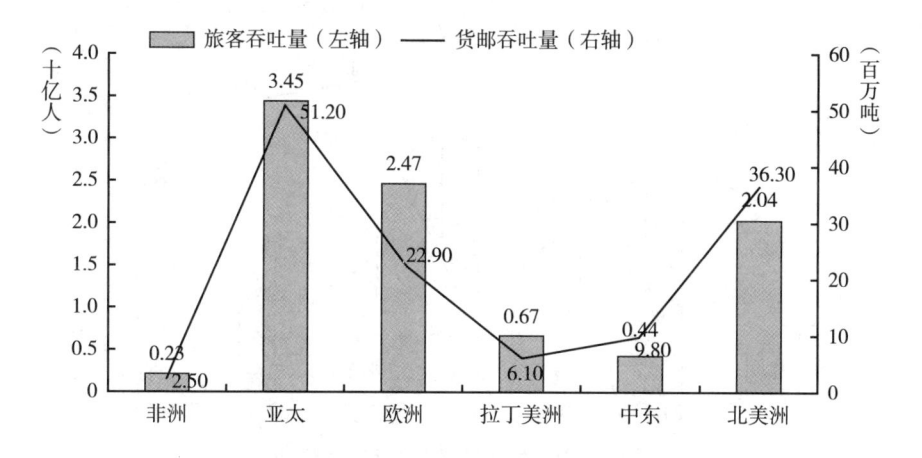

图 2　2019 年全球各区域航空发展状况

数据来源：《中国对外承包工程发展报告（2019~2020）》。

二　中国对"一带一路"共建国家交通项目投资的主要特征

"一带一路"倡议提出以来，大批海外交通基础设施形成了"六廊六路多国多港"互联互通基本架构。"一带一路"共建国家主要是发展中国家，对交通运输业等基础设施的需求量较大，因此，中国对"一带一路"共建国家的投资主要流向交通运输行业。在中国境外投资建设基础设施中，铁路建设主要集中在亚欧大陆；亚太地区、大西洋沿岸以及非洲西海岸遍布港口；管道建设主要分布在中亚、俄罗斯等资源丰裕地区。

（一）投资建设规模

由图3可知，2013年只有3个投资项目，投资流量仅为33.1亿美元，自"一带一路"倡议提出后，中国对交通运输业投资大幅上升。近年来，交通运输业境外投资项目每年都在10个以上，年均投资流量约40亿美元，2017年高达54.7亿美元。

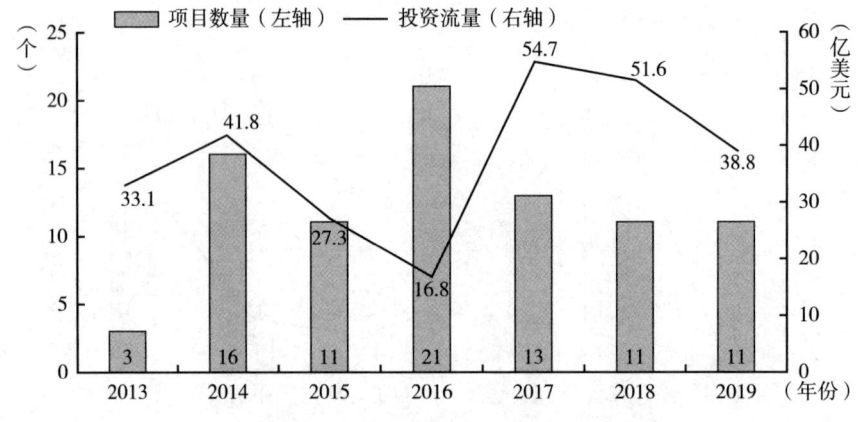

图3 中国境外投资交通运输业趋势

数据来源：《2019年度中国对外直接投资统计公报》。

1. 投资领域

2019年，中国境外交通运输业新签约合同金额约为306.4亿美元，占"一带一路"共建国家新签合同额的19.8%，完成营业额为233.3亿美元，占"一带一路"共建国家完成营业额的23.8%。从交通各行业领域来看，水路运输发展最快，公路运输业整体下滑，其他行业稳定发展。

铁路运输方面，境外投资迅速增长，2019年中国企业的境外新签约交通运输合同额达259.5亿美元，营业额达114.8亿美元，同比增长7.2%。

公路运输方面，业务整体情况下滑。2019年中国企业的境外公路项目新签合同额为258.9亿美元，同比下降7.8%，完成营业额为219.6亿美元，同比下降9.9%。

水运运输方面，海外投资稳定增加，2019年中国企业海外港口设施建设项目新签合同额为80.2亿美元，同比增长68.4%，完成营业额为62.6亿美元，同比增长28%。

航空运输方面，中国承建航空项目自2013年以来有所增加，2019年中国企业境外机场建设新签合同额为32.9亿美元，同比增长16.3%，完成营业额为20.8亿美元，同比增长12.5%。[1]

管道运输方面，有2013年建设的中缅天然气管道，2019年新建的中俄东线天然气管道、中缅天然气管道黔西南应急管道。

2. 投资区域

从投资区域角度来看，自2013年提出"一带一路"倡议以来，中国加大对"一带一路"共建国家交通运输的投资力度。中国对东南亚地区的交通运输业投资从2014年的20.5亿美元到2019年的70.6亿美元，上涨244%。南亚地区，中国企业2018年在印度承包工程新签合同额为28.9亿美元，同比增长12.2%；2019年，中资企业在孟加拉国新签合同284份，新签承包工程合同额为134.84亿美元，完成营业额为53.03亿美元。欧洲地区，中国加强与中东欧的合作，建立"17+1"合作机制，对该地区投资不断增加，2018年投资高达22.71亿美元，是10年前的7倍。非洲地区，2016年成立了中非产能合作基金，其首批资金就是用于建设非洲大陆的"三网一化"（航空网、铁路网、公路网、工业化），通过完善交通设施带动工业化发展。[2]

（二）投资建设项目

中国对"一带一路"共建国家投资既包括陆上交通运输，也包括海上运输，但航空运输（机场等设施）较少。"一带一路"交通运输投资项目主要分布在南亚、中亚、西亚北非等地区，以铁路改善为主，大部分项目涉及

---

[1] 商务部、中国对外承包工程商会：《中国对外承包工程发展报告（2019~2020）》。
[2] 商务部、中国对外承包工程商会：《中国对外承包工程发展报告（2019~2020）》。

海港建设。

1. 陆上交通基础设施

我国"一带一路"倡议陆上经济走廊主要包括6条，分别是中国—蒙古国—俄罗斯经济走廊、新欧亚大陆桥经济走廊、中国—中亚—西亚经济走廊、中国—中南半岛经济走廊、中国—巴基斯坦经济走廊、孟加拉国—中国—印度—缅甸经济走廊。

中国—蒙古国—俄罗斯经济走廊包括9个项目，分别是中央铁路走廊、北部铁路走廊、西部铁路走廊、东部铁路走廊、下列宁斯克耶大桥、海滨走廊1、海滨走廊2、高速AH-3和高速AH-4。这条经济走廊经过俄罗斯、蒙古国和中国三个国家，既有陆上运输的铁路和公路，也有海上运输的港口建设。

新欧亚大陆桥经济走廊包括10条线路，分别是南方运煤专线、霍尔果斯—阿克陶铁路线、莫斯科—喀山高铁、乌鲁木齐—霍尔果斯铁路线、乌鲁木齐—霍尔果斯公路线、霍尔果斯—阿拉木图公路线、高速公路P4/A10、高速公路M36、高速公路A2和高速公路M32。新欧亚大陆桥经济走廊途经蒙古国、中国、哈萨克斯坦、俄罗斯和乌兹别克斯坦，经过东北亚地区和中亚地区，涉及铁路运输、公路运输以及水路运输。

中国—中亚—西亚经济走廊包括15个项目分别是德黑兰—马什哈德铁路线、德黑兰—伊斯法罕高速铁路线、喀什塔什干铁路线、谢尔汗—赫拉特铁路线、撒马尔罕—马什哈德铁路线、喀什杜尚别铁道线、北—南备用公路线、杜尚别—阿富汗铁路线、巴库港阿克陶—巴库铁路线、巴库第比利斯铁路线、第比利斯—卡尔斯铁路线、阿纳克利亚港及集疏运铁路线、阿姆巴利港铁路线、比雷埃夫斯港及中欧陆海快线。中国—中亚—西亚经济走廊途经伊朗、阿富汗、吉尔吉斯斯坦、乌兹别克斯坦、土库曼斯坦、塔吉克斯坦、哈萨克斯坦、阿塞拜疆、格鲁吉亚、土耳其、希腊、塞尔维亚和中国共13个国家，涉及西亚、中亚、独联体和部分欧洲国家，投资的交通项目包括铁路运输、公路运输以及水路运输。

中国—巴基斯坦经济走廊涉及众多项目，但是都处于中国和巴基斯坦两国境内。项目包括叶尔羌公路、卡拉昆仑公路、中国—巴基斯坦铁路线、赫韦利扬—海得拉巴交通容量扩张、卡拉奇—白沙瓦交通容量扩张、瓜达尔铁路、贝西玛—雅各布阿巴德铁路、M3/M4木尔坦高速公路、拉哈尔—阿卜尔哈基姆公路升级、木尔坦—苏库尔公路、瓜达尔—苏拉布公路、苏拉布—迪汗公路、M8苏库尔贝西玛公路和沙达科特—迪汗公路。投资的交通项目包括铁路运输、公路运输以及水路运输。

孟加拉国—中国—印度—缅甸经济走廊涉及五条线路，包括昆明—加尔各答高速铁路线、大理—腊戍铁路线、卡莱—吉里巴姆铁路线、达卡—本冈铁路线和皎漂港及集疏运铁路线，涉及孟加拉国、印度、缅甸和中国四个国家，主要是铁路运输、公路运输和水路运输。

中国—中南半岛经济走廊主要包括昆明—万象铁路线、曼谷—万象铁路线、东海岸铁路连线、金马士—柔佛铁路升级、曼谷—吉隆坡高速铁路、吉隆坡—新加坡高速铁路、越南国家高速铁路、越南—柬埔寨铁路、缅甸铁路、西哈努克港及集疏运，途经东南亚地区的泰国、马来西亚、新加坡、越南、柬埔寨、老挝和缅甸，主要交通设施是铁路运输。

非洲选定铁路项目都是铁路运输，亚的斯亚贝巴—吉布提铁路已经运营，朱巴—蒙巴萨铁路正在建设，亚的斯亚贝巴—内罗毕铁路正在拟议。

2. 海上交通基础设施

截至2019年底，中国与47个共建国家签署了38个双边和区域海运协定，包括巴基斯坦瓜达尔港、希腊比雷埃夫斯港、斯里兰卡汉班托塔港等在内的34个国家、42个港口的建设经营有序推进。[①]

在东南亚地区，2016年中国在马来西亚投资建设皇京港；2020年中国与缅甸签署协议，正式对缅甸投资建设皎漂港。

在南亚地区，中国在2010年承建卡拉奇深水港，是巴基斯坦第一个吃水深度达18米的深水集装箱码头；2016年对巴基斯坦投资建设瓜达尔港；

---

① 《"一带一路"建设进展、挑战与推进高质量发展对策》，https://www.gmw.cn/xueshu/2021-01/20/content_34556659.htm。

2016年复工建设斯里兰卡的科伦坡港，2017年建设斯里兰卡的汉班托塔港，将其建设成"斯里兰卡的蛇口"；2020年12月开工建设科伦坡港贾亚集装箱码头。

在欧洲地区，中国对欧洲地区交通运输业的投资主要集中在2016年和2017年。2008年至今，中国一直重视在希腊投资建设的比雷埃夫斯港，为中国资本走向发达国家树立良好典范；2017年中意携手在意大利投资建设威尼斯深水港，后来中国企业继续投资建设意大利的瓦多港，中意合作进一步深化；2017年在西班牙投资经营瓦伦西亚港，密切中国与西班牙以及整个欧洲的经贸往来。

在西亚地区，中国也对交通运输业进行了一系列的投资，2014年在以色列承建阿什杜德港，年集装箱吞吐量达216万标准箱；2016年中国与阿拉伯联合酋长国签署协议，合资经营阿布扎比哈里发港二期集装箱码头。

在非洲地区，中国承建了大批交通运输项目，极大地提升了非洲地区的交通便利度，带动当地经济发展。2014年承建吉布提多哈雷多功能港口项目，是迄今为止中国在非洲地区首个水上工程项目，也是在东北非地区承接的最大规模港口项目；2016年在加纳开工建设特码港新集装箱港口项目，成为西非重要的货运枢纽，促进当地基础设施和自贸区建设；2020年在喀麦隆建设克里比深水港项目（二期），项目建成之后将会发挥深水港枢纽作用，便利非洲中西部国家出海；除此之外，中国在加蓬开展利伯维尔摩尔港整治项目，在马达加斯加建设加塔马塔夫深水港，在科特迪瓦建设阿比让港口扩建工程项目，在埃及承建塞得港，在阿尔及利亚投资建设哈姆达尼耶港和舍尔沙勒新港等诸多项目。

3. 航空交通基础设施

中国企业对境外航空运输业投资较少，主要集中在机场建设领域。2013年至今，中国企业承建境外机场数量快速增长，我国投资或承建的境外国际机场已达70余座，其中承建机场44座、收购机场5座、援建机场4座、投资并承建机场7座以及参建机场10座，主要集中在非洲、亚洲等发展中国家。① 2014年，中国对阿尔及利亚进行投资，开始新机场施工建造工程，建成后其是阿尔及利亚最大的机场，成为北非地区的航空枢纽；2015年，中国对圭亚那进行投资，建设圭亚那 Cheddi Jagan 国际机场跑道及航站楼；2018年，中国与埃塞俄比亚合作，开展宝丽机场航站楼改扩建项目；2019年，中国与巴基斯坦合作，开始建设瓜达尔新国际机场，这是新中国成立以来对外无偿援助资金最多的一次，投资约17亿元人民币；2019年，中国签署BOT（Build-Operate-Transfer，建设－经营－移交）协议，承建柬埔寨的暹粒新吴哥机场项目，并于2020年正式动工；2019年，中国承建苏里南国际机场改扩建项目，项目已进入实施阶段。

中国境外投资主要集中在陆上运输以及海上运输，航空运输相对较少，这主要是因为发达地区有完善的航空运输设备，无须外来投资；欠发达地区对航空运输需求量较小，与世界经贸往来多为大宗货物，更偏好水路运输。整体来说，中国境外投资航空业集中在发达地区，适当的航空运输业不仅提升当地交通便利度，密切与其他地区的联系，也能够很好地提高中国企业在世界范围的知名度，树立良好的企业形象。

（三）投资建设方式

中国企业对外投资建设交通运输项目应根据企业自身状况选择合适的投资方式，适当的投资方式将会降低投资风险，避免不必要的成本，提高企业海外建设的可能性。中国企业的对外投资可以分为以下几类。

1. 承包工程

承包工程（Engineering Procurement Construction，EPC）是中国企业参与海外投资建设的主要方式，业务规模保持稳定增长。2019年，我国对外承包工程新签合同总份数为11932份，新签合同额为2602.5亿美元，全年营业额为1729亿美元，累计营业额为1.76万亿美元。在对外投资建设中，中国企业采取EPC模式参与建设的交通项目包括巴基斯坦苏木段公路项目、

---

① 商务部、中国对外承包工程商会：《中国对外承包工程发展报告（2019~2020）》。

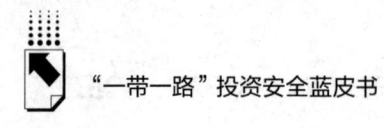

文莱大摩拉岛大桥等。

2. 政府与社会资本合作

政府与社会资本合作（Public Private Partnership，PPP）在具体运用过程中衍生出更多合作模式，主要有移交－经营－移交（Transfer－Operate－Transfer，TOT）和建造－经营－移交（Build－Operate－Transfer，BOT）。在对外投资建设中，中国企业采取PPP模式参与建设的交通项目包括牙买加H2K高速公路项目、印度尼西亚雅加达铁路项目、缅甸皎漂港项目、斯里兰卡科伦坡港口城项目等。

3. 股权模式

股权模式是中国企业"走出去"的重要方式，可以分为股权收购和投资新建两大类。一方面，企业可以获得境外资产，直接使用被收购企业的工程资质，有效避开东道国壁垒，降低企业经营成本；另一方面，通过投资新建的方式，建立全资企业或建立合资企业，以此拥有新建企业的股权，长期持续参与企业经营。由表3可知，东道国市场规模较大，工程项目较多，选择全资新建企业的可能性大；东道国经济发展水平高，企业间竞争较大，选择合资新建企业的可能性较大；东道国的技术水平较高，企业选择股权并购的可能性较大。从企业角度来看，企业技术水平较高，选择全资新建企业的可能性大；企业有丰富的国际化经验，选择合资新建企业的可能性较大。

表3　股权模式的海外项目

股权收购	投资新建
招商局收购斯里兰卡汉班托塔港	中国交通建设股份有限公司建立新加坡、孟加拉国、意大利等国的分公司
中远海运收购希腊比雷埃夫斯港	中国建筑股份有限公司建立波兰、贝宁、格鲁吉亚、津巴布韦等国的分公司

（四）投资建设主体

中国对外直接投资的主体主要包括金融机构和企业，金融机构拥有雄厚的资金实力，企业灵活创新，两者在对外投资过程中各自发挥着自己的优势。

1. 金融机构投资

"一带一路"共建国家多为发展中国家，需要大量资金支持。因此，在中国对外直接投资中，金融机构占据重要地位。积极参与对外直接投资的金融机构主要包括国家政策性银行、中国商业银行以及区域性金融机构。

（1）国家政策性银行。国家政策性银行包括国家开发银行、中国进出口银行、中国农业发展银行三大政策性银行。政策性银行不以营利为目的，更多的是执行政策目标，调控宏观经济，在对外直接投资中起引导作用，具有重要战略性地位。例如，国家开发银行设立"一带一路"专项贷款，截至2019年末，专项贷款累计合同金额达4000亿元人民币；中国进出口银行提供"两优"贷款，2019年基础设施贷款达4173.84亿元人民币，增幅为14.6%。

表4　国家政策性银行境外投资交通项目

中国进出口银行	斯里兰卡南部高速公路延长线项目
	保加利亚 Navibulgar 项目 Navibulagar Bulk Carriers
	萨摩亚法莱奥洛国际机场升级改造项目
	巴基斯坦白沙瓦—卡拉奇高速公路苏库尔至木尔坦段项目
国家开发银行	尼日利亚莱基深水港项目
	中远海运比雷埃夫斯港项目
	阿穆尔天然气处理厂（中俄东线天然气管道关键附属工程）

资料来源：《中国进出口银行2019年度报告》《国家开发银行2019年度报告》

（2）中国商业银行。商业银行主要负责存款业务、贷款业务、金融保险业务、外汇结算业务，中国商业银行以"中农工建"四大国有银行为代表。由表5可知，中国四大银行在全世界设立分支机构，向世界人民提供银行服务，同时为"一带一路"相关项目提供资金支持，带动共建国家项目实施。

表5　中国商业银行境外投资状况

中国银行	累计跟进"一带一路"重大项目超过600个,提供授信约1600亿美元。60多个境外分支机构
中国工商银行	累计为"一带一路"共建国家的150多个重大项目提供金融支持。境外机构覆盖30个国家和地区,拥有各级境外机构200余家
中国建设银行	着力构建国际化发展新生态,在48个国家和地区建立428家分支机构,境外机构本土化、特色化、专业化发展
中国农业银行	13家境外分行和4家境外代表处

（3）区域性金融机构。例如世界银行、亚洲开发银行、亚洲基础设施投资银行、金砖国家新开发银行等,通过提供项目贷款、国际援助、技术支持等方式对境外项目提供帮助。国际金融机构对世界经济变动敏感,提供多种融资方式,控制融资风险,降低融资成本,与各国金融来往频繁,掌握先进的技术资源,可以为交通项目提供先进的科学技术（见表6）。

表6　区域性金融机构境外投资状况

世界银行	2019年PPI(Private Participation Infrastructure)项目总投资额为967亿美元,73%的PPI项目是绿地项目,其中46%为交通项目;棕地项目的86%是交通项目
亚洲开发银行	2018年提供215.8亿美元的贷款和赠款,2019年承诺继续关注交通运输业发展
亚洲基础设施投资银行	现有103个成员,累计批准贷款额超过220亿美元、累计批准项目108个
金砖国家新开发银行	贷款余额已达到200亿美元,2020年向金砖五国提供80亿美元抗击疫情

2. 企业投资

企业在对外直接投资中也发挥着重要作用,在交通运输业建设中占有一席之地。随着"一带一路"建设的推进,大型交通运输项目日益增多,中国企业85%的交通运输建设业务集中在亚洲和非洲市场。由表7可知,2019年境外投资交通运输领域中,中国港湾工程有限责任公司表现最佳,其次为中国交通建设股份有限公司。

表7　2019年对外投资交通运输业前10企业排名

排名	新签合同额排名	完成营业额排名
1	中国港湾工程有限责任公司	中国港湾工程有限责任公司
2	中国交通建设股份有限公司	中国交通建设股份有限公司
3	中国土木工程集团有限公司	中国路桥工程有限责任公司
4	中国铁建国际集团有限公司	中国建筑股份有限公司
5	中国水电建设集团国际工程有限公司	中国土木工程集团有限公司
6	中国路桥工程有限责任公司	中国水电建设集团国际工程有限公司
7	中国铁建股份有限公司	中国中铁股份有限公司
8	中国建筑股份有限公司	中交第四航务工程局有限公司
9	中国电建集团山东电力建设有限公司	中国铁建股份有限公司
10	中国葛洲坝集团股份有限公司	中交第二航务工程局有限公司

资料来源：商务部、中国对外承包工程商会《中国对外承包工程发展报告2019~2020》。

对外直接投资企业分为中央企业和民间企业两部分。央企是对外投资建设交通运输业的主力军，2019年境外投资交通运输行业排名靠前的企业主要是央企。截至2019年底，已有11000多家央企在境外投资，项目超过1650个。随着"一带一路"合作不断深化，民企日渐发挥重要作用，民营企业更加灵活，涉及的经营范围广，展现出强劲的经济实力，海外投资数量逐年增加。[1]

三　中国对"一带一路"交通建设项目投资风险识别研究

（一）国家层面

1. 政治风险

根据《2020年政治风险地图》[2]，全球大部分地区存在政治风险，所经

---

[1] 姚智美、姜钰羡、肖翔：《"一带一路"交通基础设施项目投资的现状、问题与对策研究》，《交通财会》2019年第8期。
[2] https://www.marsh.com/cn/zh/insights/research/political-risk-map-2020.html.

地区更是政治格局复杂动荡，尤其是西亚北非地区。

（1）政局动荡风险。一是政局动荡引发的政策变化。新政府上台后有可能彻底推翻前任政府的政策，造成项目暂停、延期甚至终止。如2018年马来西亚新总理马哈蒂尔上台后，先后叫停四个与中国合作的项目，包括200亿美元的马来西亚东海岸铁路项目，直到2019年才重启合作。

二是政局动荡引起的经济社会运行紊乱。如越南等地因政局动荡，频繁发生罢工事件造成薪资、社保政策调整，直接影响项目建设。中国在尼日利亚的基建项目曾因项目工地被反政府武装占领，无奈停工退场。

三是政局动荡对所建项目运营环境造成的影响。"一带一路"地区是长期受恐怖主义影响的重灾区。由于恐怖主义活动的不确定性，项目运营期安全或持续受到威胁。[①]

（2）国际政治风险。由于交通基础设施固有的战备属性，"一带一路"倡议下交通基础设施建设项目有着特殊的政治敏感性。一方面，交通基础设施项目在勘察设计和运营设计时需要掌握东道国的主要经济数据等敏感信息，这些会成为项目在谈判时期需要攻克的难题。另一方面，交通基础设施建设项目可能会打破东道国地缘政治格局，造成地缘政治关系紧张。

（3）政府腐败风险。首先，政府的腐败懒政直接影响项目推进速度；其次，行贿受贿会造成资源配置方式扭曲、分配不公等问题，直接影响项目建设；最后，很多东道国由于自身资源匮乏，部分材料需海外采购，总承包的形式又使利益关系复杂，工程质量和成本难以有效控制。

2. 经济风险

（1）融资风险。交通基础设施建设项目拥有项目周期长、投资规模大等特点，所以在项目初期融资阶段具有很大风险。一方面，融资门槛较高。我国企业国际信誉建设积累薄弱，又多因法人结构不合理、财务管理制度不健全等问题达不到银行的授信要求。另一方面，融资渠道单一。我国银行海外分支机构数量少，主要依靠出口卖方信贷为项目融资。此类贷款增加企业

---

① 孙若翰：《我国企业参与"一带一路"：风险与应对》，外交学院硕士学位论文，2020。

负债，影响再融资能力。①

（2）汇率风险。东道国国际商业活动统一由美元或本国货币结算，将受到美元或当地货币波动带来的汇率风险。汇率波动使预算投入与后期结算有较大出入。

（3）通货膨胀风险。全球面临通胀超预期风险，在东道国货币政策不稳定的情况下，物料采购费用受通货膨胀风险或不可控。

3. 环境与社会风险

（1）自然环境风险。"一带一路"部分共建国家具有极端天气和自然灾害问题。根据紧急灾难数据库（Emergency Events Database，EMDAT）数据，东南亚地区受自然灾害影响最大，1980~2015年共发生1348次；其次是南亚地区，共发生1120次；中东与非洲自然灾害较少，共发生263次。自然灾害不仅直接影响安全生产，交通受阻、原材料短缺等问题也会拖延工程进度（见表8）。

表8 2018年"一带一路"部分共建国家自然灾害事件梳理

单位：人

国家	自然灾害事件	月份	死亡人数
印度尼西亚	地震海啸	9月	3400
印度尼西亚	地震	8月	564
印度尼西亚	地震海啸	12月	453
印度	洪水	8月	504
巴基斯坦	热浪	5月	180

（2）环保风险。大型交通基建项目对当地生态环境产生一定影响，甚至造成环境破坏。东道国环境影响、水土保持等政府部门的法案决议，协会组织的倡议行动或对项目建设造成风险。如波兰A2公路项目因影响当地一种珍稀蛙类的栖息而停工。

（3）文化风险。一是语言差异，沟通方面的障碍。二是文化差异，特

---

① 孙若翰：《我国企业参与"一带一路"：风险与应对》，外交学院硕士学位论文，2020。

别是交通基建项目规模较大，跨越多个地区，每个地区文化和习俗迥异，存在单一经验无法应对的复杂情况。三是宗教差异，"一带一路"共建国家民族众多，宗教情况复杂，部分国家的民族和宗教冲突威胁社会稳定。

4. 法律风险

部分"一带一路"共建国家对外开放程度和国际化水平不高，对一般事物的认识和判断具有局限性，法律法规体系相对不科学、不健全、不精准，具有一定法律风险。

以日本和印度的孟艾高铁项目为例，印度征地方案规定，当公私合营项目及私营企业征地时，必须事先分别取得70%和80%的土地所有者同意。这一落后的土地政策使原本孟艾高铁项目直接"哑火"，日方为了减少征地阻力，可能会采用"以桥代路"的方式，这无疑会大幅度增加建设成本。另外，一些"一带一路"共建国家出于意识形态、国家利益和安全等方面考虑，对境外投资者会增加限制条件，极大削弱合营企业的自主权。

（二）行业层面

1. 准入障碍和技术壁垒

我国在技术标准和法律法规方面仍与国际市场存在较大差异，东道国市场准入条件和法规标准在一定程度上制约了中国企业进入当地市场。国际社会对中国标准的认可、接受程度仍有待提高，中国的铁路、公路、桥梁行业技术标准的先进性、全面性与欧美发达国家相比并不落后，部分标准要求甚至高于欧美，但由于国内企业进入国际市场晚于欧美企业，加之地缘政治、知识产权等方面原因，国内标准体系被海外项目业主接受程度仍有待提高。此外，由于中国与东道国法律法规的不一致，海外项目往往面临繁杂的法规程序，同时由于行业标准不一，进入目标国市场要经过复杂的认证程序。

2. 合同签署和执行风险

对合同条款理解差异以及执行不完善带来的风险。合同的执行会受到设计图纸供应滞后、合同范围界定不明、计价方式不合理等负面影响。比如，有些企业及承包商因急于承揽工程盲目或随意签订合同，根本没有了解合同的具体内容，给日后项目实施埋下了极大隐患。其次，在东道国建设的基础设施项目，合同签署多以东道国为主导，我国企业在参与"一带一路"沿线建设时相对被动。

四 重点国别和项目案例分析

（一）重点国别分析投资风险

"一带一路"基础设施互联互通建设是国际交通工程建设重点，我国企业85%的交通运输建设业务集中在亚洲和非洲市场，各个国家投资风险具有显著差异，本部分将以亚洲地区的缅甸、孟加拉国以及非洲的埃塞俄比亚为重点进行国别风险分析。

1. 缅甸

目前，在中缅经济走廊框架下，中缅双方正在积极推动皎漂深水港、中缅铁路等交通互联互通项目。此外，2020年4月，东盟发布的交通领域基础设施互联互通优先项目清单中也包含了缅甸的内比都—皎漂、木姐—提坚—曼德勒、仰光—曼德勒三条高速公路。这些交通项目启动后将给中国在缅甸投资交通基建带来更多机遇，但一些投资风险也不容忽视。

（1）政治动荡风险。缅甸一直存在军方长期掌权、干政的历史传统，国内各种力量相互交织，加之地缘政治因素更加剧了缅甸局势的复杂性。2020年世界银行公布的全球治理指数显示，缅甸政权稳定指数仅为11.4（满分100）。2021年2月1日，缅甸发生政变，缅甸实施为期一年的紧急状态，加剧了"一带一路"交通项目的主权风险，各种势力会借势对项目建设、银行干预、承诺支付等产生较大影响，对项目自身的投融资、合作、运营、进展能力产生极大的冲击。

（2）新冠肺炎疫情风险。中缅经济走廊建设的重要项目——皎漂特别经济区深水港和工业园项目均受新冠肺炎疫情影响延迟完工，招投标工作只有在克服疫情后才能进行。类似的还有木姐至曼德勒铁路项目，尽管中铁二院已于2021年1月向缅甸交通与通讯部递交了木姐—曼德勒段铁路可行性研究报告,但受疫情影响,缅甸已实行封航等一系列严格的防疫管控措施,项目执行仍旧面临较大的防疫压力。

(3)法律风险。受法制体系不健全和法治水平不高的影响,中国企业赴缅投资存在较大的政策法律风险,2020年世界银行公布的全球治理指数显示,缅甸法治指数仅为12.98(满分100),处于全球落后水平。缅甸民盟执政以来,先后出台《投资法》和《公司法》,简化了投资审批程序,并逐步放开外商投资领域,但开放领域仍集中在传统的农业、水产养殖和酒店行业,交通行业的开放程度依然有限。除上述两部法律外,缅甸现行部分法律因严重过时而缺乏可执行性,如《合同法》和《财产转让法》还是殖民时代制定的。[①]

(4)营商环境风险。根据世界银行发布的《2020年营商环境报告》,缅甸在190个国家和地区中排第165位,营商环境较差。同时,缅甸政府缺乏强有力的执法体系、腐败严重等问题的存在,导致缅甸政府缺乏有效的执法能力。根据2020年世界银行公布的全球治理指数,缅甸政府清廉指数为28.85、监管能力指数为21.63、政府影响力指数仅为11.54,均处于全球较低水平。政务不公开、不透明,行业行贿、索贿等腐败现象造成了营商环境的恶劣,给投资者带来许多不确定性。

(5)劳工问题。中国企业赴缅投资需解决高素质人才不足所引发的劳工问题。缅甸劳动力丰富,但人均受教育水平较低,整体劳动力水平不高。目前,缅甸农村人口占总人口的70%,且据世界银行统计,缅甸中等教育入学率为49%,高等教育入学率为12%,均处于世界较低水平。在此情形下,赴缅投资企业往往需要调配非缅劳动力赴缅工作,而目前缅甸正在起草《外国劳工法》,尚未出台外籍劳务可就业的岗位、市场需求等方面的规定。所以,外资企业还需承担对缅甸雇员进行技术培训的责任,这无疑增加中国

---

① 孟萍莉、吴若楠:《中国企业对缅甸投资面临的风险及对策》,《对外经贸实务》2019年第10期。

交通企业赴缅投资的经营成本和管理难度。

2. 孟加拉国

孟加拉国是南方丝绸之路的重要节点和海上丝绸之路的重要枢纽,也是"一带一路"倡议的重要共建国家。孟加拉国的交通基础设施较为落后,随着孟加拉国经济发展驶入快车道,其对交通基础设施建设需求更加旺盛。2019年,中国在孟加拉国完成交通运输建设营业额约为20.2亿美元,新签合同额约为24.9亿美元,均居中国交通运输建设领域业务市场第6名。但孟加拉国营商环境较差,根据世界银行发布的《2020年营商环境报告》,孟加拉国在190个国家和地区中排第168位,处于全球落后水平。中国交通基建在孟加拉国投资面临政治、经济、金融等方面的风险比较大。

(1) 政治风险。2020年世界银行公布的全球治理指数显示,孟加拉国政权稳定指数、廉政指数分别仅为15.24、16.35(满分100)。孟加拉国政治派别复杂,各种党派分分合合,形成了以执政的人民联盟与主要反对党孟加拉国民族主义党为首的数十个政党派别,这些政党各有主张与影响力,在议会中所处的地位与作用也各不相同。除政治派别以外,商业集团、社会宗教力量和地缘政治关系也会影响孟加拉国的政治风险,中国在孟加拉国一些公路、轻轨等大型交通项目有可能受到政治因素影响。

(2) 金融汇兑风险。经济学人智库2019年发布的《孟加拉国国家风险评估报告》显示,2019年孟加拉国货币风险评分为46,评级为BB,孟加拉国政府持续扩大财政赤字,本币的贬值风险较大。同时,作为全球最不发达的国家之一,孟加拉国大部分基础设施建设资金来源于世界银行、亚洲开发银行以及各种国际组织,这些援助资金评标时间相对较长,企业面临较大的汇率风险。

(3) 法律环境风险。2019年,孟加拉国法律制度指数为27.88(满分100),在立法、执法以及司法环节均存在较多问题。

(4) 土地征用风险。交通基础设施的建设通常需要征用大量土地,但孟加拉国实行的是土地私有化制度,致使工程用地的征用难度大、耗时长。

(5) 社会安全风险。一方面,孟加拉国治安状况总体一般,经常会发生由反对党和工会组织的公开抗议和各类罢工、游行活动,恐怖袭击的威胁依然很大。另一方面,孟加拉国不同地区、民族、宗教之间差异较大,宗教冲突仍会发生,给我国企业带来一定的生产安全和人身安全风险。

(6)资源匮乏风险。孟加拉国矿石、砂子等资源较为匮乏,需要从印度等国进口。资源的匮乏在一定程度上加大了交通设施建设的工期风险。

(7)国际竞争风险。在交通基础设施领域,除中资企业是重要竞争参与者外,孟加拉国本地企业也迅速成长,成为中资企业的强劲竞争对手。同时,中孟企业之间进行联合和联营,发挥彼此优势,正成为行业发展趋势。日本企业有多个交通基础设施在建项目,但多是在协力基金的支持下成功中标,在其他公开招标类项目中份额较少。具有地缘政治意义的港口项目,中国企业在孟加拉国的参与受到了来自印度方面的阻碍。

3. 埃塞俄比亚

近年来,埃塞政府大力推动铁路、公路等交通方面的基础设施投资和建设,并在其第二个五年规划中明确指出未来几年公路、铁路项目将成为融资使用的重点方向;同时,埃塞交通部明确表示规划了多个港口、公路、铁路、航空项目,计划联通整个东非地区。2019年,中国在埃塞完成交通运输建设营业额约为11.3亿美元,新签合同额为14.4亿美元。交通运输建设领域的市场巨大,相关企业在埃塞投资需注意以下几方面的风险。

(1)政治安全风险。埃塞民族冲突和政治冲突尚未完全平息,原计划于2020年8月举行的全国大选因新冠肺炎疫情推迟,至今仍未举行,未来大选期间整体政治形势仍会处于紧张状态。新冠疫情导致的失业和粮食短缺也可能引发社会动荡,抢劫等恶性案件已有增多趋势。处在偏远地区的工程项目应当始终高度警惕,与联邦警察、当地警察建立良好的关系,保障项目人员和财产安全。

(2)拖欠工程款风险。埃塞政府于2018年发生外债还款违约,2019年下半年恢复偿还贷款后,2020年受新冠疫情影响又丧失还款能力,目前正在就外债的暂缓偿付和减免进行磋商。埃塞政府和国有企业的资金紧张,特别是外汇的紧缺影响了近年来工程项目的贷款融资批准和拨款。

（3）主权债务风险。埃塞外汇储备匮乏，支付能力下降，主权债务问题突出，埃塞政府总负债已占GDP的59%，还款风险加剧，国际货币基金组织将埃塞债务风险评级由"中等"调至"较高"，认为其存在明显的"债务危机"。2020年，埃塞政府延迟了大型基建项目投入运营，创汇能力不足等因素将进一步影响未来交通基础设施的投资建设。

（4）货币贬值风险。2017年初埃塞政府曾宣布本国货币比尔贬值15%，之后货币持续快速贬值，埃塞比尔对美元的汇率从2019年6月的28.5∶1，贬值到2020年3月的35.5∶1。由于本币在承包商获得付款中的比例大，贬值较快且无法自由兑换成美元，中国交通建设企业在埃塞开展经营必须充分考虑汇率因素。

（5）国际竞争加剧。埃塞俄比亚是非洲经济发展最快的国家之一，曾连续十余年保持两位数的经济增长，同时仍是联合国界定的最不发达国家，正处于工业化转型初期，交通基础设施建设需求大，吸引很多国家的投资目光。如2020年，美国为削弱中国在埃塞俄比亚的影响力，在埃塞投资50亿美元以支持埃塞经济发展，其中主要投资领域包括交通运输与物流行业，这对中国在埃塞俄比亚投资建设交通运输基础设施形成极大的竞争。

（二）项目案例分析投资风险

1. 雅万高铁

雅万高铁（雅加达—万隆高速铁路）是中国境外首条采用中国标准和技术合作建设的时速350公里的高速铁路。2017年4月4日，印尼中国高铁有限公司与高铁承包商联合体在雅加达正式签署雅万高铁项目总承包（EPC）合同。但因为种种因素，工期延缓至2021年，建设成本不断增加。

（1）寡头政治阻碍。印尼佐科总统将雅万高铁视为其连任的政治筹码，极力支持与推进雅万高铁的建设进程。但印尼国内政治结构中寡头政治仍起着决定性作用，佐科积极推进雅万高铁的意图受到"朝小野大"的局面制

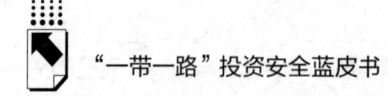

约。因此，雅万高铁项目的建设也受到印尼传统保守势力和寡头政治的国内保护主义抵制。此外，佐科政府受到来自印尼社会一些含有宗教背景和政治化趋向的非政府组织的阻力。

（2）政府效率低。根据2020年世界银行公布的全球治理指数，印度尼西亚政策稳定指数仅为28.1，政府效率指数为60.10，管理质量指数为51.4，都处于偏低水平。同时，印尼政府审批流程复杂，在很大程度上阻碍办事效率。

（3）征地问题难。印尼土地大多为私有，许多地块彼此嵌入且权属不清或一地多证，有的地主待价而沽、漫天要价，导致通过正常商业途径征地往往耗费大量时间且经济成本不可控；通过法院判决强征获取土地程序烦琐、手续漫长，亦将耗费大量的时间。[①]

（4）法律风险高。根据2020年世界银行公布的全球治理指数，印度尼西亚法律制度指数为42.3（满分为100），处于较低水平。

（5）劳工纠纷大。在劳工问题上，一方面，当地技术工人较少且工人工作效率低；另一方面，外国工人进入印尼受限制大。印尼是中国在东盟国家中的第二大直接投资对象国，随着直接投资存量的增加，中国在印尼的劳工人数有所上升，印尼民众认为中国劳工数的增加导致其就业率降低，从而产生一定不满情绪。[②] 劳工问题直接造成雅万高铁项目合格工人不足，从而阻碍了施工进度。

（6）技术要求高。在技术问题上，印尼位于太平洋地震带和欧亚地震带的交界处，抗震技术阻碍了雅万高铁工程进展。

2. 科伦坡港

科伦坡港具有重要的战略地位，是世界上最大的人工港口之一。科伦坡港口城由中国交建与斯里兰卡国家港务局共同开发，2015年3月4日，斯里兰卡政府叫停了该合作项目，引起中国乃至国际舆论的高度关注。后经中

---

① 《中国对外承包工程国别（地区）市场报告（2019~2020）》。
② 韩雪：《一带一路视域下中国对东盟基础设施投资研究》，上海师范大学硕士学位论文，2020。

方交涉，项目于 2016 年 9 月复工。2019 年 1 月 16 日，科伦坡港口城项目填海造地工程完工。总结科伦坡港投资建设面临的风险主要有以下几方面原因。

（1）国内政权更替。科伦坡港口城项目是前任总统极力促成的，但新总统的核心外交政策是减少对中国的依赖，与各国建立平衡外交关系，且属于亲印派。[①] 因此，国内政权更替导致政策连贯性和稳定性不足，外资优惠政策执行不理想，是科伦坡港口项目面临的主要风险之一。

（2）大国博弈影响。斯里兰卡位于印度洋航道中心点，素有"东方十字路口"的美誉，是连接亚非、辐射南亚次大陆的重要支点，也是大国博弈的所在地。比如，印度一直把斯里兰卡视为自家"后院"，不容许外国影响力进入，印度政府明确提出"季风计划"，旨在制约中国"一带一路"政策的实施。此外，近年来，日本对斯里兰卡的投资也逐步增加，投资范围不仅在经济领域，还涉及非经济领域，即文化、教育与民生方面。而中国在斯里兰卡的投资几乎都集中在基础设施投资——机场、港口、铁路等，与印度、日本等国的竞争仍然存在，这也是科伦坡港口城项目难以避免的风险。

（3）劳资纠纷频发。斯里兰卡工会力量较大，经常出于政治原因爆发大规模的罢工或冲突。同时，斯里兰卡的劳动法对保护工人权益十分重视，解雇工人必须经过工会的同意，工会不同意解雇就不生效。当工会和雇主谈判破裂的时候，由政府出面调解，如果调解还是无效，工会会员可以通过投票选择是否罢工。[②] 在这样的情况下，一旦发生了劳资纠纷，处理起来会非常棘手，科伦坡港口城项目建设过程也面临劳务纠纷的风险。

（4）环境保护严格。斯里兰卡有严格的环境保护法律，科伦坡港口城项目曾被叫停的一个理由就是"回避相关环境要求"。[③]

[①] 陈韶宇：《"一带一路"对外投资项目的成效与风险分析》，西南财经大学硕士学位论文，2018。

[②] 陈韶宇：《"一带一路"对外投资项目的成效与风险分析》，西南财经大学硕士学位论文，2018。

[③] 《斯里兰卡基础设施：待建项目多，市场前景广阔》，http://go.gdcom.gov.cn/article.php?typeid=38&contentId=1760。

五 中国对"一带一路"共建国家交通基础设施投资的建议

（一）加强政治风险防范

1. 加强战略对接

一方面，应在共商共建共享原则下推进"一带一路"项目持续走深走实；另一方面，应加强与"中巴经济走廊"、俄罗斯"欧亚经济联盟"、蒙古国"草原之路"、印度的"印太经济走廊"、哈萨克斯坦"光明之路"计划、印尼的"全球海洋支点"构想等战略对接，进一步推动与共建国家基础设施互联互通，将建设需求转化为具体合作项目。

2. 促进信息共享

整合我驻外机构和企业对当地政治经济动态信息的收集，尤其是应建立专业的政治风险评估部门，考量东道国政治风险，为中国基建企业投资"一带一路"国家提供参考依据。

（二）提升金融保障能力

1. 加快人民币"一带一路"化

鼓励"一带一路"合作国家同中国签署货币互换协议；加快人民币清算支付系统等基础设施建设进程，进而建设通用的联合支付系统。①

2. 拓展融资渠道

加强与联合国开发计划署、世界银行、国际货币基金组织、亚投行等国际组织沟通交流，积极争取国开行专项贷款、进出口行专项贷款、亚投行危机恢复基金、中非发展基金、丝路基金、东盟基金等，创新融资服务方式，拓展融资渠道，为交通基建项目发展提供资金保障和金融服务。

---

① 曾慕李：《人民币在"一带一路"国家跨境使用存在的问题及建议》，《区域金融研究》2018年第10期。

（三）营造良好的人文环境

不同国家之间存在语言、风俗习惯、宗教信仰、商务惯例等较多文化差异，重大工程项目更容易因文化差异而被舆情所左右。我国应讲好丝路故事，提高国际社会对"一带一路"倡议的认知度、支持度和参与度，为我国交通运输行业"走出去"创造良好的人文环境。

（四）促进业务可持续发展

1. 延长产业链

交通运输行业要充分利用"一带一路"合作平台和机制，以基础设施互联互通建设为重点，针对不同国家和地区发展特点与资源禀赋，制定差异化的发展策略。强化质量意识和管理意识，帮助东道国搭建科学、合理、可持续的全产业链发展格局，最终实现以工程项目带动贸易与投资发展，更好地促进双边和区域经济的交往互动。

2. 创新联动开发模式

中国对"一带一路"国家的交通基础设施建设项目多为单一项目，应加强对公路、铁路、港口、机场等多种运输模式的联动开发，进而发挥综合效应。充分利用新机遇、新科技、新业态，探索"产业+基建+能源+科技"的协同发展模式，激发双边合作潜力，推动中国与"一带一路"国家基础设施领域合作持续发展。

（五）推动中国标准"走出去"

自主创新是制定标准的重要基础，我国行业龙头企业应充分发挥各自领域技术和市场优势，加快推进中国交通基础设施建设相关标准的国际化进程。就铁路、港口等行业龙头企业而言，一方面应加快将中国标准与国际上接受程度较高的某些西方标准进行对标，另一方面应尽快建立"以我为主"的国际标准。

（六）培养行业复合型人才

一方面做好我国交通建设专业人才储备；另一方面要注重对"一带一路"共建国家本地人才的培养，派遣专业人才直接对共建国家本土工程师或技术人员展开培训和交流，解决人才短缺及国内人员派出成本高等问题，为中国基建企业现在及将来投资交通基础设施市场提供人才储备。

（七）推行属地化经营策略

企业须加强属地化经营，开展全面深入的市场调研，深化对投资对象国政治、经济形势的了解，熟悉文化、营商习惯以及政府的运行模式，适应本地市场的需要。在项目实施过程中，应充分利用当地人力资源和政策法律环境，尊重当地风俗文化，积极履行社会责任，争取当地政府和民众的支持，进而降低企业运营成本、规避风险。

B.9 "一带一路"共建国家跨境电商行业投资安全分析报告*

朱英英 白雪**

摘 要： 近年来，我国跨境电商行业迅猛发展，不论是交易规模、增速还是商业模式发展方面，均走在世界前列。电子商务领域的合作正成为我国与"一带一路"共建国家合作的重点。然而，由于"一带一路"共建国家与我国在经济、政策、法律以及文化环境方面存在差异，我国企业在进行跨境电商投资过程中可能会面临诸如物流运输滞后带来的货物损失风险和支付环节存在的资金周转风险甚至资金损失，以及文化冲突带来的营销不畅等风险。我们从"一带一路"共建国家和地区中，选取了东盟地区和俄罗斯作为案例，具体分析并展望了跨境电商投资安全情况，最后从"五通"的角度，提出相关风险管控建议。

关键词： "一带一路" 跨境电商 投资安全

---

* 本文得到北京第二外国语学院研究生科学研究项目"中国与东盟地区跨境电商发展的机遇与潜力研究"（项目编号：2019GS14ZD08）的资助。
** 朱英英，北京第二外国语学院经济学院硕士研究生，主要研究方向为国际贸易；白雪（通讯作者，snowhite0507@163.com），北京第二外国语学院中国"一带一路"战略研究院研究员，主要研究方向为"一带一路"国际合作。

一 跨境电商行业综述及对外投资安全的影响因素

（一）跨境电商行业综述

1. 跨境电商产业链构成

随着网络技术和数字经济的不断发展，电子商务在全球经济和商业中发挥着越来越重要的作用。跨境电子商务作为一种国际电子商务形式，近年来也迎来了良好的机遇。

从整体结构上来看，跨境电商产业链由底层、后端、中端以及前端构成。

产业链的后端可以被看作跨境电商交易平台。在交易平台上，相关的供货商或分销商以及消费者可以看到或发布货品信息，从而进行需求交换完成交易过程；根据交易的不同主题，可以分为B2B交易平台和B2C交易平台。

产业链中端是指跨境电子商务企业的特定经营管理领域。比如，对于跨境电商的进口方来说，可能涉及其采购部门、财务部门以及仓库管理部门等。而对于跨境电商的出口方来说，可能会涉及其营销部门、商品及订单管理部门以及仓库等。

产业链的前端是指消费者进入电子商务平台的入口。比如YouTube、Facebook等涉外的多媒体平台。

跨境电商产业链的底层是为了实现跨境电商交易而需要经历的几个过程，包括物流、信息流和资金流这三大要素。其中，物流要素按交易过程的发生顺序来看，包括了包装、仓储、分拣、跨境运输和配送等环节。信息流是贯穿整个跨境电商交易过程的。它可能会涉及跨境电商交易双方通过信息平台获取供需信息，通过跨境电商平台获取货品质量、价格信息，以及通过交易数据分析获取的消费者偏好等用于促销和产品优化的信息。跨境电商的资金流可能会用到网银、第三方支付、货到付款以及银行转账汇款这几种付款方式，依赖跨境支付平台完成支付。

2. 跨境电商行业全球发展现状

（1）总体发展

近年来，随着信息通信技术不断完善，国际物流水平提升，传统货物贸易方式不断升级改造，全球跨境电商发展保持高增长态势。根据对外经贸大学北京企业国际化研究基地《中国企业海外发展报告（2020）》数据，2019年全球跨境电商规模已达7000亿美元。阿里巴巴和咨询机构共同发布的《B2C全球跨境电子商务趋势报告》指出，到2020年，B2C跨境电子交易额将超过9940亿美元。[①]

实际来看，2020年在新冠肺炎疫情之下，全球电商市场"危"与"机"并存。疫情之下全球的供应链、物流等发生断裂，同时经济低迷，消费者对部分类别的需求大幅缩水，导致订单减少。同时，新冠疫情下，消费者居家时间变长，也催生出一些新消费场景和消费需求，即"宅经济"，越来越多的消费者将其需求从线下转移到线上。根据前瞻产业研究院预计，到2025年，全球电子商务交易规模仍将维持10%~20%的高速增长。[②]

（2）发展格局

虽然总体来看，跨境电商市场正快速发展，但是全球发展格局呈现出较大的差异。在交易规模方面，亚太和北美地区在发展方面处于领先地位。根据艾瑞咨询《中国跨境出口B2C电商2020~2021年度发展报告（北美篇）》相关数据，北美地区网络零售额占到全球的19.1%。而北美地区跨境电商发展有赖于其良好的市场成熟度，较高的网购渗透率，较为完备的物流、支付体系和便捷的渠道平台。截至2020年5月，美国和加拿大两国拥有网民数量为3.29亿，网民渗透率达到94.6%，在全球范围内处于绝对领先地位。[③] 同时，2020年亚太地区的网络销售额占全球网络销售总额的62.6%，

---

① 张新民、王分棉、陈汉文主编《中国企业海外发展报告（2020）》，社会科学文献出版社，2020。
② 前瞻产业研究院：《中国电子商务竞争策略分析报告》，2020年6月3日。
③ 艾瑞咨询：《中国跨境出口B2C电商2020~2021年度发展报告（北美篇）》，2021年2月26日。

图 1　2015~2020 年全球 B2C 跨境电商交易额及增速情况

数据来源：前瞻产业研究院《中国电子商务场及企业竞争策略分析报告》，2020 年 6 月 3 日。

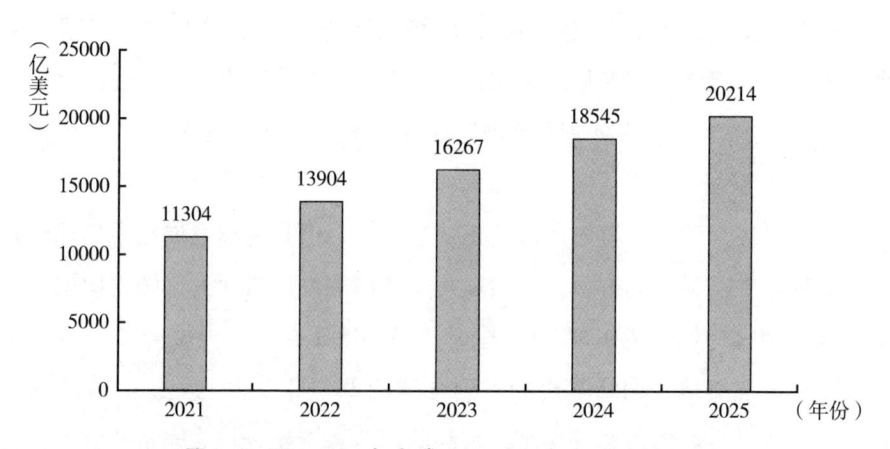

图 2　2021~2025 年全球 B2C 跨境电商交易额预测

数据来源：前瞻产业研究院《中国电子商务场及企业竞争策略分析报告》，2020 年 6 月 3 日。

这主要得益于中国在全球范围内的领先地位。2019 年，中国跨境电商出口额达 8.03 万亿元，B2C 跨境电商交易额约占全球总额的 32%。此外，东盟地区的跨境电子商务也显示出良好的发展势头和发展潜力。

（3）头部企业

跨境电商产业链涉及的环节众多，在交易、支付、物流等各个环节均有其行业的头部企业。但也有些企业随着自身的发展已经成为集平台、支付和物流于一体的综合服务商。以下将介绍的主要是此类跨境电子商务平台。

从头部跨境平台来看，亚马逊和全球速卖通成为跨境购物的两大首选。根据艾瑞咨询《2019全球跨境电商市场与发展趋势研究报告》数据，截至2018年底，以全球消费者最后一次的跨境电商购物经历情况统计，有24%的消费者选择亚马逊，16%选择阿里巴巴旗下的全球速卖通（AliExpress），14%选择了eBay，10%选择了Lazada。[1]

亚马逊成立于1995年，已发展成为全球商品种类最多的网络零售商以及综合服务商。目前，亚马逊已在包括美国、加拿大和中国在内的14个国家/地区开设了电子商务网站，并建立了具有全球物流网络的123个运营中心。也正因其较高的国际化水平，亚马逊成为众多跨境电商卖家发展业务不可忽视的重要平台。截至2020年6月，亚马逊的访问者超过52亿。在GMV（商品总价值）方面，亚马逊仅次于中国的淘宝和天猫，排名第三。

全球速卖通是阿里巴巴旗下的全球跨境电子商务平台。目前，它是仅次于eBay和亚马逊的第三大英语在线购物平台。它已经积累了超过1.5亿的海外用户。全球速卖通基本上有两种在线销售模型，即B2B和B2C，平台供应商主要是中小型企业。根据全球速卖通官方网站的数据，自2020年底以来，该平台已覆盖230多个国家和地区，其中以俄罗斯、美国、西班牙、巴西和法国等欧美国家为主要平台市场。

除第三方跨境电子商务平台外，自营平台的代表企业还包括兰亭集势和大龙网。兰亭集势是中国最早的自营跨境电子商务平台之一，于2007年在北京成立，并于2013年在纽约上市；目前，在跨境电商领域处于领先地位。像速卖通一样，目前兰亭集势的主要市场是欧洲和北美，近年来兰亭集势在南美等新兴市场发展迅速，新兴市场正逐渐成为其新的利润红海。

在全球外贸出口受疫情影响而低迷的2020年，兰亭集势依旧保持了高速增长。根据其2020年财务报告，其第二季度的总收入为1.14亿美元，同

---

[1] 艾瑞咨询：《2019全球跨境电商市场与发展趋势研究报告》，2019年4月4日。

比增长95.9%。此外，其在利润方面也扭亏为盈，实现了净利润850万美元，创上市以来新高。这一方面源于管理团队对于风险的应对能力，另一方面和其与新加坡电商 ezbuy 合并后，积极开拓东南亚市场分不开。

（二）我国跨境电商企业对外投资安全的影响因素

当前跨境电商蓬勃发展，我国在市场规模、用户规模、技术应用和模式创新等方面均处于世界前列。在这样的背景下，越来越多的企业希望通过跨境电商的途径，让自己的商品"走出去"面向更大的市场，但是，这些公司在交易过程中也面临不同的风险因素，这会影响它们的投资安全性。

1. 国家层面

国家层面来看，对于投资安全的影响主要来自政策、经济、法律、技术几个方面。

（1）政策环境影响行业发展速度

国际政策变化和不同国家政策的差异化为跨境电商发展带来新的机遇和挑战，政策环境是否利好影响行业的发展前景和速度。为了促进区域内或本国的电商发展、提高贸易的便利化水平，包括东盟和联合国亚洲及太平洋经济社会委员会分别推进签订了电子商务协议和《亚洲及太平洋跨境无纸贸易便利化框架协定》。此外，电子商务发展欠发达的国家也逐步采取宽松或相关支持政策，支持行业发展，如柬埔寨政府通过实行较为宽松的外汇管制政策以吸引外资的进入。在疫情的影响下，拉美地区的消费者也纷纷"触网"，实现线下需求向线上的转移。一些国家政府为了促进区域内电商生态的完善与发展，正大力推进自建物流系统及相关基础设施的投入。

在政策环境方面，中国更是从不同层面给予支持和规范，确保了国内跨境电商高速度、高质量的发展。从国内来看，中国一方面通过建立跨境电子商务试验区、改善税收政策等方式，鼓励相关企业从事跨境电商业务，提高行业发展速度；并完善相关法律法规以保护参与方的利益，确保行业发展质量。国际上来看，中国积极同伙伴国建立电商领域的合作关系，让中国的跨境电商红利惠及他国。2013年至今，中国在跨境电商领域取得的成果举世瞩目，离不开国内相关政策的支持。

（2）经济环境影响行业需求变化

经济环境的改变会影响某一市场的需求，这种需求的变化一方面体现为规模的变化，另一方面体现为结构的变化。以阿里巴巴国际站为例，在全球经济危机后，跨境贸易的总需求出现了意料之外的增长和结构的明显变化。这一方面是由于在经济形势不景气的情况下，电子商务贸易交易环节减少带来的价格优势和透明度得以体现，消费者更加理智地选择网购的形式满足日常购物的需求；另一方面，消费者购买豪华配饰的数量已大大减少，他们已转向中低价位产品。

如果跨境电商企业没有根据经济形势的变化而做出业务范围或营销策略的改变，则面临营业额缩水甚至亏损的风险。

（3）法律环境影响行业发展质量

当前，全球各国都没有建立完备的跨境电商相关的法律法规体系，影响了行业发展的质量。目前，跨境电商行业的法律风险主要体现在以下几个方面。其一，消费者隐私风险。网络平台交易通常需要消费者填写个人真实的信息以供商品报关使用，然而这种真实信息如果被一些商家不正当利用，则会侵害消费者的合法权益。其二，知识产权风险。目前我国大部分跨境电商企业对于品牌的打造还不足，对于知识产权的重视和保护也有所欠缺。这可能造成对他人知识产权的侵犯，引发相关法律问题。其三，商业交易风险。跨境电商可能会由于语言的不同而沟通不畅，在商品的相关细节上存在认知差异导致消费者购买的商品不符合自身需要或者期待；或者商家存在虚假发货、线上支付一方存在诈骗等都会导致商品交易风险。其四，货物税收风险。海关征税的有关政策在不同的阶段会发生变化，跨境电子商务企业在税务申报方面的要求和标准存在差异，如果在报税方面由于不清楚规定而陷入偷税漏税的风波，则会影响企业经营安全。

2. 行业层面

从行业层面来看，考虑跨境电商的特点，影响企业投资安全的因素主要来自行业规范、技术环境、基础设施和文化融合等几个方面。

（1）行业规范差异带来的政策风险

由于跨境电商产业链所涉及的不同交易主体多数情况下处于不同的国家，交易过程包括货物的通关、报检、结汇、退税等，不同国家对于同一环节的政策存在差异，由此可能会导致发生相关的货物、资金风险。

（2）技术环境影响企业经营效率

近年来，互联网越来越普及，全球网民规模不断扩大，良好的技术基础和庞大的用户群体极大地刺激了跨境电商的发展。然而跨境电商涉及的环节和参与方众多，这给企业的经营管理带来了挑战，如营销管理、库存和订单管理以及物流管理等方面。这使企业的相关成本居高不下，管理效率却很低。随着数字经济发展，企业经营的各个环节都趋向于智能化、集成化，尤其是区块链以及大数据等先进技术的发展和应用，有望开辟跨境电商新道路，为营销和支付等经营发展的各个环节提供坚实的支撑。

（3）基础设施影响行业基本运行

对于跨境电商来说，基础设施主要包括两部分，第一部分是电子支付的基础设施，第二部分是跨境物流的基础设施。

从支付角度来看，由于跨境支付收付双方所处地区的不同，第三方支付等跨境电商支付的发展程度存在差异，影响消费者跨境电商购物的积极性和企业的投资安全；跨境支付涉及跨境电商企业的结汇、退税等问题，可能存在汇率变化等带来的资金风险。

从物流基础设施的角度来看，跨境电商多数情况下涉及实物交易，物流运输就成为不可避免的重要环节。物流联动对投资安全的影响主要有以下几个方面。第一，物流基础设施是否开放，影响跨境电子商务物流时间的长短。以"一带一路"共建国家为例，中国与中亚国家之间除了在铁路基础设施方面的相关联系外，其他的基础设施连接度明显不足，运输方式的单一对缩短物流周期提出挑战。第二，跨境物流流程的复杂性会影响物流成本和产品安全性。物流环节的复杂性增加了货品损失的概率，甚至有时海关、商检环节的相关纰漏会导致整批货物的损失,操作难度和风险的增加实际上已经影响了跨境电子商务物流成本。

(4)文化融合带来的运营不畅

不同的文化背景会带来特定地区消费者的偏好差异以及对于营销认知的不同,而营销成功的关键是和消费者在认知和互动上达成同频。当前,大多数国内中小企业在国际化经营中还局限于经贸往来的表层,缺乏对跨境市场国家的文化风俗习惯和政治法律制度的研究。

二 我国对"一带一路"共建国家跨境电商行业投资安全的实证分析

(一)投资空间格局、时间变化

1. 跨境电子商务进出口额持续增长

当前,从国内来看,我国跨境电商进出口规模均呈现快速增长态势。根据海关总署的数据,2019年,通过海关电子商务管理平台的出口总额约为1862.1亿元人民币,近五年的年均增速达到50.8%。

跨境电商进口方面,通过海关跨境电商管理平台的进口总额从2017年的565.9亿元人民币增长到2019年的918.1亿元人民币,平均年增速约为27.4%。[①]

2. 物流企业加速海外布局,跨境电商配送时效有效提升

近年来,以菜鸟、京东以及申通、百世等为代表的中国物流企业加快国际合作步伐,努力共建全球智能物流网络,使跨境电商的境外配送周期大幅缩短。

首先,菜鸟已与俄罗斯邮政、西班牙邮政、英国皇家邮政、新加坡邮政和瑞典邮政等100多家物流公司建立了深度的合作关系;以增加国际配送航

---

① 商务部:《中国电子商务发展报告(2019)》,2020年7月2日。

线等方式，不断扩大、完善跨境物流配送网络，大大提高了跨境商品的运输时效。同时，菜鸟数智技术使进口当日达和出口当日达成为现实。

其次，国内各快递服务企业也纷纷走出国门开展国际业务，加紧布局海外市场。截至2019年底，百世已经在包括中国、欧美、东南亚等20个国家和地区提供快递寄递业务，并把东南亚作为重点区域开展业务。2017年，圆通通过收购香港先达国际得以建立开展国际业务的网络基础。目前圆通快递专线产品已经覆盖亚欧美澳等海外市场。顺丰已经具备为多国的海外商家提供仓储、运输、清关、寄递等一体化的物流解决方案的能力。2019年底，顺丰航空在美国交通运输部的批准下，获得了运营中美任意城市之间的定期或包机货运航班的资格。

最后，海外仓体系逐步完善。海外仓对于提高物流时效、降低物流成本意义重大。因此，我国不少跨境电商平台或企业近年来不断推进海外仓体系的建设。有些通过第三方海外仓的方式入驻，而像华为、天猫国际等大型企业则通过自主建仓的方式，满足自身仓储需要。基于国内保税仓备货、海外直邮和海外仓备货模式以及数字技术的深度应用，中国跨境电商物流配送当日达已成为常态，全球智能物流派送服务体系已经初步搭建，对中国跨境电商面向全球消费市场起到支撑作用。

3. 金融支付服务机构加快业务拓展，跨境支付便利化提升

中国的跨境电子商务金融服务主要集中在两个方面——海外收款和支付服务以及跨境电子商务供应链金融服务（金融信贷服务）。近年来，中国跨境电子商务的国际化进程加快，相关金融服务能力也在不断提高。以支付宝为代表的中国第三方收款企业积极拓展海外合作，为国内跨境电商出口提供一站式跨境电商支付解决方案。

4. 跨境电商相关法律政策不断完善

随着跨境电商的不断发展，我国与跨境电商相关的政策密集出台，在促进行业快速发展和规范行业健康发展方面给予了支持和引导。相关政策调整主要涉及通关、税收、支付、金融及综合试验区建设等领域，政策监管的不断细化也使得我国跨境电商的营商环境进一步优化。

表1 相关部门公布的跨境电商相关政策（部分）

发布时间	发布部门	政策名称
2013年8月	商务部等九部委	《关于实施支持跨境电子商务零售出口有关政策的意见》
2013年10月	商务部	《关于促进电子商务应用的实施意见》
2013年12月	财政部、税务总局	《关于跨境电子商务零售出口税收政策的通知》
2014年1月	海关总署	《海关总署公告2014年第12号（关于增列海关监管方式代码的公告）》
2014年7月	海关总署	《海关总署公告2014年第56号（关于跨境贸易电子商务进出境货物、物品有关监督事宜的公告）》
2014年7月	海关总署	《海关总署公告2014年第57号（关于增列海关监管方式代码的公告）》
2015年1月	外汇管理局	《支付机构跨境外汇支付业务试点指导意见》
2015年5月	国务院	《关于大力发展电子商务加快培育经济新动力的意见》
2015年6月	质检总局	《关于加强跨境电子商务进出口消费品检验监督工作的指导意见》
2015年6月	国务院	《关于促进跨境电子商务健康快速发展的指导意见》
2016年1月	国务院	《关于同意在天津等12个城市设立跨境电子商务综合试验区的批复》
2017年6月	质检总局	《关于跨境电商零售进出口检验检疫信息化管理系统数据介入规范的公告》
2017年11月	商务部等	《关于复制推广跨境电子商务综合试验区探索形成的成熟经验做法的函》
2018年7月	国务院	《关于扩大进口促进对外贸易平衡发展的意见》
2018年8月	国务院	《关于同意在北京等22个城市设立跨境电子商务综合试验区的批复》
2018年10月	国务院	《关于印发优化口岸营商环境促进跨境贸易便利化工作方案的通知》
2018年11月	财政部、海关总署等4部门	《关于完善跨境电子商务零售进口监管有关工作的通知》
2018年11月	财政部、海关总署、税务总局	《关于完善跨境国电子商务零售进口税收政策的通知》
2018年12月	海关总署	《海关总署公告2018年第156号（关于实时获取跨境电子商务平台企业支付相关原始数据有关事宜的公告）》
2019年3月	国家邮政局	《关于促进跨境电子商务寄递服务高质量发展的若干意见》
2019年4月	市场监管总局	《加强网购和进出口领域知识产权执法实施办法》

续表

发布时间	发布部门	政策名称
2019年8月	交通运输部等18个部门	《关于认真落实习近平总书记重要指示推动邮政业高质量发展的实施意见》
2019年9月	国家外汇管理局	《通过银行进行国际收支统计申报业务指引(2019年版)》
2019年12月	商务部财政部等13部门	《关于调整扩大跨境电子商务零售进口商品清单的公告》

资料来源：根据各部门网站消息整理。

5. 电子商务国际合作机制稳步推进

首先，电子商务合作机制成果显著。截至2019年底，中国已经和意大利、智利、萨摩亚、哥伦比亚、瓦努阿图和乌兹别克斯坦等22个国家签订了备忘录并建立了双边电子商务合作机制，并根据合作国家的国情和经济基础情况，基于不同的侧重点展开合作，力求优势互补和互利共赢。另外，中国还重视在电子商务领域的多边区域合作，并在推动电子商务磋商和合作发面发挥了建设性作用。近年来，借助中东欧经贸促进部长级会议、金砖国家部长级会议、二十国集团峰会以及"一带一路"国际合作高峰论坛等平台，推动促成了包括《金砖国家全面贸易合作框架》《中部和东欧电子商务合作计划》《大阪数字经济宣言》在内的多个多边区域电子商务合作机制。值得一提的是，2020年11月15日，《区域经济合作伙伴关系协定》（RCEP）正式签署。协议国之间有关电子商务章节的讨论有明确指出缔约国之间将推进无纸化贸易和相互电子认证及注重消费者权益保护等方面的内容。

其次，国际电子商务交流活动不断丰富。商务部等部门高度重视与合作伙伴在行业上的交流，通过举办不同层次的交流活动来促进双边在法规、产业政策、行业技能等方面的交流学习。例如，商务部曾多次举办中国—爱沙尼亚、中国—越南、中国—俄罗斯、中国—新西兰等双边电子商务工作组会，希望能够增进彼此对电子商务法规框架和产业政策的理解，并讨论双边进一步的合作方向及具体举措；在北京、上海、广州、哈尔滨、成都、厦门等电子商务发展水平较高的城市与地方商务主管部门共同举办"丝路电商"政企对话会；为伙伴国政府官员和企业人员举办电商研修班，通过有针对性的电商专题讲座、产学研相结合的培训课程，为中小企业进入全球市场提供机会。以上举措有助于逐步形成形式和层次都非常丰富的双边电子商务合作机制。

最后，自贸协定电子商务谈判获积极进展。中国始终积极倡导和促进自由贸易区的电子商务谈判，并取得了重大进展。2019年10月17日，《中华人民共和国政府与毛里求斯共和国政府自由贸易协定》在北京签署。这是中国与非洲国家签署的第一份自由贸易协定。它为深化两国经贸关系提供了更强有力的制度保障，并将包括电子商务在内的中非经贸合作提升到了一个新的水平。此外，商务部积极推动包括中国—日本—韩国、中国—挪威、中国—斯里兰卡、中国—以色列和中国—秘鲁在内的十多个自由贸易协定的电子商务谈判，并已完成与RCEP 15个成员的谈判。

（二）重点国别投资安全分析

近年来，随着"一带一路"合作领域的扩大和合作国家的增多，越来越多的国家开始在中国的帮助下发展电子商务。目前，"丝路电商"朋友圈已覆盖五大洲22个国家。但是，由于投资环境的不同，不同国家的投资风险也存在很大差异。本部分将以东盟国家和俄罗斯为重点进行风险分析。

1. 东盟市场跨境电商行业投资安全展望

由于RCEP的签订对于中国—东盟跨境电商具有重大利好，加上近些年东盟市场表现极佳，其被中国企业认为是跨境电商最有潜力的区域之一。

（1）中国-东盟贸易、政策合作基础良好，政策红利明显

中国和东盟在贸易往来方面交往密切。中国和东盟早在2010年就成立了双边自由贸易区，双边贸易和投资额都不断扩大。2020年，在双边自贸区成立10周年之际，东盟首次超越美国和欧盟成为中国第一大贸易伙伴，交易额突破6845亿美元。

基于双边深度的合作关系，发展跨境电商的政策红利非常明显。2015年，中国—东盟签署了升级议定书，并第一次把跨境电子商务领域的合作纳入重点合作内容之列。2016年12月，由中国国际贸易促进委员会和东盟工

商联合会共同组织的"中国—东盟跨境电子商务平台"正式启动,促进了高质量中国—东盟跨境电子商务的发展。在企业合作、投资和并购方面,2016年,阿里耗资10亿美元,将东南亚知名电商平台Lazada纳入旗下;2015年11月,京东在印尼与当地企业合资成立JD. ID,2018年增持越南电商平台TiKi。

(2) 中国—东盟具有地缘优势,跨境电商合作有强力抓手

地理上的临近性可以为商品贸易提供天然的优势,与越南接壤的广西成为与东盟合作和交流的重要窗口。2020年5月,经国务院批准,广西崇左市正式建立了跨境电子商务综合试验区。此外,广西还建有北海、钦州等电子商务进口零售试点。政策红利下,广西吸引了一大批新兴和实力强劲的跨境电商企业,推动该地区跨境电商行业发展处于我国的前列。前瞻产业研究院发布的《中国跨境电商行业发展前景预测》报告显示,2016~2019年,广西的跨境电商交易量以年均27.8%的速度增长,远高于全国平均水平。2020年,在新冠肺炎疫情的背景下,广西在前十个月就实现了15.8亿元人民币跨境电商进出口总额,同比增长2.5倍,凸显出巨大的发展前景。广西有良好的合作基础和铺垫,在区域聚集型经济支撑的情况下,中国企业对于东盟的跨境电商投资安全性更有保障。

(3) 东盟国家正值人口红利期和高速发展期,市场潜力巨大

根据谷歌和淡马锡的联合报告,到2025年,东南亚电子商务市场将达到878亿美元,跨境电子商务渗透率将达到6.4%。[1] 根据数据推测,印尼电商市场潜力将充分发挥,至2025年该国将成为东南亚最大电商市场,约占东南亚市场总规模的52%。从东南亚整体来看,电商规模增幅将达到23%,成为撬动东南亚经济增长的新引擎。[2]

此外,东南亚国家人口普遍年轻,正处于人口红利期,对于电子商

---

[1] 张瀚月:《"一带一路"视阈下云南省跨境电子商务发展路径及对策研究》,《中国市场》2018年第28期。

[2] Google, Temasek and Bain & Company, E-Conomy Sea 2020, November 10, 2020, https://www.bain.com/insights/e-conomy-sea-2020/.

务的模式创新接受程度较高。近两年,在中国发展迅猛的网络直播卖货形式也正在被越来越多的东南亚消费者接受。2020年,东南亚知名的跨境电商平台Lazada通过布局直播卖货,"双十一"当天实现了销售额增长380%的成绩。

(4) 中国与东盟部分国家存在地缘政治争端,投资不确定性增加

东南亚地区地处"一带一路"建设的枢纽位置。然而,也正由于其特殊的地理位置,它一直成为国际各方势力极力争夺的焦点。美国甚至印度都针对东南亚地区采取相应的地缘战略。加之南海问题和军事政变问题,导致东南亚的政治环境存在一定的不稳定因素。此外,东盟国家的宗教文化多样且较为复杂,如果宗教认知的差异体现在商务活动中,则会引起一些不必要的冲突,威胁投资安全。

(5) 中国与东盟国家监管不对称,容易引发交易争端

由于法律体系或相关法律法规建设水平的不同,中国和东盟国家在通关、税收和产品质量监督方面通常具有不同的执行标准。此外,与跨境电子商务平台营销相关的活动可能涉及大数据技术,需要收集大量的用户习惯,并涉及数据和信息的共享,可能会威胁国家数据安全,并遭到政府部门的"安全审查",从而对跨境电子商务投资的安全性构成威胁。

(6) 中国与东盟国家民俗差异大,增加营销难度

对于东盟国家来说,由于涉及的国家较多,各国之间的民风民俗、消费习惯等都存在较大的差异,这给企业的营销工作带来了挑战。跨境电子商务运营商不仅必须掌握例行操作,例如产品列表、站点优化和客户服务,而且更需要了解不同国家的民风民俗、消费者习惯等,以避免企业的营销出现偏离。

2. 俄罗斯市场跨境电商行业投资安全展望

(1) 俄罗斯跨境电商市场虽起步晚,但发展速度快、市场潜力大

自2010年以来,中国一直是俄罗斯最重要的贸易伙伴。从跨境电商合作来看,双方起步虽然相对较晚,但增速较快。根据Hugo.com的相关数据,2018年俄罗斯的跨境电子商务交易额达到180亿美元,预计2021年的

市场交易额将至少达到 230 亿美元。此外，俄罗斯有着较高水平的城市化率。在 1.46 亿人口中，城市人口约占 75%，互联网普及率达到 76.1%，移动互联网用户占 56% 以上，是整个欧洲地区互联网用户数量最多的国家。[1] 大量的互联网用户为俄罗斯的市场发展提供了强大的支撑。实际上，在欧洲各国中，俄罗斯确实已经成为电子商务增长最快的国家。

（2）俄罗斯为保护本国电商发展多次调整海关政策，增添了政策风险

俄罗斯跨境电商的发展还离不开其在行邮税方面实行的较宽松的标准。俄罗斯对海外网购关税限制的政策变化对中国跨境电商企业产生了不利影响。税额的增加导致中国跨境电商企业的产品丧失了原本的价格优势，俄罗斯的消费者一部分转向本地电商消费。另外，个人进口免税额的频繁变化增添了政策风险。

（3）卢布面临贬值风险，俄境内支付体系不完善，增加企业资金风险

自 2014 年以来，以美国为首的西方国家对俄罗斯实施了严厉的经济制裁，导致卢布对美元的汇率继续贬值。随着近两年油价进一步下跌，到 2020 年，年度平均汇率为 71.8 比 1。在俄投资的跨境电商企业也面临着利润缩水的风险。

从支付方式来看，俄罗斯的在线支付发展较为缓慢，这可能与俄罗斯传统的消费观念和国家文化影响有关，造成资金周转率受到严重影响。对于跨境电商企业尤其是初创型企业来说，资金周转的障碍很大程度上影响企业的生存。因此，如果中俄跨境电子商务要实现长期、高质量的发展，支付问题亟待解决。

（4）中俄跨境电商通关结汇和退税难，影响企业资金回笼周期

俄罗斯在海关效率方面，还未能完全适应市场的发展需要。第一，俄罗斯在海关检验工作安排上，常以通关货物的规模为标准进行人力匹配。跨境电商所带来的境外小包裹的增量将使海关的工作效率大大降低，并造成跨境

---

[1] 宫艳华：《中俄跨境电商：现状、风险与制度安排》，《俄罗斯东欧中亚研究》2019 年第 2 期。

电商物流缓慢的情况，很多境外到俄罗斯的包裹到达消费者的时间长达50天以上。第二，中俄贸易中经常存在"灰色通关"的情况，入境的产品质量难以保障，也会侵害消费者的合法权益和跨境电商消费的信心。第三，俄罗斯海关在跨境货物的安保措施方面有待完善，加上处理效率不高，存放在俄海关的货品有破损甚至丢失的风险。

（5）中俄跨境物流成本高且效率低，增添经营成本及风险

第一，俄罗斯拥有世界上最大的陆地面积，位于欧洲和亚洲的两大板块上，陆地面积为1709.82万平方公里。分散的市场布局为货物运输增添了很多困难。第二，俄罗斯海关清关效率较低，手续较烦琐，关税类别较复杂，在一定程度上也阻碍了跨境电子商务的及时物流。第三，俄罗斯的道路、物流网络以及末端配送等方面的基础设施不甚健全，导致出现货物达到末端配送点却因货物积压无法按时配送到消费者的现象。第四，俄罗斯国内区域发展存在重大差异，物流基础设施建设水平差异很大。相应的，落后区域的物流成本和配送难度显著增加。

三　对我国"一带一路"跨境电商行业投资安全的管控建议

随着"一带一路"建设的深入实施，"丝绸之路"电子商务发展迅速，已成为我国外贸发展的重点。为了确保贸易行业和企业的投资收益健康发展，对投资安全的管控需引起国家和企业层面的重视。针对上述的投资安全影响因素，建议从宏观上继续深化政府层面的合作，加强相关基础设施的建设，推进法律法规的完善和行业标准的规范化建设，优化投资环境；在微观层面，公司需要增强风险意识，进行市场研究并提高其应对市场变化和投资风险的能力。

（一）政策沟通，打造"丝路电商"朋友圈

自2016年以来，我国与"一带一路"共建国家在电子商务合作中取得

了不凡的成绩。未来,建议在目前已有成果的基础上,扩大"丝路电商"朋友圈,建立深化合作机制,继续丰富与"一带一路"共建国家的跨境电子商务合作的方式。通过加强政策协调、规划对接、经验分享等合作方式,推动相关国家电子商务领域的基础设施建设,带动合作国家的物流、支付、数字、信息等多业态创新发展,推动平台经济建设,助力我国企业开拓更广阔的市场和打造更安全的投资环境。此外,应制定确保网络交易安全的法规,并联合"一带一路"共建国家打击威胁跨境电商安全交易的行为,推动中国同"一带一路"共建国家建立知识产权公约的实践沟通,保护跨境电商的海外营销利益。同时,要加强制定涉及跨境经营活动的物流、信用体系以及融资渠道建设的政策法规,为它们提供更为优质的跨境电商国际化发展环境,提高它们应对市场风险和参与海外贸易竞争的能力。优化相关的财政和金融政策,以帮助跨境电子商务的蓬勃发展。

(二)设施联通,推动跨境电商协同发展

首先,针对目前"一带一路"共建国存在的交通、物流基础设施薄弱,互联网基础设施欠缺等情况,我国可以通过项目合作等方式,帮助相关共建国家进行相关基础设施的完善。其次,可以通过帮助建立海外仓库来帮助解决跨境电子商务的物流瓶颈。最后,由于跨境电商还涉及相关软件或交易平台的建设,可以推动建设国家或区域间信息及交易的交互平台,帮助不同国家的买卖双方交换信息以达成交易。

(三)资金融通,创造安全、统一的支付环境

作为跨境电子商务交易的重要组成部分,付款的安全性和便利性至关重要。一方面,应协同多部门、多行业、多渠道进行第三方支付服务的风险控制,规范业务主体的市场准入机制,建立风险管理机制。另一方面,促进人民币国际化进程,促进跨境电子商务的人民币支付,有效规避外汇风险。对于跨境电商企业而言,首先应该选用正规、专业且安全的支付平台;其次,要加强与国内外保险机构的合作,为企业自身和

平台客户的财务安全提供保险保护；最后，从长远来看，建议企业建立一套较为完整的风险管控机制，通过数据驱动等技术手段监控支付风险，防患于未然。

（四）贸易畅通，提高跨境电商便利化水平

随着"一带一路"建设的不断深入，中国和"一带一路"共建国家在贸易自由化和贸易便利化方面取得了重大进展。对于跨境电商发展而言，加强以自贸区建设为代表的贸易畅通，有助于借助相关政策红利消除跨境电子商务交易壁垒，减少商品与服务自由流通的障碍，降低跨境贸易的关税，提升通关便利化水平等。所以，在"一带一路"倡议下，我们必须优先考虑并专注于自由贸易区的开发和建设以及促进贸易便利化，以提高跨境电子商务运营的效率。

（五）民心相通，有效避免运营风险

跨境电商企业应该注重运营的本地化，加强对当地文化和市场需求的调研工作。通过雇用市场所在地的员工或者咨询当地市场调研机构等方式，及时掌握国内外政策环境和市场需求的变化。对可能影响跨境电商税收、海关的相关政策变化保持一定的敏感度，并形成应对机制，确保能够及时采取有效措施，避免在经营过程中未及时关注相关变动而产生风险和损失。

B.10
全球消费网络下物流供应链组织的地理响应

肖作鹏[*]

摘　要： 近年来，由于跨境电商的迅速发展，全球贸易、生产及流通方式都发生了比较大的变化，突出表现在消费者以互联网和电子商务参与国际贸易，推动传统的跨境供应链模式从生产驱动转向消费驱动。本报告基于地理响应角度，分析跨境电商物流供应链的组织模式等变化，认为其作用核心体现在重塑了邮政网络，促进了航空货运增长，改变了传统海运模式，并对机场货运职能、国际邮政设施、特殊监管仓储等提出了新的需求。基于此，跨境电商物流的发展使供应链网络的枢纽地位得到再强化，全球化和内陆化水平也得以延伸，应科学认识、适应并主动引导全球贸易格局及逻辑的变化，制定更加精准的贸易及配套政策，推动物流产品变革，建构适配"一带一路"倡议的国家供应链战略。

关键词： 全球消费网络　跨境电商　供应链　地理响应

一　引言

随着全球互联网的深入发展，网络零售从局部市场走向大规模全球

---

[*] 肖作鹏（通讯作者，tacxzp@foxmail.com），哈尔滨工业大学（深圳）建筑学院助理教授，主要研究方向为交通运输地理、物流供应链组织。

化，特别是大量中国消费者与制造商加速融入以英文为基础的全球电商市场，以"买全球、卖全球"为特点的跨境电商迅速成为全球贸易网络发展中的新亮点。根据联合国贸发组织的数据，2018年全球共有3.3亿跨境电商购买群体，在全球网购用户中的占比从2016年的17%提升到23%。[①]从交易量上看，2019年B2C跨境电商交易额达到7800亿美元，预计在2026年达到4.8万亿美元。[②]中国政府也抓住时机以跨境电商为抓手，积极推动外贸转型，推出"网络丝绸之路"，为"一带一路"倡议注入数字贸易的内涵，成效显著。总体而言，在各国各地区的共同努力下，全球跨境电商正处在黄金发展周期。

跨境电商的快速发展为跨境物流发展提供了强劲的市场需求牵引，跨境物流渠道的通畅与成本大幅降低也为跨境电商的繁荣挹注了支撑性动力。为满足跨境电商快速高效、小批量、多批次的配送需要，全球物流系统经过了适应与重构的过程，产生了邮政直配、跨境转运、保税备货、快件转运等多种跨境物流渠道，在第一公里收揽、海空航运干线运输、转关转运、最后一公里落地配送等多个环节都有新的投资、新的参与者及新的组织方式。跨境电商物流正成为传统跨境物流所衍生出来的、最具有活力的产业板块，在基础设施层面为全球跨境电商网络的全球化扩张提供了保障网和加速器。

跨境电商及跨境物流配送系统协同共生发展，在互联网和数字经济的温床上快速实现全球化扩张，为全球贸易建立了新的结构性力量。区别于全球化初期以制造业为主的产业扩展、转移与分工所形成的以生产为中心的全球生产网络（Global Production Network，GPN），跨境电商及物流配送系统形成的贸易网络，在互联网全球化走向消费者的时代建构了以全球个体消费者

[①] United Nations Conference on Trade and Development, *UNCTAD Estimates of Global E-Commerce 2018*, 2018, https：//unctad.org/system/files/official – document/tn_unctad_ict4d15_en.pdf.

[②] Facts & Factors, *The Technical and Commercial Business Outlook of the Cross-Border B2C E-Commerce Industry*, 2020, https：//www.fnfresearch.com/cross – border – b2c – e – commerce – market – by – category – 852.

为中心、终端消费需求拉动、多主体参与、多层次协同的全球消费网络（Global Consumption Network，GCN）。本文旨在深入讨论全球消费网络与全球生产网络的理论发展关系以及改变差别，探讨跨境电商物流供应链的地理组织及空间响应，以期帮助行业主管部门科学制定政策，促进跨境电商基础设施网络体系的建构。

二　从全球生产网络到全球消费网络

（一）全球生产网络及其类似概念

全球生产网络与全球价值链（Global Value Chain，GVC）、全球商品链（Global Commodity Chain，GCC）等理论类似，其背景肇始于20世纪80年代全球化后的国际产业分工。企业特别是跨国企业将产品生产按照价值链条划分的不同环节、工序、区段或模块在全球范围内灵活组织生产布局，形成了同一产品多个国家之间的企业分工协作完成而不是在单一企业内部独立完成的跨境生产网络。商品的生产活动从原来在单一地点完成的模式开始全球化转型，外包或自营投资在不同地点，分离之后再重新组合，形成了采购者驱动或生产者驱动等不同价值链模式。这种生产组织方式的变化，其背后是全球化下各国推动去国有化、私有化以及贸易自由化，跨国企业资本为节约成本推动横向网络化，地方企业推动垂直专业化获取竞争优势。

这种全球范围内的产品内分工与相互贸易的产业组织模式及其对各国各地区的发展影响，很快就被引入产业经济、国际贸易、管理学、经济地理学以及国际关系等学科之中，成为全球范围内广为接受的理论。很多研究就特定行业、特定地区的生产组织网络进行了深入分析，特别是受全球化影响较深的电子、机械、汽车、办公设备、飞行器、船舶、制药等多个行业。不过相较于全球价值链以及全球商品链等更加注重企业间的交易及组织方式形成的链类分析（chain-type analysis），全球生产网络的研究视野更加宽广，深具社会文化或文化政治经济学的理论基因。无论是21世纪初的全球生产网络1.0还是21世纪头十年中期的GPN2.0，都注重探讨生产网络结构中企业以及非企业的行动者及其结构关系，探讨这种跨主体关系是如何多尺度地嵌入社会经济、政治文化传统与地理环境之中，探讨生产等活动在不同尺度的结合模式（插入或者战略耦合）通过价值捕获等如何产生不平衡发展的地理空间印记。

不过，无论是全球商品链、全球价值链理论，还是全球生产网络，总的来说都是围绕生产环节展开的，是以生产为中心的，物流和消费是居于其次的。最典型的就是全球生产网络2.0提出的框架包括政府、劳工、发展、环境、财政5个议题，未有有关消费或者流通的表述。尽管全球生产网络学者认为流通过程是基础性的，但是基于全球化时代时空压缩以及全球运输成本的大幅下降，大多数研究将生产运输隐藏为企业内部生产或者配套服务之中。全球生产网络的研究或许也因并不具有交通运输地理以及供应链管理的视角，有关物流的研究远不如其对制度、行动、价值创造及获取等研究来得强。

如很多评论所言，消费及消费者较少出现在全球生产网络的框架之中，尽管全球生产网络理论构想者也曾提出若干建议将消费纳入其框架。这些尝试包括讨论附加在产品及服务上特定的地方意义，认识到生产者与消费者双重角色形成的重新连接关系，新技术促进消费者与生产之间的知识流动形成共同开发的过程，以及讨论市民社会组织以及消费政治的影响（诸如抵制消费等）。这些因素，在21世纪头十年中期出现了更多变化，足以让我们从消费与物流的角度，重新观察全球贸易如何因为消费者行为的变化而发生转变，探查贸易形态的转变是否影响生产组织方式的变化。

（二）全球消费网络对全球生产网络的发展

相比于第一轮全球化下制造业产业分工，现今的全球化已经走向更加深入的阶段。智能设备与移动互联网，给每一个末端消费者提供通过电子商务随时随地表达需求进而参与国际贸易的机会，极大地改变了原来以跨国公司为链主、从生产到消费逐级推进的推式（Push-based）供应链，产生了消费驱动的拉式（Pull-based）供应链。消费者可以与商家建立多向、多维、实时的联系，物流配送行业的发展让商流、资金流以及物质流从原来结合在一点到分散在不同位置，原来碎片化的环节被重新整合在一起。在这个整合过程中，贸易主体、贸易品类、物流活动、流程、规则及组织方式等都发生了显著的转变（见图1）。因此，全球消费网络是在互联网、大数据与云计算等新技术的背景下，以数字及数据流动为推力，以中小微企业服务消费者为驱动的，生产、消费与服务无缝对接的跨境贸易网络。电子商务的在线化、数据化和网络化，形成了更具可参与性、更具包容性、更加便利、更有效率的贸易网络，实现了消费产业的全球化以及全球的消费化网络建构。

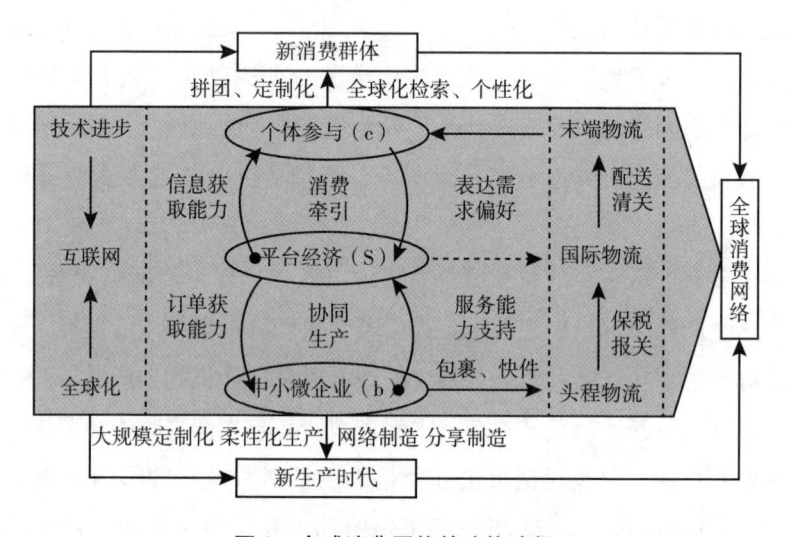

图1　全球消费网络的建构路径

资料来源：作者绘制。

1. 从群体消费到个体消费者

全球生产网络关注的是生产分工，特别是产品内分工，因此在其生产组织框架中的客户是半成品厂家。即便有末端消费及需求，其概念是集合的、整体的，是渠道商对某一市场的整体预测，比如沃尔玛对某区域市场的预测、汽车销售商对某市场某品牌的需求量。对一些处在卖方市场的产品，通常是由厂家制订计划，逐级分配产量，以供给引导需求，以生产引导消费模式。个体消费者在整个供应链环节中是被动选择的，或者说参与过程偏短。

随着社会发展的进步，互联网提供了新的信息获取方法，让个体信息获取能力显著增强，改变了原先信息不对称的局面，个体的个性化趋势因而也逐步加强。因为互联网，个体具有了表达需求的媒介及平台，互联网通过超大规模的用户优势实现面向需求偏好的规模生产，进而终端消费者可以直接参与到整个供应链的生产过程中，产生了各类客户直接到工厂（C2M）的生产模式，形成了消费者需求驱动生产的模式。柔性化生产、网络制造、分享制造、远程生产等生产模式也层出不穷，形成了大规模定制化的创新浪潮（见表1）。

表1 全球生产网络与全球消费网络的对比

	全球生产网络	全球消费网络
全球化阶段	早期阶段、企业主体	新发展阶段、个体主体
供应链模型	生产驱动	需求拉动
互联网技术进步	互联网初步利用	智能设备广泛应用
消费者参与	模糊参与、生产引导需求	深度参与、需求引领生产
贸易产品	中间品、零部件	制成品
核心驱动要素	贸易自由化、降低生产成本	购物便利化、降低购买成本
主要实现主体	跨国企业	平台公司
服务模式	垂直专业化	平台化协作
物流网络	海运、集装箱	空运、邮政包裹及快递快件

资料来源：作者研究整理。

2. 从半成品贸易到成品贸易

全球生产网络带来产业间的贸易与产品内的贸易，但是全球消费网络主要是成品贸易等。这种转变可以归因为背景不同。全球生产网络时代总体上是全球需求旺盛、供给不足的时代，为了扩大生产、降低成本以及开拓市场等，企业选择按模组全球化布局，形成大量的半成品贸易。

全球消费网络时代是在生产网络基本已经定型的时代形成的，各地特别是中国已经形成了超强的成品制造能力。因此，各类成品贸易成为主要的贸易产品，且总体呈现小单化、高频次、个性化定制的特点。另外，因为互联网能够对小众需求具有市场发现能力，商家通过互联网进入全球贸易网络的

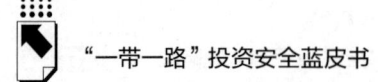

成本降低，因此各类特殊产品都涌入互联网市场，产品类目极大丰富，消费者也可以依托这个网络进行采购等，形成正向循环。全球消费者可以更方便地购买全球优质商品，消费者福利获得提升。

3. 从跨国企业到平台企业

全球生产网络是跨国公司驱动的，Gereffi 等称之为领先企业或者旗舰企业。① 围绕这些跨境企业的地方化布局形成产业集群和地方生产网络。可以说，跨国企业就是全球生产网络的最大推手。这些跨国企业在全球范围内以企业内部的组织指挥着生产资源的配置。

面向全球消费网络，平台企业特别是跨境电商平台企业发挥了极为重要的作用。这些跨国平台企业在数字孪生的互联网世界快速扩张，对个体消费者的吸引力越来越大。譬如，阿里巴巴的全球消费者共有 14 亿，其中跨境消费者共有 5 亿之众。亚马逊也是如此。在组织方式方面，越来越多的商业组织朝平台化发展。这些平台将全球海量的网络消费者和企业紧密连接，形成全球网络贸易大市场。这些平台企业的形成，与原来跨国公司组织形态有一种显著区别。平台企业本质上是一种需求侧的规模经济，这些平台享有规模经济的优势，规模越集中、规模越大，边际成本越低。另外，因为互联网极低的交易成本，企业边界快速扩张，对传统的企业组织理论带来较大的冲击。

4. 从配套企业到中小企业

在全球生产网络中，为跨国企业服务的叫作地方供应商，大量中小型供应商形成了垂直专业化优势，以期为跨国项目公司提供服务，形成生产订单。在全球消费网络中，各类型中小微企业在平台获取的不是平台自身下单带来的需求，而是在平台上的消费者带来的直接订单信息。因为市场规模庞大，消费者又极为个性化，中小微企业能够迅速获得消费者的需求反馈，调整生产计划，快速响应消费需求，驱动生产和提升服务，适应市场变化。借助于

---

① Ernst, D., "Limits to Modularity: Reflections on Recent Developments in Chip Design", *Industry and Innovation* 12, 2005: 303 - 335.

电子商务，中小微企业站在与大企业同样的起跑线上，成为国际贸易的活跃参与方，进入全球价值链和国际市场。

从企业组织形态的角度说，围绕电子商务产生了各类产品销售、宣传、营销、引流等服务机构与个体。有研究提出，这种以个体服务或者微型机构为主的组织形态是"新个体经济"。这种个体服务是依赖于平台存在的，离开平台则无法获得成长，平台也需要这种服务机构。也有研究提出了S2b2c模式，S即供应链平台，b为中小型机构（不是全球生产网络时代下的大型商家B），c为一般消费者（不是全球生产网络时代下的集体消费C）。小型商家服务终端消费者是依托强大的供应链平台，社会化供应链平台S为b提供了能力支持以供调用服务c，b为c的服务能力扩展了S的能力边界。还有研究提出，这种组织方式实际上是一种普惠贸易。贸易门槛的降低使各个贸易主体，尤其是传统贸易中的小微企业等贸易群体能够参与贸易并从中公平受益。这种网络化大规模协作能够对Gereffi提出全球商品链中的治理关系的五重性（市场、模组、关系、科层制等）提出新的挑战。[1]

5. 从大宗物流到小单多次快捷物流

全球生产网络受益于并带来了航运贸易的繁荣，集装箱运输以及全球海运为全球生产网络带来了新的便捷性。面向跨境电商下的全球消费网络，物流方式主要以航空运输等快捷运输为主。全球消费网络直接面向泛在化的个人消费者，其依托的不是点对点的运输，而是全程运输及配送网络，物流特别是配送从网络的后台走向前台。对于物流配送履约的全过程有了更多时间性的要求（见图2）。从实际操作来看，跨境电商物流主要是依托现有物流网络做出适应性调整而形成的，通过以数据贯通的社会化协作供应链系统来完成。因此，全球消费网络主要是由跨境网络中不同的海外据点（例如海外仓等）实现的，而不是全球生产网络下依托跨国公司的海外分支机构形成。

---

[1] Gereffi, G., Humphrey, J., Sturgeon, T., "The Governance of Global Value Chains", *Review of International Political Economy* 12, 2005: 78–104.

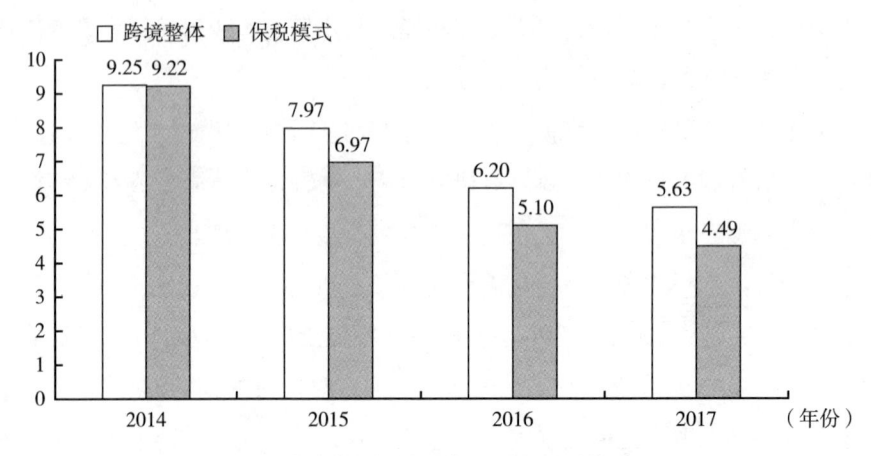

图 2 中国市场跨境零售进口物流时效变化

数据来源：阿里研究院《当货物觉醒——新零售环境下智慧物流报告》，http://www.aliresearch.com/ch/information/informationdetails？articleCode=21323。

三 跨境电商物流供应链的地理响应

（一）跨境电商物流供应链的空间组织

有关跨境电商物流模式问题，已经有很多研究从组织方式及影响因素等多个方面进行了研究。从跨境电商及其物流供应链的结构形态来看，最早主要是卖家通过邮政系统或商业快件直接发送给处于另外国家的消费者。因商品实际已经售出，包裹以个人物品而不是商品的方式完成清关。但是，这种模式存在时效长、响应周期慢等特点。为提高供应链的响应性，商家选择在边境地区设置保税仓，利用其境内关外的监管特征，将跨境商品预先存放其中，客户做出购买决策下订单后才开展出库、清关、干线运输和末端配送环节。在实际中，又存在保税仓靠近商家所在国这侧还是消费者所在国这侧的差别。从商家自营的角度来说，将保税仓设置在己方一侧，便于采购及可能的退货管理；设置在靠近消费者一侧，则便于及时响应消费者的订单需求，免去国际运输环节。

备货模式因为平台商的介入发生一些变化。根据网络交易平台对物流提供支持服务程度的不同，备货模式可以分为平台本地配送模式、平台跨境转运模式以及平台全程整合模式（见图3）。平台本地配送模式最为典型的就是美国最大的在线零售平台亚马逊提供的 FBA（Fullfiled by Amazon）模式。所有入驻亚马逊平台的商家通过一般贸易方式将商品发送至亚马逊指定的仓库之中（又称 FBA 头程运输），亚马逊完成客户下单后的境内配送环节。这种模式实际上与商家自己建立海外独立的电子商务网站以及海外仓储物流系统没有差别，只不过前者使用了亚马逊的线上流量平台。

为帮助更多的中小商家解决一般贸易以及头程运输的难点，一些线上交易平台往前延伸选择在商家所在国设置边境仓，让商家将线上销售货物库存发送到边境仓。平台以一般贸易的方式完成出口报关及清关工作，货物存放在临近消费市场侧的平台仓库之中。最为典型的就是东南亚最大的电商平台 Lazada。为服务中国卖家或者说为了更好吸引中国卖家入驻，这家平台在深圳设置了接货仓。所有中国卖家都将货物预先发送到深圳仓，平台委托跨境物流服务商将货物通过中国香港运送到其分别位于新加坡、马来西亚、泰国等地的仓库之中。

这种转运型的平台服务模式，做到极致的就是平台实现了对平台上商家的全程物流服务。平台委托物流商提供上门揽收服务，通过干线运输和国际运输配送等，替商家将货物配置到临近消费者所在国的保税仓之中，通过这种方式完成预先配置库存，提高响应效率。

通过对跨境电商物流模式的介绍，可以看到跨境电商加速形成了全球消费网络。也因为强劲的需求催生了支撑全球消费物流网络体系，充分体现了平台商与跨国物流商的作用。这种作用如果细分来看，在多个维度产生了更强烈的地理响应。跨境电商是全球贸易形式中的新生力量，发挥着变局者的作用，对传统运输网络、运输枢纽与节点等都产生了重塑效应，以适应需求端的变化，进行适配性支撑。

（二）对传统运输网络的改变

1. 对邮政网络的改变

早在跨境电商发展之前，各国就建立了协调国际包裹信函交换的万国邮

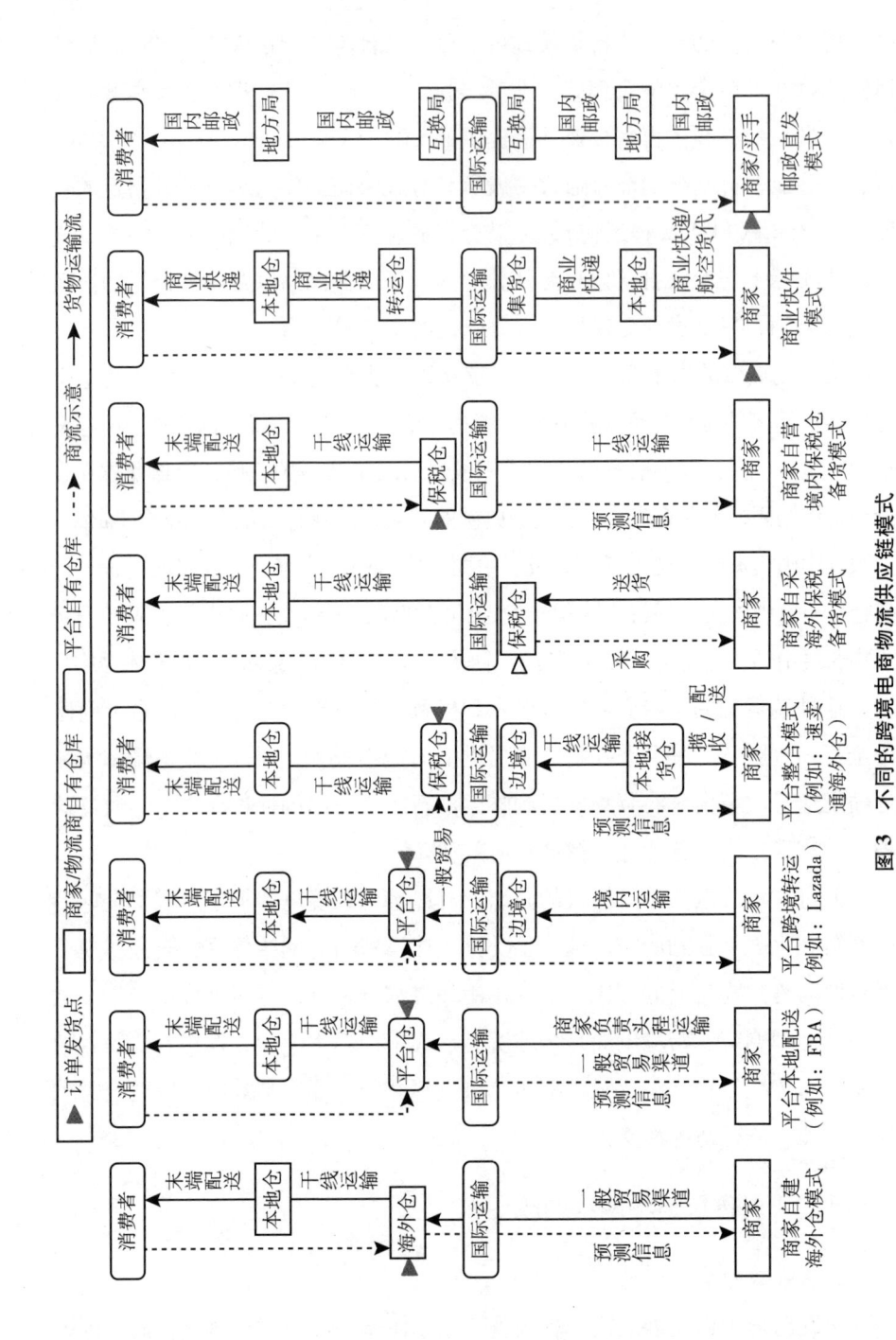

图 3 不同的跨境电商物流供应链模式

政联盟（Universal Postal Union，UPU）。依托192个成员国的邮政网络，万国邮政联盟形成了一张全球覆盖面最广、享受行邮快速通关渠道、清关能力最强的配送网络，成为跨境电商特别是低货值轻小件包裹最为依赖的基础网络。据统计，目前95%的中国消费者跨境电商包裹通过邮政完成跨境交付，全球约70%的包裹通过邮政实现。

为应对高速增长的跨境包裹配送业务需求，不少国家的邮政网络或主动或被动地加强了邮政体系改革。改革的措施包括邮政的民营化改革，建立次级区域性邮政统一市场，成立专门的跨境电商部门，优化邮政产品设计，以应对传统信函业务的下滑和跨境电商包裹的激增（见表2）。国际邮政联盟也在积极改进海关申报系统、电子信息预交换、自动报关系统等，着力降低公文处理的成本，便利国际邮件交换；推进全球的终端费制度改革，应对跨境电商邮政包裹流向不平衡带来的费用争议。

表2　各国邮政对接跨境电商物流的行动策略

邮政公司	行动策略
中国邮政	开发e邮宝的物流产品,已经开通EMS、邮政大包等产品对接跨境包裹配送业务
新加坡邮政	引入阿里巴巴作为战略投资者,与其合资设立冠庭物流,收购澳洲配送公司,发展SP eCommerce、vPOST等多个跨境实体
德国邮政	增设DHL eCommerce公司,推动全球扩张战略
芬兰邮政	推出优速宝的产品,承接波罗的海周边及中东欧区域的配送
爱沙尼亚邮政	推出Omniva集团,在邻近国家设立子公司,建立跨境电商物流配送的公司OU Post 11,承接波罗的海周边及部分中东欧国家的配送
西班牙邮政	与中外运空运、4PX推出联合物流产品
英国皇家邮政	成立Royal Mail International以及GLS网络,扩大经营范围至欧盟36国以及美国西海岸、加拿大,与中外运空运、4PX推出联合物流产品

资料来源：作者研究整理。

2. 航空货运的增长

因为对运输时效等方面的需求，空运成为与跨境电商最为匹配的运输方式。根据国际民航组织（IATA）的估计，80%的跨境电商包裹都是通过空运的方式完成跨境递送的，跨境电商空运在全球货运比例中迅速攀升至15%，成为全球货运市场增长最快的细分市场，有力地推动了全球货运市场在2013年告别平缓增长，进入高增长通道。各类商业快递、专线包机等需求持续旺盛，客机腹仓带货装载率持续高位运行。作为运力提供商的航空公司也积极往下游部分延伸，设置了专门研究跨境电商物流的部门，或者以入股的方式投资了部分专线或者快递企业。各类快递公司也通过合资等多种方式成立了货运航空公司，扩大机队规模。例如，美国最大的快递企业联邦快递（FedEx）在全球有将近700架货运飞机，中国也诞生了顺丰航空、长龙国际货运、圆通货航、中航货航、天津货航、南航货运等新的货航公司，支撑了我国越来越多地参与航空货运干线运输市场，提供越来越多的跨境电商物流产品（见图4）。

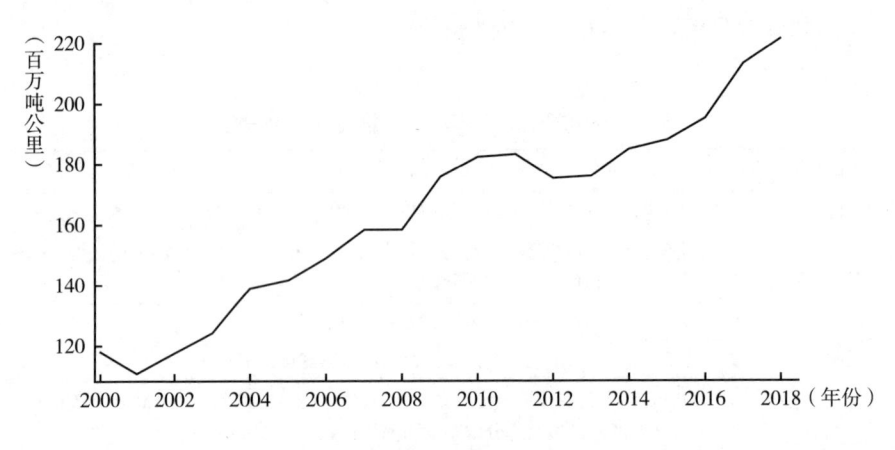

图4　2000～2018年全球航空货运增长曲线

数据来源：World Bank，"Air Transport Freight"，https：//data.worldbank.org/indicator/IS.AIR.GOOD.MT.K1？end=2018&start=2000&view=chart.

3. 对传统海运的改变

传统海运，特别是在船舶大型化的背景下，因为其货运吞吐量较大、挂靠港减少、时效延长等，较少与跨境电商发生关联。随着跨境电商模式运输网络的结构演变，出现了一些海运快线，以期实现快速集货交付。以中国—美西的航线为例，出现了美森快船和以星快船的产品。快船类的产品，虽然运价是普通海运货柜的两倍,但因为价格远远低于空运,空运旺季不需要排仓,时效稳定维持在10~12天,成为介于海运与空运之间的产品。快船网络还出现在其他区域,比如天津、青岛到日韩,上海到日韩,闽东南到中国台湾等。

(三)对关键运输节点的影响

1. 对机场货运职能的需求

因为航空运输是跨境电商主要的运输方式,机场迎来货运发展的重大机遇。各地都加大了对航空货运机场的支持力度。布达佩斯李斯特·费伦茨机场、比利时日列机场、新加坡樟宜机场等都进行了大幅度经营战略调整,以期搭上国际空运货航的快班车。Asch总结分析了影响机场成为全球货运机场的主要原因,包括区位因素、货运市场位置、航空因素运作以及差异性因素。[①]

2. 对国际邮政设施的需求

因为跨境电商对于邮政网络的依赖,各地加强了对国际邮件互换局(交换站)业务的需求。国际邮件互换局(交换站)是与境外邮政机构或受委托的运输机构直接交换国际邮件总包的部门,包括封发邮件总包和接收、开拆、处理境外邮政机构发来的邮政总包。2015年后,我国启动了新的设置标准,宁波、合肥、东莞、南昌等都新设了交换站,设置了国际快件监管中心等,有力提升了这些城市的跨境电商物流服务能力。美国也在评估及思考改进旗下5个国际服务中心以及22个国家邮件交换站的服务能力。

3. 对特殊监管仓储的需求

因为跨境电商涉及海关,各种不同的模式都对保税区及海外仓等有了新的需求。就保税区来看,最初设置的目的主要是支持出口或出口加工业务;因为跨境电商的出现,保税区发挥的功能变为进口—出口的双向支持。为推

[①] Van Asch, T., Dewulf, W., Kupfer, F., Cardenas, I., Van de Voorde, E., "Cross-border E-commerce Logistics: Strategic Success Factors for Airports", *Research in Transportation Economics* 79, 2020.

进跨境电商，我国也在积极布局把原来的保税区升级为综合保税区。截至2020年12月底，全国共有保税港区2个、综合保税区147个、保税区9个、出口加工区1个、珠澳跨境工业区（珠海园区）1个。另外，对海外仓的需求也持续增加。海外仓，顾名思义就是设在海外的仓库。跨境卖家将出口货物通过跨境物流送抵海外仓，再经过尾程配送将商品送达消费者。中国跨境电商的海外仓数量超过1800个。与此同时，越来越多的国家在中国设置进入中国市场的海外仓。在合理处理监管及税务筹划需求、压缩物流长链路各节点出现高度的不确定性、发挥中转作用等多方面，海外仓发挥了越来越突出的作用。

（四）对供应链网络的影响

1. 枢纽的再强化

跨境电商物流供应链对于设施的需求以及在交通运输网络中的组织作用，强化了航空枢纽以及边境口岸的作用。以中国为例，2019年中国国际/港澳台区域包裹数量达到14.4亿件，高度集中在深圳（5.87亿件）、杭州（1.37亿件）、上海（1.26亿件）、广州（1.08亿件）、金华（义乌）、东莞、苏州、北京、宁波、福州等城市，首位度指数达到40%，四城市集中指数达到66.6%。出现这类集聚的原因，固然与这些城市制造业基础强、有众多产品通过跨境电商进行贸易有关；但也与这些城市临近周边自由贸易港、有大型机场、具有较强的跨境电商物流运输基础设施息息相关。

另外，一些内陆城市以及边境城市，国际/港澳台快递业务量也有较高占比，如新疆和黑龙江等。例如，哈尔滨市虽然国际/港澳台邮件处理量只有806万件，但是在所有快递处理量中占比达到3.66%（在全国排到第4位），在收入结构中占比达到8.7%〔全国第20位，次于金华（义乌）等快递大市〕，与这些城市开展了临边贸易等密切相关（见图5）。

2. 全球化延展

跨境电商物流供应链在全国范围内的影响就在于通过各种物流运输方式实现了快速联系。目前，消费者普遍的期望是全球72小时到达，同一洲范

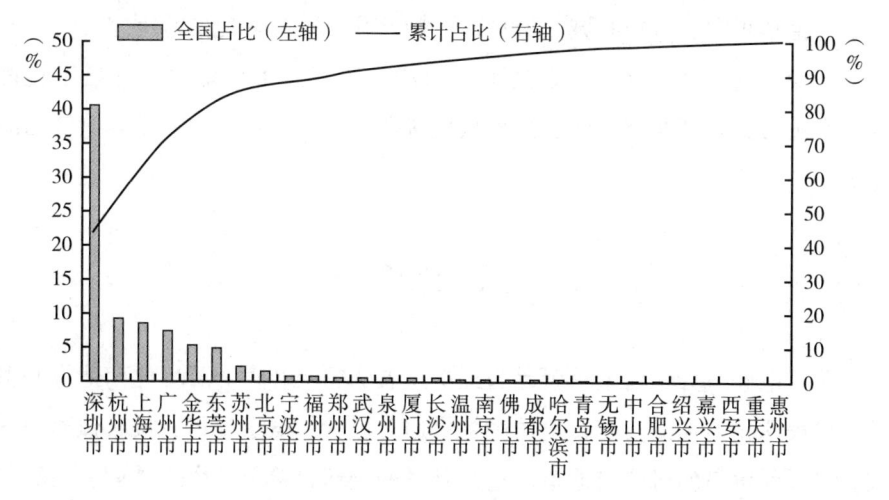

图5 各大中城市国际/港澳台邮件处理量在全国中的占比及累计曲线

数据来源：国家邮政局，http://www.spb.gov.cn/sj/zgkdfzzs/。

围内48小时到达。为实现这一目标，各大物流渠道对全球消费与供给市场进行了联系，形成了拓展全球的网络。以阿里巴巴旗下速卖通平台网络为例，因为中国大陆市场与欧洲的跨境电商联系非常紧密，形成了联系通路数量大的区域。

一些欧洲国家，空域相对宽松，邮政系统民营化较好，成为中国卖家进入欧洲市场的重要门户。这些国家包括丹麦、芬兰、匈牙利、葡萄牙、瑞典、爱尔兰、波兰、比利时、立陶宛、爱沙尼亚、拉脱维亚等。因此，在全球化延展中，也存在较多枢纽，形成了以枢纽为中心的轴辐结构。

3. 内陆化延伸

跨境电商网络在地理空间的影响还体现在干线物流的前后延伸端。如果说最后一公里一端代表对跨境购买端的需求，那么第一公里则代表供给端的服务能力。以阿里巴巴菜鸟提供的无忧物流服务来看，其对一些特别区域提供了免费揽收范围，这些区域通常是卖家较多、发货需求量大的区域。研究发现这些区域主要集中珠三角和长三角等制造业较为发达的地区。除了省会及港口城市外，东莞市、佛山顺德、佛山南海、中山市、江门市、莆田市、泉州晋江、泉州石狮、常州武进、无锡市、台州市、绍兴柯桥、嘉兴市、温州市、金华东阳、金华婺城、义乌市、扬州邗江等都在免费范围之内。一些内陆区域如葫芦岛兴城、保定高碑店白沟镇、三河市燕郊镇、许昌市魏都区、南阳市卧龙区及宛城区也被列入免费揽收范围，这些区域都具有鲜明的专业生产特征。

四　结论

跨境电商成为当前全球贸易与经济发展的超级赛道。跨境电商适应并引导了居民购物习惯的转变，给居民提供通过鼠标、电子支付、接收包裹等方式参与国际贸易的机会与通道。这是互联网全球化给每一个个体创造的红利与价值。因为技术的变化，信息检索能力大幅度增长，改变了消费端信息不对称的局面，改变了消费者在贸易链条中长期以来处于抽象、泛化、被动的位置，个体被赋予了更多选择的可能性与偏好表达。供应链模型因此而改变，呈现了更多消费者末端驱动、商流物流与资金流分离后重组的结构。中小企业因为灵活的经营方式以及数字化能力，在个性化消费时代获得更多小众利基市场的发展机会。平台经济随之崛起，支持赋予这些小微企业生态能力，提高其参与国际贸易的能力。全球物流网络因此变化，在干线运输、仓储网络等方面出现了结构性调整，服务以及支撑跨境电商物流。政策治理体系也因此改变。全球消费网络焕然成型，在这个网络上流淌的就是消费驱动的数据流、包裹流以及零售支付流。这既是对全球生产网络的发展，也是与之差别之处。

因此，跨境电商是全球消费网络的表皮，其深层次是互联网参与下生产的权力结构转移到消费者、消费的民主化与个性化。消费不再被工业化生产与流通所宰制，而是个体情感与经验的投射。其运行逻辑是，互联网通过信息网罗个体的边际成本极低，规模优势与个体偏好的冲突在大的空间范围、快的时间范围内得到一定程度消弭，推动了生产以及物流上可能的大规模定制化和规模报酬递增。

全球消费网络下的跨境供应链重组在不同尺度上带来了深刻的影响。从节点看，机场、邮政、海关特殊监管区等作用得到了前所未有的认识。节点作用的强化，从网络上看，是枢纽的集中化，是枢纽与枢纽之间干线联系的强化，邮政网络、航空货运以及传统海运都在发生调整。在终端消费者以及实际运输需求的驱动下，干线之间的时间距离大幅压缩。与此同时，这一网络也在往前往后延伸，往末端运输延伸对接城市物流反映需求，往头程运输延伸对接生产，实现对专业化生产/流通集群的发现，实现对全球生产网络的衔接。只不过，这一次的衔接，是面向消费的生产，而不是对生产的消费。

科学认识跨境电商以及消费的全球化，有利于我国在落实"一带一路"倡议发展双边及多边贸易关系的时候，认识、适应并主动引导全球贸易格局及逻辑的变化，制定更加精准的贸易及配套政策，推动物流产品变革，建构适配"一带一路"倡议的国家供应链战略。

案例研究
Case Study

B.11
RCEP对中国—东盟区域合作及投资风险的影响研究

广西战略性新兴产业研究基地课题组[*]

摘　要： RCEP签署将使双循环更加良性，进一步夯实东盟在亚洲经济一体化进程中的主导地位。但对于以多边主义框架下的单边主义安全为主的东盟来说，RCEP可能短期增加地缘政治风险。为此，本文采用博弈论与计量结合的方法，剖析RCEP对中国—东盟区域合作及投资风险影响及其机理，结果表明，RCEP协定与"一带一路"倡议、中国—东盟自贸区有效协同，提升区域价值链；东盟依靠内部合作并不能有效地增进互信，为进一步提升各自利益必然倾向于与域外国家签订更多合作协定，但多

---

[*] 广西战略性新兴产业研究基地课题组隶属于桂林电子科技大学商学院，成员有：袁胜军（通讯作者，yuanshengjun9702@126.com）、王雷、蒋满霖、黄宏军、徐正丽、黄福、吴俊。袁胜军，管理学博士，桂林电子科技大学商学院院长，教授，博士生导师，主要研究方向为中国—东盟数字经济。

政策叠加对于降低东盟地缘政治风险的边际效果减弱；RCEP签署后，中国—东盟投资风险短期有上升态势。

关键词： RCEP　区域价值链　投资风险　地缘政治风险

一　引言

历经 8 年谈判，《区域全面经济伙伴关系协定》（Regional Comprehensive Economic Partnership，RCEP）在新冠病毒肆虐的背景下，终于在 2020 年 11 月 15 日正式签署，标志着覆盖世界约 35 亿人口、成员结构最多元的全球最大自由贸易区诞生（RCEP 发展历程如图 1 所示）。[①] 这不仅是东亚区域合作极具标志性意义的成果，更表明了自由贸易和多边主义代表世界经济发展的正确方向。RCEP 将促进地区各国间货物贸易、服务贸易和投资高水平开放，极大提升区域贸易投资自由化便利化水平，提升地区吸引力和竞争力，不仅将有力促进地区经济整体发展、增加新动能，也将成为拉动全球经济增长的重要引擎。

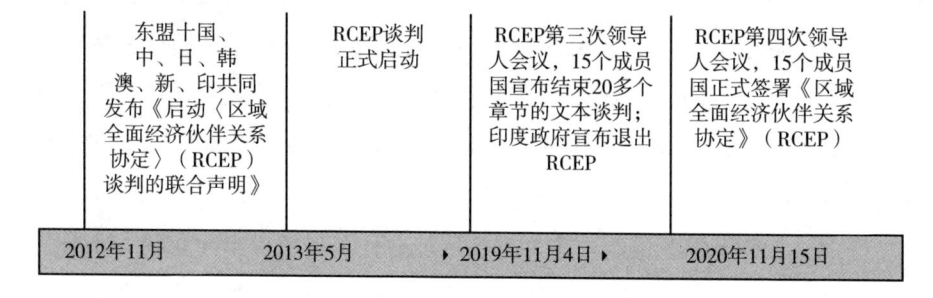

东盟十国、中、日、韩澳、新、印共同发布《启动〈区域全面经济伙伴关系协定〉（RCEP）谈判的联合声明》	RCEP 谈判正式启动	RCEP 第三次领导人会议，15 个成员国宣布结束 20 多个章节的文本谈判；印度政府宣布退出 RCEP	RCEP 第四次领导人会议，15 个成员国正式签署《区域全面经济伙伴关系协定》（RCEP）
2012 年 11 月	2013 年 5 月	2019 年 11 月 4 日	2020 年 11 月 15 日

图 1　RCEP 发展历程

---

① 中华人民共和国商务部：《大变局中开新局　历时 8 年谈判的 RCEP 签署后有何看点》，http://fta.mofcom.gov.cn/article/rcep/rcepgfgd/202011/43515_1.html。

在RCEP的合作架构下，中国—东盟之间的经贸合作将迎来更加开放便利的新局面，特别是中国—东盟各国之间地缘相近、文化相通。RCEP所形成的制度性合作必将促进中国—东盟区域经济合作不断深化。一方面，中国—东盟自贸区和RCEP促进相关国家间的相互协同，发挥倍增效应；同时，RCEP相对灵活的原产地规则将允许中国和东盟拓展自身的生产网络体系。2019年10月，中国—东盟自贸区升级议定书全面生效，中国与东盟作为一个整体，通过优化布局促进生产要素更有效流通，必将更多地参与到外部经济循环当中，建立起参与范围广泛且优势互补的跨国产业链和贸易链。数据显示，中国连续十年稳居东盟第一大贸易伙伴，东盟也于2020年首次成为中国第一大贸易伙伴。2020年，在新冠疫情蔓延和国际经济形势日趋严峻的背景下，中国—东盟双边贸易仍能实现逆势增长6.7%；另一方面，"中国—东盟"作为亚太区域合作中最成功和最具活力的典范，可以发挥先导效应，在一定程度上助推RCEP的进程和发展。而这种示范效应必将有利于全球人类命运共同体的构建和发展，从而促进全球经济的稳定和发展。

但必须清醒地认识到，国际环境还存在较大不确定性，压制中国可能是美国的长期战略，中国发展外部环境依然严峻。同时，由于RCEP成员结构更趋多元化，国情复杂，经济基础、市场机制和社会稳定程度不同，社会人文存在较大差异，地缘政治冲突、经济贸易争端等长期存在的不稳定性风险不可避免且难以预测。在此背景下，对东盟国家的直接投资会面临不可预测的制度风险、环境风险、政局不稳定、政党对外政策的非连续性等挑战。

因此，加强RCEP下的中国—东盟区域合作及投资安全问题研究十分重要。本文通过梳理"一带一路"倡议、RCEP、中国—东盟自贸区全面升级背景下的区域合作契机，分析RCEP的经济效应以及中国—东盟十年来相关国家的投资状况，针对RCEP下中国—东盟区域合作面临的风险态势，评估东盟内部典型成员国的地缘政治风险和测度中国—东盟合作与投资面临的风险。

二 RCEP、"一带一路"倡议、中国—东盟自贸区全面升级下的区域合作契机与挑战

（一）中国—东盟自贸区合作现状

2021年是中国和东盟建立对话关系30周年，过去30年间中国—东盟关系走过了极不平凡的历程，取得举世瞩目的进展。1991年，中国成为东盟的全面对话伙伴国；2010年，中国—东盟自由贸易区（China and ASEAN Free Trade Area，CAFTA）正式全面启动；2013年，习近平主席提出携手建设更为紧密的中国—东盟命运共同体和"一带一路"倡议；2020年，东盟10国和中国、日本、韩国、澳大利亚、新西兰共15个亚太国家正式签署《区域全面经济伙伴关系协定》（RCEP）。通过中国—东盟自由贸易区、"一带一路"和RCEP等倡议与机制，双边贸易额和中国对东盟投资额稳步增长，经济加速融合发展，区域合作不断加强。

1. 双边贸易逆势增长

在新冠疫情的影响下，2020年中国货物进出口总额达32.16万亿元人民币，同比增长1.9%。其中，中国—东盟货物贸易逆势强劲增长，进出口总额达到4.74万亿元，同比增长6.7%，占中国外贸总额的14.7%。东盟继2019年超过美国成为中国第二大贸易伙伴后，2020年超过欧盟历史性成为中国第一大货物贸易伙伴，中国也连续12年保持东盟第一大贸易伙伴地位。2016~2020年，中国—东盟货物进出口总额呈现持续快速增长态势（如图2所示）。[①]

东盟各成员国与中国贸易额悬殊，2020年中国与越南、马来西亚、泰国、新加坡、印度尼西亚、菲律宾的贸易额分别为1922.89亿美元、1311.61亿美元、986.25亿美元、890.94亿美元、783.75亿美元、611.47

---

① 数据来自中华人民共和国海关总署。

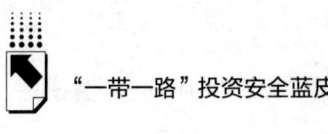

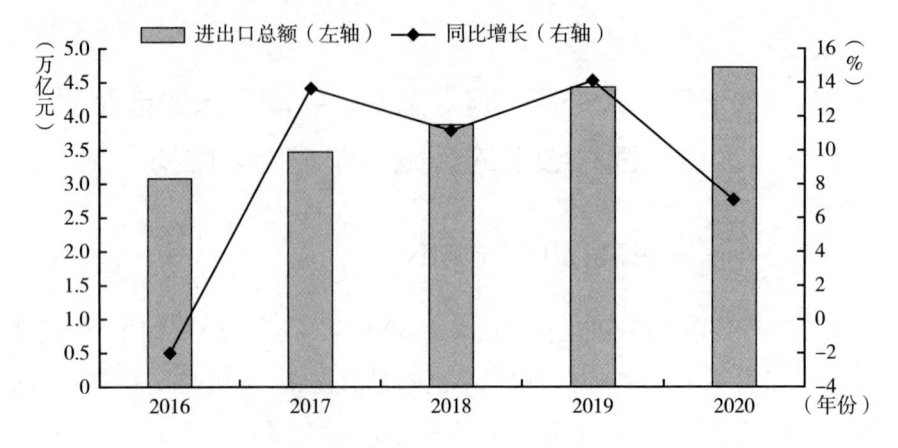

图 2　2016～2020 年中国东盟货物贸易发展

数据来源：中华人民共和国海关总署。

亿美元，占中国—东盟贸易额的95%以上。其中，越南已超越澳大利亚，成为中国第七大单个经济体贸易伙伴（如图3所示）。

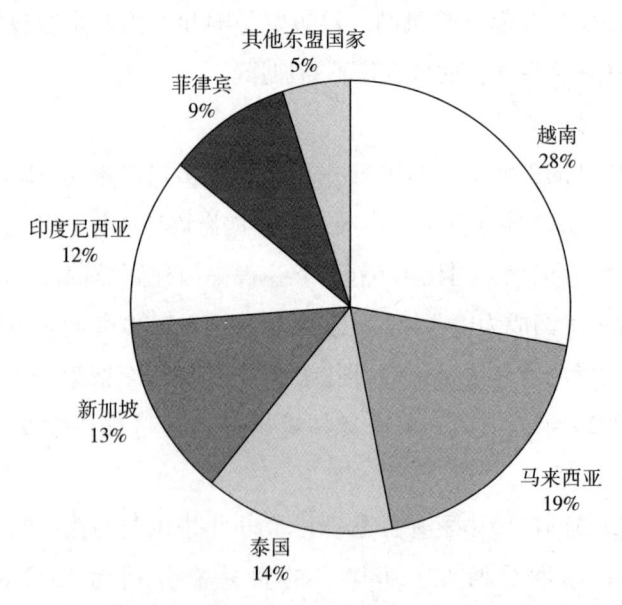

图 3　2020 年中国与东盟各成员国货物贸易分布

数据来源：中华人民共和国海关总署。

随着服务业在国民经济中比重的不断增加,中国与东盟之间还开展了广泛的服务贸易。2019年,中国服务贸易进出口总额达到7434亿美元,其中服务出口2420亿美元,增长4%,增速明显提升,个人文化娱乐、电信服务、金融服务等新兴服务进出口增长迅速。而东盟各国服务贸易同样增长迅速,已经从2010年的4402.73亿美元上升到2018年的7786.23亿美元。在中国—东盟自贸区全面升级、RCEP签订背景下,中国与东盟将利用服务贸易上的互补性,推动运输、旅游、建筑等传统服务业和文化、通信、金融等新兴服务业的贸易快速发展。

2. 中国对东盟投资持续增加

中国企业对东盟直接投资呈现明显上升趋势,占中国对外直接投资比重不断增加。2019年中国对东盟直接投资额达到130.24亿美元,较2011年增长120.55%,占比也从7.91%上升到9.51%。2011~2019年,中国对东盟直接投资存量从214.62亿美元增加到1098.91亿美元,上升幅度为412.03%（如图4所示）。

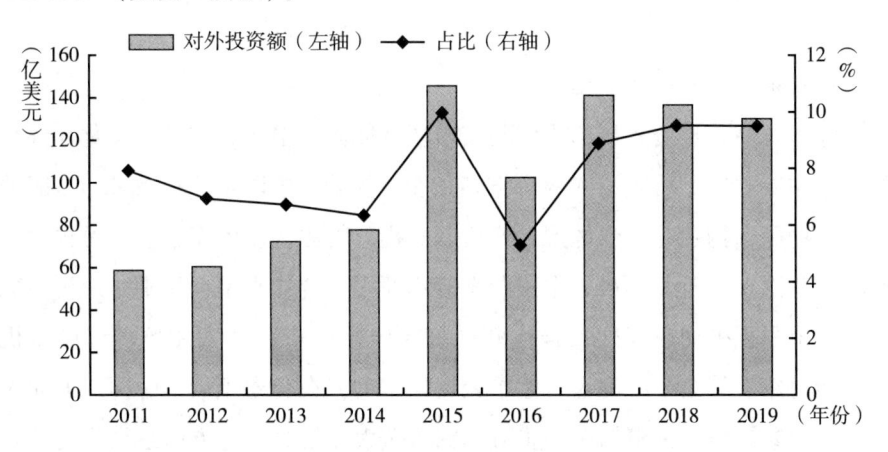

图4 2011~2019年中国对东盟直接投资

数据来源：中华人民共和国商务部。

目前,中国对东盟的投资主要集中于租赁和商贸服务业、批发零售业和资源开发业,各成员国的直接投资金额存在显著差异（见表1）。新加坡一直是中国企业投资重点,但同时,中国对东盟各国的直接投资与新加坡的差

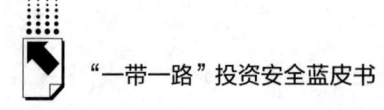

距在逐渐缩小,对新加坡直接投资金额占中国对东盟总投资比例从2011年的55.36%（32.69亿美元）缩小至37.05%（48.26亿美元）。

表1　2011~2019中国对东盟各国直接投资

单位：亿美元

国家\年份	2011	2012	2013	2014	2015	2016	2017	2018	2019
菲律宾	2.672	0.749	0.544	2.250	-0.276	0.322	1.088	0.588	-0.043
柬埔寨	5.660	5.597	4.993	4.383	4.197	6.257	7.442	7.783	7.463
老挝	4.585	8.088	7.815	10.269	5.172	3.276	12.200	12.412	11.491
马来西亚	0.951	1.990	6.164	5.213	4.889	18.300	17.221	16.627	11.095
缅甸	2.178	7.490	4.753	3.431	3.317	2.877	4.282	-1.972	-0.419
泰国	2.301	4.786	7.552	8.395	4.072	11.217	10.576	7.373	13.719
文莱	0.201	0.001	0.085	-0.033	0.039	1.421	0.714	-0.151	-0.041
新加坡	32.690	15.188	20.327	28.136	104.525	31.719	63.199	64.113	48.257
印度尼西亚	5.922	13.613	15.634	12.720	14.506	24.609	16.823	18.648	22.231
越南	1.892	3.494	4.805	3.329	5.602	12.790	7.644	11.508	16.485
合计	59.052	60.996	72.672	78.093	146.043	102.788	141.189	136.929	130.238

数据来源：中华人民共和国商务部。

3. 多领域合作持续深化

除了贸易和投资领域，中国与东盟还在能源、卫生、交通、文化和环境等多个领域开展了持续深入的合作。在能源领域，中国企业积极参与东盟油气资源勘探，构建并完善能源合作机制，提升能源使用效率，扩大可再生能源利用范围；在卫生领域，中国与东盟不断提升合作水平，特别是面对新冠疫情，中国积极同东盟国家合作开展疫苗研发生产，从人才培养、应急机制、能力建设等多个维度为东盟国家提供帮助；在交通领域，中国一方面大力推进中老铁路、中泰铁路、雅万高铁等重大项目，另一方面继续发力5G、移动互联网等新型基础设施建设，提升互联互通水平；在文化领域，中国与东盟不断创新方式，通过中国—东盟菁英奖学金、友好合作主题短视频大赛等项目加强交流，促进双方民心相通；在环境领域，各方在水资源利用、环保、防灾减灾、气候变化等领域开展合作，建立蓝色经济伙伴关系，以实现经济与环境的协调发展。

（二）RCEP、"一带一路"倡议与中国—东盟自贸区升级议定书的比较

RCEP、"一带一路"倡议和中国—东盟自贸区升级议定书都是为了推动贸易与投资自由化便利化，促进优势互补，实现互惠互利、合作共赢和共同发展，然而三者也存在诸多不同（见表2）。

表2 RCEP、"一带一路"倡议与中国—东盟自贸区升级议定书对比

	覆盖范围	提出背景	包容性	核心目标
RCEP	中国、日本、韩国、澳大利亚、新西兰、东盟十国	WTO谈判不顺，全球贸易投资自由化进程减缓	未制定统一的规则要求，制定了排他性更低的原产地规则和开放性更强的协议	"消除关税壁垒"，实现自由贸易
"一带一路"倡议	亚非欧130多个国家	金融危机影响持续显现，经济增长动力不足，世界经济复苏缓慢	开放包容、面向全球的合作倡议，多边合作的创新模式	建立政治互信、经济融合、文化包容的利益共同体、命运共同体和责任共同体
中国—东盟自贸区升级议定书	中国、东盟十国	中国与东盟产业承接的梯次性和互补性不断增强，贸易"富矿效应"日益凸显	增加原产地规则的包容性，促进贸易、服务贸易、投资、经济技术合作等领域开放合作	进一步释放自贸区实施的红利，为双方经济发展提供新的助力

1. 涵盖范围不同

RCEP的成员国纵贯南北半球的亚洲和大洋洲，既包含了日本、澳大利亚等发达国家，新加坡、韩国等新兴工业化国家，中国、越南等发展中国家，也包含了老挝、柬埔寨、缅甸等欠发达国家，涵盖全球29.7%的人口、28.9%的GDP和27.4%的全球贸易，是全球规模最大的自由贸易区。

"一带一路"跨越了不同地域、不同发展阶段、不同文明，连接东亚经济圈、欧洲经济圈以及之间的众多国家。截至2020年11月，中国已与亚非欧的138个国家、31个国际组织签署了共建"一带一路"的合作文件，覆盖总人口约46亿，GDP总量达20万亿美元。

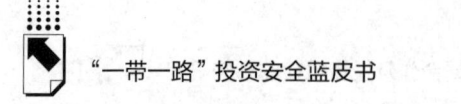

中国—东盟自由贸易区升级议定书由中国与东盟十国组成，涵盖11个国家、19亿人口、全球19.3%的GDP和13%的全球贸易，是发展中国家间最大的自贸区。

2. 提出背景不同

RCEP是在WTO谈判不顺、全球贸易投资自由化进程减缓的情况下，东盟为实现促进区域自由贸易发展、实现区域经济一体化发展而提出的。在RCEP正式签署之前，东盟十国已经建立了经济共同体，不同RCEP的成员国之间广泛签署了自贸协定，东亚区域产业链联系也愈发紧密，整合度不断提升，这些都成为RCEP签订的基础。

"一带一路"倡议的提出，顺应了和平、发展、合作、共赢的时代潮流和国际对全球治理体系发展的需求。2013年前后，金融危机深层次影响持续显现，国际投资与贸易面临严峻挑战，经济增长动力不足成为各国发展的困扰，世界经济复苏缓慢。基于此，中国提出了"一带一路"倡议，目的在于完善全球发展模式和全球治理体系，维护全球自由贸易体系，促进经济全球化发展，推动世界经济走出持续萧条和低迷。

中国—东盟自贸区升级议定书是对中国—东盟自贸区协定的丰富、完善、补充和提升。中国—东盟自贸区建成以后，极大地促进了中国与东盟的双边贸易，中国连续10年保持东盟最大贸易伙伴地位；东盟也于2020年成为中国第一大贸易伙伴。中国与东盟产业承接的梯次性和互补性不断增强，贸易"富矿效应"日益凸显。为进一步提高贸易投资自由化便利化水平，充分发挥"富矿效应"，中国与东盟签署了升级议定书。

3. 包容性不同

RCEP并未制定统一的规则要求，而是采用更加灵活的方式，制定排他性更低的原产地规则和开放性更强的协议，体现了高质量、包容性与普遍受惠的特点。此外，协定给予最不发达国家特殊和差别待遇，照顾了最不发达国家的实际需求，主要表现在以下方面。向最不发达国家持续提供减免关税待遇；明确中小企业和经济技术合作等相关内容，向成员国中的最不发达国家提供技术援助，使各方能够共享RCEP成果；依据最不发达国家实际，提供过渡期安排和更加有利的条件，以推进协议实施。

"一带一路"倡议是开放包容、面向全球的合作倡议，是一种多边合作的创新模式。作为中国向世界提供的国际公共产品，"一带一路"倡议有效地补充和完善了国际机制，受到国际社会广泛认同和欢迎。"一带一路"并未限定范围，而是欢迎世界各国在"共商、共建、共享"基础上参与多边经济合作，让更多的地区分享全球化的好处，开启了包容性全球化新时代。

中国—东盟自贸区升级议定书是根据中国与东盟经贸合作的实际需要和新形势的变化而制定的，促进了东盟各国的包容性发展。升级议定书涵盖了货物贸易、服务贸易、投资、经济技术合作等多个领域，其中通过增加原产地规则的包容性，进一步促进双边货物贸易发展；完成了第三批服务贸易具体减让承诺谈判，提升了服务贸易自由化水平；在农业、信息技术产业、知识产权等更多领域开展合作，降低限制程度，采用多种措施促进相互投资。

4. 核心目标不同

RCEP的核心在于通过"消除关税壁垒"实现自由贸易，谈判的核心包括简化贸易规则、服务业开放、关税减让等内容。根据RCEP规则，区域内90%以上的货物贸易将最终实现零关税；RCEP还实现了农业领域的突破，中国与日本、韩国、东盟各国在若干农产品上的开放承诺超出了现有双边贸易协定。在服务贸易领域，日本、韩国、澳大利亚、新加坡、印度尼西亚、马来西亚、文莱7个成员采用负面清单方式承诺，中国等其余8个成员采用正面清单承诺，并将于协定生效后6年内转为负面清单，开放程度全部高于原有"10＋1"自贸协定。投资方面，各方均采用负面清单方式，"非禁即入"，实现了投资开放的历史性跨越，东盟各国也大幅减少了涉农投资限制。

"一带一路"建设与合作的目标是要建立政治互信、经济融合、文化包容的利益共同体、命运共同体和责任共同体，致力于亚欧非大陆及附近海洋的互联互通，建立和加强各国互联互通伙伴关系，构建全方位、多层次、复合型的互联互通网络，内容包括设施联通、贸易畅通、资金融通、政策沟通、民心相通这"五通"。通过"一带一路"倡议，各国将建立更加平等均衡的新型全球发展伙伴关系，夯实世界经济长期稳定发展的基础，推动全球经济增长；建立持久和平、普遍安全、共同繁荣的和谐世界，实现全球化再平衡；开创灵活性高、适用性广、可操作性强的地区新型合作模式。

中国—东盟自贸区升级谈判是为了进一步释放自贸区实施的红利，提高本地区贸易投资自由化和便利化水平，推动双方经贸合作再上新台阶，为双方经济发展提供新的助力，让自贸协定的优惠政策真正惠及自贸区所有成员国的企业和人民。其核心在于促进中国、东盟之间的企业对话，形成更加紧密的产业链、供应链合作关系；促进中国与东盟之间的贸易与投资联系，推动贸易投资的均衡、持续和创新发展；促进各自国家的经济发展和中国—东盟自由贸易区建设，共同提升区域国际竞争力。

（三）RCEP、"一带一路"倡议与中国—东盟自贸区全面升级下区域合作的新契机

RCEP、"一带一路"倡议、中国—东盟自贸区升级议定书都涵盖中国与东盟十国，政策的叠加为中国与东盟区域合作发展带来了新的契机，催生了"倍增效应"。

1. 三者相辅相成、协同增效

"一带一路"倡议促进了基础设施联通，是中国—东盟区域合作的重要基础。中国与东盟地缘相近，经济相互依赖，对基础设施投资具有强大需求，需要相互合作，共同协调地区和次区域合作倡议。将"一带一路"倡议与中国—东盟战略伙伴关系和中国—东盟自由贸易区对接，将澜湄合作等次区域合作框架与地区倡议对接，加强政策沟通、设施联通、资金融通、民心相通、贸易畅通，能够促进中国与东盟的区域合作。随着基于"一带一路"的合作不断深入，中国-东盟区域合作必将朝着更高质量方向发展。

RCEP提升各国贸易政策的一致性，为中国—东盟区域合作提供了保障。RCEP巨大的区域内贸易创造效应和投资、就业增加效应将会为中国和东盟的企业带来更广泛的机遇与更广阔的市场，使目前双边经济关系得到进一步加强。虽然之前各成员国之间签订了自贸协定，但彼此联系并不紧密，各成员之间双边自贸协定的规则标准均不相同，各项标准相互交织，纷繁复

杂，企业利用协定的难度较大。RCEP 将多个自贸协定的规则标准进行整合，弥补了经贸关系的空白，减小了"意大利面条碗"效应，为东盟进一步巩固东亚合作平台地位、发挥区域合作功能中心作用奠定新的基础。

中国—东盟区域合作推动了"一带一路"倡议和 RCEP 的落地实施。中国与东盟在区域合作中始终以民生和可持续发展为重点，双方升级议定书的签署全面深化各领域务实合作。通过进一步规范企业经济合作行为，提高经济合作透明度，提升合作效果与质量，中国与东盟共同打造了众多高质量、高水平的"一带一路"合作项目，使建设成果惠及更多群体。中国与东盟作为两大核心市场，在 RCEP 谈判中发挥了主导和核心作用。未来在 RCEP 实施的进程中，中国与东盟仍将发挥巨大作用，双方将不断提高贸易自由化水平，在贸易创造效应和投资增加效应以及就业增长效应方面发挥引领作用，通过区域合作产生的显著正面效应，促进 RCEP 的落地实施。

RCEP、"一带一路"倡议为中国—东盟区域合作提供了设施和机制上的一致性[1]，而基于中国东盟自贸区升级议定书的区域合作又推动了 RCEP 和"一带一路"倡议的高质量发展，三个协议相互促进、协同增效。

2. 促进产业链整合

"一带一路"倡议与 RCEP 并不仅是对现有自贸协定的简单整合，而是对东亚产业网络的重构和完善。自由贸易区的建立能够减少或消除各种贸易壁垒，降低贸易关税，实现产业优势互补，无论是中国企业挖掘东盟地区在资源、劳动密集型和部分资金密集型产业方面的投资潜力，还是东盟的高附加值产业在双循环和高质量发展的中国市场上寻求投资机遇，都将为双边经贸关系注入新的活力。"一带一路"基础设施互联互通建设的不断推进，促进了生产要素的优化配置，推进了贸易流通和统一市场的构建，而且对基础设施的投资每增长 10%，GDP 将增长 1 个百分点。同时，RCEP 较灵活的累积原产地规则将允许中国和东盟拓展自身的生产网络体系，进行更优化的布

---

[1] 刘阿明：《中国地区合作新理念——区域全面经济伙伴关系与"一带一路"倡议的视角》，《社会科学》2018 年第 9 期。

局，促进生产资料和要素向最有效率的地方自由流动，形成优势互补、高质量发展的区域经济布局，促进整个区域内产业链的优化提升。

本文借鉴钱进的研究成果①，按照联合国《国际贸易商品标准分类》的分类方法，对食品和活动物、饮料及烟草、非食用原料、矿物燃料和润滑油及相关原料、动植物油和脂肪及蜡、化学品及有关产品、按原料分类的制成品、机械及运输设备、杂项制品、未分类的货品及交易10类产品，从市场占有率和比较优势指数对中国—东盟的相关产业进行分析。

2019年，中国与东盟这10类产品的出口市场占有率如图5所示。从图5中可以看出，中国的化学品及有关产品、按原料分类的制成品、机械及运输设备、杂项制品4类资金或技术密集型产品市场占有率较高，而东盟的食品和活动物、饮料及烟草、矿物燃料和润滑油及相关原料、动植物油和脂肪及蜡、未分类的货品及交易5类劳动密集型产品市场占有率相近。

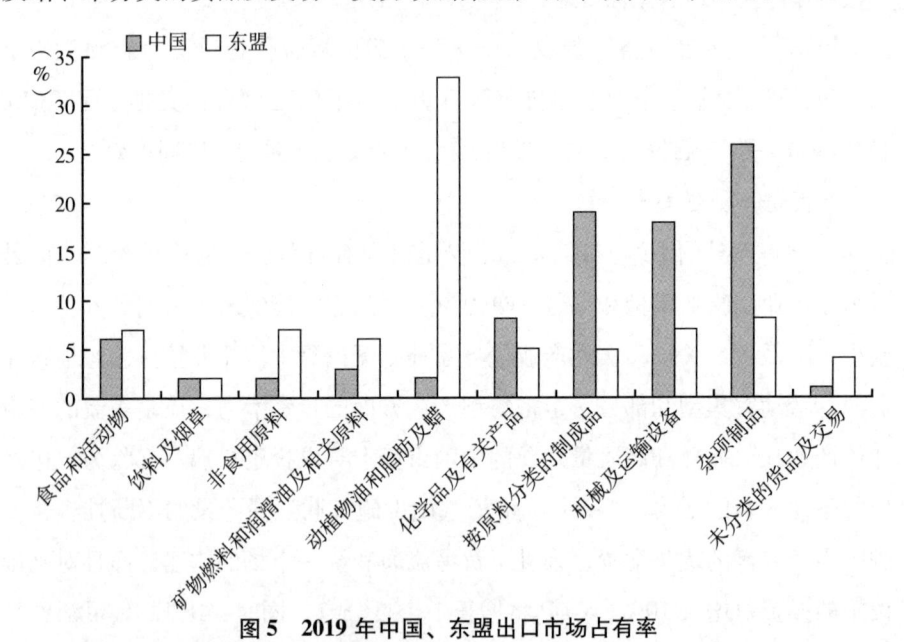

图5 2019年中国、东盟出口市场占有率

数据来源：根据UN Comtrade数据整理得到。

---

① 钱进：《〈区域全面经济伙伴关系协定〉的经济效应及产业产出分析》，《国际商务研究》2021年第1期。

分析各类产品的比较优势（如图6所示），可以发现中国在机械及运输设备、杂项制品、按原料分类的制成品三类资金或技术密集型产品更具比较优势，而其他七类产品则是东盟更具比较优势。

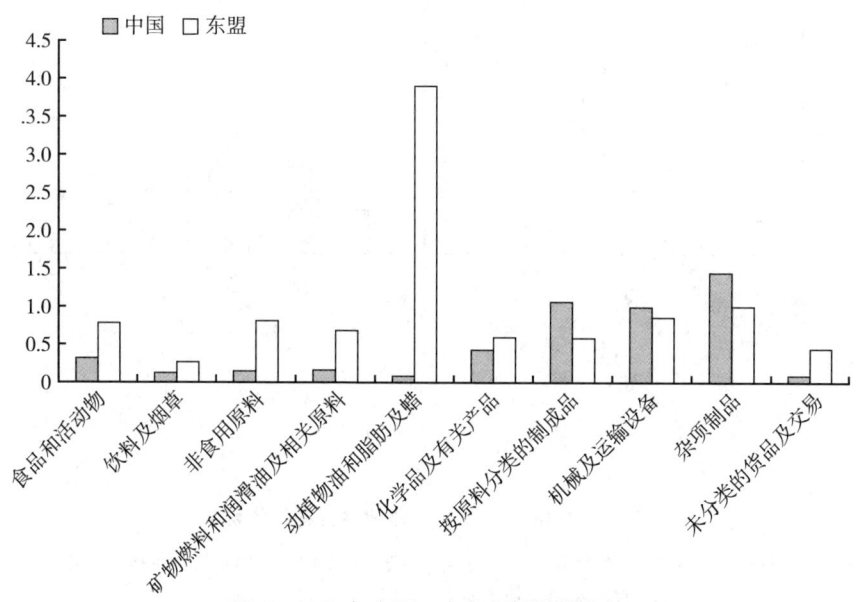

图6　2019年中国、东盟比较优势指数

数据来源：钱进《〈区域全面经济伙伴关系协定〉的经济效应及产业产出分析》，《国际商务研究》2021年第1期。

进一步分析双边贸易的互补性（当互补性指数大于1时，可认为有加强的互补性），如图7所示，可以看出当中国或东盟在某一产品上具有明显比较优势时，产品同时具有较强的互补性。[①] 由此可见，中国与东盟各自具有不同的产业基础和优势，为产业互补和协同提供了条件。

"一带一路"倡议的广泛接受以及RCEP的签订，将会拓展合作领域，丰富和完善各个国家的供应链，进一步发挥中国与东盟产品的互补性，降低同类产业竞争，推动产业升级和一体化发展，扩大进出口贸易，促进GDP增

---

① 冯颂妹、陈煜芳：《"一带一路"背景下中国与东盟贸易竞争性和互补性分析》，《西安财经学院学报》2020年第1期。

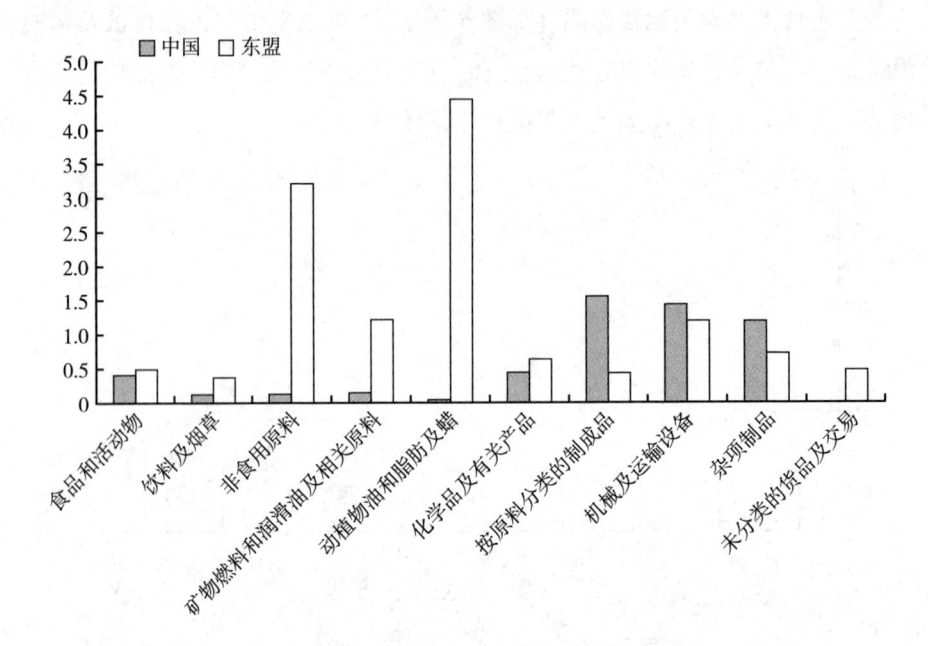

图7　2016年中国、东盟贸易互补性指数

数据来源：冯颂妹、陈煜芳《"一带一路"背景下中国与东盟贸易竞争性和互补性分析》，《西安财经学院学报》2020年第1期。

长。吕越、李启航利用全球贸易分析模型（Global Trade Analysis Project，GTAP），对RCEP签署后不同关税条件下中国与东盟进出口贸易和GDP增长情况进行预测，发现在关税降低一半时，中国的GDP将上升0.07%，进口上升1.96%，出口上升1.47%，东盟的对应数值为0.13%、1.24%、0.65%；而在零关税的条件下，中国的数据为0.10%、3.92%、2.93%，东盟的数据为0.20%、2.47%、1.30%，证实了RCEP签署对产业链升级的作用（如图8、图9所示）。①

当前，中国与东盟之间已经形成了产能广泛合作与供应链紧密衔接的格局，而"一带一路"和RCEP将在更广阔的统一市场平台上为双方提供更

---

① 吕越、李启航：《区域一体化协议达成对中国经济的影响效应——以RCEP与TPP为例》，《国际商务（对外经济贸易大学学报）》2018年第5期。

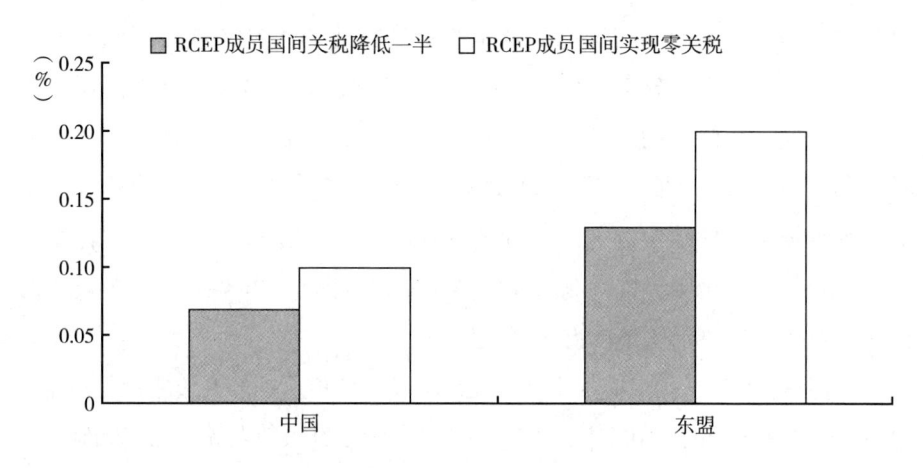

图 8　中国与东盟 GDP 变化预测

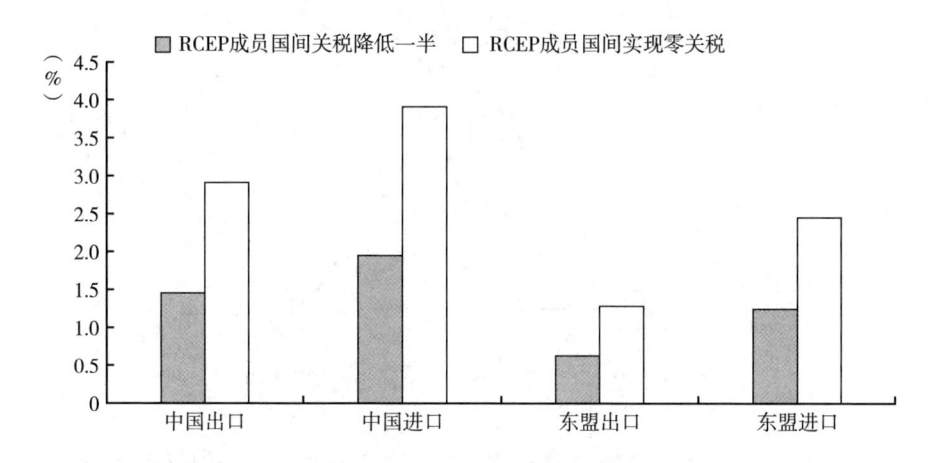

图 9　中国与东盟进出口变化预测

多的合作机会，推动双方以商品、服务贸易为主的低级自由贸易区向以各种要素为主的高级经济一体化融合发展，形成深度的区域产业一体化格局。

3. 推动区域价值链提升

价值链可分为国内价值链、区域价值链和全球价值链三类。[1] 其中，区

---

[1] 张彦：《RCEP 区域价值链重构与中国的政策选择——以"一带一路"建设为基础》，《亚太经济》2020 年第 5 期。

域价值链是基于不同参与国家的技术和市场优势,通过区域协调或制度安排,形成的区域生产分工体系。① 现有全球价值链分工被美国等发达国家主导,中国处于价值链的中低端,如果继续之前的发展模型就会面临"低端锁定"的困境。"一带一路"倡议和 RCEP 促进了中国与东盟的合作,在两者的系统框架下构建中国与东盟间的区域价值链,能够加速中国培育新技术、新市场和新规则,推动制造业向高端攀升,提升中国在全球价值链中的地位,成为解决当前困境的有效途径。

美国学者加里·格里芬提出技术和市场是全球价值链的升级驱动力,而制度对于价值链治理的作用越来越受到关注。② 因此,本文从技术、市场和制度三个维度分析"一带一路"和 RCEP 对区域价值链提升的作用(如图 10 所示)。

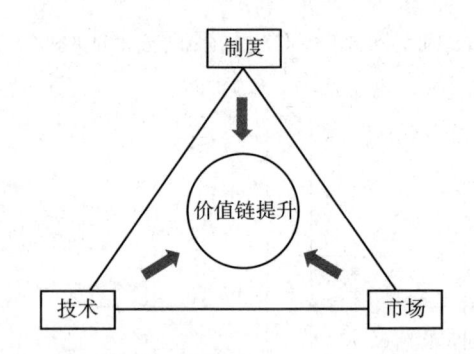

图 10 技术、市场、制度对价值链的提升作用

技术创新是实现价值链提升的重要因素,"一带一路"倡议加速中国与东盟各国间互联互通基础设施建设,促进了创新要素的流通,RCEP 也提出了加强技术领域的合作,这些都为中国与东盟在高端制造业领域的合作奠定了良好的基础。在协议框架下,各参与方基于自身的技术比较优势开展合作,分散技术研发的投资风险,共享研发成果。

---

① 赵江林:《大区域价值链:构筑丝绸之路经济带共同利益基础与政策方向》,《人文杂志》2016 年第 5 期。
② Gereffi, G., "International Trade and Industrial Upgrading in the Apparel Commodity Chain", *Journal of International Economics* 48, 1999: 37-70.

市场是实现价值链提升的另一要素。"一带一路"倡议和RCEP进一步拓展了中国与东盟的合作领域，扩大了市场规模。双方广阔的市场和巨大的消费潜力，一方面为技术创新提供了充足资金和创新动力，为区域内实现技术创新或突破颠覆性技术打下基础；另一方面区域市场中渠道和品牌的建设同样能为企业扩大全球市场份额，推动价值链的提升。

制度是价值链提升的重要保障。"一带一路"倡议为中国与东盟的合作建立了战略互信，RCEP制定了双方的合作规范。这两个平台为中国与东盟各国构建新型良性竞合关系制定了框架，促进双方合作竞争的有序开展，发挥各自的比较优势，实现"增补降竞"，进而促进整个区域价值链的共同提升。

借鉴杜运苏、刘艳平[①]的研究成果，将制造业划分为纺织、服装、皮革制品、木制品、造纸及印刷、有色金属、其他金属产品、金属制品、计算机及电子产品、电力设备、汽油及煤炭、化学制品、基础医药用品、塑料制品、矿物产品、机械设备及其他、汽车及配件、其他运输设备、其他制造业19个细分行业。利用GTAP进行预测可以发现，RCEP的签署会促进中国几乎所有制造业细分行业和东盟大部分制造业细分行业的出口，提升它们在世界制造业分工格局的地位，但由于各国要素禀赋的差异，其对于不同行业的影响程度不同（如图11所示）。

进一步模拟RCEP签署后中国与东盟在全球价值链中的地位指数和参与度指数可以发现，中国的全球价值链地位指数由RCEP签署前的－0.0709上升到－0.0656，虽然仍处于价值链较为中低端位置，但已显现出上升趋势，而东盟则几乎没有变化，由－0.2316略微下降至－0.2335。中国全球价值链参与指数由0.3696上升到0.3953，东盟则由0.4978上升到0.5430，说明中国与东盟在全球价值链的参与程度都会显著提升（如图12所示）。

---

① 杜运苏、刘艳平：《RCEP对世界制造业分工格局的影响——基于总值和增加值贸易的视角》，《国际商务研究》2020年第4期。

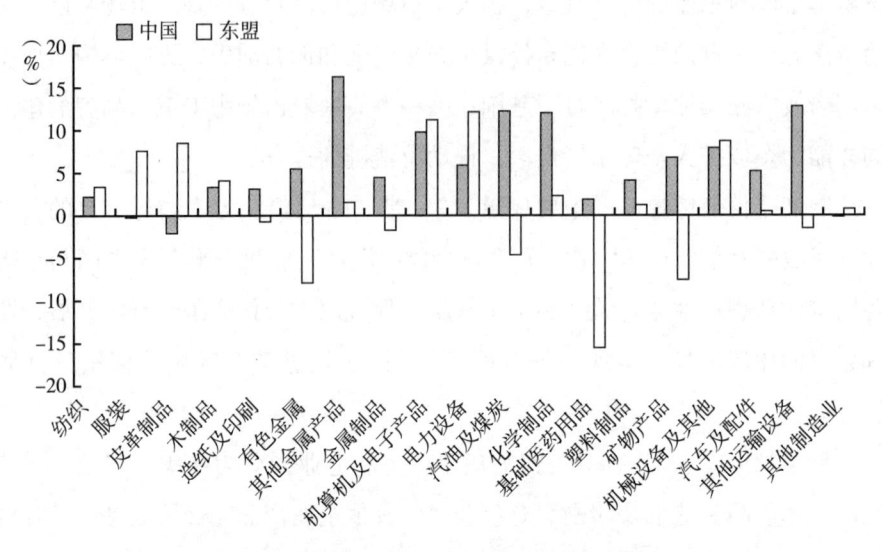

图 11　中国与东盟制造业细分行业出口预测

数据来源：杜运苏、刘艳平《RCEP 对世界制造业分工格局的影响——基于总值和增加值贸易的视角》，《国际商务研究》2020 年第 4 期。

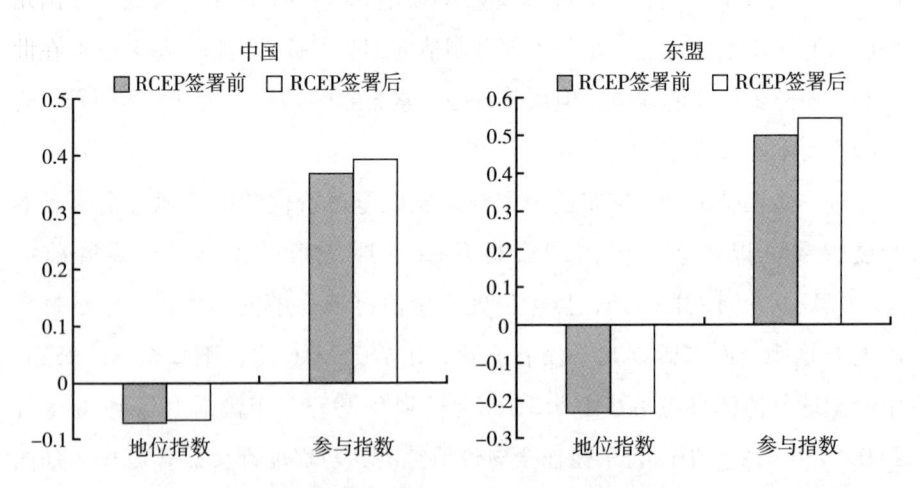

图 12　中国和东盟全球价值链指数变化

数据来源：杜运苏、刘艳平《RCEP 对世界制造业分工格局的影响——基于总值和增加值贸易的视角》，《国际商务研究》2020 年第 4 期。

由以上分析可以看出,"一带一路"倡议和 RCEP 能够提升中国与东盟在全球价值链中的地位,中国应在"技术、市场、制度"三位一体的重构战略指引下,推动和引导区域价值链实现重构。

(四)"一带一路"倡议、RCEP、中国—东盟自贸区投资安全挑战

中国对外直接投资现状呈现较快增长,如图 13 所示。

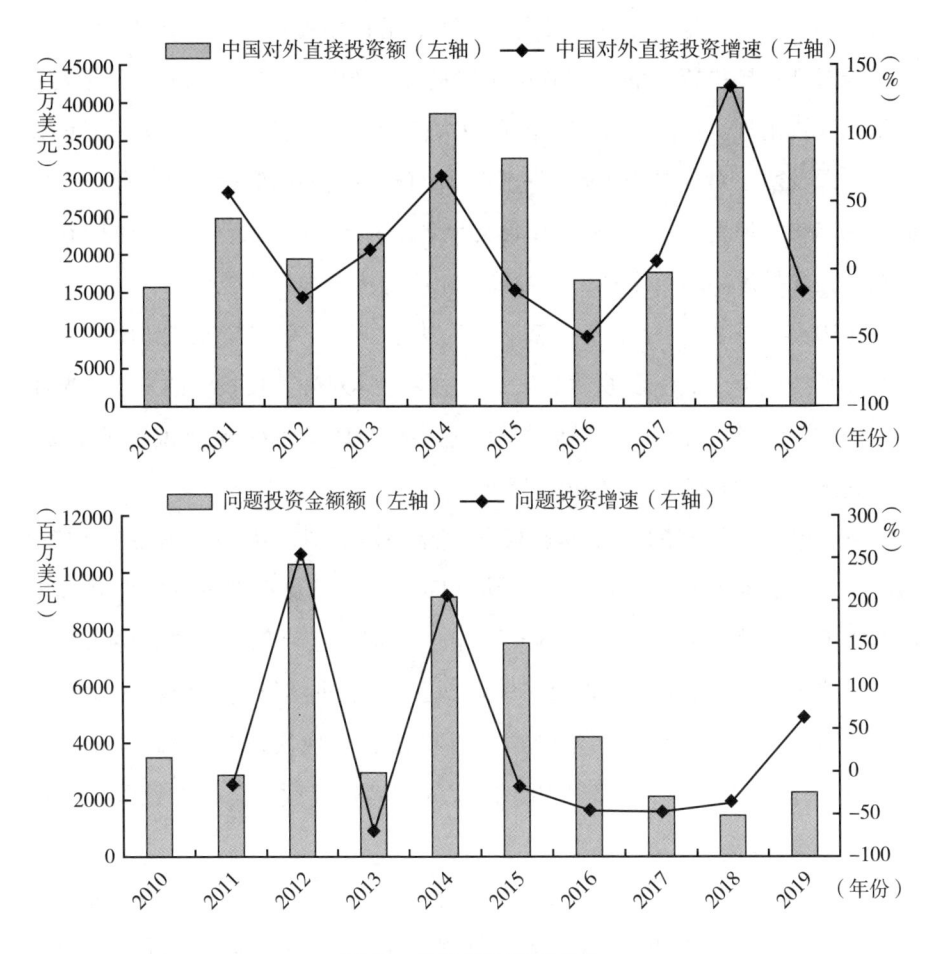

图 13　整体投资现状分布

数据来源:中国全球投资跟踪系统(CGIT)。

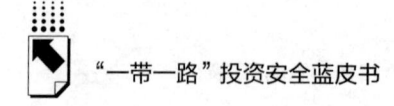

2014年前，中国对外直接投资呈现增长趋势，2014～2017年处于下降趋势，这与中国在2015年加强了对海外投资的控制，采取了既欢迎更多外国直接投资又限制对外投资的双重战略，以帮助中国更好地管理资本流动的政策直接相关；2018年以后，面对国际环境新变化和国内发展新要求，国家高度重视对外投资事业，部署创新对外投资方式，促进国际产能合作，形成面向全球的贸易、投融资、生产、服务网络，加快培育国际经济合作和竞争新优势，中国对外直接投资又出现了新的增长势头。[1]

与对外直接投资金额分布状况不同的是，2010～2019年每年都有大量的问题投资出现。虽然，随着中国在更大范围和更高层次上参与国际经济技术合作以及防控对外投资风险，中国对外直接投资的问题投资整体呈现一定的下降趋势，但是，从2018年开始又呈现增长趋势。因此可见，中国在海外投资存在的风险不可小视，需要采取相应的措施加以防范。

2010年以来，中国对"一带一路"共建国家、东盟国家和RCEP国家的海外直接投资总额出现波动变化，与中国总体对外直接投资的发展状况相似，均在2015年之前处于快速增长的趋势，2015～2017年出现了负增长，此后又出现了增长的趋势（如图14所示）。

三个框架下国家的直接投资情况存在一定差异。第一，东盟与RCEP"10+5"国家存在重叠，在中国对其直接投资额以及直接投资发展状况方面基本保持一致。第二，从2013年提出"一带一路"倡议以来，国家鼓励资本、技术、产品、服务和文化"走出去"，对外投资进入全新的发展阶段，中国对"一带一路"共建国家的直接投资出现快速的增长。[2] 2014～2015年，中国对"一带一路"共建国家的直接投资额占总对外投资额分别达到71%和82%以上。

三个框架下的问题投资均呈现扩大态势（如图15）。"一带一路"和RCEP框架下，问题投资分别在2014年和2015年达到了峰值，此后出现了

---

[1] 商务部：《中国对外投资发展报告》，2018。
[2] 商务部：《中国对外投资发展报告》，2017。

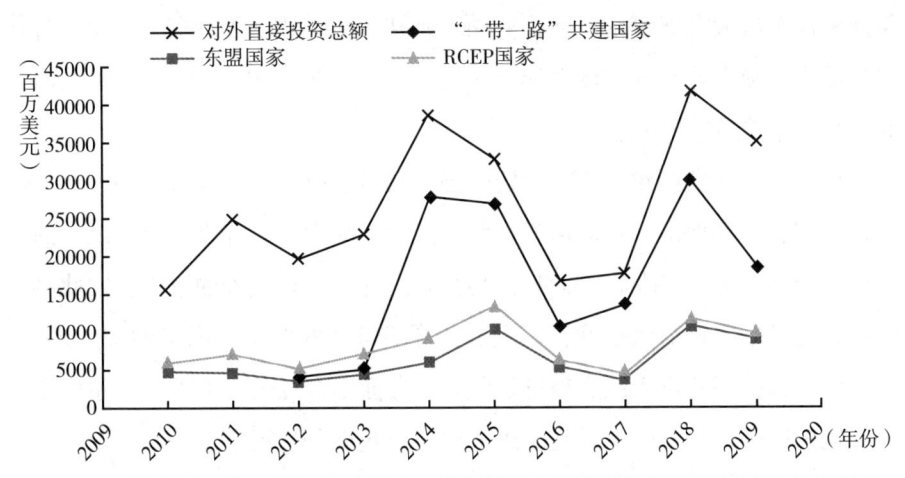

图 14　中国对"一带一路"共建国家、东盟国家和 RCEP 国家的直接投资状况分布

数据来源：中国全球投资跟踪系统（CGIT）。

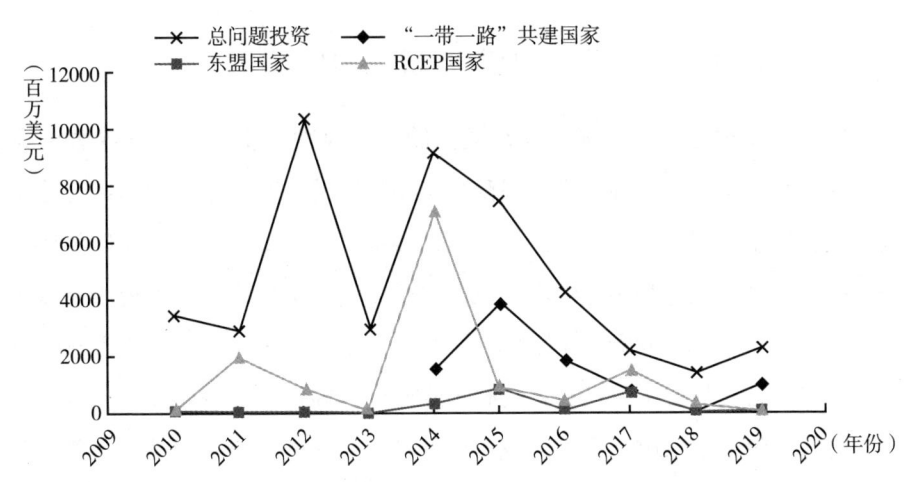

图 15　中国对"一带一路"共建国家、东盟国家和 RCEP 国家的问题投资状况分布

大幅下降，这与中国收紧对外直接投资政策、减少对外投资相符，与之不同的是，东盟国家的问题投资额相较而言位于一个较低的水平。在 RCEP 框架下的问题投资在 2014 年之后突然出现上升，主要表现为中国在澳大利亚钢铁产业投资产生的问题投资达到了 69 亿美元，占当年中国总对外问题投资额的 75% 以上，占中国在 RCEP 框架下问题投资额的 95% 以上。这与 2014

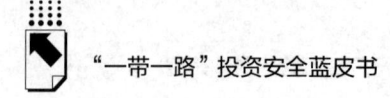

年前中国在澳大利亚钢铁产业投资项目延期等，导致中国投资方在全澳各地的矿业投资损失严重，中国对澳洲矿业资产的兴趣减退①，以及中国在澳大利亚投资结构变化②等有关。

综上所述，中国对外直接投资受国家政策、投资环境等各方面因素的影响，目前总体呈现出一定的增长趋势。然而，在中国对外直接投资增长的过程中，问题投资始终存在，而且极易受到对外投资环境等的影响。因此必须认识到，机遇往往与风险并存。尤其是在 RCEP 框架下，国家的政治制度、经济水平、社会稳定程度、市场机制等各方面都存在较大的差别，中国在对外投资中也存在很多的风险与隐患，应该引起充分重视。

三 RCEP 下中国—东盟投资风险测度

（一）RCEP 下中国—东盟投资风险识别

中国企业对外直接投资面临东道国的国别风险，主要包括地缘政治风险、市场风险、经济风险、政策风险、汇率风险等，其中地缘政治风险是关键风险。近年来爆发的乌克兰危机、英国脱欧、印巴局势紧张、美伊关系紧张、中美贸易摩擦等都是地缘政治风险事件，这些事件不同程度地给全球经济、局部区域经济的发展蒙上了阴影。从表现形式上看，汇率、货币与财政政策及经验与交易成本是最直接反映地缘政治风险冲击的重要指标和表现形式，有迹象表明地缘政治事件已成为对外直接投资的重要影响因素，预测东道国所处的地缘政治风险成为跨国企业的重要研究内容之一。③ 鉴于此，本文所指的投资风险主要指地缘政治风险。

---

① 《今年中国投资者在澳洲投资收益减缓》，中国行业研究网，https：//www.chinairn.com/news/20140311/111324284.html。
② 《中国投资者在澳大利亚投资结构迎来变化》，环球网，https：//finance.huanqiu.com/article/9CaKrnJNQjw。
③ 杨文珂、辛冲冲、何建敏、杨坤：《对外直接投资如何应对地缘政治风险》，《华东理工大学学报》（社会科学版）2020 年第 5 期。

在 2020 年 RCEP 签署之际，RCEP 面临的内外部不确定性风险伴随而来。从外部看，由于 2020 年美国首次否认中国在南海领土主权，中美在南海的博弈愈演愈烈，RCEP 的签署可能会加剧中美在南海的博弈。美国与一些盟友国家，暗中怂恿南海问题的当事国，在南海进行有计划、有预谋的发力。[①] 从内部看，自 1967 年成立以来，东盟的角色逐渐由地区安全边缘者向地区安全治理主导者转变。但成员国之间矛盾重重、固守协商一致的决策原则等，使之不能够超越信任建设而更进一步，在许多重大关切上只能选择回避或发表倡导无力的声音。[②] 面对中美南海争端、日俄印等国介入南海，东盟国家面临外部风险随之增加。[③]

东盟地区安全困扰由来已久，尤以海上安全问题较为复杂，传统安全问题与非传统安全困扰相互交织，东盟地区安全"暗流涌动"。[④] 东盟地区安全问题受多方面影响，导致东盟安全呈现了以多边主义框架的单边主义特点。[⑤] 对主权安全的看重使以东盟为中心的地区合作机制难以深化合作。而以大国安全承诺的地区事务自治理念也使以美国为中心的安全合作机制不可能成为该地区安全合作的主导机制。[⑥]

中国—东盟自贸区协议、"一带一路"倡议、RCEP 签署后，东盟内部具代表性成员国的地缘政治风险变化趋势见图 16。2010～2013 年，中国—东盟自贸区签署没有降低泰国、马来西亚、菲律宾三国地缘政治风险，但降低了印度尼西亚的地缘政治风险；2013 年后，四国地缘政治风险趋势一致，且

---

① 刘喆：《南海问题的新形势与挑战——2020 年度"南海论坛"综述》，《亚太安全与海洋研究》2021 年第 1 期。
② Seng Tan, "Is ASEAN Finally Getting Multilateralism Right? From ARF to ADMM +", *Asian Studies Review* 44 (1), 2020: 31 - 33.
③ 颜欣：《体系压力、安全认知与东盟地区安全治理机制变迁》，《世界经济与政治论坛》2019 年第 2 期。
④ 韦红、卫季：《东盟海上安全合作机制：路径、特征及困境分析》，《战略决策研究》2017 年第 8 期。
⑤ 刘若楠：《中美战略竞争与东南亚地区秩序转型》，《世界经济与政治》2020 年第 8 期。
⑥ 韦红：《东盟安全观与东南亚地区安全合作机制》，《华中师范大学学报》（人文社会科学版）2015 年第 6 期。

呈现下降态势。2010~2013年四国地缘政治风险变化趋势一致，原因是为应对区域错综复杂的地区安全局势，东盟从两方面构建了安全合作机制，一方面，东盟成员国间就海上安全达成了一系列海上安全共识并开展相关合作；另一方面，东盟积极同域外的利益相关方进行接触与合作，以期保持海上的安全与稳定。① 在中国—东盟自贸区全面升级背景下，又形成了"东盟10+5"的RCEP无疑有助于推动东盟与域外国家合作，降低东盟的地缘政治风险。

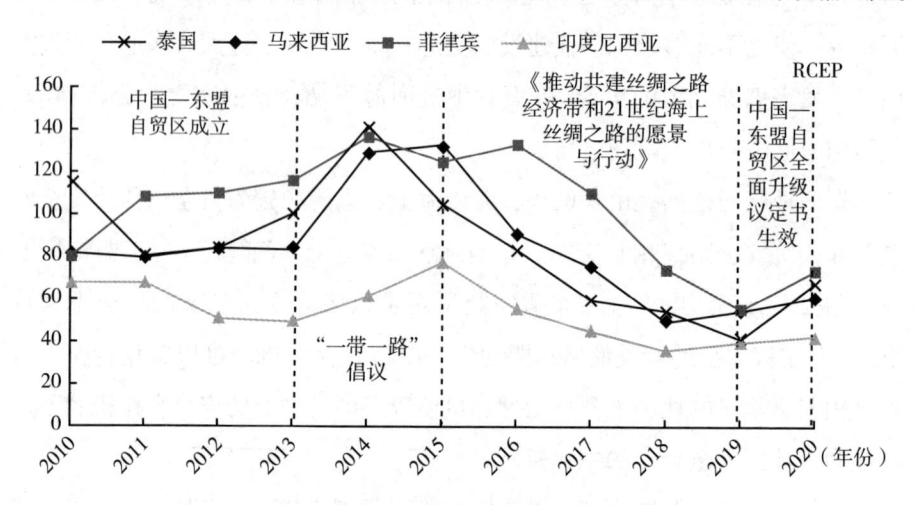

图16 相关政策出台对代表性国家地缘政治风险影响

（二）RCEP出台对东盟投资风险影响机理

1. 多边框架下的外部合作机制

"亚太再平衡"战略下，美国积极借助东盟主导多边场合抨击中国的南海政策，导致中美两国在东盟主导的地区制度框架下数次针锋相对。中美分别建立了自身主导的经济合作框架，澳大利亚、韩国也相继提出了地区合作倡议。成员国分裂导致制度失效，东盟在地区间制度竞争压力下呈现出边缘化风险。对于东盟而言，与东盟利益有关的国家包括美国、中国、澳大利

---

① 韦红、卫季：《东盟海上安全合作机制：路径、特征及困境分析》，《战略决策研究》2017年第8期。

亚、日本等，使东盟在与利益相关国合作过程中形成了多边主义框架。

在多边主义框架下，东盟与 RCEP 非东盟成员国存在利益相关者关系且信息不对等，符合不完全信息博弈理论。博弈参与主体为东盟与 RCEP 非东盟成员国，基于东盟与 RCEP 非东盟成员国之间在经济、产业及地区安全立场方面存在较大差异，围绕多边主义框架下的单边主义安全协议的博弈呈现出不完全信息特征，东盟基于自身的利益诉求可能与 RCEP 的关系不牢固，而为增进 RCEP 成员国内部的互通、互联，可能会陆续推出其他补充协议，故为了使双方利益最大化，双方会围绕协议规则制定进行无限次的重复博弈。基于不完全信息下重复博弈的策略，其收益矩阵见表3。

表3 RCEP 非东盟成员国与东盟成员国之间的不完全信息博弈收益矩阵

策略收益		RCEP 非东盟成员国	
		合作	不合作
东盟	合作	π_0, π_0	π_b, π_a
	不合作	π_a, π_b	π_1, π_1

假定 $\pi_1 \geq \pi_a$，表明理智的盟国不会损坏对方利益；假定 $0 < \delta_1 \leq 1$，$0 < \delta_2 \leq 1$ 表明博弈双方贴现率不能大于1，即对于合作的忍耐度有限。根据博弈论原理，如果只进行一次静态博弈，为使东盟地区利益最大化，东盟选择不合作获得收益最大，故导致（不合作，不合作）成为此次博弈的纳什均衡。诚然，东盟与 RCEP 非东盟成员国有着多年紧密的经贸往来，从长期角度看，貌似选择（合作，合作）是长期的纳什均衡。但由于在美国等大国干预下，短期均衡会发生变化。借鉴李锋、徐凤的方法[①]，推导出如果美国干预下，东盟选择不合作的平均收益 $\overline{\pi_1^*}$ 如下：

$$\overline{\pi_1^*} \geq (1 - \delta_1)\pi_a + \delta_1 \pi_1 \tag{1}$$

式（1）中 δ_1 表示东盟的贴现率，如果外部利益相关者给予东盟的利益

---

① 李锋、徐凤：《全球多边贸易提醒变革背景下的竞争中立规则》，《河海大学学报》（哲学社会科学版）2019年第6期。

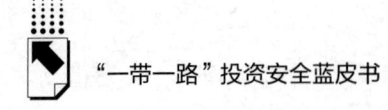

不能大于 $\overline{\pi_1^*}$ 时，东盟选择合作仍是最优策略，其合作收益为 $\overline{\pi_1^*} = (1 - \delta_1)\pi_a + \delta_1\pi_1$。

同理，对于 RCEP 非东盟成员国选择不合作的机会成本为：

$$\overline{\pi_2^*} \geq (1 - \delta_2)\pi_a + \delta_2\pi_1 \tag{2}$$

式（2）中 δ_2 表示东盟的贴现率。如果东盟选择不合作时，对于 RCEP 非东盟成员国而言，选择不合作的机会成本为 $\overline{\pi_2^*}$。只要机会成本小于或等于 $\overline{\pi_2^*}$，选择合作就是最优策略，则收益为 $\overline{\pi_2^*} = (1 - \delta_2)\pi_a + \delta_2\pi_1$。

在（合作，合作）纳什均衡中，得 $\delta_1 = \dfrac{\overline{\pi_1^*} - \pi_a}{(\pi_1 - \pi_a)}$，$\delta_2 = \dfrac{\overline{\pi_2^*} - \pi_a}{(\pi_1 - \pi_a)}$。根据 δ_1 和 δ_2 表达式、$0 < \delta_1 \leq 1$ 和 $0 < \delta_2 \leq 1$ 的界定，当 $\overline{\pi_1^*} \to \pi_1$、$\overline{\pi_2^*} \to \pi_1$ 时，表明 δ_1 和 δ_2 值越大，贴现值越高（忍耐度越好）。而 π_1、π_a 均出现在不合作时的收益，故（合作，合作）的均衡结果面临潜在的风险，为进一步提升或巩固现有合作成果，双方均愿意签署更多合作协议。故有如下推断：

推断 1：在 $\overline{\pi_1^*} \to \pi_1$、$\overline{\pi_2^*} \to \pi_1$ 情况下，东盟与 RCEP 非东盟成员国越有签署合作协议以维系原纳什均衡结果。

2. 共同利益的内部合作协议机制

为维护地区安全，东盟于 1995 年推出《东盟地区论坛概念文件》（简称《概念文件》）。东盟地区论坛是一个制度化程度较低的多边安全论坛，一方面东盟地区论坛规定了处理国家关系原则；另一方面东盟地区论坛制度化弱，导致东盟地区论坛达成区域合作事宜是一个妥协结果。① 为加大东盟在亚太地区的话语权，《概念文件》后又推出了《东盟地区论坛预防性外交概念和原则》《国防白皮书》等合作协议。尽管有诸多合作协议的推出，但还是出现了类似 2017 年东盟外长发表声明谴责缅甸若开邦所发生的暴力事

---

① 赵丽：《东盟地区论坛：止步不前还是负重前行？》，《印度洋经济体研究》2020 年第 5 期。

件未得到成员国一致同意、新加坡和马来西亚供水问题冲突等内部不和谐现象。

出于各自利益,东盟地区安全事宜未得到良好解决。东盟内部合作存在博弈行为,博弈主体为成员国。鉴于东盟成立以来已进行了多轮博弈,符合信息完全下合作博弈类似于无限期轮流出价博弈。在无限期轮流出价博弈中,在完全信息下,多次合作博弈收益矩阵如表4所示。

表4 信息完全下合作博弈收益矩阵

策略收益		东盟成员国 j	
		合作	不合作
东盟成员国 i	合作	x_0, x_0	x_b, x_a
	不合作	x_a, x_b	x_1, x_1

在信息完全下合作博弈类似于无限期轮流出价博弈,借鉴张维迎唯一的子博弈精炼纳什均衡结论①,信息完全下的合作博弈均衡收益可表示为:

$$x^* = \frac{1-\delta_j}{1-\delta_i\delta_j} \tag{3}$$

式(3)中 δ_1、δ_2 分别表示东盟成员国 i 和东盟成员国 j 的贴现率。当 $\delta_1 = \delta_2 = \delta$ 时,$x^* = \frac{1}{1+\delta}$。一般而言,$0 < \delta_i < 1$,$0 < \delta_j < 1$,同样的 $0 < \delta < 1$。根据 x^* 的均衡收益,当 $\delta \to 1$ 时,x^* 收益越小,表明东盟成员国内部贴现率越高,即忍耐度越好时,成员国内部收益受损。可见,鉴于东盟成员国内部未建立互信机制,签署再多的合作协议均只能使均衡 x^* 受益降低。故提出以下推理:

推理1A:出于对各自利益考虑,为降低地缘政治风险,成员国在东盟框架下会签署更多合作协议,但由于成员国间签署协议为谋求各自利益最大

---

① 张维迎:《博弈论与信息经济学》,格致出版社,2019,第217页。

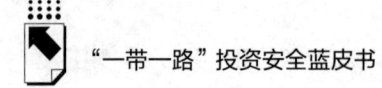

化,仍会倾向于选择不合作,故签订更多的合作协议对于降低地缘政治风险的效果会减弱。为提升内部协议效果,成员国寄希望于东盟与域外国家(地区)签署更多合作协议。

(三) RCEP下中国—东盟投资风险评估

1. 多边协议框架下的合作机制对降低地缘政治风险的效果评估

为分析基于多边协议签订对东盟地缘政治安全的影响,本文引入Probit计量模型:

$$policy_{it} = \alpha + \beta gpr_{it} + \varepsilon_{it} \tag{4}$$

式(4)中中国—东盟是否签订合作协议指标用$policy_{it}$表示,$policy_{it}$表示第i年中国与东盟是否签订合作协议,签订合作协议取1,否则取0。gpr_{it}表示地缘政治风险指数,基于Caldara & Iacoviello方法计算[1],数据来源于计算的地缘政治风险指数。[2]

采用Probit回归分析表明,政策出台有助于降低东盟地缘政治风险,但政策重叠对地缘政治风险降低的效果下降(见表5)。

列(1)为2010~2012年在中国—东盟自贸区成立单一政策背景下的情形,结果表明中国—东盟自贸区成立促使东盟地缘政治风险下降0.014个单位,效果显著,政策出台有助于降低地缘政治风险。

列(2)为2010~2014年在中国—东盟自贸区、"一带一路"倡议双政策背景下的情形,结果表明双政策的叠加致使东盟地缘政治风险下降0.01个单位,较列(1)少0.004个单位。双政策叠加效果有所下降,主要原因可能在于在多边主义框架下各利益主体的诉求有所不同。

列(3)为2010~2018年在列(2)基础上又出台了《推动共建丝绸之路经济带和21世纪海上丝绸之路的愿景与行动》文件,在三重政策叠加

---

[1] Caldara, D, Iacoviello, M., "Measuring Geopolitical Risk", Working Paper, Board of Governors of the Federal Reserve Board, 2018.
[2] 地缘政治风险指数来源于https://www.matteoiacoviello.com/gpr.htm。

下，东盟地缘政治风险下降0.007个单位，较列（2）的效果减少0.003个单位。东盟国家处于海上丝绸之路范围之内，本质上仍属于"一带一路"倡议范围，故三个政策对东盟地缘政治风险下降的边际效果减弱。

列（4）为2010~2019年在列（3）基础上又出台了中国—东盟自贸区全面升级的协定，在四重政策叠加下，政策出台使东盟地缘政治风险下降0.008个单位，较列（3）的效果提升了0.001个单位。与列（3）相比，列（4）针对中国—东盟自贸区原有政策的升级，巩固了2010年中国—东盟自贸区的成果，符合中国—东盟各自的利益，故反而有助于降低地缘政治风险。

列（5）为2010~2020年在列（4）基础上又出台了RCEP，在五重政策叠加下，政策出台使东盟地缘政治风险下降0.01个单位。较列（4）的效果提升了0.002个单位，主要是RCEP经贸更有助于东盟，且增加了日本、澳大利亚、新西兰、韩国等利益相关体，丰富了原有政策的利益相关者，符合东盟的多边主义框架规则。但多边主义框架下利益相关者可能呈现更多的不稳定性，导致政策出台对东盟地缘政治风险下降效果减弱。

综上，多重政策的推出并未使东盟地缘政治风险缓释效果增强，反而呈现负面效果。为降低多重政策带来的负面效果，东盟更有动力与域外国家（地区）签订更多合作协议的方式以确保自身利益，推理1成立。此外，这与东盟现存的多边主要框架下的单边主要有关，其结果证明推理1A成立。

表5 多边协议框架下合作协议对降低地缘政治风险的促进效果

	policy (1)	policy (2)	policy (3)	policy (4)	policy (5)
gpr	-0.14*** (0.001)	-0.01*** (0.001)	-0.007*** (0.001)	-0.008*** (0.0009)	-0.01*** (0.0008)
国家固定效应	是	是	是	是	是
样本容量	528	672	768	960	1728

注：*** 表示1%以下显著性水平，** 表示5%以下显著性水平，* 表示10%以下显著性水平。

2. RCEP下东盟四国地缘政策风险预测

为探讨东盟处于多边主要框架下的单边主义特征的区域，在政策出台后，未来该地区的地缘政治风险是否会降低，本文借鉴 ARCH-GRACH 模型，采用 2010 年后的地缘政治风险指数，从方差分解角度预测 2021 年 1 月至 2022 年 1 月的地缘政治风险指数变化（如图 17 所示）。结果表明，2020 年 11 月 RCEP 政策推出后，菲律宾、印度尼西亚、马来西亚、泰国的地缘政治风险指数短期明显下降，但 2021 年前 3 个月地缘政治风险指数明显提升，从另一方面证实以上政策的出台与地缘政治风险缓释机理和实证结果吻合。

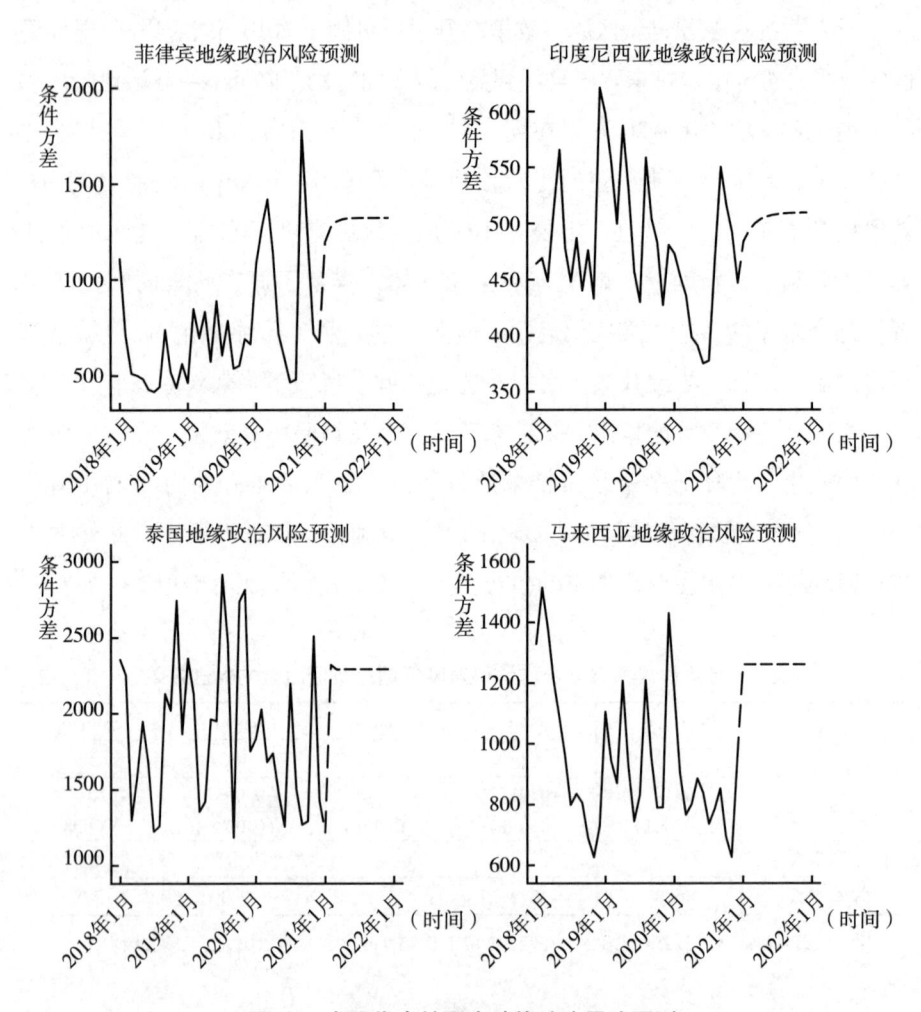

图 17　东盟代表性国家地缘政治风险预测

注：2021 年、2022 年数值为预测值。

3. RCEP下中国—东盟地区投资风险的进一步检验

以下采用世界不确定指数（The World Uncertainty Index，WUI）[①]，评估RCEP对东盟地区投资安全的影响。为了刻画中国企业对东盟及RCEP（除中国外）成员国的投资安全，故本文将世界不确定指数与营商环境结合，探讨中国企业对东盟成员国和RCEP成员国投资风险分布状况。

通过结合营商环境与世界不确定指数，刻画出东盟成员国和RCEP成员国的世界不确定性拟合态势，东盟成员国营商环境与世界确定性风险呈"倒U形"，RCEP成员国营商环境与世界不确定性拟合形态呈现扩大态势（如图18所示）。东盟成员国内部，大部分国家（新加坡和缅甸除外）营商环境评分为60~80分，世界不确定指数为0.8~1.2，故东盟成员国内部营商环境与世界不确定指数出现在"倒U形"的右侧，表现为营商环境与世界不确定指数的总体风险呈现下降态势；在RCEP成员国内部，韩国、日本、新西兰、澳大利亚营商环境得分均在90分以上，但这些国家面临的世界不确定性风险普遍比东盟高，如日本和澳大利亚面临的世界不确定性风险是东盟成员国的平均3倍左右，故导致RCEP成员国营商环境与世界不确定指数分布呈现上升态势。

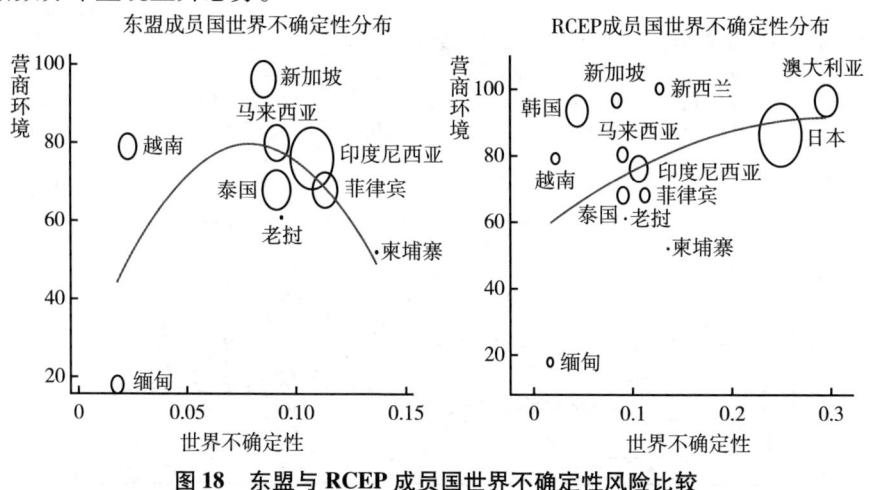

图18 东盟与RCEP成员国世界不确定性风险比较

[①] Ahir, H., N. Bloom, and D. Furceri, "World Uncertainty Index", https://worlduncertaintyindex.com.

RCEP签署后，中国—东盟投资安全风险短期面临上升态势，这一结论与RCEP下东盟四国地缘政策风险预测结果一致。对于多边主义框架下的、以单边主义为特征的东盟来说，以上结论进一步证实了东盟地区安全规则需要依靠外部利益相关者维系地区安全稳定，且内部信任度有待进一步提高。

（三）RCEP下中国—东盟投资安全风险度量

基于爬虫和自然语言处理技术，从中国—东盟政治交流对话与风险两个方面，采集2009~2020年相关新闻数据进行量化分析，具体包括正面新闻和负面新闻报道频次两个维度。受限于数据，正面新闻主要采集自中国政府网官方新闻内容，包括政府合作、官员访问、文化交流等方面的新闻报道统计频次（见图19）；负面新闻主要基于百度新闻，以"腐败、政局、动荡、游行、示威、抗议、冲突、风险、破产"等关键字进行国别搜索（见表7）。

中国和东盟交流合作的频率在稳步提高（如图19所示），表明中国—东盟双方的战略互信在不断提升，双边关系稳步提升，合作领域不断深化和扩展。在RCEP签署后，中国—东盟交流合作月度数据有了比较明显的提升（如图20所示），说明RCEP的签署对当前区域合作有较强的促进作用，对稳定区域经济发展产生了明显的政策效应。

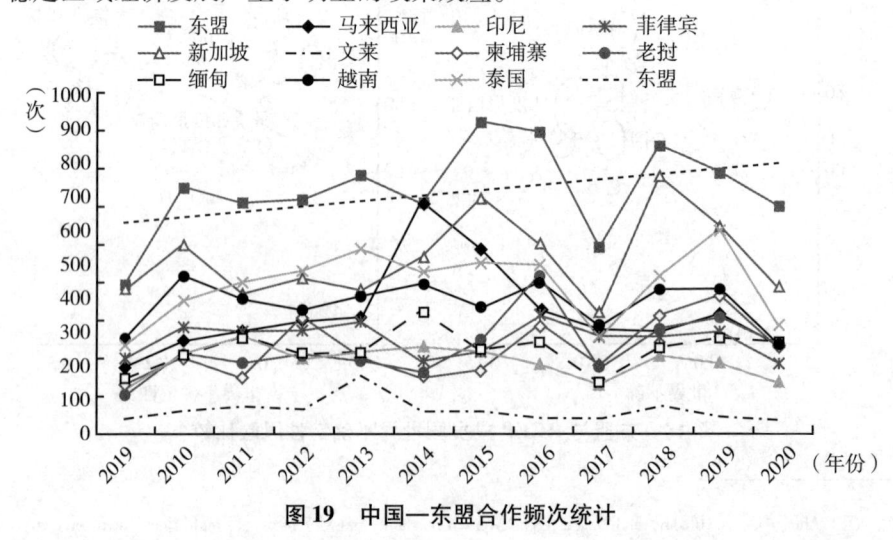

图19　中国—东盟合作频次统计

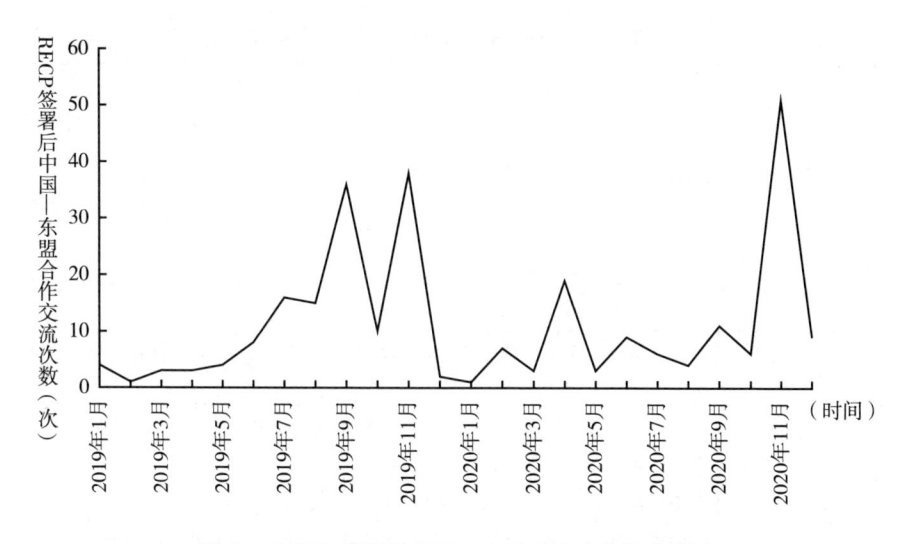

图 20　RCEP 签署后中国—东盟交流合作频次统计

从合作领域看，双方不断深化战略合作、稳固双边关系，中国—东盟博览会、中国国际进口博览会等平台日益发挥作用。自贸区不断升级加速双边人员流动，增强了双方民众对对方旅游、教育和文化领域的合作需求，中国—东盟合作的领域不断丰富和扩展（如表 6 所示）。从国别角度可以看出，中国—东盟合作交流的侧重点有所不同，如印度尼西亚、马来西亚、缅甸发生重大灾害时，中国对其的物资和医疗救援，对泰国、菲律宾、新加坡等除了经贸以外，还增加了旅游、人文、教育等方面的合作，对越南、老挝等加强了基础设施等重大项目合作。

虽然中国和东盟合作日益增强，但是各国因为政体、宗教信仰、经济问题等差异，其内部问题依然不少，部分国家的政治稳定性和连续性较差，投资安全得不到保障，负面消息不断（如表 7 所示）。由于东盟有些国家国内政治不稳定，经济能力脆弱，宗教文化差异大，难保对在其国家投资的中方企业构成人身、财产安全威胁，因此投资需要考虑上述因素。

表6 近年来中国—东盟国别合作高频词汇和话题

序号	国别	高频词汇和重点话题
1	印度尼西亚	访问 合作 发生海啸 印度尼西亚经济合作 国家主席习近平抵达雅加达 印尼外长 外交部部长 东盟合作
2	马来西亚	失联 游客 访问 春节 失联客机搜寻工作 中马经济 安全合作 旅游部长
3	泰国	游客 教育 泰中文化 加强安全 安全合作 文化代表团 推动泰中合作 赴泰旅游
4	菲律宾	公民 事件 安全问题 菲律宾南海问题 游客赴菲 菲律宾企业 加强安全
5	新加坡	中新合作 合作发展 企业签署 经济领域 新加坡贸易 国际经济 公民安全 企业发展 教育
6	文莱	旅游合作 战略合作 战略合作关系 东盟外长 推动中文关系
7	柬埔寨	公安部 外交部 柬埔寨金边 经济合作 柬埔寨金边出席东盟地区 中柬友谊
8	老挝	中老合作 万象 建设合作 中老旅游 建设部长 老挝人民革命党 老挝旅游 项目建设 国际机场
9	缅甸	泼水节 缅甸地震 合作问题 缅甸国家安全
10	越南	外交部 国防部长 越南国家旅游 旅游部长 广西代表团 安全合作 越南共产党代表团

表7 东盟各国政治负面报道频次统计

单位：次/年

年份	东盟	印尼	马来西亚	菲律宾	新加坡	文莱	柬埔寨	老挝	缅甸	越南	泰国
2009	20	21	24	28	38	38	40	41	43	43	35
2010	7	8	14	15	37	37	37	39	50	51	35
2011	22	28	35	35	36	36	42	48	58	59	35
2012	13	17	26	34	36	36	43	44	58	62	35
2013	9	13	24	28	44	45	53	57	65	68	43
2014	21	31	47	54	86	87	93	98	109	116	85
2015	21	30	43	45	46	56	62	66	96	97	46
2016	23	36	39	43	48	55	60	73	88	90	48
2017	21	40	43	48	49	55	61	69	82	82	49
2018	6	28	43	44	47	59	69	85	92	95	45
2019	17	50	58	58	65	65	73	72	83	117	62
2020	30	60	67	56	68	56	79	77	84	109	54

四 RCEP下中国—东盟区域合作及投资安全的对策

综上所述，RCEP下中国—东盟区域合作及投资安全面临以下问题。第一，多边主义框架下的单边主义特征式的东盟地区安全不太可能依靠增进互信降低地区安全风险，为进一步提升各自利益必然偏好于多签单相关协定；第二，合作协议政策出台有助于降低东盟地缘政治风险，但多政策叠加降低东盟地缘政治风险的边际效果减弱；第三，RCEP签署后，中国—东盟的投资安全风险短期有上升态势。为更好地在RCEP的框架下提升中国—东盟区域合作及投资安全，从政治互信、经贸合作、文化交流三个维度协同推进。

（一）政治互信

当今世界正处于百年未有之大变局，核心为"两大变量"。一是科技之变，即生产力之变，以强大力量深刻影响各国的国家竞争力；二是中国经济快速发展之变，深刻改变全球经济竞争格局与影响世界地缘政治格局。新冠肺炎疫情加速百年未有之大变局演进，世界面临严峻考验。统筹好世界百年未有之大变局中的RCEP框架，实现既集中精力办好自己的事，又积极参与全球治理、推动RCEP的进程，就必须加强世界各国的政治互信。

1. 强化命运共同体意识

正如习近平总书记所言："世界上的问题错综复杂，解决问题的出路是维护和践行多边主义，推动构建人类命运共同体。"[①] "察势者明，趋势者智。"当今世界正经历百年未有之大变局，人类是休戚与共的命运共同体。在推进RCEP框架构建中，要输出强化区域命运共同体的价值观，坚持开放包容，坚持以国际法则为基础，坚持协商合作，坚持与时俱进的原则。

[①] 习近平：《让多边主义的火炬照亮人类前行之路——在世界经济论坛"达沃斯议程"对话会上的特别致辞》，人民出版社，2021，第5页。

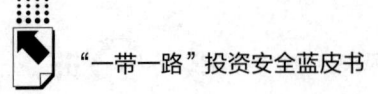

2. 强化发展共享意识

中国已经与世界联结在一起，中国离不开世界，当然世界也离不开中国。在 RCEP 框架下推进中国—东盟区域合作中，要化解误解，强调中国特色社会主义是一个发展型的体制，目标是发展经济、提高国民生活水平，在阐释上要去意识形态化，在国际上呈现一个开明的国家形象；要强化中国的发展是给东盟带来更多的机遇和利益。

3. 强化大国担当

2020 年，中国的 GDP 突破 100 万亿，中国是全球第二大经济体，东盟成为中国最大的贸易伙伴，中国的发展有利于东盟和 RCEP 成员国，乃至世界的和平、稳定、繁荣。在当前世界经济形势仍然复杂严峻、复苏不稳定不平衡的关键时刻，中国的发展是世界的普遍期待。因此，中国要强化大国担当，积极参与全球治理。

4. 强化继续提升政治安全互信

政治安全互信是巩固和深化双方合作的重要基石。随着美国推进"亚太再平衡"战略，以及日本等国对本区域介入加大，南海问题变得更加复杂难解，对中国—东盟关系造成一定影响，从而在一定程度上影响中国和东盟的区域合作。在此背景下，继续增强政治安全互信变得尤为重要。中国应努力增强东盟国家对中国周边睦邻友好政策的认识和理解，继续推进《中国—东盟国家睦邻友好合作条约》的商签进程，为双方关系提供法律和制度保障。对南海等敏感问题，中国与东盟国家应推进落实《南海各方行为宣言》和"南海行为准则"磋商，妥善管控分歧，推动务实合作，共同维护南海的和平稳定。

5. 强化超高的外交智慧

处理好南海问题成为 RCEP 的框架下提升中国—东盟区域合作及投资安全的核心外交问题。中国政府一直强调：南海问题只是中国与部分东盟国家之间的问题，不是中国与东盟之间的问题；只是中国与东盟国家合作当中的一个局部问题，不是中国与东盟关系的全部。正确处理好南海关系问题，维护中国领土和主权的完整，对于觊觎中国领土的国家，要坚决予以打击，切实维护好中国的海上安全。在双方有争议的问题上，暂时搁置争议，避免矛盾激化。在南海问题上中国已提出"主权属我、搁置争议、共同开发"的善意建议，在国际场合尽量淡化争论，避免涉及更多非直接相关利益国家。对周边国家多做工作，在共同开发的利益保障模式下使其不成为双边合作的障碍。

（二）经贸合作

新时期的区域经济合作组织的谈判都有可能对世界整体贸易规则重新洗牌。而在RCEP这个新的规则形成过程中，中国必须并且也可以发挥自己的重要作用。鉴于此，中国一定要在推进构建的过程中，把握时机，增强中国市场的抗风险能力，用"中国市场"的影响力在谈判中争取更多话语权。

1. 协调与中国—东盟自贸区之间的关系，实现1＋1＞2的整合效应

RCEP与自贸区是1＋1＞2的整合效应，中国—东盟自贸区所蕴含的价值和能量，可通过RCEP实现倍增，使自贸区全面建成取得的贸易投资成果进一步巩固。中国与东盟作为一个整体，将更有效地参与到外部经济循环当中，建立起参与范围更广泛的跨国贸易链和产业链，共同把贸易做大。RCEP和中国—东盟自贸区两者并行推进，不会出现RCEP签署后"冲淡"中国—东盟合作前景的情况。

2. 在"双循环"框架下，加强发展战略对接

《东盟共同体愿景2025》《中国—东盟战略伙伴关系2030年愿景》《区域全面经济伙伴关系协定》等纲领性文件全面规划了中国—东盟的发展方向。在大变局中，中国要在"双循环"框架下，更好地将建设"21世纪海上丝绸之路"倡议同东南亚各国及东盟整体发展战略对接起来，有效形成合力，推动区域互联互通水平迈上新台阶。

3. 完善投资等市场法规，改善营商环境

通过RCEP建立区域全面经济伙伴关系，需建立起完善的市场法规从而维持正常的市场秩序，保障合作及投资的安全。从政府解决投资安全问题的切入点，加快体制改革，健全投资政策扶持体系，建立公平公开的投资环

境，反对不公平的竞争和恶性竞争。提升国家间投资的政策及法律保障水平，强化政府职能部门责任。同时中国—东盟自由贸易区应尽量削减非关税措施，确保非关税措施不成为自由贸易的障碍。完善投资的法律体系，设立中国—东盟投资协调领导机构，完善对外投资的法律体系，建立健全对外投资的法律法规，提高相关政府部门的办事效率，简化我国企业对东盟投资的审批程序，促进企业对外投资的健康发展，进而提升中国的营商环境。

4. 创新合作方式，持续推进"走出去"战略

根据各国的具体情况、经济发展水平、资源物产状况，因地制宜地开展与它们的经贸合作。一是继续强化对东盟的工程承包业务。通过鼓励有条件的企业承包这些大型工程不但可以促进我国企业"走出去"到东盟国家搞服务贸易和投资，还可以带动我国建筑、工程机械及相关物资的出口。二是指导和鼓励大企业实施跨国经营。鼓励有条件的企业把总部留在国内，将生产过程部分转移到资源丰富、生产成本低的东盟国家和地区，通过跨国公司、战略联盟、特许经营等方式，延长成熟技术的生命周期，带动设备、原材料出口，并规避贸易壁垒，减少贸易摩擦。

5. 建好中国广西、云南自贸区，深入开展大湄公河流域区域经济合作

要把云南、广西建成中国面向东盟开放的重要门户。加快云南、广西商贸服务体系建设，使之成为联通东盟、联动国内的平台。加强对边境贸易交易会举办的支持力度和工作指导力度，将其打造成为推介企业和产品、繁荣边境经济、振兴口岸经济的重要平台。要加强沿边开放，繁荣边境经济。一是加强跨境经济合作区建设。加快推进中缅瑞丽—木姐跨境经济合作区等一系列跨境经济合作区的建设，深化我国与相邻的缅甸、老挝、越南三国的边境合作。二是提高口岸建设水平。推进口岸升级和新口岸开放工作，加快基础设施建设步伐，创新面对东盟的主要陆路口岸发展模式，提高口岸服务水平，推进口岸通关硬件和软件环境的改善、优化。三是加快推进广西东兴、云南瑞丽国家重点开发开放试验区建设。

大湄公河地区具有重要的战略地位，已成为美国、日本同中国进行激烈争夺的热点。因此，我国应该加紧对大湄公河次区域合作的战略研究，还应

通过加大技术人员培训，利用"中国—东盟合作基金""亚洲区域合作专项资金"等对东盟新四国进行人才和资金援助，加深这些国家对中国的信任，促进大湄公河次区域合作的深化，注重并深入开展我国参与大湄公河次区域的各项合作，以利于加强我国与东盟的友好关系，为更大范围、更高层次的东亚自由贸易区的建立打下坚实的基础。

6. 实现资源性产品的优势互补，推动产业升级和市场完善

我国虽然地大物博，拥有较为丰富的资源，但近年来我国的能源开始出现瓶颈。东盟国家能源非常丰富，因此，加强资源互补性的措施尤为重要。例如，马来西亚和印尼的石油和天然气很丰富，泰国、越南的橡胶也很丰富，而且这些国家也很愿意中国进行投资。我国应充分利用他国优势，对我国短缺的地方进行补充，以降低产品成本，促进共赢。

要抓住机遇，推动产业升级和市场完善，变"中国制造"为"中国市场"，更好地服务中国—东盟合作。在 RCEP 框架中，参与谈判的国家中，与中国同属发展中国家的占大多数，这些国家同中国在产业结构方面有一定的趋同，产品在国际市场上具有极大的竞争性。同时，中国与印度同属金砖国家，也存在高度的相似性，两国在多领域（市场、资源、投资、技术）存在竞争。那么对于中国来说，获得更大贸易创造效应空间的关键就是，在这个更大的合作区域内，如何减少竞争性，扩大互补性，甚至变竞争性为互补性。因此，为争取形成多方协同发展的互补合作格局，我国需在产业结构调整和升级方面做出更大的努力。

（三）人文交流

1. 提升中国软实力，改善中国的营商环境

软实力是相对于 GDP、城市基础设施等硬实力而言的，是指一个国家的文化、价值观念、社会制度等影响自身发展潜力和感召力的因素。在 RCEP 框架下，推进中国—东盟合作和降低风险、提升中国软实力显得尤其重要。同时，要提升中国的营商环境。

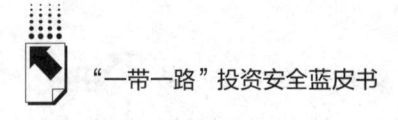

2. 不断丰富人文交流内涵

筹划"中国—东盟教育交流年"等活动，深化中国与东盟教育交流合作。稳步推进"双十万学生留学计划"，加强智库和学者间交流，搭建中国—东盟科研合作平台，推进成立中国—东盟海洋学院。进一步发挥中国—东盟社会文化主管部门引领作用，推出贴近中国—东盟关系发展实际情况的务实合作项目。进一步发挥中国—东盟青年联谊会、中国—东盟青年营、中国—东盟青年事务部长会议等机制作用，扩大面向双方青少年的文化交流活动。

3. 讲好中国—东盟友好故事

中国和东盟国家山水相连、人文相通，友好交往源远流长。媒体作为开展交流合作、促进民心相通的桥梁，可以为中国—东盟关系发展发挥更大作用。要推进中国—东盟媒体交流，讲好共促和平、共谋发展的故事，为共建更为紧密的中国—东盟命运共同体做出更大贡献。

4. 推动双方人才培养交流

要建立中国—东盟高校联盟等平台，搭建中国—东盟青年人才交流平台，更好地在 RCEP 的框架下提升中国—东盟区域合作及投资安全。

B.12
东道国政治风险下跨国科技企业的合法性策略选择

——基于 TikTok 的案例研究*

祝继高　姜彦辰　朱佳信**

摘　要： 政治风险对跨国企业的规制合法性形成冲击，已成为中国企业对外投资遭受损失的重要原因，而企业合法性则是企业赖以生存和发展的重要战略资源。本文基于对 TikTok 的案例研究，探究跨国企业面临的东道国政治风险及其合法化策略选择。研究发现，在初始进入阶段，企业往往采用同形合法性策略；在后续发展阶段，企业倾向于结合同形和脱耦合法性策略，获取合法性。进一步的，东道国法治水平越高，企业越能够选择诉讼等脱耦合法性策略获取规制合法性。最后，本文基于案例研究从监管者、跨国企业和投资者方面获得相应启示。

关键词： 政治风险　合法性　法治　合法性策略

---

* 本文系国家社会科学基金重大项目"一带一路"投资安全保障体系研究（19ZDA101）阶段性成果。
** 祝继高（通讯作者，zhujigao@ uibe. edu. cn），对外经济贸易大学国际商学院教授，主要研究方向为财务管理；姜彦辰，对外经济贸易大学国际商学院硕士研究生，主要研究方向为财务管理；朱佳信，对外经济贸易大学国际商学院博士研究生，主要研究方向为财务管理。

一 引言

随着中国"一带一路"倡议的实施，相关政策与制度的支持很大程度上促进了中国企业对外投资规模的迅速增长。2019 年，中国对外直接投资增量规模为 1369.1 亿美元，位列全球第二；存量规模达 2.2 万亿美元，位列全球第三。同时，在中国经济转型背景下，超过 80% 对外直接投资集中在服务业，其中，信息传输、软件和信息技术服务等科技行业已经成为中国企业对外直接投资的重要领域。① 随着中国经济快速增长以及中国在全球外国直接投资中的影响力不断扩大，以中美贸易摩擦等为代表的中国与现有发达经济体之间的潜在与实际冲突时有发生，对跨国企业的生存与发展环境造成影响。尤其是在世界经济逐渐跨入以互联网为基础的数字经济时代的背景下，信息技术成为全球市场竞争的要素之一，信息传输、软件和信息技术服务领域的海外投资在经济体摩擦与冲突中首当其冲。

政治风险的概念诞生于 20 世纪 60 年代，众多学者从以"不连续论""东道国干预论""来源论""目标变化论"为代表的不同角度定义企业对外投资面临的政治风险。跨国企业所面临的政治风险具有难以预测、破坏性强等特点，尤其是很多国家对中国企业性质存在认知误区，认为中国企业的对外投资具有较强的政治意图，中国跨国企业因而更容易受到东道国政府的关注，也更多受到东道国政府的干预。随着中国对外投资的规模与影响力不断扩大，尤其是华为等科技企业在东道国行业中逐渐占据重要地位，政治风险已经成为中国科技企业对外投资过程中所面临的主要风险之一。因此，本文采用"东道国干预论"的角度定义跨国科技企业对外投资所面临的政治风险，即国家政治干预导致企业所面临的不确定性，例如东道国政府限制跨国企业相关商业交易的进行、没收跨国企业资产与财产、以维护国家安全为

---

① 数据来源：商务部、国家统计局和国家外汇管理局联合发布的《2019 年度中国对外直接投资统计公报》。

由干预跨国企业市场活动等干扰跨国企业正常经营的政治活动。

合法性指的是人们在所处道德规范、文化、价值观念等多重要素构成的社会环境与背景下，对组织行为合规、合理性的认同、感知与评判，是跨国企业赖以生存的重要资源，对跨国企业的运营与发展具有重要作用。合法性可以被划分为规范合法性、认知合法性与规制合法性三个维度，其中，基于企业运营过程中所面临价值观和社会规范的制约的是规范合法性，基于企业运营过程中利益相关者出于逻辑和思维习惯对其企业的认可程度的是认知合法性，基于企业运营过程中所面临的政治和法律因素对企业运营限制的是规制合法性。与政治风险对于跨国科技企业的影响相对应，本文研究的合法性指的是跨国企业的规制合法性。

随着包括美国在内的多国政府对华为、字节跳动等科技企业海外经营的干预，中国跨国科技投资企业如何应对政治风险，以获取企业合法性成为理论和实践研究的重要问题。已有文献对于企业合法性的研究已经形成众多研究成果，包括从制度理论、资源基础观和行为与战略理论出发对企业合法性及其经济后果的解读，以及对企业获取合法性策略的探索。而已有文献对于对外投资政治风险的研究多集中在其对区位选择、是否投资等决策的研究上，较少有研究直接从政治风险的角度出发，研究跨国企业如何应对东道国政治风险，获取合法性。为此，本文以 TikTok 为例，采用案例研究方法，探究在东道国政治风险冲击下中国跨国科技企业如何选择合法性策略，以获取规制合法性。

本文的贡献主要有以下几点。第一，拓展了政治风险的相关研究，目前对于政治风险的文献多关注政治风险对企业对外投资决策的影响，而对于跨国企业如何应对在海外经营中面临的不断变化的政治风险的研究较少。本文则关注政治风险对跨国科技企业这一微观主体的经济后果，探究东道国政治风险对于跨国科技企业经营和发展策略的影响。第二，丰富了跨国企业合法性的相关研究，目前对于企业合法性的研究基于不同理论视角定义、划分合法性并解释其对企业决策与绩效的作用机理，并探究合法性的获取策略。本文则选取政治风险角度，探究在面临东道国政治风险情境下，中国跨国科技

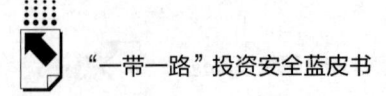

企业获取合法性的策略与途径。第三，从动态视角研究企业在运营发展不同阶段所面临的东道国政治风险及合法性策略的选择与实施，探究政治风险与合法性在企业运营和发展过程中的动态演进过程，丰富了政治风险与合法性策略与获取的相关研究。

二 文献综述

（一）政治风险相关研究

政治风险是与政府相关联因素对跨国企业经营与发展造成的不确定性，世界银行跨国投资担保机构（MIGA）将其定义为由于跨国企业母国或东道国的政府及其相关方对其进行干预，或跨国企业所在国家与其他国家政治关系恶化，跨国企业难以维持其正常经营活动的风险。现有文献对于跨国公司面临政治风险的研究主要集中在政治风险量化模型与指标的构建及其对企业跨国投资的影响方面。

政治风险指数（Political Risk Index，PRI）[①] 是现有政治风险相关研究中应用较为广泛的政治风险评价体系。除此之外，基于定量分析模型，可以将政治风险划分为汇兑限制风险、征用风险、政治暴力风险三类；进一步的，针对基于中国情境，还可以增加对华限制风险和对华负面情绪风险两类政治风险。

已有文献关于政治风险对跨国公司对外投资决策的影响主要集中在研究政治风险对跨国公司海外投资与否、区位选择及企业绩效的影响上，并未形成统一结论。部分文献认为东道国政治风险对跨国公司的对外投资与跨国并购具有负向影响。具体的，东道国的腐败程度会加剧政治风险，进而阻碍外商直接投资的流入。因此，跨国企业会倾向于选择具有清廉、高效政府的东

[①] 来自由政治风险服务集团（Political Risk Service Group）发布的《国别风险指南》（*International Country Risk Guide*）。

道国进行投资,或者选择与中国有较紧密的政治关系、共同的政治信仰的东道国进行投资,以规避政治风险。部分文献认为东道国政治风险反而吸引跨国企业对该地区进行直接投资,以达到利用和培育公司政治能力的目的,提升企业绩效,尤其是母国政策制定者的制度约束力较弱的跨国公司,以及与政治寻租相关的再分配压力较大的跨国公司。进一步的,有学者通过对西班牙跨国公司研究发现,当家族成员在股权和董事会中均占有较多席位时,其对公共风险敞口和企业国家化范围之间的关系具有正向调节作用,尤其是自由职业者成员将在政治活动中发挥积极作用。但是,也有学者认为,东道国政治风险与跨国企业对外投资决策间不存在显著关系,逃离母国制度压力和市场条件限制才是促使企业进行对外投资的主要原因。

也有文献研究跨国企业应该如何应对政治风险,有学者通过研究利比亚的跨国公司认为,面临严重政治风险的跨国公司可以通过投资于有影响力的社会群体的关系以及提供被认为具有社会价值的商品或服务来改善其生存前景。同时,研究表明,跨国企业往往将序贯式投资作为缓解和应对东道国政治风险的途径。序贯式投资指的是企业对外投资目标是通过多个投资决策逐步达成的,在分步投资过程中,企业每次都将总结已有投资经验,评估和制定基于最新时点的最优决策而进行下一步的投资。采用序贯式投资方式,一方面,能够将一次性风险分散至多次风险,减少政治风险给跨国企业运营造成重大损失的可能性;另一方面,每一步投资决策均基于已有投资所获得的经验与知识,动态的学习与决策演进过程有利于企业总结和应用相关经验,增加了应对和缓解政治风险的可能性。

(二)合法性相关研究

基于不同的研究视角与划分标准,合法性被划分为内部合法性和外部合法性;还可以将其划分为规制合法性、规范合法性与认知合法性三个维度。不同维度的合法性之间的关系可能是相互加强也可能是相互矛盾的。

合法性被认为是一种重要的战略资源。一方面,合法性是帮助跨国企业获取所需要其他资源的基础资源;另一方面,较高的合法性增强了东道国对跨国企业的感知与认同，有效降低跨国企业在东道国环境中与相关主体的交易成本，因此合法性的获取对于跨国企业的经营与发展具有重要意义。

已有文献对于跨国企业合法性的研究主要基于制度理论、资源基础观、战略和行为三种视角。制度理论视角认为企业的构建和运营是基于环境因素的制约和影响的，认为制度环境对同一场域内的跨国企业具有一致的影响，跨国企业应顺从东道国政治、文化和法律等多维因素构成的制度环境，取得相应合法性。资源基础观视角认为合法性是企业的一种资源，是企业获取必需资源的重要基础，以促进企业的生存与发展。战略和行为视角则认为跨国企业不仅可以顺应制度环境，也可以发挥主观能动性，通过确立和实施合法性策略，影响和控制企业合法化的过程。基于以上理论，现有文献研究表明制度距离、企业年龄、企业多元化程度、公司规模等均是跨国企业合法性的重要影响因素。

进一步的，现有文献探究了跨国企业获取合法性的策略。首先，根据跨国企业与政治和制度环境的相互作用模式，可以分别采取顺从、选择、操纵策略，后又增加创造策略；其次，根据跨国企业采取应对措施与政治和制度的一致程度，可以分别采取同形与脱耦策略；最后，根据跨国企业合法性策略的实施情况，可以分为实质和象征策略。

现有文献对于同形和脱耦两种合法性策略的分类来源于组织同形概念。同形策略指跨国企业应该顺从东道国制度与政治压力，通过高度符合政治和制度要求获取合法性。进一步的，跨国企业可以通过强制同形、规范同形和模仿同形三种不同的同形合法性策略路径获取跨国企业经营和发展所必需的合法性。而脱耦策略是指由于企业面临的制度环境与实践存在一定程度的矛盾，企业在政治压力作用下，表面上与政治和制度要求达到一致性，而实际上将组织结构与核心技术解耦，仍维持原核心运营模式。在脱耦策略下，跨国企业可以兼顾合法性及组织运营效率与目标，更强调跨国企业管理运营的灵活性。特别是当跨国企业处于多重制度逻辑共存的复杂制度背景下，为了减小其可能面临的风险，更可能采用脱耦的合法性策略。换句话说，当企业所处制度环境提出的新的制度和政治要求，与组织面临的其他制度要求相冲突，或者与组织本身的目标与效率相冲突时，跨国企业倾向于使用脱耦的合法性策略提升其合法性。

（三）文献述评

根据上述对已有文献的梳理发现，现有对于政治风险的研究多依据宏观环境与已有政治风险服务集团发布的政治风险指数指标构建基于投资环境的政治风险衡量指标体系，或者采用大样本实证研究方法探究政治风险对于企业海外投资决策的影响，包括区位选择以及投资规模等，也有少数研究在此基础上探索如何规避政治风险。但是较少有文献从微观企业角度探究在企业经营发展过程中如何缓解和应对政治风险冲击。现有对于合法性的相关研究尚处在理论探索阶段，现有文献肯定了合法性对于企业经营发展的重要性，并从制度理论、资源基础理论与战略和行为视角分类与解释合法性相关现象和问题，同时许多学者探究了企业的合法性策略并做出分类，却较少有文献从面临政治风险的情境研究企业的合法性获取问题。因此，本文基于中国企业"走出去"所面临的政治环境趋势，选取 TikTok 所面临的政治风险情境，从微观企业层面直接探究中国跨国科技企业在经营和发展的动态阶段中所面临的政治风险，及其将采用怎样的合法化策略应对政治风险，以获取在东道国经营与发展的规制合法性。

三 研究设计与案例简介

（一）案例企业简介

本文采用案例研究方法，旨在探讨中国跨国科技企业在面临东道国政治风险的情境下，将采用怎样的合法性策略应对政治风险以获取规制合法性。基于代表性及可研究性，本文选取北京字节跳动科技有限公司（简称"字节跳动"）旗下的 TikTok 运营和发展的案例进行研究。

1. 字节跳动与 TikTok

TikTok 于 2017 年 5 月正式在谷歌商店上线，主要面向海外市场与客户。2017 年 8 月，抖音日均播放量超 10 亿，其技术和模式具有一定规模，在字节跳动海外战略的大背景下，抖音海外版 TikTok 正式全面上线。

字节跳动成立于 2012 年 3 月，成立之初就将海外战略视为企业的重要战略之一。字节跳动创始人张一鸣表示海外互联网人口数量是中国互联网人口数量的四倍，因此字节跳动势必需要探寻和布局海外市场。在"出海"目标的指引下，字节跳动从 2015 年启动海外战略的布局，投资项目涉及包括新闻、短视频在内的众多行业（见表 1）。

表 1 字节跳动海外战略布局概览

投资公司/产品	时间	地区	行业	轮次	投资额
TopBuzz	2015 年 10 月	全球	新闻	自研	N/A
Dailyhunt	2016 年 10 月	印度	新闻	D 轮	2500 万美元
BABE	2016 年 12 月	印度	新闻	并购	N/A
Flipagram	2017 年 2 月	美国	短视频	并购	5000 万美元
TikTok	2017 年 5 月	全球	短视频	自研	N/A
Vigo Vedio	2017 年 7 月	全球	短视频	自研	N/A
Musical.ly	2017 年 11 月	北美	短视频	并购	10 亿美元
Live.me	2017 年 11 月	欧洲	直播	并购	5000 万美元
News Republic	2017 年 11 月	欧洲	新闻	并购	8600 万美元
Helo	2018 年 7 月	印度	社交媒体	自研	N/A
Minerva Project	2018 年 8 月	美国	教育	C 轮	N/A
Lark	2019 年 4 月	全球	办公协同	自研	N/A
Minerva Project	2019 年 7 月	美国	教育	C + 轮	5700 万美元
Dailyhunt	2020 年 4 月	印度	新闻	F 轮 – 上市前	2350 万美元

资料来源：IT桔子、字节跳动官网、中信证券研报。

中国的短视频行业近年来快速发展，行业集中度呈"三角形"态势——10% 的头部平台占据超过 60% 的市场份额；而剩余 90% 中，长尾平台占据 60%，但所对应市场份额却小于 10%。[①] 抖音凭借其精准的算法推荐、深度

[①] 头豹研究院：《2019 年中国短视频行业研究报告》，https://pdf.dfcfw.com/pdf/H3_AP2020 08201399843079_1.pdf? 1597933625000.pdf。

的内容运营和清晰的社区特性等核心优势，在行业中占据优势地位（见图1），其月活跃用户规模超过4亿，远远领先于其他同类型短视频App。

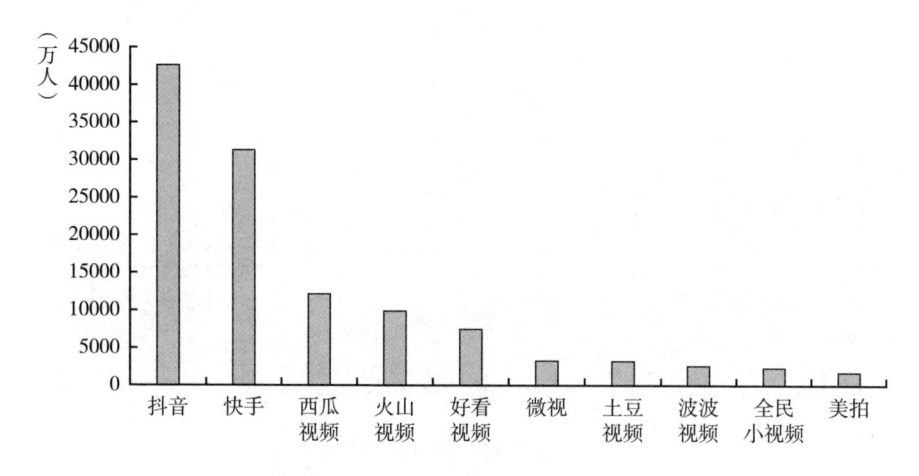

图1 中国短视频App月活跃用户规模（2018年12月）

数据来源：头豹研究院《2019年中国短视频行业研究报告》，https：//pdf.dfcfw.com/pdf/H3_AP202008201399843079_1.pdf?1597933625000.pdf。

中国短视频产业链主要基于"内容生产——内容分发——内容消费"产业逻辑构建起上中下游（见图2），同时包括监管部门的监管以及第三方机构提供服务支持。字节跳动借助抖音在国内完整产业链与运用模式，开发抖音海外版TikTok，延续用户通过结合音乐、内容创作和特效编辑的短视频产品设计概念，借助今日头条精准推荐的核心技术算法，进军海外市场。

2019年开始，TikTok的全球化取得重大进展。在下载量和用户数量方面，根据Sensor Tower统计数据，2019年9月，TikTok在苹果和谷歌应用商店总下载量跃居第一；2020年5月，TikTok全球总下载量累计达到20亿次，而2020年第一季度下载量就超过3亿次，领先于同时期的其他应用。在用户活跃度方面，根据App Annie数据，2020年，TikTok的全球月度活跃用户数已高达8亿，平均一位用户每天要打开TikTok 8次，停留时间合计为52分钟，而4~15岁用户的平均使用时长则为80分钟，几乎追平深耕视频领域多年的YouTube。巨大的用户规模和月活跃用户数量，也为TikTok带来

361

```
上游 ────────────► 中游 ────────────► 下游
```

监管部门（公安部、网信办、广电总局等）进行监管

内容生产 ──────► 内容分发 ──────► 内容消费

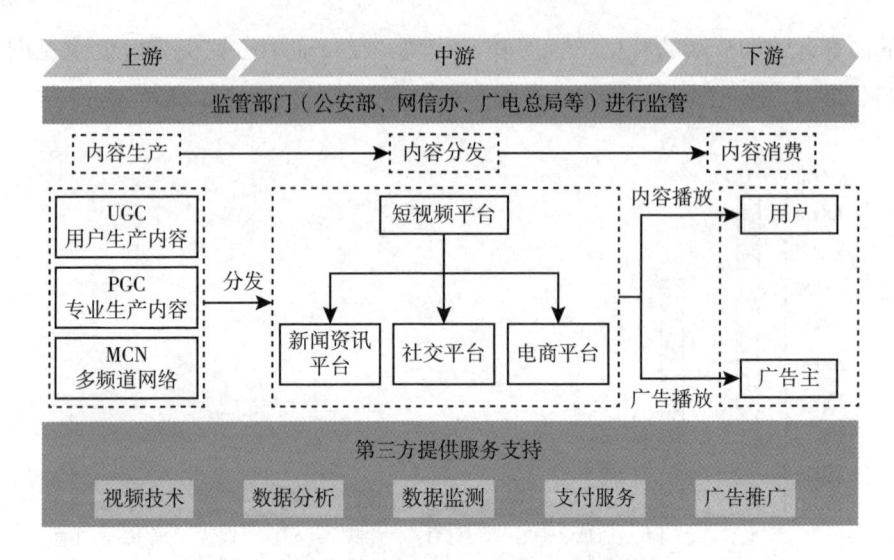

- UGC 用户生产内容
- PGC 专业生产内容
- MCN 多频道网络

分发 → 短视频平台 → 新闻资讯平台、社交平台、电商平台

内容播放 → 用户
广告播放 → 广告主

第三方提供服务支持：视频技术、数据分析、数据监测、支付服务、广告推广

图 2　中国短视频行业产业链

资料来源：头豹研究院《2019 年中国短视频行业研究报告》，https：//pdf. dfcfw. com/pdf/H3_ AP202008201399843079_ 1. pdf？1597933625000. pdf。

了高额收入，根据 Sensor Tower 统计数据，2020 年 5 月，在全球范围内，抖音及 TikTok 收入规模达到 9570 万美元，同比增长约 960%，稳居全球移动应用收入第一位。

2. 案例事件过程

TikTok 在美国经历的政治风险及其为应对政治风险进行的合法性策略主要分为初始进入阶段和后续发展阶段两部分（见图 3）。

2015 年 4 月在美国注册成立开始是其初始进入阶段，TikTok 依次通过并购 Flipagram、上线 TikTok 应用以及并购及合并 Musical. ly 进入美国市场。2018 年和 2019 年是 TikTok 在美国及全球市场快速扩张的两年，引起了学术界和政界的关注，一些学者、商人和政客开始质疑 TikTok 用户数据的合法性。进入后续发展阶段的 TikTok 面临更深层次的政治风险，美国财政部于 2019 年 9 月修订的《2018 年外国投资风险审查现代化法案》（FIRRMA）促使美国外国投资委员会（The Committee on Foreign Investment in the United States，CFIUS）于 2019 年 11 月开始审查 TikTok 对 Musical. ly 的并购案。这

东道国政治风险下跨国科技企业的合法性策略选择

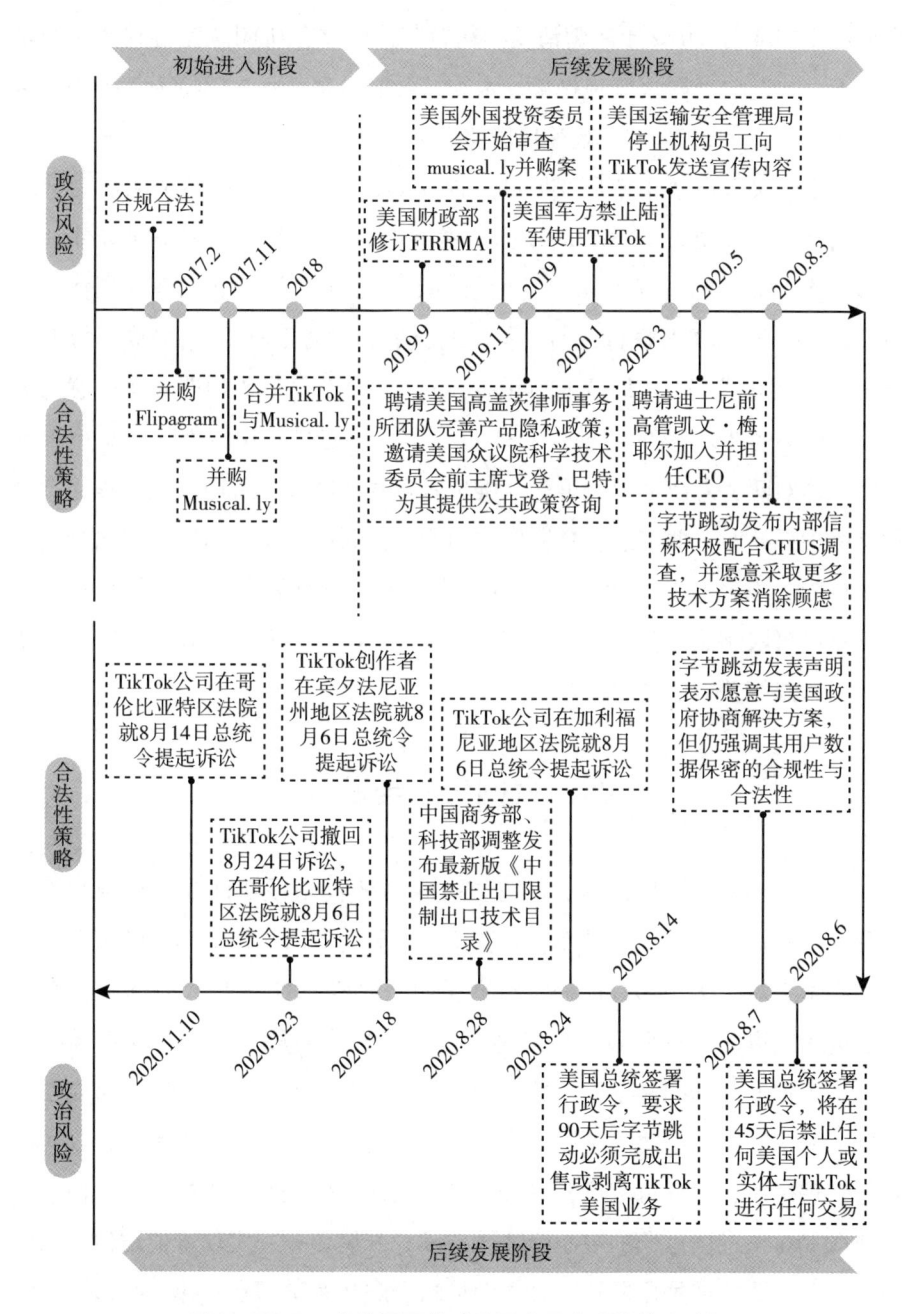

图3　TikTok在美国面临政治风险及合法性策略选择

资料来源：作者根据公开信息整理。

363

也促使TikTok于2019年底聘请美国高盖茨律师事务所团队完善其产品的隐私政策，并邀请美国众议院科学技术委员会前主席戈登·巴特为其提供公共政策咨询。进入2020年，政治风险进一步加剧，美国军方和运输安全局等部门要求相关人员禁止使用TikTok，而TikTok于5月聘请迪士尼前高管凯文·梅耶尔，以拉近与政府间距离。紧接着，时任美国总统特朗普分别于2020年8月6日和14日签发两道总统政令，分别要求45天后禁止任何美国个人和实体与TikTok进行任何交易、要求字节跳动于90天内完成出售或剥离TikTok美国业务。TikTok除了在2020年8月7日发表声明表明愿意与美国政府协商解决方案外，于8月24日开始陆续通过公司、创作者和员工等不同主体对两道总统令提起诉讼，维护其自身合法性。目前，其所提起诉讼均已受理，并对于两道总统令所要求内容部分驳回、所提出的最终执行期限有所放缓。2020年8月28日，中国商务部和科技部联合发布了最新版《中国禁止出口限制出口技术目录》（简称《目录》），其中包括算法推荐等技术，以限制相关核心技术的流出。

四 案例分析与发现

基于上述案例背景，本文认为TikTok在不同阶段所面临东道国政治风险程度与侧重方向不同，进而企业在不同发展阶段所采用的合法性策略有所不同。本文对于案例的具体分析将遵循如下框架（见图4）。具体分为企业投资进入东道国市场阶段、后续经营维持与扩张阶段。TikTok在不同阶段面临不同程度和不同侧重方向的政治风险。在企业初始进入阶段，企业往往需要遵循东道国的法律与制度要求，在法律与制度环境下建立和完善公司治理与管理机制，完成母国运营发展经验及其他投资经验溢出过程，以便能够快速取得在东道国运营的规制合法性，顺利开展业务，实现价值增值。在此过程中，企业往往采用同形的合法性策略，顺从东道国在法律和政治方面的要求，包括序贯式投资模式和聘用当地员工与团队，以减缓企业所面临的政治风险对企业产生的冲击与负面影响。在企业后续发展阶段，企业规模持续扩张，甚至在行业中居于领先地位时，往往更容易受到当地政府关注，进而可能会受到政府对于企业运营和发展的干预，即面临更大程度的政治风险，且此时政治风险会更具有针对性地限制跨国企业在东道国业务的开展与进行。此时，企业将采用技术更新、媒体沟通和聘请当地高管与官员等更进一步的同形合法性策略以求获取东道国政府的认可，获取规制合法性。但当企业仅采用同形合法性策略难以获取充足合法性时，企业便倾向于分离其正式结构和核心业务，采用脱耦的合法性策略以保持自身经营决策的独立性和灵活性，包括诉讼或借助母国制度与政策力量，以获取在东道国经营和发展的规制合法性。进一步的，东道国法治水平将对其脱耦合法性策略的实施产生调节作用，当东道国的法律制度健全、法治水平更高的时候，跨国企业将更容易诉诸法律，以诉讼等形式借助第三方力量实施脱耦合法性策略，以获取规制合法性。

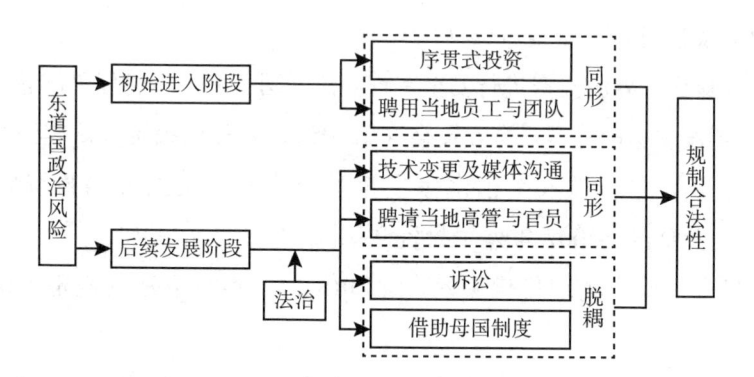

图4　东道国政治风险下跨国企业合法性策略选择分析框架

资料来源：作者整理。

（一）企业面临政治风险分析

1. 初始进入阶段

根据世界银行全球治理指标（WGI）项目，对国家治理水平的评估依据6个维度，分别为监管质量、发言权与问责制、政治稳定性且无暴力、政府效能、法律法规和腐败控制，分别在 -2.5~2.5 分进行评分，分数越高表明该国在该维度治理水平越高。近年来，美国国家治理质量较高，以2019年为例，6项指标分值依次为1.35、0.97、0.30、1.49、1.46和1.22，相对于纳入统计范围的全球200多个国家和地区，各项分数均为80左右①，意味着跨国企业投资进入美国市场环境时，将面临较为稳定的治理环境，面临的政治风险也就主要来自是否遵照现有制度和法律要求进行经营和运作。

2. 后续发展阶段

伴随TikTok成为下载量最高的手机应用，TikTok在美国月活跃付费用户数量一度达到2650万，对于TikTok潜在的数据安全威胁开始引发西方互联网界和学术界的进一步关注。2019年初，美国彼得森国际经济研究所发布的报告强调TikTok的数据规则可能会使用户数据被传输到中国，从而使中国政府获得数据，美国政府以此为由逐步对TikTok的运营与发展进行干预。②

（1）美国外国投资委员会（CFIUS）

作为最早对外国投资进行安全审查立法的国家之一，时任美国总统福特于1975年设立美国外国投资委员会（CFIUS），对外国投资人对美国企业进行的受辖交易是否涉及美国国家安全进行审查。美国外国投资委员会（CFIUS）主要在《2007年外国投资和国家安全法》（FINSA）③和《2018年外国投资风险审查现代化法案》（FIRRMA）两项立法的规定和保护下运行。

2019年9月，美国财政部对《2018年外国投资风险审查现代化法案》就涉及关键技术的某些外国投资交易的强制性申报规则进行修订。2020年1月13日，美国外国投资委员会发布该法案的情况说明书，扩大美国外国投

---

① 分数为所有国家或地区中的等级，范围从0（最低）到100（最高）。
② Biancotti, C., "The Growing Popularity of Chinese Social Media Outside China Poses New Risks in the West", https://www.piie.com/blogs/china-economic-watch/growing-popularity-chinese-social-media-outside-china-poses-new-risks.
③ 《2007年外国投资和国家安全法》旨在改革美国外国投资委员会、加强外资并购安全审查，该法明确了美国外国投资委员会的结构、任务、工作程序和职责等，也确定了其各有关行政部门的具体职责。

资委员会授权审查范围，一方面扩大对于"美国企业"的定义范围，另一方面强制涉及关键技术、关键基础设施和敏感个人数据的相关企业投资必须提交交易声明。进一步的，对于投资涉及敏感个人数据的美国企业的申报范畴给予更为具体的说明。敏感个人数据包括由美国企业维护或收集的符合以下方面之一的可识别数据：一是可用于分析或确定个人财务困境的数据，例如住房抵押贷款或银行对账单中的财务信息，但不包括与普通消费者交易有关的数据；二是个人的信用评分和/或债务和付款历史的数据；三是健康保险、专业责任保险、抵押贷款保险等保险的申请数据；四是与个人的身体或心理健康状况有关的数据；五是在美国企业提供第三方通信平台时用户的通信信息数据；六是定位系统、手机信号塔或 WiFi 接入点搜集到的地理位置数据；七是生物特征数据，包括但不限于面部、声音、视网膜数据；八是为了州或联邦政府身份证明而存储和处理的数据；九是有关美国政府人员安全等级状态的数据；十是有关人员申请安全等级的申请信息；十一是基因检测结果。当敏感个人数据的对象和量级分别达到以下标准时，将符合强制进行交易声明申报的条件：一是针对特定人群的产品或服务，包括美国军人和承担国家安全职责的联邦机构的雇员；二是收集或维护或意图收集或维护有关至少 100 万个人的此类数据，其中，涉及基因检测结果的数据不论数量均视为符合条件。①

对照《2018 年外国投资风险审查现代化法案》的相关规定，TikTok 收购 Musical.ly 时其日活跃用户数已经超过 600 万，也就是说其拥有的敏感个人数据已经达到了 100 万的量级标准，且用户同时涉及美国军方人员和政府人员，按照《2018 年外国投资风险审查现代化法案》扩大审查范围后的最新要求，应执行强制性申报。虽然收购时该法案尚未通过，相关收购的申报仍遵循自愿申报，TikTok 当时并未进行自愿申报，但是该法案授予美国外国投资委员会核查追溯的权力。由此，2019 年 11 月，该委员会对 TikTok 并

---

① The Committee on Foreign Investment in the United States (CFIUS), https://home.treasury.gov/policy-issues/international/the-committee-on-foreign-investment-in-the-united-states-cfius.

购Musical.ly案件进行追溯审查。一方面，美国认为此收购案件未经委员会允许，应当终止；另一方面，TikTok并购Musical.ly之后，并非将Muslical.ly原有用户逐步导入，而是直接将原TikTok与Musical.ly合并整合成立现存TikTok，二者现已无法进行明确区分，进而要求TikTok出让甚至封禁公司整体。

（2）行政命令

2020年1~3月，美国陆军、政府人员、运输安全管理局员工陆续被禁止使用TikTok。

2020年8月6日，时任美国总统特朗普发表声明称"中华人民共和国公司开发和拥有的移动应用程序在美国的普及威胁美国的国家安全、外交政策和经济"。由此根据《国际紧急经济权力法》（IEEPA）、《国家应急法》及《美国法典》第3编第301条签署行政命令，将在45天后禁止任何美国个人或实体与TikTok进行任何交易。①

2020年8月14日，美国总统特朗普再次签署行政命令，要求字节跳动在90天内剥离TikTok或者出售TikTok美国业务。剥离或出售范围包括美国外国投资委员会确定的用于支持字节跳动在美国运营TikTok应用程序的任何有形或无形资产或财产，以及从美国的TikTok应用程序或Musical.ly应用程序用户获得或衍生的任何数据。②

（二）企业应对政治风险的合法性策略分析

1. 初始进入阶段

（1）同形：序贯式投资

TikTok采用序贯式投资进入美国市场，以分散政治风险。TikTok美国公司于2015年4月注册成立。2017年2月，字节跳动并购位于美国的移动

---

① Executive Order on Addressing the Threat Posed by TikTok, https://www.whitehouse.gov/presidential-actions/executive-order-addressing-threat-posed-tiktok/.
② Order Regarding the Acquisition of Musical.ly by ByteDance Ltd, https://www.whitehouse.gov/presidential-actions/order-regarding-acquisition-musical-ly-bytedance-ltd/.

短视频图片分享社区 Flipagram。Flipagram 是一款允许用户便捷制作并分享加入背景音乐的幻灯片和视频的应用，2013年11月成为美国 App 下载榜单的第一名。2017年5月，TikTok 在谷歌商店正式上线。2017年11月，字节跳动斥巨资并购 Musical.ly，并购金额达到10亿美金。Musical.ly 是一款允许用户录制、编辑"对口型"视频的应用软件，同时用户可以点赞评论。2015年7月，Musical.ly 成为苹果应用商店下载量的第一位；2016年，成为月活跃用户数千万的现象级社交软件；2017年11月，在全球范围内，Musical.ly 注册用户数量达到2.4亿，日活跃用户数量达到2000万，其中美国日活跃用户数量也高达600万，具有强大的用户基础。字节跳动并购 Musical.ly 后，快速将其核心技术算法应用于 Musical.ly 平台，使 Musical.ly 相关指标得到进一步快速提升；2018年，字节跳动正式将 TikTok 与 Musical.ly 合并，将两个软件的功能、内容合为一体，连接了大量的流量入口也提升了知名度，进入了快速增长的阶段。

TikTok 在进入模式方面采用序贯式投资方式是通过同形的合法性策略应对其面临的政治风险。TikTok 在美国的快速发展得益于字节跳动在进入过程中仿照和借鉴已有企业的进入模式，通过序贯式投资，分阶段完成短视频应用在美国市场的布局，逐步熟悉美国的法律、制度背景与运营模式，不断基于已有经验的溢出进行下一步的投资安排，有效分散了其所面临的政治风险，增加其在美国运营和发展的规制合法性。

（2）同形：聘用当地员工

TikTok 聘用大量当地员工和团队以更迅速便捷开展业务，是通过同形的合法性策略应对其面临的政治风险。TikTok 在海外的运营招聘和培育了大量当地的员工与团队，作为其快速熟悉海外运营法律与政治环境的一种方式。聘用本土员工，一方面能够更快适应当地合法性运营的显性与隐性原则，更快速便捷地开展业务；另一方面能为当地提供大量就业岗位，在一定程度上减轻当地就业压力，有利于获得政府的青睐与支持，缓解企业在开展业务过程中面临的政治压力，更快速获取规制合法性。

2. 后期发展阶段

（1）同形：技术变更及媒体沟通

面对美国学术界及政界对于 TikTok 数据安全的质疑，一方面，TikTok 将服务器及数据存放在美国境内，并通过算法公开等方式利用技术手段增加其规制合法性；另一方面，TikTok 通过外媒采访、官方声明及内部信的形式强调其在规制合法性方面做出的努力，通过媒体沟通的方式进一步强调其运营和发展符合美国政治和法律层面的要求，不存在数据泄密等涉及美国国家安全风险的相关问题。

外媒采访中，时任 TikTok 北美负责人的朱骏表示，在数据存储方面，TikTok 全球用户所有数据都存储在美国弗吉尼亚，并在新加坡备份，不与中国共享用户数据；在平台视频内容审查方面，TikTok 未受到任何外国政府的影响，包括也未受到中国政府的影响。2020 年 8 月 3 日，字节跳动发布内部信表明，公司积极配合美国外国投资委员会对其收购 Musical.ly 的项目所进行的调查，且乐意通过技术手段解决相应问题。① 2020 年 8 月 7 日，TikTok 发布官方声明称，公司愿意与美国政府协商解决方案；TikTok 所被质疑的数据收集行为是全球互联网公司的通行做法，TikTok 从未与中国政府共享用户数据，也从未应要求审查过内容。同时，TikTok 建立了透明度中心（Transparency Center），成为第一家公开审核政策和算法源代码的企业，以消除美国政府的顾虑。②

在技术更新及媒体沟通方面，在政府压力之下，TikTok 主要采取解释其合规合法行为、顺从政府要求进行整改以及通过沟通强调自身合法性的方式应对出现的政治风险，也就是同形的合法性策略。

（2）同形：聘请当地高管及官员

在已聘请当地员工与团队基础上，2019 年底，为应对已有及潜在的政治风险，包括对 TikTok 数据安全的质疑以及美国外国投资委员会对 TikTok 并购 Musical.ly 的审查，TikTok 聘请了美国高盖茨律师事务所的团队完善其

---

① 《张一鸣内部信》，https://www.chinaz.com/tags/zhangyimingneibuxin.shtml。
② Statement on the Administration's Executive Order, https://newsroom.tiktok.com/en-us/tiktok-responds。

产品的隐私政策，并邀请美国众议院科学技术委员会前主席戈登·巴特为其提供公共政策咨询；2020 年 5 月，TikTok 聘请迪士尼前高管凯文·梅耶尔担任公司新一任 CEO，以期通过梅耶尔与美国政府领导人会面，增加美国政府领导人及其他政府力量对 TikTok 业务的了解。

TikTok 试图通过聘请本土官员及高管的方式，希望吸纳更多具有传统媒体背景的管理者，一方面获取更多本土化运营和发展的显性和隐性知识，以适应更为复杂和颇具不确定性的海外市场变动；另一方面通过直接获取政治关联，缓解其所面临的实际及潜在的政治风险。也就是说，TikTok 通过聘请当地高管及官员增强企业的政治关联与运营经验，使用同形的合法性策略应对其面临的东道国政治风险。

（3）脱耦：诉讼

面临不断加剧的政治风险，上述同形的合法性策略实施效果不佳，TikTok 所面临的东道国政治风险难以得到有效解决，企业仍未获取能够保障其经营和发展的充足规制合法性，因此，TikTok 进一步采用脱耦的合法性策略。TikTok 公司联合其员工、平台创作者代表，分别就特朗普签署的两道总统令向当地法院提起诉讼（见表2）。其中，TikTok 起诉书显示，其诉讼理由主要聚焦于以下七点：其一，行政命令违反第五修正案的正当程序条款，TikTok 并未被给予充分通知和申辩机会；其二，行政命令未基于真正的国家紧急情况，是"越权"行为；其三，行政命令所要求的禁令范围超过了其所声称的构成安全威胁的主体范围，是"越权"行为；其四，行政命令限制个人通信和信息资料的传输，违反 IEEPA 规定；其五，美国 IEEPA 违反美国行政法律体系的"不授权原则"（Non-Delegation Doctrine），国会没有提供"明确原则"指导，因此行政命令的签署是违宪的；其六，行政命令违反第五修正案征用条款"私人财产不得'在没有公正补偿的情况下用于公共用途'"内容；其七，行政命令侵犯第一修正案赋予的自由言论权。[1]

---

[1] 《TikTok 的起诉书来了：信息量巨大!》，https://baijiahao.baidu.com/s? id = 1675986000768147355&wfr = spider&for = pc; Why We are Suing the Administration, https://newsroom.tiktok.com/en - us/tiktok - files - lawsuit。

表2　TikTok及利益相关者提起诉讼

诉讼主体	起诉时间	起诉地	起诉内容	最新进展
TikTok公司	2020年8月24日	加利福尼亚州地区法院	特朗普8月6日第一道总统令	9月20日撤回,重新在哥伦比亚特区法院提起诉讼
	2020年9月23日	哥伦比亚特区法院		叫停部分禁令,暂缓9月27日起在苹果和谷歌应用商店下架和停更TikTok
TikTok员工	2020年8月24日	加利福尼亚州地区法院		该行政令将不会影响TikTok员工工作的合法性
TikTok创作者	2020年9月18日	宾夕法尼亚州地区法院		叫停部分禁令,暂缓11月12日起禁止TikTok在美国境内提供服务
TikTok公司	2020年11月10日	哥伦比亚特区法院	特朗普8月14日第二道总统令	叫停部分禁令,暂缓11月12日起完成TikTok美国业务的出售或剥离,部分禁令延迟至2021年1月

资料来源：环球网及相关公开报道。

TikTok的相关诉讼都已经得到相关法院的受理,并使总统两个行政令的执行时间有所延缓,借助法律与司法系统的有效性缓解了其所面临的政治风险,一定程度上增加了其在美国运营和发展的规制合法性。也就是说,不同于上述采用顺从政府所给予的压力的方式,TikTok通过诉讼,致力于改变原正式结构与核心技术之间的合耦关系,在维护核心技术不变的情况下,寻求进一步运营和发展的独立性与合法性,即采用脱耦的合法性策略应对其面临的政治风险。

(4) 脱耦：借助母国制度

根据《中华人民共和国对外贸易法》和《中华人民共和国技术进出口管理条例》,凡是涉及向境外转移技术,无论是采用贸易还是投资或是其他方式,均要严格遵守《中华人民共和国技术进出口管理条例》的规定,其中限制类技术出口必须到省级商务主管部门申请技术出口许可,获得批准后方可对外进行实质性谈判,签订技术出口合同。

2020年8月28日,商务部、科技部调整发布了最新版的《中国禁止出口限制出口技术目录》①，其中，语音合成、基于数据分析的个性化信息推送服务等技术均被列入该目录中。由此，如果出售 TikTok 在美国的业务，根据中国政府对人工智能技术出口实施的新限制，字节跳动需要提请中国政府批准，这使 TikTok 在美业务的剥离或出售同时受制于中国的相关规定。中国制度环境要求 TikTok 保留和保护其核心技术，而美国制度环境要求 TikTok 剥离包括其核心技术在内的全部美国业务，两种制度的交互作用增加相关业务和技术出口的许可与手续复杂程度，使 TikTok 进一步采用脱耦的合法性策略，保护字节跳动的核心算法技术，并借助母国政策制度要求，延缓 TikTok 相关业务的剥离或出售。也就是说，TikTok 通过脱耦的合法性策略，借助母国政府的政策与制度力量，为其在面对和处理美国业务所面临的政治风险、保护核心算法技术提供了一定的法律保障，增加了其规制合法性。

（5）法治的调节作用

根据世界银行全球治理指标（WGI）项目中的法治水平维度，美国的法治水平分值与排名均远远领先于印度（见表3），而法治水平的高低指的是国家的法律制度是否完善，更为具体地是指跨国企业资产与财产在该国的受保护程度，以及当跨国企业诉诸法律时的公正性和有效性。因此，这一统

表3　印度与美国法治水平指标分值与排名

国家	2015 年		2016 年		2017 年		2018 年		2019 年	
	分值	排名	分值	排名	分值	排名	分值	排名	分值	排名
美国	1.60	90.38	1.62	91.35	1.64	91.83	1.51	89.90	1.46	89.90
印度	-0.05	55.77	-0.03	53.37	0.00	52.88	0.03	55.29	-0.03	52.40

数据来源：世界银行全球治理指标（WGI）项目数据集。

注：分值取值范围为 -2.5（弱）~2.5（强）。由于该项目统计中共包含全球 214 个国家和地区的绩效评分分值，排名百分等级变化范围为 0（最低）到 100（最强），则根据绝对值排名进行标准化。例如，2019 年，在法治维度统计中，共包含 208 个国家治理绩效评分分值，最低分值国家为索马里，绝对值排名为 0，百分比校准化后则为 0/208 × 100% = 0.00%；印度分值绝对值排名为 122，百分比校准后则为 122/208 × 100% = 58.65%。

---

① 《商务部、科技部公告 2020 年第 38 号关于调整发布〈中国禁止出口限制出口技术目录〉的公告》，http：//www.most.gov.cn/tztg/202008/t20200828_158545.htm。

计数据表明美国在相关法律与制度以及司法体系等的建设更为健全和完善，在跨国企业诉诸法律时更为公正有效。

2019年，印度市场成为TikTok在全球的最大市场——用户规模超过2亿，月活跃用户数破亿。然而，TikTok在印度市场也面临着以"威胁国家安全"为由的政治风险。2019年4月，印度金奈高等法院要求当地政府对TikTok下达禁令，限制电视台在转播过程中使用该程序上的视频。同一时间，印度马德拉斯高等法院也对TikTok下达临时禁令，要求谷歌和苹果的软件商店停止提供TikTok的软件下载。

针对如上政治风险冲击，TikTok在印度采取的合法性策略为同形策略，并取得较好的实施效果。2019年4月，TikTok及其母公司字节跳动一方面进行大规模筛查，将不符合TikTok使用条款和准则的视频内容予以删除，最终删除总量达到600万条；另一方面表明将引入额外的审查流程，禁止违规内容上传。同时，字节跳动向印度高等法院提交相关情况说明文件，声明其整改措施，并称印度禁止下载TikTok导致其每天的财务损失高达50万美元，也使逾250个工作岗位有被裁风险。此后，印度的邦法院撤销了对TikTok的禁令。2019年7月，TikTok与印度国家技能发展公司联合向印度用户普及相关就业政策，并提升相关用户的职业技能。2019年7月22日，字节跳动表示将在印度建立数据中心，用以存放印度用户数据，意在缓和与印度政府的关系，避免在印度被禁止使用。2019年7月，TikTok在印度聘请了万事达卡印度公司和三星公司前高管Sandhya Sharma负责在印度的政府关系，缓解其所面临的政治风险。

至此，TikTok在印度使用同形的合法性策略屡次有效应对东道国政治风险，获取其在印度运营和发展的规制合法性，得以继续正常运营。

然而，2020年6月，印度政府以"损害印度的主权和完整，损害国家安全和公共秩序"为由禁用了包括TikTok在内的59款具有中国资本背景的手机App；7月1日，TikTok在印度被全面封禁。① 此时，TikTok政治风险

---

① 《印度封禁59款App，微信、TIKTOK等均在列》，人民网，http://capital.people.com.cn/n1/2020/0630/c405954-31764461.html。

东道国政治风险下跨国科技企业的合法性策略选择

政治风险时间线：
- 2019.4 被指控鼓励色情、危害青少年健康，被迫下架
- 2019.7
- 2019.7
- 2019.7
- 2020.6 以"损害印度的主权和完整，损害国家安全和公共秩序"为由禁用包括TikTok在内的59款具有中资背景的手机App

合法性策略时间线：
- 2019.4 回应删除违反条款视频内容，承诺引入额外审查流程；向法院递交文件说明
- 重新上线
- 与印度国家技能发展公司联合向印度用户提供职业培训
- 字节跳动宣布将在印度斥资1亿美元建立数据中心，存储印度用户数据
- 聘请万事达卡印度公司和三星公司前高管Sandhya Sharma负责与印度政府关系

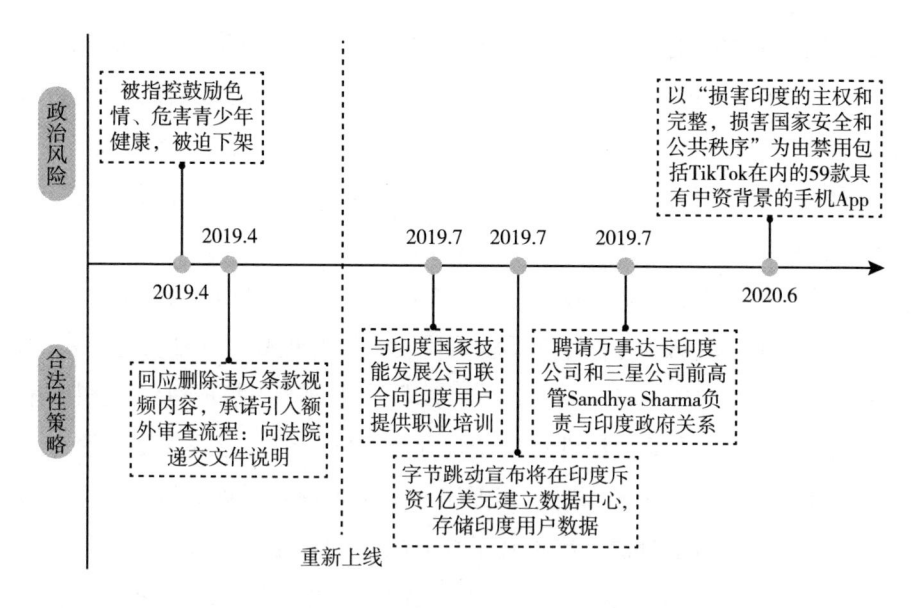

图 5 TikTok 在印度面临政治风险及合法性策略选择

资料来源：作者根据公开信息整理。

再次加剧，前述同形的合法化策略难以使 TikTok 在印度获取规制合法性，TikTok 在印度市场被迫下架，并由于印度法治维度的治理薄弱，难以通过司法途径获取其在印度运营发展的规制合法性。因此，可以看出，跨国企业所在东道国国家法治治理水平能够影响跨国企业对于合法性策略的选择和实施效果，当东道国国家法治水平更差时，跨国企业往往更多采用同形的合法性策略，顺从东道国政府的相应压力，以求获取规制合法性，然而利用诉讼等借助司法力量采取脱耦合法性策略的方式难以进行，在面临政治风险冲击时，更难维持和获取规制合法性。

五 案例讨论

以上分析了 TikTok 所面临的东道国政治风险，以及其在东道国政治风险的压力下所采取的合法性策略，以获取规制合法性，维护企业在东道国的运营和发展。具体的，TikTok 在初始进入阶段和后续发展阶段面临不同程

度和不同侧重方向的政治风险。在初始进入阶段，TikTok 面临的是东道国跨国企业所面临的较为普遍的政治风险，即其运营的合规合法性；而在后续发展阶段，其面临的是更针对其企业性质和产品性质的政治风险，且该政治风险的不确定性程度有所增加。面对两个阶段的政治风险，TikTok 首先采用同形合法性策略，顺从东道国政府给予其的政治风险压力，通过序贯式投资、聘用当地员工和团队、技术变更、媒体沟通和聘请当地官员和高管等方式寻求东道国政府的认可，以降低政治风险，提升规制合法性；进一步的，企业采用脱耦合法性策略，通过诉讼、寻求母国政府帮助和支持的方式，获取合法性。同时，企业合法性策略的选择与实施受到东道国法治水平的影响，当东道国法治水平越高时，其更能够采用诉讼等脱耦合法性策略，以得到较为公正有效的判决，维护其运营和发展的规制合法性。基于以上分析，以下构建了东道国政治风险下跨国企业合法性获取的演进分析框架（见图 6）。

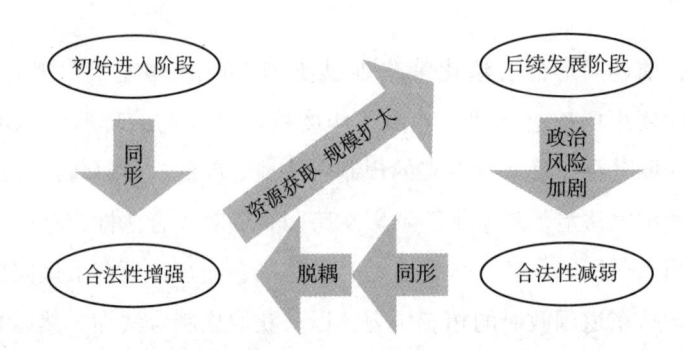

图 6　东道国政治风险下跨国企业合法性演进分析框架

资料来源：作者整理。

在初始进入东道国阶段，企业所面临的合法性主要来源于东道国与母国制度环境的差异，企业需要通过序贯式投资和聘用当地员工等同形合法性战略，一方面，熟悉东道国法律和制度环境要求，学习和获取在东道国法律和制度环境下合法合规运营的显性和隐性知识；另一方面，在母国经营和发展以及海外投资经验的基础上，进行企业相关能力和知识的外溢与调整，以便迅速开展业务，降低政治风险对其经营和获利产生的负面影响。在这种情形下，企业的合法性伴随着同形合法性策略的实施得到增强，达到能够维持和保障跨国企业在东道国运营和发展的规制合法性标准。由于合法性是企业获取其他重要资源的工具和基础，跨国企业在东道国规制合法性的增强，使其能以该战略资源为基础，快速获取其经营和发展所必需的其他资源。随着其业务的不断开展与运营，跨国企业规模将持续增大，甚至能够快速成为其所在行业的龙头企业。这使跨国企业引起东道国政府等其他利益相关者的关注，尤其是科技企业的经营与发展往往依赖其用户基础及其产生的大量数据，在数字经济时代的背景下无疑更容易受到关注。与此同时，中国作为最大的新兴经济体，相对于现存经济大国的竞争力有所增强，双重作用下，中国跨国科技企业的快速发展可能因此更容易受到东道国政府的干预，即在企业后续发展和扩张阶段，其所面临的东道国政治风险会进一步加剧，这种情况下，企业运营和发展的相对规制合法性就会减弱，企业经营和发展因此受限。为了保障跨国企业在东道国的运营，企业需要增强其规制合法性以进一步获取其扩张所需要的重要资源。这时，跨国企业依然首先采取进一步的同形合法性策略，顺从和配合东道国政府的干预，包括进行技术方面的调整、媒体沟通以及聘请当地官员与富有经验的高管。然而随着政治风险的不断加剧，同形合法性策略已经无法获取企业经营和发展所需要的充足的合法性，企业便会进一步采取脱耦合法性策略，试图剥离正式结构与核心技术，借助母国政府政策制度或者东道国司法体系等力量，削弱企业与东道国政府之间的合耦关系，保持自身经营与决策的灵活性和独立性，增加其在东道国的规制合法性，因此可能形成一个循环往复、不断演进的动态发展路径。

六 研究结论与启示

（一）研究结论

本文通过对 TikTok 案例的分析与研究，探究跨国科技企业在进行对外

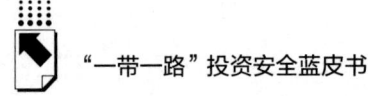

投资过程中,面临怎样的东道国政治风险,以及如何在政治风险冲击下获取和维持企业规制合法性。研究发现,跨国企业在初始进入和后续发展阶段面临不同程度和侧重方向的政治风险,企业往往采用序贯式投资和聘用当地员工的方式缓解初始进入阶段的政治风险,通过这些同形合法性策略获取跨国企业在东道国运营和发展的规制合法性;企业往往先采用技术变更与媒体沟通、聘请当地高管或官员的同形合法性策略应对在后续发展阶段面临的政治风险冲击;进一步的,当同形合法性策略难以获取和维持足够合法性时,跨国企业会选择脱耦合法性策略,通过诉讼或借助母国政策和制度力量,分离企业的正式结构与核心技术,获取合法性。更进一步的,东道国的法治水平会对东道国政治风险与跨国企业合法性策略选择与实施之间的关系起到调节作用,东道国法治水平越高,企业越能够选择诉讼等脱耦合法性策略获取规制合法性。

(二)研究启示

基于以上研究,本文主要得到如下启示。

对于监管者来说,应进一步明确和关注相关跨国企业对外投资所面临的政治风险,尤其是产品和运营本身具有特殊性质的跨国科技企业。在提供支持企业进行对外投资与运营的制度与政策的同时,应进一步建立和完善相应法律法规条例,一方面,保护中国企业核心技术与领先优势;另一方面,为相关跨国企业缓解和应对东道国政治风险提供指导意见与政策支持。在顺应经济全球化的前提下,为企业对外投资提供坚实保障。

对于跨国企业来说,首先,应该对于企业对外投资可能面临的政治风险具有正确的认识,明确政治风险的来源与种类;其次,企业应根据既往投资经验与对相关企业案例的学习,获取应对政治风险的合法性策略与知识,建立健全海外投资可能面临的政治风险识别、预估、评价与应对机制,并在政治风险与合法性的不断发展与演进中不断调整和完善企业政治风险的应对机制,以采取更积极有效的合法性策略,获取企业经营和发展的合法性;最后,基于政治风险较高的不可预测性与不确定性,企业应及时关注宏观经济形势，最大限度上预判和预防政治风险，减缓政治风险对于企业绩效产生的负面冲击与影响。

  对于投资者来说，应正确认识制度与经济形势，明确政治风险存在的普遍性、突发性和不确定性，科学、合理和审慎识别企业所面临的政治风险，投资时应综合考量企业面临的政治风险及其所采取的合法性策略，理性决策。

B.13
跨境并购与企业产业整合

——基于长电科技的案例研究

韩慧博*

摘　要： 随着"一带一路"倡议的逐步推进，大量寻求国际市场扩展的企业通过跨境并购提升其在国际市场上的竞争力。2020年，半导体行业成为中美两国博弈的焦点，作为半导体封装测试行业的领军企业，长电科技的成长之路受到人们的普遍关注。在长电科技的发展过程中，在依靠自身技术创新的同时，公司在2014年就开始通过跨境并购布局国际市场，在并购新加坡的星科金朋后至2020年的6年里，持续进行后续的资本运营和业务重组，公司实现了技术与规模的跨越式增长。本文通过分析该笔并购交易的背景、过程以及并购后的业务整合与经济后果，为我国企业跨境并购提供参考经验。

关键词： 跨境并购　长电科技　星科金朋　半导体行业

2020年，半导体行业成为中美两国博弈的焦点，"芯片危机"问题成为全社会关注的热点话题。此次危机的背后，反映出我国在重点高科技领域的产业链布局尚存在明显的差距。但在半导体集成电路行业的芯片设计、制造加工、封装测试三个环节中，封装测试行业逐步产生了以长电科技为代表的

---

* 韩慧博（通讯作者，hanhuibo@163.com），对外经济贸易大学国际商学院副教授，主要研究方向为财务管理。

处于国际领先地位的一批公司，成为半导体芯片行业中唯一不受产业瓶颈限制的子行业。

在长电科技的发展过程中，在依靠自身的技术创新的同时，公司在2014年就开始布局国际市场，通过并购当时排名世界第四的新加坡公司星科金朋，公司实现了技术与规模的跨越式增长。从并购开始至今6年多的时间里，无论是在企业产品运营层面还是资本运营层面，该并购都对长电科技产生了持续的重大影响。完整地回顾此次并购交易，有助于更好地理解跨境并购对公司乃至一国产业格局所产生的深远影响。

一 并购背景

（一）行业背景

半导体集成电路技术是新一代信息技术发展的基础与关键，也是世界各国产业升级竞争的重要领域。[①] 从经济层面看，半导体产业是关乎国家和社会经济发展的重要基础性产业，是国家信息化、数字化产业升级的基础和瓶颈环节。同时，半导体行业庞大的产业链也会带来显著的经济带动效应，对上下游外延产业具有巨大的经济放大作用。

按照产品种类划分，半导体行业主要分为集成电路、分立器件、光电子器件和传感器四个大类。由于集成电路在产业链收入中占比最高，因此集成电路也被视为整个半导体产业的核心，具体又可细分为设计、芯片制造和封装测试三个子行业。集成电路行业属于资金、技术和劳动密集型行业，以设计和芯片制造为龙头，对国外的技术依赖程度高，在国内尚处于起步发展阶段，受益于我国市场的巨大空间，近年来发展速度很快（如图1和图2所示）。

我国是电子产品的制造和消费大国，对半导体集成电路行业的产品需

---

① 邹坦永：《集成电路技术与产业的发展演变及启示》，《中国集成电路》2020年第12期。

图1　2010~2019年中国半导体集成电路行业变化趋势

数据来源：中国半导体行业协会。

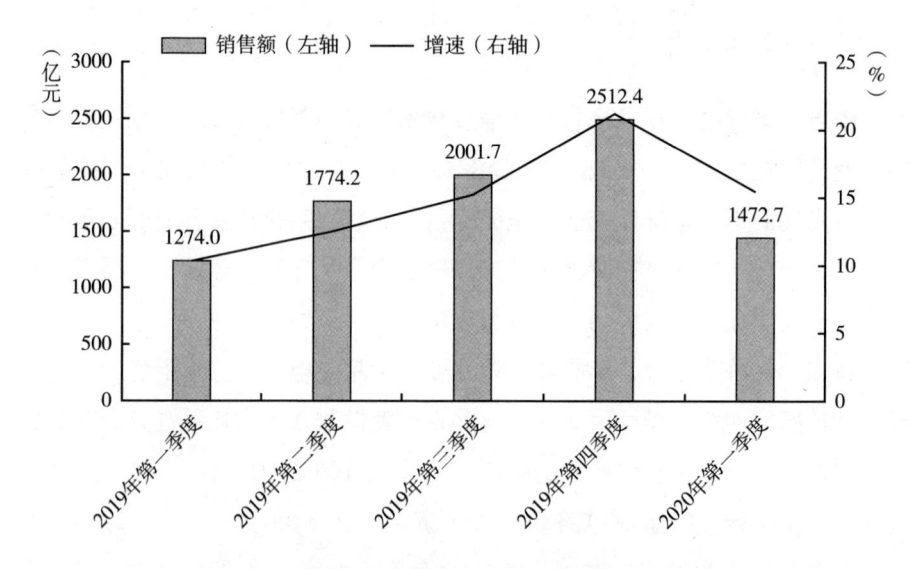

图2　中国半导体集成电路行业季度销售额及增速

数据来源：中国半导体行业协会。

求呈逐年增长趋势，行业的发展空间广阔。根据中国半导体行业协会的统计，2011~2019年，我国半导体行业的销售额年均增长率约为20%。近年来，集成电路产业链逐步从美国、日本、欧洲和中国台湾向中国大陆和东南亚等地区转移，产业的聚集效应极大地推动了我国半导体产业的发展，有利于国内企业研发先进技术和积累管理经验，促进本土企业的快速发展。[1]

从政策层面，我国对半导体、集成电路产业在政策上给予了大力扶持，列于国家重点鼓励发展的产业。2008年，科技部、工信部、财政部和税务总局陆续出台了多项政策加强对半导体行业的鼓励和支持。2014年6月，国务院发布的《国家集成电路产业发展推进纲要》中，对我国集成电路产业的跨越式发展提出了总体规划。根据这一纲要，由中华人民共和国财政部、国开金融、中国烟草总公司等在2014年出资建立了国家集成电路产业投资基金。该基金第一期汇集了1387亿元的资金，广泛投资于我国的半导体相关产业，大力支持半导体承包制造、集成电路设计、封装测试、制造装备、硅片、多晶硅等产业，推动了中国集成电路产业以及上游到下游相关产业的技术升级和改造。[2]

2020年8月，国务院印发了《新时期促进集成电路产业和软件产业高质量发展若干政策》，为进一步提升集成电路产业的发展空间，放宽产业发展束缚，在财税、投融资、人才保障、国际合作等多个方面提供了政策支持。

电路设计、芯片制造、芯片封装和成品测试是半导体集成的产业流程四个主要环节，如图3所示，形成了电路设计、芯片制造、封装测试三个子行业。电路设计环节主要可以细分为电路规格确定、完成逻辑电路设计图、实际电路图设计、模拟测试验证等。

按照经营模式划分，半导体行业主要分为两类经营模式。

一是全产业链的垂直整合模式（Integrate Design Manufacture，IDM）。如摩托罗拉公司、三星公司、日本东芝公司等。这类公司从集成电路设

---

[1] 滕冉、李珂：《我国集成电路制造业的现状、挑战与新起点》，《互联网经济》2020年第11期。
[2] 〔日〕丸川知雄：《中美贸易摩擦下的中日韩集成电路产业生态》，《人民论坛·学术前沿》2020年第18期。

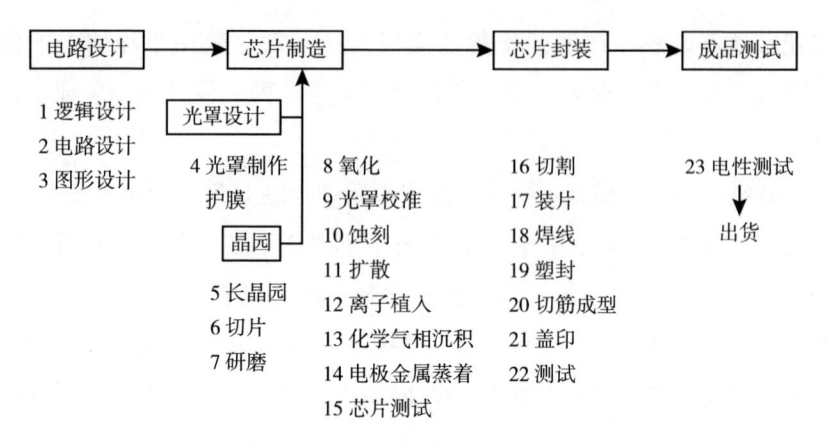

```
电路设计 → 芯片制造 → 芯片封装 → 成品测试

1 逻辑设计      光罩设计
2 电路设计                    8 氧化         16 切割        23 电性测试
3 图形设计      4 光罩制作    9 光罩校准     17 装片              ↓
                  护膜        10 蚀刻        18 焊线             出货
                              11 扩散        19 塑封
                晶圆          12 离子植入    20 切筋成型
                              13 化学气相沉积 21 盖印
                5 长晶圆      14 电极金属蒸着 22 测试
                6 切片        15 芯片测试
                7 研磨
```

图 3　半导体集成电路的流程框架

资料来源：长电科技招股说明书。

计、芯片制造、封装测试到销售形成完整的垂直产业链。在公司内部对产业链的不同环节如设计、芯片制造、封装测试又进行专业化的分工，形成独立的公司进行运作。IDM 模式的公司具有强大的上下游产业整合能力，技术门槛高，利润水平高，但是由于规模庞大，市场反应速度偏慢。

二是对产业链某一环节进行专业化分工的模式。具体又包括三类专业公司，一是专业从事芯片设计的公司（Fabless 模式），如专业从事芯片设计的中国台湾威盛公司、杭州士兰微电子、中国海思等，专注于芯片设计与研发。二是专业从事芯片制造的公司（Foundry 模式），如台积电、上海中芯国际等，专注于芯片的生产制造环节。三是专业从事封装测试的公司（OSAT 模式），如中国台湾日月光公司、长电科技、南通富士通公司等，专注于对芯片进行封装、测试服务。

从产业链的分布情况看，芯片设计和制造是产业链中的瓶颈产业，尤其是芯片制造，目前是我国最重要的瓶颈产业。在芯片设计环节，随着近年来中美贸易摩擦的变数增大，我国对芯片研发的投入快速增长，联发科、华为麒麟、华为海思等一批芯片研发品牌迅速崛起，目前已经具备了较强的自主研发设计能力。在芯片制造环节，主要集中于台积电、英特尔、三星等几家寡头厂商。我国受制于光刻机技术，目前国内领先的中芯国际的制造工艺落后台积电至少两代。相对而言，半导体封装测试行业属于技术和劳动力密集型行业，近年来，我国半导体封装测试企业成长速度较快，同时，一些欧美的半导体企业将封装测试产业逐步向我国转移产能，形成了该产业竞争激烈的局面。

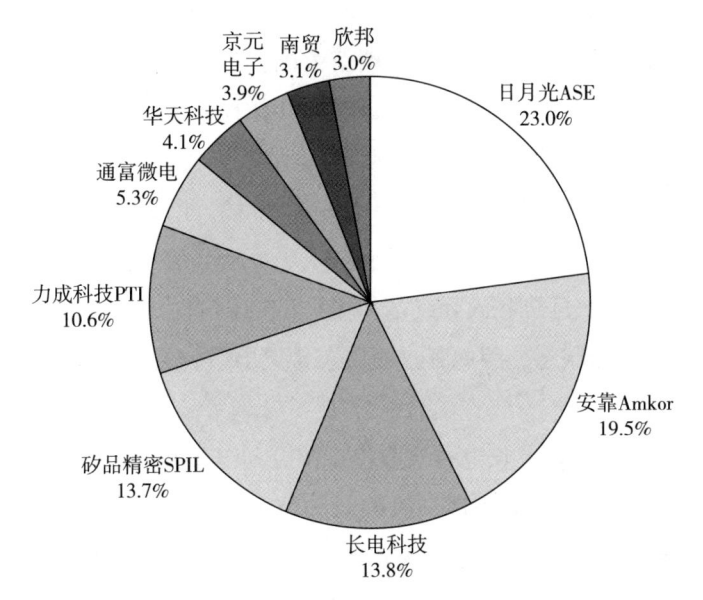

图4　2020年第一季度全球十大封测企业

数据来源：拓璞产业研究院，2020年5月。
注：市场占有率按照前十大封测企业的营业收入占比计算，不包括非前十大企业。

封测行业的产业竞争程度较高，近年来市场占有率呈现集中趋势。根据2020年第一季度的统计数据，前五大封测公司的市场占比达到81%，而2013年这一数字仅为51%。前十大封测公司中有八家来自中国大陆和中国台湾。从行业的技术难度角度看，"封测—制造—设计"难度逐渐提高。封测行业相对投资门槛较低，起步资金要求少，竞争相对较为激烈。

2020年一季报显示，长电科技的营业收入在全球集成电路前十大委外

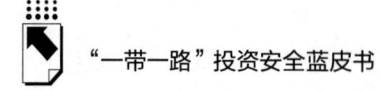

封测厂排名第三,市场占有率为13.8%。公司在管理能力、团队运营、国际化水平、技术能力、品牌优势等方面均处于国际领先地位。

(二)并购交易的背景

2008年金融危机以后至2012年,半导体行业曾经经历了近四年的低谷期。从2013年开始,全球半导体行业开始恢复增长,销售规模实现了近5%的增长。同时,中国作为半导体消费大国,半导体产业链的核心产品自给率依然很低,对国外企业形成重大依赖。国内半导体设备和消费电子设备的快速增长,使中国的半导体市场面临巨大的发展机遇,亟须实现芯片的国产化。另外,一些全球封测产能开始向中国转移,以及国内封测技术的突破,使封测市场的国际竞争开始加剧。

受2008年金融危机和国际终端市场疲软的影响,星科金朋在并购交易之前处于连年亏损状态,因此其控股股东希望出售公司股份,这给长电科技带来了并购机会。

2014年12月,江苏长电科技股份有限公司(股票代码:600584,简称长电科技)发布公告,准备现金收购新加坡上市公司STATS ChipPAC Ltd.(证券代码:STATSChP,简称星科金朋)。长电科技此次并购的目的是开拓海外市场,扩大海外高端客户群体,并获得先进的封装技术,提升公司研发能力。星科金朋在全球主要地区均有销售业务布局,在发达国家和地区的市场份额较高,星科金朋的主要业务收入来自美国和欧洲(两者约占总收入的81%),此次并购有利于扩大长电科技在海外市场的业务规模,提高国际市场份额。

二 并购的交易过程

(一)长电科技的基本情况

长电科技是国内第一家半导体封装测试行业上市企业,2003年公司在上海证券交易所挂牌上市,近年来公司的业务规模持续增长,公司已经开发、掌握了一系列高端集成电路封装测试技术如WLCSP、Copper Pillar Bumping、SiP、FC、MIS等，技术水平居世界前列，为国际芯片设计制造厂商提供封装测试产品和服务。

此次并购交易前，长电科技的第一大股东为江苏新潮科技集团有限公司，持股比例为14.11%，第二大股东无锡坤然股权投资企业（有限合伙）仅持股2.67%。江苏新潮科技集团有限公司的控股股东为王新潮，持有江苏新潮科技集团有限公司50.99%的股权，为公司的实际控制人。根据Gartener Group咨询公司的数据，截至2013年，在全球半导体封测行业中，长电科技综合排名第六。

（二）目标公司——星科金朋基本情况

星科金朋（STATS ChipPAC Ltd）作为目标公司，是全球半导体封装及测试行业知名企业之一。根据Gartener Group咨询公司的数据，星科金朋在并购当期全球封测行业规模中位列第四。公司总部位于新加坡，并在新加坡证券交易所挂牌上市。公司拥有4个制造测试中心和两个研发中心，主要收入来源为美国和欧洲，分别占其收入来源的69.2%和11.8%，亚洲地区收入占19.0%。

公司拥有世界先进的测试和封装技术工艺，如混合信号测试、条式测试、芯片级、堆叠芯片、晶圆级和系统级封装技术以及晶圆凸块批量生产能力，是全球领先的独立半导体封装和测试解决方案公司。

星科金朋在并购前的股权结构如图5所示，公司的控股股东为新加坡国资淡马锡的全资子公司STSPL（持股比例为83.80%），其余为社会公众股东。按照2014年12月19日的公司股票价格，公司的市值约为9.58亿新加坡元。

从两家公司的规模对比上，星科金朋司2013年收入为15.99亿美元（约合人民币98.27亿元），而长电科技2013年收入为51.02亿元人民币，星科金朋营业收入约为长电科技营业收入的192.6%。星科金朋2013年末总资产为长电科技总资产的189.8%。即无论是营收规模还是资产规模，星

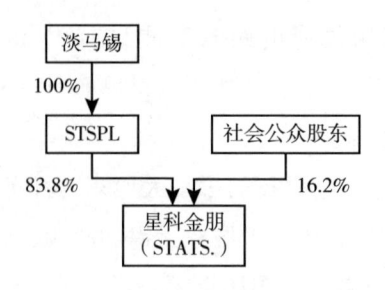

图 5　并购前星科金朋的股权结构

资料来源：根据公司公告文件，作者自行整理。

科金朋几乎相当于两倍的长电科技，所以这起并购被称为一次"蛇吞象"式的并购。

（三）收购方式

长电科技此次并购交易的收购方式为：全面要约收购星科金朋的全部流通股份。总交易价格为7.80亿美元，约合10.26亿新加坡元，交易采用全部现金支付的方式。长电科技与国家集成电路产业投资基金股份有限公司（简称产业基金）、芯电半导体（上海）有限公司（简称芯电半导体）共同出资，合作收购星科金朋的全部流通股份。

交易结构为：长电科技、产业基金和芯电半导体在苏州共同设立一家特殊目的公司——长电新科，长电新科在苏州再设立另一家公司长电新朋，长电新朋再进一步在新加坡投资设立 JCET – SC（Singapore）Pte. Ltd.，作为并购的要约主体和融资主体。收购完成后，长电科技通过三层持股结构间接控制星科金朋公司。

在并购前，星科金朋将原有在中国台湾地区的业务首先进行剥离，然后以剥离后的星科金朋作为交易标的。但剥离后，仍要保持双方供应链的业务关系。星科金朋与剥离出去的台星科公司签署了《技术服务协议》，约定了星科金朋每一年度向其采购一定的最低金额，若低于该额度，可将5%转到下年度执行，剩余差额以现金补足。这在一定程度上加大了并购后星科金朋的固定成本负担。

（四）并购的价格与融资方式

本次要约的总交易对价为 7.80 亿美元。在融资方面，长电科技与两家联合投资方共同出资。两家联合投资方分别为产业基金和芯电半导体。

产业基金成立于 2014 年 9 月，基金设立的主要目的是支持我国半导体相关行业的发展，主要围绕集成电路芯片制造业、芯片设计、封装测试、设备和材料等产业进行投资。芯电半导体主要从事半导体（硅片及各类化合物半导体）集成电路芯片制造、针测及测试，其最终控股股东为中芯国际集成电路制造有限公司。中芯国际是世界领先的集成电路晶圆代工企业之一，也是中国大陆规模最大、技术最先进的集成电路晶圆代工企业。

在交易的融资结构设计上，通过搭建三层主体结构——长电新科、长电新朋和要约人 JCET－SC（Singapore）Pte. Ltd，保证了长电科技对要约人的控制权，如图 6 所示。

第一层持股公司为长电新科，长电新科的股东包括长电科技、产业基金及芯电半导体三家公司，共出资 5.1 亿美元，其中长电科技以现金出资 2.6 亿美元，占比为 50.98%；产业基金出资 1.5 亿美元，占比为 29.41%；芯电半导拟出资 1 亿美元，占比为 19.61%。

第二层持股公司为长电新朋，由长电新科与产业基金共同出资 5.2 亿美元，其中长电新科占比 98.08%，产业基金占比 1.92%。此外，产业基金还将向长电新朋提供股东贷款 1.4 亿美元等额人民币，该部分股东贷款可根据双方约定进行转股。

第三层持股公司是 JCET－SC（Singapore）Pte. Ltd.，由长电新朋出资 6.6 亿美元 100% 持股。其余收购款采用银行贷款筹集，由中国银行无锡分行出具了 1.2 亿美元的贷款承诺函。根据该贷款承诺函，若满足相关条件，中国银行承诺为本次收购提供融资安排，该并购贷款期限为首次提款后的 48 个月，长电科技将为此并购贷款提供担保。

作为现金对价支付的 7.8 亿美元，资金来源于三个方面——自有资金、

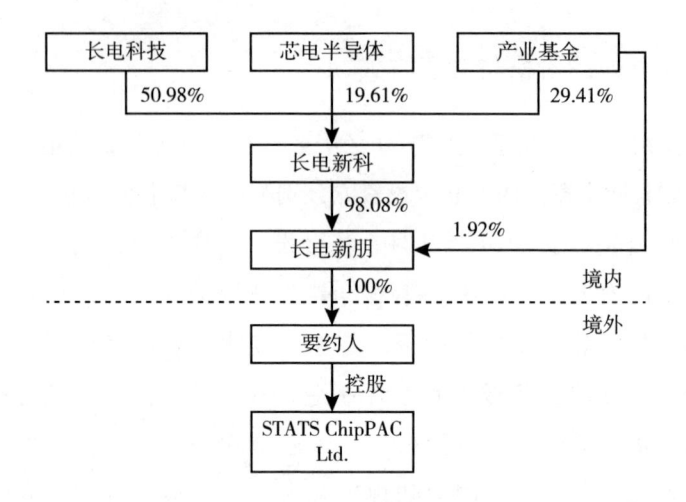

```
长电科技          芯电半导体         产业基金
 50.98%           19.61%           29.41%
     │               │                │
     └───────┬───────┘                │
             ▼                        │
          长电新科                     │
          98.08%          1.92%       │
             ▼              ◄─────────┘
          长电新朋
           100%                    境内
  ─────────┼──────────────────────────
             ▼                    境外
          要约人
           控股
             ▼
       STATS ChipPAC
           Ltd.
```

图 6 长电科技并购的交易架构

资料来源：长电科技重大资产购买报告书，2014 年 12 月。

联合投资方入股和债权融资。其中自有资金出资 2.6 亿美元，联合投资方入股 2.6 亿美元（产业基金 1.6 亿 + 芯电半导体 1 亿），债权融资 2.6 亿美元（产业基金 1.4 亿可转债 + 中国银行 1.2 亿贷款）。长电科技仅出资 2.6 亿美元的情况下共筹集了 7.8 亿美元的收购资金，而且通过搭建三层主体结构，保证了长电科技对要约人的控制权。在搭建的三层主体结构中，每一层级都保证了长电科技的持股比例超过 50%，以确保长电科技在并购后能够实际控制目标公司，并将目标公司并入合并报表。

另外，在融资的同时，对联合投资方设计了对应的退出机制。根据《并购报告书（草案）》披露的信息，长电科技、产业基金、芯电半导体以及新潮集团签署了一系列协议，对产业基金和芯电半导体的退出事宜做出了约定。事实上，在交易完成后，2017 年 5 月，长电科技以发行股份方式购买了产业基金和芯电半导体持有的全部长电新科和长电新朋股权。长电科技实现控制星科金朋 100% 股权，同时产业基金和芯电半导体的股份全部转为上市公司长电科技的股份。

除了收购部分的对价资金需求以外，并购中还需要考虑对星科金朋的债务进行重组。因为并购交易会导致星科金朋的控股股东发生变化，所以星科金朋原有的银行贷款及发行在外的优先票据按照约定需要进行债务重组。

为安排并购后对星科金朋的债务重组，长电科技采用过桥贷款加永续证券的方式进行融资。首先，通过星展银行向星科金朋提供上限为8.9亿美元的过桥贷款，对星科金朋原有债务进行债务重组。为了保证债务重组资金充足，星科金朋向原股东STSPL配售2亿美元的永续证券。同时，长电科技对永续证券做出赎回承诺，若星科金朋三年后仍无法赎回上述永续证券，永续证券持有人有权将所有永续证券出售给长电科技。这样总计近10.9亿美元的过渡性融资安排可以确保星科金朋在并购完成后顺利进行重组。

此次并购交易中的组合式融资方式，为长电科技的此次"蛇吞象"式的并购提供了重要的资金保障。

（五）并购的时间进程

此次并购交易从2014年8月开始，2015年10月完成收购星科金朋的全部程序，主要的时间进程如表1所示。并购交易完成后，长电科技分别在2017年和2018年，对两个联合投资人后续进行了两次定向增发股份，通过这两次定向增发，长电科技实现了对星科金朋的100%股权收购，两个联合投资人也从融资方转变为长电科技的控股股东之一。但是，并购交易对长电科技的协同效应更强，而对星科金朋而言，业绩并没有实现预期的增长，甚至连续亏损，以至于2020年8月，由于星科金朋没有完成在定向增发中的业绩承诺，产业基金和芯电半导体向长电科技支付了8.2亿元人民币的业绩承诺补偿。从2019年开始，长电科技开始加大对星科金朋的重组力度，2019年12月开始，星科金朋将其拥有的14项专有技术及586项专利评估作价与产业基金等合资方在绍兴设立合资公司（占注册资本19%），建立先进的集成电路封装生产基地。2020年9月对星科金朋的部分限制资金进行清理。2020年上半年，星科金朋实现了并购以后的首次扭亏为盈。

表 1 并购交易的主要时间进程

时间	事件
2014 年 8 月	对潜在收购进行初步沟通;长电科技开始停牌
2014 年 12 月	公司与产业基金、芯电半导体约定了三方共同投资收购星科金朋基本方案
2015 年 6 月	商务部出具《审查决定通知》,对要约不予禁止;要约人向星科金朋发出自愿有条件全面要约,每股星科金朋股票要约收购价格为 0.46577 新元
2015 年 7 月	STSPL 接受要约
2015 年 8 月	接受要约的股份占星科金朋 97.36% 股份,长电科技改选星科金朋董事会,开始将星科金朋纳入合并范围
2015 年 10 月	完成星科金朋的全部股份收购,星科金朋在新加坡退市
2015 年 11 月	产业基金对长电新朋股东借款转换为长电新朋股权
2017 年 6 月	完成向产业基金和芯电半导体定向发行股份购买资产
2017 年 9 月	发布第二次定向增发预案
2018 年 8 月	第二次定向增发完成
2019 年 12 月	星科金朋与产业基金、绍兴越城越芯数科股权投资合伙企业(有限合伙)、浙江省产业基金有限公司共同投资在绍兴设立合资公司,建立先进的集成电路封装生产基地
2020 年 8 月	长电科技收到产业基金和芯电半导体的业绩补偿款
2020 年 9 月	对星科金朋部分闲置老旧固定资产进行处置,产生资产处置收益约 1.30 亿~1.70 亿元人民币

资料来源:根据长电科技公告文件整理。

三 案例分析

(一)并购交易的动机分析

此次并购交易的动机之一是提升长电科技的行业地位及国际影响力。此次并购交易属于同行业的横向并购,行业内部的横向整合有助于快速提升企业规模和行业影响力,创造规模经济效益。集成电路的研发和生产有显著的规模经济。因此,集成电路产业各个细分领域的企业集中度和生产集中度都很高,全球市场被几家企业垄断的情形很常见。[①] 封装测试行业投资规模

---

① 〔日〕丸川知雄:《中美贸易摩擦下的中日韩集成电路产业生态》,《人民论坛·学术前沿》2020 年第 18 期。

大，研发更新速度快，规模效益在一定程度上体现为更低单位研发成本和制造成本，从而打造更强的竞争优势。对于封测公司来说，客户订单数量越大，封测公司能一批次足额完成一定数额晶圆的封装，产能浪费程度越低；同时，客户订单数量越大，封测公司能连续组织生产，工艺参数的调整工作越少，有利于提高产能利用率。因此，对封测公司而言，接受订单数量大的合同至关重要，一方面有利于降低封测公司运营成本，提高赢利水平；另一方面有利于稳定封测公司与老客户的合作关系。此次并购交易推动了长电科技规模的快速上升，公司的销售额从2014年约60亿元人民币上升至2019年约230亿元人民币，资产规模从约100亿元人民币上升至2019年的约340亿元人民币，实现了企业规模的跨越式发展。

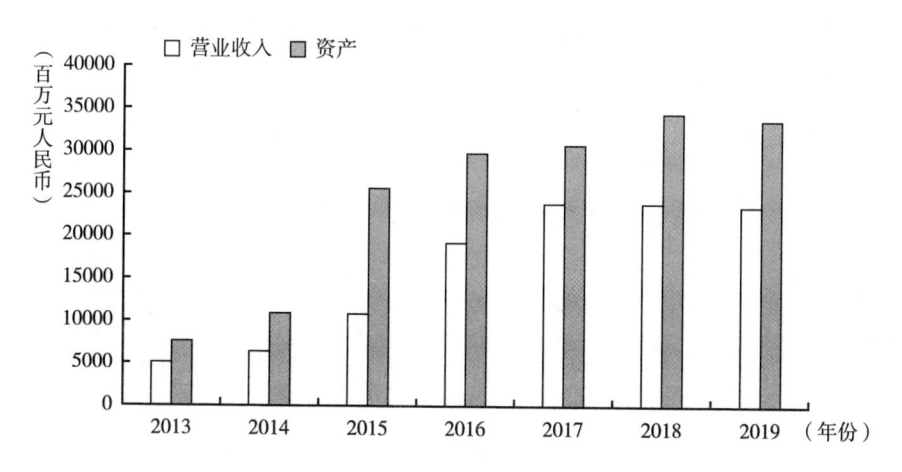

图7 长电科技并购前后的营业收入与总资产

数据来源：长电科技公司年报。

第二个并购动机是希望获得先进的封装技术，提升研发实力。星科金朋在并购前拥有专利技术2000多项，其中大部分集中于美国，拥有强大的研发力量和团队。并购完成后，长电科技获授权专利从之前的800多件提升至3390件，发明专利达到430件，极大地提高了公司的技术实力和研发水平。尤其是在中高端封测技术领域，包括晶圆级扇出、铜柱凸块、MIS等核心专利已经和正在成为国际封测业的主流技术。强大的技术能力提升无疑为长电科技提供了巨大的发展动能和竞争优势。

第三个并购动机是借助目标公司的品牌效应，提升公司开拓海外市场的能力。星科金朋在国际市场上拥有超过20年的行业经验，并购前是全球半导体委外封装测行业（OSAT）中的第四位，客户以美国和欧洲客户为主，拥有丰富的国际市场运作经验。通过收购星科金朋，长电科技的客户群进一步从亚洲拓展到欧美地区，使公司拥有更为广泛的客户资源，提高了公司全球化运营的能力。从并购实际的实施效果来看，并购交易后，公司境外销售规模快速增长，从之前2014年约40亿元（上升至2019年的约190亿元）；境外销售占比也从约50%上升至将近80%，同时带动了境内销售规模的稳步上涨。

此次并购交易从规模经济、技术水平以及国际影响力三个方面均很好地实现了并购的目标，有力地推动了长电科技从2014年国际排名第六上升至2019年的第三，产业整合带动长电科技成为国际上技术先进、管理一流的封装测试企业。

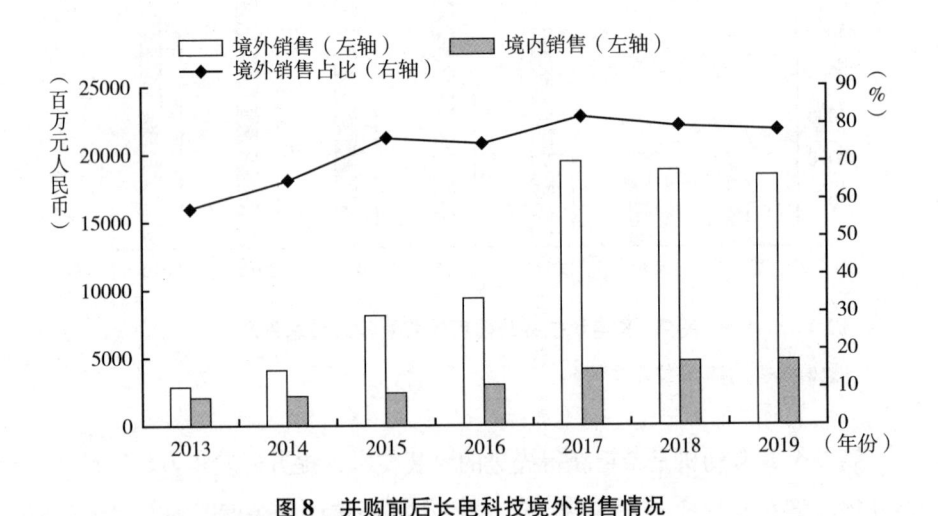

图8　并购前后长电科技境外销售情况

数据来源：长电科技公司年报。

（二）并购融资问题分析

在跨境并购交易中，跨境并购资金需求量大、投资风险高、融资难度大。并购融资方案需要对双方公司的现金流进行准确预计和分析,重要原则之一是公司在海外投资的同时也要确保自身原有业务的现金需求。因此,融合时不仅要考虑并购交易价款部分的融资需求,还需要考虑并购后的整合所需要的资金,以及并购后对目标公司原债权人的资金偿付需求。常见的跨境并购融资方式包括以下几种。

自有资金,即利用自有资金支付并购价款。当企业自身资金充裕时,可以使用自有资金进行支付。优点是效率快、成本低、不需要考虑融资方式问题。但是缺点也很明显,这对投资主体的要求往往很高,跨境并购往往规模巨大,能够完全依靠自有资金满足并购需求,且不影响自身经营的公司相对较少。实际并购操作中,大部分并购交易都是通过自有资金满足部分支付要求,再配合其他融资方式进行组合融资,以满足并购需要。

股权融资,包括定向或者公开发行普通股或优先股等方式。股权融资通过向目标公司的股东发行股票作为支付手段,也称为换股收购,在我国也被称为"发行股份购买资产"。这种方式的优点是节约现金,通过换股使目标公司的股东转换为主并方的股东,与并购后的公司能够风险共担、收益共享。不足之处在于涉及新股发行,程序会更加复杂,如果公司股票价格较低,那么会稀释更多的股权,从而提高融资成本。

债权融资,包括进行银行借款、发行公司债券、发行可转换公司债券等。这类融资工具会增加公司的债务负担,但融资成本相对较低,且利息可以抵扣税金。发行外债是较为常见的境外融资方式,手续较为便利。按照国家发改委2015年9月颁布的《国家发展改革委关于推进企业发行外债备案登记制管理改革的通知》,将发行外债由之前的额度审批制变更为事先向发改委申请备案登记制,降低了企业发行外债的行政审批风险。

此次并购交易的总价款为7.8亿美元,主并方采用了自有资金+股权+贷款+可转换公司债+过桥贷款+永续债券的组合融资方式。其中,自有资金部分是由长电科技出资2.6亿美元,股权融资部分由两名出资人——产业基金和芯电半导体分别出资1.6亿美元和1亿美元,贷款部分由中国银行出1.2亿美元的并购贷款,可转换公司债部分由产业基金提供可转股贷款1.4

亿美元。除此以外，还有星展银行的8.9亿美元的过桥贷款和向目标公司原股东发行的永续债券2亿美元。

该融资方案的优点在于：第一，长电科技在自身仅出资2.6亿美元的情况下，实现了7.8亿美元的并购规模，巨额的并购交易并没有对自身原有业务的现金流产生不利影响。这符合跨境并购的基本原则——公司在海外投资的同时也要确保自身原有业务的现金流量正常。第二，产业基金和芯电半导体两家出资人作为并购交易的融资方，在融资的同时也为其未来的资金回报设计好了退出路径。融资的同时签订了《售股权协议》以及《投资退出协议》，为两位出资人的股权融资未来转化为上市公司的股权提前做好了准备。同时，两位出资人作为战略投资人对公司未来业务发展也将起到合作伙伴的作用。第三，产业基金提供的可转股贷款在并购完成后很快即转换为股份，这在一定程度降低了此次并购的负债规模，利用可转债将并购交易的负债融资比例从33%降到15%，降低了公司的债务负担。第四，除了对并购对价部分进行融资以外，公司还对并购后的债务重组部分进行融资安排。通过星展银行提供上限为8.9亿美元的过桥贷款，以及向原股东发行永续债券融资2亿美元，为目标公司并购后的债务重组安排了充足的资金，避免并购完成后目标公司陷入债务危机。

并购方案的不足之处在于：第一，在融资方案中，长电科技对永续债券融资部分做出了承诺，若星科金朋三年后无法赎回永续证券，永续证券持有人有权将所有永续证券出售给长电科技。这意味着长电科技将为此承担一笔或有负债。实际上，2019年或有负债转为现实，长电科技为这笔永续债券的本息承担了偿还义务。第二，方案中对并购对价和债务重组部分安排了融资，但是并没有对并购完成后对目标公司的业务、机构、人员整合所需要资金安排融资，因此并购后的业务整合有可能会加大长电科技的现金压力。

从此次并购的负债率变化情况看，并购完成后当年即2015年，公司的资产负债率大幅下降至24%，虽然从2016年开始，负债率上升至70%以上，这主要是因为公司利用融资租赁使融资增加了20亿长期应付款，并非并购交易导致的。之后公司负债率逐渐下降至60%左右（见图9）。总体上此次并购并没有给公司带来沉重的债务压力，合理的融资方式对于此次并购交易的成功实施起到了重要作用。

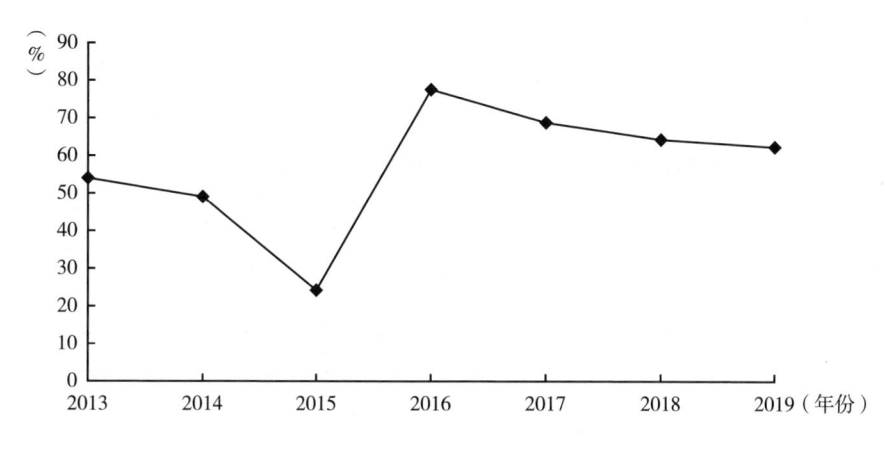

图 9　并购前后长电科技的资产负债率

数据来源：长电科技年报

（三）并购完成后的资本运作分析

并购交易完成后，长电科技又进行了一系列后续的资本运作。从长期来看，这些后续资本运作也成为促成并购成功的重要组成部分。这些后续的资本运作可以分为三个阶段性操作。一是债权转股权；二是定向增发购买股权；三是定向增发募集资金。通过三次资本运作，对星科金朋的控制权从50.98%提高至100%，并且降低了并购后的债务资金压力，将产业基金和芯电半导体从联合融资方转变为公司的控股股东之一。

（1）产业基金债权转股权。2015年11月，产业基金将对长电新朋的1.4亿美元股东借款转换为股权，从而使产业基金对长电新朋的持股比例从1.92%上升至22.73%，并减少了长电科技的债务负担。

（2）并购后第一次定向增发。2017年5月，公司开始并购后的第一次定向增发。此次定向增发采用发行股权购买资产同时募集配套资金的方式。向产业基金及芯电半导体定向发行股份，以换取其持有的长电新科、长电新朋股份，使产业基金和芯电半导体的股份由非上市公司股权转换为上市公司的可流通股份。同时，芯电半导体以现金方式认购了募集配套资金的股份，用于产能扩张、偿还银行贷款和补充公司流动资金。

此次定向增发完成后，公司的前三大股东分别为芯电半导体（持股14.27%）、新潮集团（持股13.99%）及产业基金（持股9.54%），三大股东的持股比例比较接近，且三大股东分别提名两名非独立董事进入董事会，所以任何一方均无法单独控制长电科技，公司转为无实际控制人情况（见图10）。

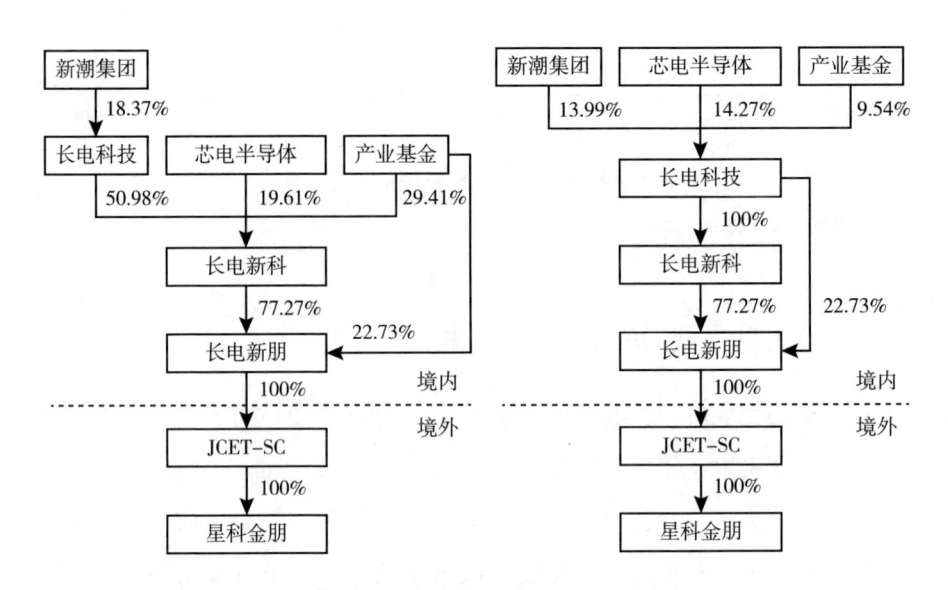

图10　第一次定向增发前后的股权投资结构

资料来源：长电科技定向增发公告文件。

（3）并购后第二次定向增发。2018年8月，长电科技向产业基金、芯电半导体、金投领航三名特定投资者定向增发股份，共融资36亿元。发行完成后，产业基金、芯电半导体和新潮集团分别以19%、14.28%和10.42%的持股比例，位列公司的前三大股东。公司仍然为无控股股东、无实际控制人公司。

并购完成后的一系列后续资本运作实现了以下目的。第一，公司对星科金朋的控制权比例由 50.98% 上升至 100%，将星科金朋转变为公司的全资子公司。第二，公司并购融资的合作方通过定向增发转为上市公司的股东，融资方转为公司的战略投资者。一方面为公司的融资方提供了良好的上市退出渠道，另一方面为公司未来进行产业链合作带来了新的机遇。芯电半导体的投资人为中芯国际，考虑到其在芯片制造端的行业地位，未来有可能与长电科技一起打造芯片行业中下游的纵向一体化集团。

（四）对星科金朋的并购后整合

星科金朋的并购交易完成后，基本保持原有星科金朋的组织形式和管理架构。这与杨勃，许晖提出的新兴经济体企业在逆向跨国并购后更倾向于保留被并企业的组织身份是一致的。[①] 但是由于国际经营环境改变、市场波动、汇率波动等，星科金朋的公司业绩本身并没有发生大幅度的改变（如图 11 所示）。

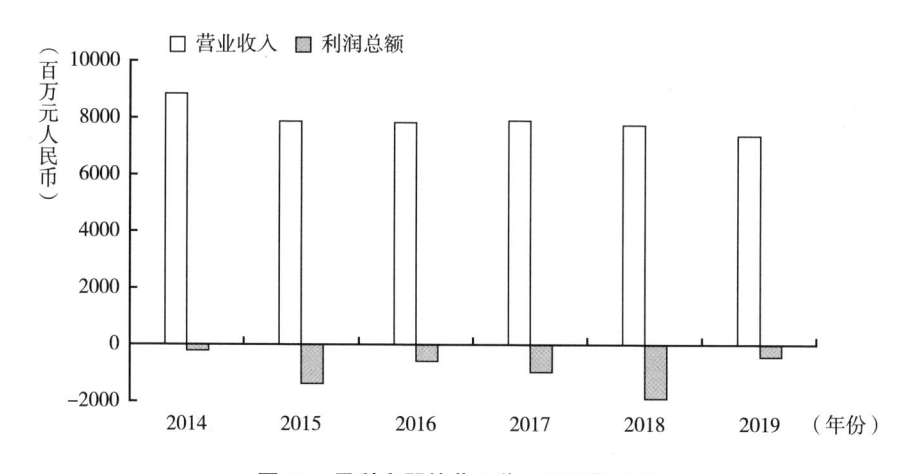

图 11 星科金朋的营业收入和利润总额

数据来源：长电科技公司年报。

[①] 杨勃、许晖：《企业逆向跨国并购后的组织身份管理模式研究》，《中国工业经济》2020 年第 1 期。

从并购后星科金朋的业绩上来看，公司的营业收入水平基本保持稳定并略有下滑；利润方面，并购后的业绩波动较大且始终处于亏损状态。公司在并购后的业务整合中营收规模和业绩水平保持了基本稳定，整合的效果对星科金朋本身并不明显。可见，对长电科技而言，并购充分利用了星科金朋的优势互补资源提升了长电科技的总体业绩，通过整合协同星科金朋的先进封装技术和产能资源，与国内战略客户的业务合作进一步加深，提升和巩固了其核心供应商的地位。但是星科金朋近年来在国际市场上并没有取得优异的业绩表现。在并购后初期，并购双方的战略一致性较低，但是，随着双方不断寻找共同目标和挖掘各自的优势资源，双方的战略一致性不断提升。[①]

为解决星科金朋的业务整合不利问题，从2019年开始，公司对星科金朋开始大规模重组。主要措施包括推动管理扁平化，精简组织架构，对原星科金朋的组织架构进行了大规模精简重组，撤掉原星科金朋的总部，并入集团总部进行统一管理，同时，公司强化了总部的管控和研发能力，提高了总部的决策管理效率和数字化管控能力。

为使星科金朋更好地支持本土市场，长电科技于2019年11月将星科金朋的部分专利技术以股权出资的形式投资设立了本土公司，持股比例为19%，此次投资体现了长电科技对星科金朋新加坡工厂经营策略的调整，有利于其盘活资产，优化资源配置，进入长期健康发展轨道。截至2020年中期，星科金朋已经实现扭亏为盈，实现利润总额1445万元人民币。

（五）并购后的商誉影响

从公司财务报表层面，此次并购交易给长电科技带来了近23.5亿元的商誉。商誉是在并购交易中，主并方的购买成本超过了被并购企业可辨认净资产公允价值以上的部分，可以被视为并购的交易溢价。2015年收购星科金朋的交易形成了商誉约23.5亿元人民币。截至2019年末，累计计提商誉

---

① 杜健、郑秋霞、郭斌：《坚持独立或寻求依赖？"蛇吞象"式跨国并购的整合策略研究》，《南开管理评论》2020年第6期。

减值准备 9400 万元人民币,尚有 22.1 亿元人民币的商誉留在合并资产负债表中,这为公司的未来利润走势留下了潜在隐患。

企业合并所形成的商誉,至少应当在每年年终进行减值测试。由于长电科技管理层将星科金朋集团作为单独的业务单元进行统一管理和运营,并将其认定为一个资产组,因此商誉减持测试的金额取决于星科金朋预计未来现金流量的现值。如果未来星科金朋的业绩出现大幅下滑,将有可能面临计提巨额商誉减值准备的情况。

(六)对长电科技股权结构的影响

此次并购交易对长电科技股权结构的影响,可以分别从短期和长期两个角度来考察。从短期来看,本次交易为现金收购,对长电科技股权结构并无影响。产业基金和芯电半导体的出资都是针对长电科技的子公司长电新科和长电新朋。长电科技在本次交易中并没有直接发行股份,因此股权结构并不受影响。

但从长期来看,长电科技在并购后进行的后续资本运营都涉及股权层面的变化。并购后长电科技进行的两次非公开发行股票,将产业基金和芯电半导体两家公司转变为长电科技的重要股东,和原控股股东一起形成了对长电科技的共同控制。公司的控制权也从原来的实际控制人王新潮变为无实际控制人状态。此次并购交易实际上对长电科技的股权结构产生了深远的影响,从原来一名控股股东转变为三个控股股东共同控制。

四 主要结论与启示

(一)主要结论

长电科技作为国内第一的封装测试公司,在国家"走出去"战略的指引下,实施"重点发展高端封装,加快发展特色封装,适度发展传统封装"产品战略,通过跨境并购发展成为国际化的封装测试公司。本文结合长电科技跨境并购星科金朋的案例，分析了该并购交易的背景和过程、交易动机、融资结构以及相应的经济后果，并得出以下主要结论。

（1）长电科技借助此次跨境并购成功实现了提升行业地位和国际影响力、获得先进的封装技术、提高公司品牌效应的战略目的。此次并购交易推动了长电科技规模的快速上升，提高其科研创新能力，创造了更高的规模经济效益。长电科技的国际行业排名从第六上升至2019年的第三，跨境并购成为长电科技成长为技术先进、业绩优良、国际一流封测企业的重要助推力量。

（2）在跨境并购交易中，成功的融资结构设计至关重要。此次交易采用了自有资金+股权+贷款+可转换公司债+过桥贷款+永续债券的组合融资方式。在自身仅出资2.6亿美元的情况下，实现了7.8亿美元的并购规模，确保了自身原有业务的现金流量正常运转，没有增加公司的债务负担。并购交易中的组合式融资方式，为长电科技的此次"蛇吞象"式的并购提供了重要的资金保障。

（3）并购交易完成后的后续资本运营是保证公司并购成功的重要推动力；一方面利用后续资本运营强化了对目标公司的控制权，同时为公司的融资方提供了良好的上市退出渠道，另一方面也为公司未来进行产业链合作带来了新的机遇；有效利用并购融资的战略投资者，实现产业链融合的长期目标。

（二）研究启示

（1）跨境并购应注重动态交易结构的设计。跨境并购中的动态交易结构是在并购交易设计中，除了要考虑交易过程中的相关要素设计问题以外，还要考虑交易完成后交易结构的调整过程，包括融资结构的动态调整、股权结构的动态调整、产品结构的动态调整等方面；对并购交易进行长期规划，控制并购风险，以达成公司产业层面和资本层面的长期战略目标。

（2）在大型的跨境并购交易中，应善于借助资本市场服务于企业的并购战略。跨境并购资金需求量大、投资风险高、融资难度大，资本市场上大量的融资工具可以为企业提供丰富的融资品种选择空间，企业应善于利用资本市场的融资和定价功能，提升公司产业战略的落地能力。

（3）在涉及产业整合的跨境并购中，融资合作方的选择不仅应注重其资金能力，还要看重未来产业合作的潜力。单纯的财务出资人往往只注重并购后如何顺利实现资金退出。长电科技利用并购交易引入战略投资者，这些战略投资者不仅是出资人，还是为公司后期资本运营和产业链整合提供资源的长期合作者，这些战略投资者可以更好地理解并购后产业整合的长期价值，并协助企业实现产业层面的重新洗牌。

Abstract

The year 2021 marks the 100th anniversary of the founding of the Communist Party of China, and also the first year of 14th Five-Year Plan. High-quality development is the new expression firstly proposed at the 19th national congress of the Communist Party of China in 2017, indicating that China's economy has been transitioning from a phase of rapid growth to a stage of high-quality development, and is also the keynote for the construction of the "Belt and Road". The initiative to jointly build the "Belt and Road" will adhere to the principles of extensive consultation, joint contribution and shared benefits, follow an open, green, clean and cooperative concept, and stay committed to a goal of cooperation that pursues high-standard and sustainable development that benefits the people. Our joint pursuit of "Belt and Road" will continue to improve mechanism to minimize the adverse impacts of COVID – 19, and work with the countries along the "Belt and Road" to fight the pandemic together. We will promote the recovery of economic development, and jointly build a global community with a shared future for mankind.

At present, China has proposed to accelerate the establishment of a dual circulation development pattern in which domestic economic cycle plays a leading role while international economic cycle remains its extension and supplement. The joint pursuit of "Belt and Road" is an important platform for constructing dual circulation development pattern. As the country continues to expand its opening-up to the world, China's foreign investment will keep its steady growth, providing new driving forces for high-quality development of joint pursuit of the "Belt and Road". *World Investment Report 2021* published by United Nations Conference on Trade and Development (UNCTAD) in June shows that, due to the COVID –

Abstract

19 crisis that caused a dramatic fall in foreign direct investment (FDI) in 2020, the global FDI flows dropped to $1 trillion. China has become the largest investor economy in the world, in which the steady progress of "Belt and Road" initiative has become an important driving force that promotes China's FDI.

In recent years, as multiple global issues constantly arise and countries increasingly rely on each other, the necessity and urgency of global governance have stood out. China's active participation in global governance and its role as a responsible country can be best realized through the "Belt and Road" initiative. Guided by the principles of achieving shared growth through discussion and collaboration in engaging in global governance and dedicated to innovative practices of global governance through development and collaboration, the initiative to jointly build the "Belt and Road" embraces the historical trend of economic globalization and responds to the demands of the day for the evolution of the global governance system, which demonstrates China's effort in advancing global investment flows to accelerate the transformation of unbalanced regional development as a responsible country.

Firstly, the "Belt and Road" Initiative for international cooperation has emphasized the diversity of investment subjects, realizing the joint participation. Most of the countries along the "Belt and Road" are developing countries. There are great differences in economic development levels, political systems, ideologies, social and cultural customs, which also contribute to form the rich diversity of the Initiative and its development process. The construction of "Belt and Road" conforms to the changes in the balance of international power, breaks the existing monism model of current development and cooperation mainly dominated by Western powers, and provides a new international cooperation platform for developing countries and emerging markets to participate in global governance.

In recent years, the key cooperation goals of joint pursuit of "Belt and Road" cooperation have always been to improve connectivity network, build international logistics and trade corridor, such as China-Europe freight train and new land-sea corridor, and help more countries improve connectivity. Take the China-Pakistan Economic Corridor (CPEC) cooperation as an example, the 70 projects of the Economic Corridor have been carried out in an orderly manner on the basis of ensuring zero infection of employees; the second phase of the Karakoram Highway in Pakistan and the Sumu section of the Peshawar-Karachi Expressway have been open to traffic smoothly, and the Merah DC power transmission project has been completed. The Lahore Orange Line, the first major rail transit project under the China-Pakistan Economic Corridor, was officially launched in October 2020, ushering in the metro era for Pakistan.

In addition, the No. 1 Jakarta-Bandung high-speed railway tunnel and the entire China-Laos railway tunnel have been successfully completed; the left section of the Belgrade Serbian-Belgrade railway and the left section of the Ze-Ba railway have been open to traffic successively; the steel girders of the main bridge of the Padma Bridge in Bangladesh were completed; the Vientiane to Wanjung section of the China-Laos expressway was completed and open to traffic 13 months ahead of schedule; the Pochitali tunnel of the Pan-European 5C Corridor expressway in Bosnia and Herzegovina was completed nearly four months ahead of schedule, and the extension line of the southern expressway in Sri Lanka was open to traffic more than two months ahead of schedule.

In 2020, a total of 12,400 freight trains and 1.135 million TEU were delivered between China and Europe, increasing by 50% and 56% respectively year-on-year. The combined heavy container rate reached 98.4% and arrived in 97 cities of 21 European countries, playing an important role in stabilizing the global industrial and supply chains.

Secondly, the "Belt and Road" initiative lies emphasis on openness for investment and cooperation, which means that the participants, governance mechanism and cooperation agenda will not be isolated and excluded. Rather, multilateralism is advocated so as to fully make good use of advantages and potentials among participating countries.

In 2020, China's investment on the "Belt and Road" construction projects has kept increasing. According to the statistics published by National Bureau of Statistics in February 2021, China's non-financial outbound direct investment in the countries along the Belt and Road reached $17.8 billion, with an increase of 18.3%, among which the investments on key industries including Equipment Manufacturing Industry, IT Industry, Scientific research and technical services have respectively increased by 21.9%, 9.6% and 18.1%. Also, the proportion of China's investment in countries along the "Belt and Road" in total foreign investment has increased from 13.6% in 2019 to 16.2% in 2020.

It is gratifying to note that, in 2020, China's key investment in countries along the "Belt and Road" has turned to renewable energy for the first time. The report shows that, the proportion of investment on renewable energies including solar energy, wind energy and hydroelectric power has increased from 39% in 2019 to 57% in 2020, making up a major part of China's overseas energy investment. Specifically speaking, hydro power accounts for 35%, solar energy and wind energy account for 22%. The report predicts that in 2021, this positive trend is likely to continue.

In this favorable situation, China has signed 205 cooperation documents on jointly building the "Belt and Road" Initiative with 140 countries and 31 international organizations by the end of January this year. We see that the international community's demand to jointly build the "Belt and Road" Initiative has not changed, nor has the support from our partners and China's determination to promote international cooperation.

Thirdly, the achievements of the "Belt and Road" initiative investments are universally beneficial. The "Belt and Road" Initiative is proposed to cater to countries' need for development. It strengthens macro policy coordination with the world's leading economies, focuses on sustainable development, win-win results and shared prosperity, and opposes to protectionism on a clear-cut stand, making the economic globalization more open, inclusive, balanced and mutually beneficial. From this perspective, the "Belt and Road" Initiative has provided a model of new globalization which is able to improve the situation of development imbalance that happens in the process of globalization, offering more opportunities and space for developing countries particularly. The connectivity in infrastructure and international cooperation in production capacity have especially illustrated that the Belt and Road initiative is a public good and aims to improve people's wellbeing, which could help to erase economic inequalities and reverse deficits in global governance.

The statistics published by the Ministry of Commerce show that Chinese corporates' non-financial outbound direct investment in the 55 countries along the "Belt and Road" has reached 48.16 billion yuan from January to May in 2021, rising by 5.1 percent year-on-year, an increase of 1.7 points since last year. The investments are largely targeted at countries such as Singapore, Indonesia, Vietnam, United Arab Emirates, Kazakhstan, Laos, Bangladesh, Thailand, Malaysia and Sri Lanka. Overall, the principle of achieving shared growth through discussion and collaboration in engaging in global governance meshes well with the "Belt and Road" Initiative, innovatively unifying the theories and practices. Both of them have created new motivations and energies for China in profound shifts unseen in a century, to form new global governance and world order, to construct innovative international relationships and to build a community with a shared future for mankind.

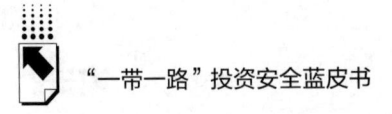

Contents

I General Report

B.1 Investment Safety Analysis of China in the Countries
along the "Belt and Road"   *Yu Jinyan, Liang Haoguang* / 001

Abstract: At present, China's Investment volume in the "Belt and Road" co-construction countries has been steadily advancing, and its scope is expanding. However, its investment safety is still affected by many factors, including economy, finance, politics, society, and the security of relations with China. Based on the relevant theoretical basis and practical experience and by collecting the relevant data from 2010 to 2019, this study constructs an investment security evaluation model with five primary indicators and 38 secondary indicators. And "investment security index" is taken as a comprehensive security reference for China's investment in the "Belt and Road" Co-construction Countries. The paper describes the pattern of investment security and its changing characteristics over time of the "Belt and Road" Co-construction Countries based on the analysis of cold and hot spots. Furthermore, the investment security of each country in each region is analyzed concretely in combination with the relevant facts. The results show that, the "investment safety index" in the "Belt and Road" Co-construction Countries is uneven. Each dimension of regional investment security shows different levels affected by geographical factors, and has certain characteristics of agglomeration and changes with time. In the future, the investment volume should be revised according to the security level of regional investment, in order to promote the "Belt and Road" investment and construction process with high quality.

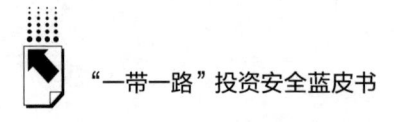

Keywords: the "Belt and Road"; Foreign Direct Investment; Investment Security

Ⅱ Sub-reports

B.2 Political Safety Analysis of China's Investment in the Countries along the "Belt and Road"

Ji Jinbiao, Bian Wenjia and Sun Anning / 047

Abstract: The political security in host countries has become one of the key areas which companies are concerned about. This analysis studies the states and tendencies of the countries along the "Belt and Road" since the year of 2010 and discusses the political securities of countries in each region and their effects on the investment of Chinese companies, based on the results obtained through the computation of the political security indexes of 37 sample countries under the help of the model established by the main report. It is discovered that regionally, Central and Eastern Europe is found to be relatively securer; nationally, countries such as Singapore and Czech Republic are in good condition while political securities in Ukraine, Yemen and others are below average.

Keywords: the "Belt and Road"; Foreign Direct Investment; Going out; Political Security; Political Risks

B.3 Economic Safety Analysis of China's Investment in the Countries along the "Belt and Road"

Liang Haoguang, Chen Xiu and Liu Mingxin / 082

Abstract: Since 2020, the epidemic has caused an all-round impact on the world. However, the "Belt and Road" cooperation under the epidemic has not stopped. China and the countries along the "Belt and Road" have moved forward resolutely. Economic and trade cooperation has shown strong resilience and vigorous vitality. In the context of the ever-increasing necessity and urgency of global governance, the scope of the countries along the "Belt and Road" has also continued to expand, involving many economic regions around the world. The investment field of multinational corporations has become much wider and the amount of investment has continued to increase. Economic investment safety has become an increasingly important consideration in foreign investment. The report conducted quantitative modeling and analysis on the economic development of 37 sample countries along the "Belt and Road" from 2010 to 2019, and put forward recommendations based on actual development issues in foreign investment. It shows that China is working with other countries to build the "Belt and Road" into a path of common development and prosperity for all parties in economic safety.

Keywords: the "Belt and Road"; Economic Safety; OFDI; National Differences

B.4 Financial Safety Analysis of China's Investment in the Countries along the "Belt and Road"

Zhang Yingnan, Qin Peifu and Guo Yanjun / 113

Abstract: Economic globalization makes financial safety play an increasingly important role in national security, and the importance of financial safety becomes more and more prominent when investing in countries along the "Belt and Road". This article selects the inflation, the level of public debt, foreign debt level, foreign exchange risk as the main factors influencing the financial safety. Based on the 2010 − 2019 index score of national financial safety, the paper describes the pattern of financial safety and its changing characteristics over time of the countries along the "Belt and Road" in the qualitative and quantitative analysis. Furthermore, the financial security situation of each region and country is analyzed concretely. The results show that: from the perspective of time, the overall level of financial security fluctuates in a state of declining-rising-declining and rising again in 10 years; From the perspective of space, the financial safety level of Southeast Asia in 2019 is relatively high, while that of Central Asia is relatively low. Influenced by COVID-19 in 2020, the debt of most countries has increased to varying degrees, which has reduced the degree of financial safety of some countries with poor financial status. Finally, this paper puts forward reasonable suggestions on how to improve the investment financial safety level of the countries along the "Belt and Road" from two aspects of policy and enterprise.

Keywords: the "Belt and Road"; Financial Security; Outward Foreign Direct Investment

B.5 Social Safety Analysis of China's Investment in the Countries along the "Belt and Road"

Lan Xiao, Qin Qinghua and He Zixiao / 143

Abstract: As the social security risks of China's foreign investment gradually become prominent, how to identify, evaluate and prevent the social safety risks of overseas investment has become the key and difficult problem in the "Belt and Road" construction. This report takes 37 countries along the "Belt and Road" as sample to rank the social safety level, using data from 2010 to 2019, and analyzes the change of social safety situation from two aspects of time and space, then elaborates the social safety risks in various countries and regions. The study found that the overall social security status of the sample countries has improved significantly within ten years. The overall social security performances of the Central and Eastern European countries are relatively good, and the overall social security levels of the countries in West Asia, North Africa and South Asia are relatively low.

Keywords: the "Belt and Road"; Overseas Investment; Social Safety

B.6 Relational Safety Analysis of China's Investment in the Countries along the "Belt and Road"

Zhang Yaojun, Zhang Hexi and Jiang Xunbin / 174

Abstract: During the process of globalization, the development of international economic and trade cooperation has become an inevitable trend, the relationship between countries will inevitably affect the production and investment of enterprises, especially in the countries along the "Belt and Road" whose domestic environment are with great differences. With the continuous increase of China's OFDI scale, the negative impact caused by the risk of the host country's relationship with China is increasingly obvious. This report conducts a macro study on the security of OFDI relationship with China under the background of the "Belt and Road" cooperation, and analyzes the development of the situation of various regions and specific countries in combination with its spatio-temporal changes, and gives specific suggestions. The study found that the average safety index of investment in individual countries' relations with China has declined slightly in the past ten years. The safety index of most countries' relations with China in Southeast Asia and South Asia is at a relatively high level. The most important risk factors come from India, Bangladesh, Myanmar and Cambodia. There is still a large space for substantial improvement in the safety of relations with China in West Asia and North Africa.

Keywords: Relations with China; Investment Safety; the "Belt and Road"

III Industry Topics

B.7 Investment Safety Analysis of Power Industry of China in the Countries along the "Belt and Road"

An Ran, Jiao Siying and Zhang Ziqin / 206

Abstract: This report briefly introduced the power industry and its development status, described the factors that affect foreign investment of power industry, analyzed China's investment pattern, the risks of major countries and projects, and provided suggestions for risk control from three levels including policy, industry and corporate. This report has found out that national aspects such as politics, economy, business environment, and industrial aspects such as competition, investment review, human resources, would exert more influences on investment safety. In terms of the spatial temporal pattern, countries and regions along the "Belt and Road" are key investment areas, where state-owned corporates are major investors. Besides, the renewable energy will be the future investment trend. With regard to some specific countries, Pakistan, Bangladesh and Venezuela seem promising for investment due to their huge demand for power, however, the investment environments in these three countries are not good enough. In addition, the report has revealed that there are some problems involving funds withdrawal and project progress existing in projects like hydropower station on Irrawaddy river in Myanmar, coal-fired power plant in Philippines Mariveles, and thermal power station in Zambian, which could increase the risk for investment.

Keywords: the "Belt and Road"; Power Industry; Investment Safety

B.8 Investment Safety Analysis of Transportation Infrastructure of China in the Countries along the "Belt and Road"

Lu Ersai, Song Jiayun / 247

Abstract: To jointly build the "Belt and Road", interconnectivity is the key, and transportation is the forerunner. The countries along the "Belt and Road" are mainly developing countries, and there is a huge demand for the construction of transportation infrastructure, and they are also key investment areas for our country's transportation "going out". This report briefly introduces the development status of the transportation industry, summarizes China's investment and construction of transportation projects in countries along the "Belt and Road". Meanwhile, it comprehensively explains the impact of national political, economic, environmental, social, legal risks, industry access barriers, technical barriers, and contract signing and implementation risks on the security of foreign investment in the transportation industry. It also analyzes the risks faced by foreign investment in the transportation industry for countries such as Myanmar, Bangladesh, and Ethiopia, as well as projects such as Jakarta-Bandung High-speed Railway, Hungary-Serbia Railway and Colombo Port. And finally puts forward corresponding risk management and control recommendations from the three levels of country, industry and enterprise.

Keywords: the "Belt and Road"; Transportation Industry; Investment Safety

B.9 Investment Safety Analysis of Cross-border E-commerce of Countries along the "Belt and Road"

Zhu Yingying, Bai Xue / 275

Abstract: In recent years, cross-border e-commerce industry in China has developed rapidly, leading the world in terms of transaction scale, growth rate and business model development. Cooperation in the field of e-commerce is becoming an important part of the cooperation with countries along the "Belt and Road". However, due to the differences in the economic, policy, legal and cultural environment between the countries along the "Belt and Road", Chinese companies may face risks such as cargo loss caused by lagging logistics and transportation in the process of cross-border e-commerce investment. The capital turnover risk and even capital loss in the payment link, as well as the cultural tolerance and the risk of poor marketing caused by it. We selected the ASEAN region and Russia as cases from the "Belt and Road" co-founding countries, specifically analyzed and looked forward to the security of cross-border e-commerce investment in the region, and finally put forward relevant risk management and control recommendations from the perspective of "The Five Connectivity Program".

Keywords: the "Belt and Road"; Cross-border E-commerce; Investment Safety

B.10 Global Consumption Network and Geographical Responses of Logistics Supply Chain   *Xiao Zuopeng* / 294

Abstract: In recent years, the rapid development of cross-border e-commerce has resulted in major changes on global trade, production and circulation. It enables final consumers participate in the global trade cycle via Internet and e-commerce. Based on the perspective of geographical response, this report analyzes the changes in the organizational mode of cross-border e-commerce logistics supply chain, and believes that its core role is to reshape the postal network, promote the growth of air freight, change the traditional shipping mode, and put forward new demands for airport freight functions, international postal facilities, special regulatory warehousing, etc. The "Belt and Road" to the development of cross-border electricity supplier logistics, is to further strengthen the hub of the supply chain network. The level of globalization and land consolidation can also be extended. We should scientifically understand, adapt to and actively guide the global trade pattern and logic changes, formulate more precise trade and supporting policies, promote the transformation of logistics products, and build a national supply chain strategy that is suitable for the logistics industry.

Keywords: Global Consumer Network; Cross-Border E-commerce; Logistics Chain; Geographical Responses

Ⅳ Case Study

B.11 The Impact of RCEP on China-ASEAN Regional Cooperation and Investment Safety

Research Group of Guangxi Strategic Emerging Industry Research Base / 312

Abstract: The signing of the RCEP agreement will make the dual cycle more virtuous and further consolidate ASEAN's leading position in the process of Asian economic integration. But for ASEAN, which is dominated by unilateral security under the framework of multilateralism, RCEP may increase geopolitical risks in the short term. For this reason, in order to analyze the impact of RCEP on China-ASEAN regional cooperation and investment risk and its mechanism, this paper uses an analysis method combining Game theory and Quantitative analysis. The main conclusions are: 1) The RCEP agreement has formed effective synergy with the "Belt and Road" initiative and the China-ASEAN Free Trade Area to enhance the regional value chain; 2) ASEAN cannot effectively enhance mutual trust by relying on internal cooperation. In order to further enhance their respective interests, they will inevitably tend to sign more cooperation agreements with countries outside the region. However, the superposition of multiple policies has weakened the marginal effect of reducing ASEAN's geopolitical risks; 3) After the signing of the RCEP agreement, China-ASEAN investment risks have increased in the short term.

Keywords: RCEP; Regional Value Chain; Investment Risk; Geopolitical Risk

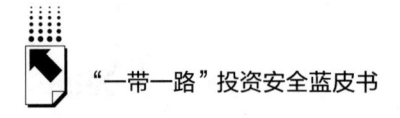

B.12 The Legitimacy Strategy Choice of Multinational Science and Technology Enterprises under the Political Risk of Host Country
—*A Case Study Based on TikTok*

Zhu Jigao, Jiang Yanchen and Zhu Jiaxin / 353

Abstract: Political risk has an impact on the regulatory legitimacy of multinational enterprises, which has become an important reason for the loss of Chinese enterprises' outward foreign investment. Meanwhile, corporate legitimacy is an important strategic resource for the survival and development of multinational science and technology enterprises, especially in the context of economic globalization and trade frictions. Based on the case study of TikTok, this paper explores the host country political risks faced by multinational science and technology enterprises and their choice of legalization strategies. It is found that such enterprises often adopt the isomorphic legitimacy strategies in the initial entry stage and tend to combine the isomorphic legitimacy strategies and decoupling legitimacy strategies to obtain regulatory legitimacy in the subsequent development stage. Furthermore, the higher the level of governance by rule in the host country, the more likely enterprises are to choose decoupling legitimacy strategies such as litigation to obtain regulatory legitimacy. Finally, based on the findings of the case study, this paper gains the corresponding enlightenment from the aspects of regulators, multinational enterprises and investors.

Keywords: Political Risk; Legitimacy; Governance by Rule; Legitimacy Strategy

Contents

B.13 Cross-Border Mergers and Acquisitions and Industrial Integration of Enterprises
—*A Case Study Based on JCET Group Co., Ltd*

Han Huibo / 380

Abstract: With the gradual advancement of the "Belt and Road" initiative, a large number of enterprises seeking to expand in the international market improve their competitiveness through cross-border mergers and acquisitions. In 2020, the semiconductor industry has become the focus of the game between China and the United States. As a leading enterprise in the semiconductor packaging and testing industry, the growth path of JCET has been widely concerned by people. In the process of development, in addition to relying on their own technology innovation, the company began to layout the international market through cross-border mergers and acquisitions. After the acquisition STATS ChipPAC in Singapore over a six-year period to 2020, the company achieved leapfrog growth in technology and scale through continuous follow-up capital operation and business restructuring. By analyzing the background, process, business integration and economic consequences of this case, the paper can provides reference experience for cross-border mergers and acquisitions of Chinese enterprises.

Keywords: Cross-border Mergers and Acquisitions; JCET Group Co., Ltd.; STATS ChipPAC; Semiconductor Industry

社会科学文献出版社

皮 书

智库报告的主要形式
同一主题智库报告的聚合

❖ 皮书定义 ❖

皮书是对中国与世界发展状况和热点问题进行年度监测，以专业的角度、专家的视野和实证研究方法，针对某一领域或区域现状与发展态势展开分析和预测，具备前沿性、原创性、实证性、连续性、时效性等特点的公开出版物，由一系列权威研究报告组成。

❖ 皮书作者 ❖

皮书系列报告作者以国内外一流研究机构、知名高校等重点智库的研究人员为主，多为相关领域一流专家学者，他们的观点代表了当下学界对中国与世界的现实和未来最高水平的解读与分析。截至2021年，皮书研创机构有近千家，报告作者累计超过7万人。

❖ 皮书荣誉 ❖

皮书系列已成为社会科学文献出版社的著名图书品牌和中国社会科学院的知名学术品牌。2016年皮书系列正式列入"十三五"国家重点出版规划项目；2013~2021年，重点皮书列入中国社会科学院承担的国家哲学社会科学创新工程项目。

中国皮书网

（网址：www.pishu.cn）

发布皮书研创资讯，传播皮书精彩内容
引领皮书出版潮流，打造皮书服务平台

栏目设置

◆ **关于皮书**
何谓皮书、皮书分类、皮书大事记、
皮书荣誉、皮书出版第一人、皮书编辑部

◆ **最新资讯**
通知公告、新闻动态、媒体聚焦、
网站专题、视频直播、下载专区

◆ **皮书研创**
皮书规范、皮书选题、皮书出版、
皮书研究、研创团队

◆ **皮书评奖评价**
指标体系、皮书评价、皮书评奖

◆ **皮书研究院理事会**
理事会章程、理事单位、个人理事、高级
研究员、理事会秘书处、入会指南

◆ **互动专区**
皮书说、社科数托邦、皮书微博、留言板

所获荣誉

◆ 2008年、2011年、2014年，中国皮书网均在全国新闻出版业网站荣誉评选中获得"最具商业价值网站"称号；

◆ 2012年，获得"出版业网站百强"称号。

网库合一

2014年，中国皮书网与皮书数据库端口合一，实现资源共享。

中国皮书网

权威报告·一手数据·特色资源

皮书数据库
ANNUAL REPORT(YEARBOOK) DATABASE

分析解读当下中国发展变迁的高端智库平台

所获荣誉

- 2019年，入围国家新闻出版署数字出版精品遴选推荐计划项目
- 2016年，入选"'十三五'国家重点电子出版物出版规划骨干工程"
- 2015年，荣获"搜索中国正能量 点赞2015""创新中国科技创新奖"
- 2013年，荣获"中国出版政府奖·网络出版物奖"提名奖
- 连续多年荣获中国数字出版博览会"数字出版·优秀品牌"奖

成为会员

通过网址www.pishu.com.cn访问皮书数据库网站或下载皮书数据库APP，进行手机号码验证或邮箱验证即可成为皮书数据库会员。

会员福利

- 已注册用户购书后可免费获赠100元皮书数据库充值卡。刮开充值卡涂层获取充值密码，登录并进入"会员中心"—"在线充值"—"充值卡充值"，充值成功即可购买和查看数据库内容。
- 会员福利最终解释权归社会科学文献出版社所有。

卡号：197189716662
密码：

数据库服务热线：400-008-6695
数据库服务QQ：2475522410
数据库服务邮箱：database@ssap.cn
图书销售热线：010-59367070/7028
图书服务QQ：1265056568
图书服务邮箱：duzhe@ssap.cn

S 基本子库
SUB DATABASE

中国社会发展数据库（下设 12 个子库）

整合国内外中国社会发展研究成果，汇聚独家统计数据、深度分析报告，涉及社会、人口、政治、教育、法律等 12 个领域，为了解中国社会发展动态、跟踪社会核心热点、分析社会发展趋势提供一站式资源搜索和数据服务。

中国经济发展数据库（下设 12 个子库）

围绕国内外中国经济发展主题研究报告、学术资讯、基础数据等资料构建，内容涵盖宏观经济、农业经济、工业经济、产业经济等 12 个重点经济领域，为实时掌控经济运行态势、把握经济发展规律、洞察经济形势、进行经济决策提供参考和依据。

中国行业发展数据库（下设 17 个子库）

以中国国民经济行业分类为依据，覆盖金融业、旅游、医疗卫生、交通运输、能源矿产等 100 多个行业，跟踪分析国民经济相关行业市场运行状况和政策导向，汇集行业发展前沿资讯，为投资、从业及各种经济决策提供理论基础和实践指导。

中国区域发展数据库（下设 6 个子库）

对中国特定区域内的经济、社会、文化等领域现状与发展情况进行深度分析和预测，研究层级至县及县以下行政区，涉及省份、区域经济体、城市、农村等不同维度，为地方经济社会宏观态势研究、发展经验研究、案例分析提供数据服务。

中国文化传媒数据库（下设 18 个子库）

汇聚文化传媒领域专家观点、热点资讯，梳理国内外中国文化发展相关学术研究成果、一手统计数据，涵盖文化产业、新闻传播、电影娱乐、文学艺术、群众文化等 18 个重点研究领域。为文化传媒研究提供相关数据、研究报告和综合分析服务。

世界经济与国际关系数据库（下设 6 个子库）

立足"皮书系列"世界经济、国际关系相关学术资源，整合世界经济、国际政治、世界文化与科技、全球性问题、国际组织与国际法、区域研究 6 大领域研究成果，为世界经济与国际关系研究提供全方位数据分析，为决策和形势研判提供参考。

法律声明

"皮书系列"(含蓝皮书、绿皮书、黄皮书)之品牌由社会科学文献出版社最早使用并持续至今,现已被中国图书市场所熟知。"皮书系列"的相关商标已在中华人民共和国国家工商行政管理总局商标局注册,如LOGO( )、皮书、Pishu、经济蓝皮书、社会蓝皮书等。"皮书系列"图书的注册商标专用权及封面设计、版式设计的著作权均为社会科学文献出版社所有。未经社会科学文献出版社书面授权许可,任何使用与"皮书系列"图书注册商标、封面设计、版式设计相同或者近似的文字、图形或其组合的行为均系侵权行为。

经作者授权,本书的专有出版权及信息网络传播权等为社会科学文献出版社享有。未经社会科学文献出版社书面授权许可,任何就本书内容的复制、发行或以数字形式进行网络传播的行为均系侵权行为。

社会科学文献出版社将通过法律途径追究上述侵权行为的法律责任,维护自身合法权益。

欢迎社会各界人士对侵犯社会科学文献出版社上述权利的侵权行为进行举报。电话:010-59367121,电子邮箱:fawubu@ssap.cn。

社会科学文献出版社